当代中国知名学者文集

马大正边疆文存

第二卷
中国边疆治理与历史上民族关系研究

马大正 著

中国社会科学出版社

写在"马大正边疆文存"出版之际

时光流逝，我已是名副其实的"80后"——耄耋之老翁。此时此刻对自己学术人生做些回顾，当也在情理之中。

回首作为学人的我半个多世纪在史学研究领域里，还是做了些许工作，简言之，是做了两件事，一是习史，二是研史，当然习史和研史很难截然分开，但从一个时段的工作重心看，还是可以分为入门、始步、拓展三个阶段。

1960 年至 1964 年，为研究的入门阶段

时我在山东大学历史系攻读中国近代史专业研究生，师从徐绪典教授，致力于太平天国对外关系史的学习和研究，我的研究生毕业论文题为《太平天国革命与英美传教士》，在此期间系统学习了马克思史学理论和中国通史的基础知识。山东大学历史系当时名师荟萃，学习气氛浓郁，更难忘的是，业师徐绪典教授不仅传授了中国近代史的丰厚知识，还教会了我从事历史研究的基本方法，实现了对历史学由无知到稍知的过渡，所有这一切成了我终身受益的最宝贵的精神财富。20 世纪 80 年代初我发表了两篇关于太平天国史的论文：一篇《太平天国革命与英美传教士》即是我的研究生毕业论文，另一篇《论洪仁玕革新思想的形成及其历史地位》资料积累和内容构思也都是在研究生学习时完成的。

1964 年至 1987 年，为研究的始步阶段

1963 年 7 月研究生毕业，由于论文答辩，等待分配工作，至 1964 年

仲夏到中国科学院民族研究所（中国社会科学院民族研究所前身）工作，一晃十余年（1964—1975 年），与大多数同龄人一样，身在研究机构，却长期与科研工作无缘，先是前后两次四清运动工作队，下乡劳动锻炼，第二次四清运动工作队集训刚结束，"文化大革命"开始了，于是在政治运动的波涛中又经历几乎 10 年时间，身不由己地翻滚在革命与反革命的旋涡之中。但平心而论，这些年也确是经风雨、见世面、长知识，对社会认识的加深本身也是哲学社会科学工作者不可缺少的必修课，无疑大大有利于日后研究工作中对资料鉴别、历史现象分析能力的提高。唯一能做而我未能做到的是，我不及当时我的有些同龄先知者，抓紧外文水平的巩固和再学习，从这一意义上说，我是大大地浪费了宝贵的青春岁月。1975 年秋冬，我终于得到了参加工作以来第一个研究课题的机会——参加《准噶尔史略》一书的撰写。我的卫拉特蒙古史研究即始于此时，此项研究真正有序展开已是科学春天降临人间的 1978 年了。卫拉特蒙古史研究工作起步是顺利的，因为从大环境言，我赶上了社会科学研究蓬勃发展的大好时光；从小环境言，我有幸置身于一个团结、进取的研究集体之中。而且在我研究工作始步之初，即得到享誉海内外的著名前辈学者翁独健教授的指导与启迪，他是我始步研究卫拉特蒙古史和隋唐民族关系史的引路人和最直接的老师。至今我仍清晰记得《准噶尔史略》编写工作之初，独健老师的谆谆告诫："一定要详尽地掌握原始资料和国内外研究动态，首先把前人的研究成果收齐，编好目录，仔细阅读，在前人的基础上，把这本书写成有较高科学性的民族史学专著，不要成为应时之作。"这种治学精神，成了指导我走学术探索之路的准则而永存心间。1982 年在完成《准噶尔史略》一书后，又开始了 17—18 世纪土尔扈特蒙古政治史的研究。1984年，我有幸参加由翁独健教授主持的《中国民族关系史纲要》一书的撰写，分工隋唐民族关系史部分，并于 1986 年完成了书稿。通过对卫拉特蒙古史和隋唐民族关系史的研究，我对中国历史上两个最富有特色的唐王朝和清王朝的疆域和民族有了比较清晰的了解。在此期间，我还担任了《民族研究》的编辑和参加《中国历史大辞典》民族史卷的组织和撰写工作，由此不仅锻炼了我的编辑能力，也大大扩展了个人与学界同人的交往，所有这一切均为我日后研究领域的拓展，打下了良好基础。

1987 年加盟中国边疆史地研究中心以来为研究的拓展阶段

1987 年由于工作需要，我离开了已工作、生活 20 余年的民族研究所，以及与我有共同志趣、和谐合作的学术伙伴们，到了创建不久的中国社会科学院中国边疆史地研究中心。为适应新工作岗位的急迫需要，致力于思考并探索推动中国边疆史地研究的学科建设之正确之途，个人的研究领域也从民族史扩大到中国疆域史。具体而言有如下三个方面：

首先，为改变 20 世纪 80 年代中期中国边疆史地研究冷寂的局面，提出了开展中国疆域史、中国近代边界沿革史、中国边疆研究史三大研究系列的构想，并采取了一系列有利于研究深化并行之有效的举措。90 年代以后又主持并参加了当代中国边疆系列调研。在学界同人的共同努力下，具有优良传统的中国边疆史地研究，实现了两个突破：一是突破了以往仅研究近代边界问题的研究范围，开始形成以中国古代疆域史、中国近代边界沿革史和中国边疆研究史三大研究系列为研究重点的研究格局，促成了中国边疆史地研究的大发展；二是突破了史地研究的范围，将中国边疆历史与现状相结合，成果众多，选题深化、贴近现实，由此具有中国特色的中国边疆学的构筑也提上了议事日程。在中国边疆研究勃兴的大背景下，中国边疆史地研究中心也得到了长足的发展。

其次，为适应工作的需要，个人的研究领域也从民族史扩大到中国疆域史，在以下六个研究点上做了些许探索：

一是，中国历代边疆政策和中国疆域发展的综合研究。

二是，清代新疆地方史和新疆探察史研究。

三是，中亚史和新疆周边地区史研究。

四是，东北边疆史，特别是古代中国高句丽历史研究。

五是，当代中国边疆稳定，特别是新疆稳定与发展战略研究。

六是，着力于中国边疆研究的档案文献整理和边疆研究成果大众化、普及化工作。

当然，卫拉特蒙古史的研究始终没有中止。

最后，抓住研究工作面临新的机遇，迎接挑战。2002 年年末，我受邀参加 21 世纪初重大学术文化工程国家清史纂修工程，协助著名清史专家戴逸教授做一些清史纂修工程的组织协调工作，我将此视为一次难得的重新学习清史的机会。

回顾这些年治学的实践，经验谈不上，心得则有五点：

一是，史学工作者必须牢记自身的社会责任，自己的研究成果要力争达到三有利，即有利于学科建设的总体发展目标，有利于自己研究成果生命力的延伸，有利于发挥以史为鉴的社会功能。

二是，求真求实是中国边疆研究的优良传统。所谓求真，即是要追求历史的真实，实事求是永远是研究遵循的准则；所谓求实，我理解是研究者要脚踏实地，面对现实。中国边疆这个研究对象现实感特强，研究者应具有强烈的使命感、责任感。

三是，资料收集是研究的基础，要千方百计掌握第一手资料，包括相关的文献、档案，当事人的记述，同时代的记载，民族文字的记载对边疆研究具有特别重要的意义，而资料的鉴别则是研究的开始，对任何史实，不可不信，又不可全信，而比较是鉴别真伪的可靠方法。

四是，读万卷书，行万里路，对于边疆研究工作者来说实地调查尤为重要，所谓百闻不如一见，到边疆地区走一走、看一看、听一听，大有利于研究的深化。

五是，研究视点选择的正确是研究成功的重要保证。研究中要微观研究和宏观研究兼顾，微观研究是研究的入门，而宏观研究则是研究升华的开始，宁可小题大做，而不可大题小做。研究时要心有全局，尽量使自己的研究成果能做到分则成文，合则成书。

2001 年 8 月，我从中国边疆史地研究中心主任岗位卸任，2010 年退休。但出书、著文、访谈、讲座哪一件也未停下脚步，加之还在国家清史编纂委员会上班，退休前后工作、生活似乎并未发生很大变化，还是做我爱做的事，过着过一天高兴两个半天的日子！

2010 年后近十余年时间里做了值得一记的几件事：

一是，清史纂修历时 20 年，2018 年 10 月完成送审稿的印制，正在全力进行全书整合、修订，争取早日出版面世；

二是，在中国边疆治理研究方面，主编完成了"中国边疆治理丛书"的出版，自己撰写了《中国边疆治理通论》，在当代新疆治理研究方面，坚持撰写"新疆维稳形势年度点评"系列调研报告；

三是，中国边疆学构筑方面，出版了《当代中国边疆研究（1949—2019）》和《中国边疆学构筑札记》；

四是，在边疆知识普及方面，重点是接受媒体访谈和学术讲演，还主编了《塔克拉玛干考察纪实》。

2016 年开始筹划并启动"马大正边疆文存"的选编工作。在学术生涯中我是幸运的。自 1984 年以来我先后出版论文集、专题性学术论集有 9 种，书名如次（依出版年为序）：

1.《厄鲁特蒙古史论集》（合著），青海人民出版社 1984 年版。

2.《边疆与民族——历史断面研考》，黑龙江教育出版社 1993 年版。

3.《中国边疆研究论稿》，黑龙江教育出版社 2002 年版。

4.《国家利益高于一切——新疆稳定问题的观察与思考》，新疆人民出版社 2002 年版、2003 年修订版。

5.《跬步集——新疆史探微》，兰州大学出版社 2003 年版。

6.《马大正文集》，上海辞书出版社 2005 年版。

7.《热点问题冷思考——中国边疆研究十讲》，上海辞书出版社 2013 年版。

8.《西出阳关觅知音——新疆研究十四讲》，上海辞书出版社 2013 年版。

9.《中国边疆学构筑札记》，中央广播电视大学出版社 2016 年版。

10.《卫拉特蒙古历史论考》，西北大学出版社 2020 年版。

此次构思"马大正边疆文存"依如下两原则：

一是，基本反映自己有关边疆研究成果的主要方面；

二是，从选题到选文力图减少与已出版过的论文集、专题性学术论集的重复率。

"马大正边疆文存"共五卷，各卷为：

第一卷　《中国边疆学构筑论衡》

第二卷　《中国边疆治理与历史上民族关系研究》

第三卷　《新疆大历史的观察与思考》

第四卷　《新疆探察史研究》

第五卷　《序跋与评议汇选》

中国边疆研究涉及内容丰富多彩。"上下五千年，东西南北中"，似苍穹，似大海。而自己40余年研究所涉猎内容虽大都当在其中，但似星辰，似浪花。研究工作优劣成败，应由社会评说，我只是做了自己乐意做的工作，在自己的岗位上尽了责、出了力。

文存付梓在即，我有太多的感激要表达：

要感激育我成长的老师、助我前行的同辈学友，还有激我奋进的年轻才俊；

要感激促我"文存"编选的新疆人民出版社和老友罗沛同志；

要感激保我"文存"得以面世的中国社会科学出版社和赵剑英、王茵两位，还有辛苦认真的"文存"责任编辑吴丽平博士！

如果收入本"文存"的拙作于读者尚有些许参阅价值，乃人生之大幸矣！

2022 年 8 月

于北京自乐斋

前　　言

　　本卷取题《中国边疆治理与历史上民族关系研究》，分设三篇：

　　边疆治理篇，收文 8 篇；

　　隋唐民族关系篇，收文 10 篇；

　　卫拉特蒙古篇，收文 8 篇；

　　所收之文，首发于何时何处均在文末注明，我以为将个人所撰之文注明写作或发表时间从研究史的视野出发，是一个不应忽视的细节。

　　还需说明是隋唐民族关系篇和卫拉特蒙古篇所收文章中有选自翁独健主编《中国民族关系史纲要》、集体编著《准噶尔史略》和我与马汝珩合著《漂落异域的民族——17—18 世纪土尔扈特蒙古》分别出版于 20 世纪80 年代或 90 年代初的著作，上述诸篇均为我执笔，应该是我研究工作中的早期作品，此次结集收入于个人是值得欣慰和回味的。

2017 年 2 月 9 日

于北京自乐斋

目　　录

边疆治理篇

隋唐民族关系篇

卫拉特蒙古篇

边疆治理篇

中国疆域的形成与发展

一 中国人民继承的两大历史遗产

我们的先辈为今人留下了两项举世瞩目、无与伦比的历史遗产：幅员辽阔的统一多民族国家和人口众多、多元一体的中华民族。这是中国不同于世界上任何一个国家的特殊国情。

统一多民族的中国，是经过一个漫长而曲折的发展过程后大致定型的。自先秦时期起，在现代中国领土内开始形成一个核心区域，这个区域大致在黄河中下游至长江中下游一带。在这个中心区域建立政权的既有华夏，也有夷狄；既有汉族，也有少数民族。在国家的发展进程中，边疆地区的发展是其有机组成部分，全国范围的发展状况决定了边疆地区的发展水平，边疆地区的发展状况对全国范围的发展也产生了重要影响。

多元一体的中华民族，既是一个民族共同体概念，又是一个国族概念。"多元"指统一多民族国家形成过程中各民族所具有的"个性"和"特质"，即各民族在语言、地域、经济、文化心理等方面所具有的多样性和表现形式上的特殊性；"一体"指各民族在共同发展过程中相互融合、相互同化所形成的民族共同体的共同特征和"一体化"趋势。这种由多元到一体的特点在中华民族形成过程中自始至终都存在着：首先是分布于黄河流域的多个部落互相融合形成华夏族；其次是北狄、东夷、西戎、南蛮等多种族群融入华夏族形成汉族；汉族出现后对周围众多的民族产生强大的吸引力，成为中华民族的凝聚核心，各民族在政治、经济、文化等多方面密切联系，不断融合，形成你中有我、我中有你、谁也离不开谁的一个整体，最终形成中华民族。中华民族有两个值得重视的特点：一是多元中的本土特点。中华民族尽管是由众多民族经过数千年的不断融合而形成，但这些民族无论是历史上已消失的民族，还是现实生活中存在的民族，都是在中国这块辽阔的土地上土生土长的民族，即使有些少数民族的祖先具有外人的血统，也是在中国境内与其他民族的融合中形成的。二是凝聚力强。历史上中华各民族之间虽然有冲突和战争，但交流和融合是主流，各民族在共同生活、共同斗争中形成一个整体，在抵御外侮尤其是近代帝国主义列强侵略和瓜分时，中华民族的凝聚力不断升华并空前释放出来。

两大历史遗产是中国与中华民族生生不息的强大原动力，是物质与精神的有机结合、互补互促。因此，我们应开展对两大历史遗产的宏观与微观相结合的研究，并将研究成果普及于国民教育之中。

二 中国疆域发展阶段与历史发展大势

(一) 发展阶段

中国疆域的形成经历了数千年的时间，发展道路十分漫长、曲折，可以分作形成、发展、奠定、变迁四个阶段。

1. 形成：秦汉时期的中国疆域

秦兴起于西部，长期被认为是戎狄国家。公元前221年，秦灭六国统一中国，建立了我国历史上第一个中央集权帝国，中国进入了一个新的发展阶段。公元前206年，秦在农民起义军和六国旧贵族的共同打击下灭亡。

秦朝的疆域东北达到辽东半岛西北部，北部达到蒙古高原，西部达到今甘肃东部及四川、云南一带，南部达到大陆南端。秦在这个广大的版图上（包括战国关东六国故地，秦北击匈奴、南取南越新拓之地）普遍实行郡县制，唯一的例外是在部分西夷地区"置吏"管理而未设郡县。秦朝的周边有东胡、匈奴、羌等部族。

公元前206年，汉高祖刘邦建立统一多民族国家——汉帝国。公元4年至23年，王莽篡汉（国号为新）；公元23年至25年，刘玄称帝（国号为汉）；公元25年，汉光武帝刘秀建立东汉帝国，公元37年恢复汉朝统一局面。公元220年曹丕称魏帝，东汉灭亡。两汉历时426年。地方势力增长和农民起义是两汉灭亡的政治原因。

两汉在秦朝版图的基础上建国，政治、经济、文化中心仍在黄河中下游地区（西汉建都长安，东汉建都洛阳），但疆域范围有所变化和发展。西汉初期，南（南越、东越地区）北（河套地区）两面有所缩减，汉武帝时开始大规模拓展。极盛时期的汉代疆域与秦朝相比，东北拓展到朝鲜半岛中部，西北拓展到河西走廊和西域地区，西南拓展到哀牢夷地区和中南半岛东（北）部沿海地区以及海南岛北部。

汉朝政治制度承袭秦朝，但行政区划与地方管理制度有所变化。汉朝实行郡、国并行制（不同时期郡国数量、范围有所不同），以后又在郡、国之上设刺史部，监察地方，再后演变成行政区划——州。汉朝对边疆地区大约有三种辖治方式：一是设郡县直接管理；二是设属国间接管理（有后改为郡县者）；三是设都护、中郎将、校尉等对西域各部、匈奴和羌、乌桓、鲜卑各部进行管理。后二者都是羁縻统治。汉朝的周边有沃沮、夫余、鲜卑、匈奴、唐旄、发羌等部族。

汉朝是中国历史上第一个长期存在的统一帝国，是中国主体民族汉族的形成时期，也是中国疆域形成最重要的时期之一。

2. 发展：隋唐至元时期的中国疆域

经历了汉末农民大起义和地方割据与争雄，历史进入了三国、两晋、南北朝的大割据时期。魏（220—265）、蜀汉（221—263）、吴（222—280）三国除了彼此间争斗外，均对开发治理边疆地区投入相当力量。魏在东北边疆及朝鲜半岛北部再置四郡辖治，并对乌丸、鲜卑、西域的治理投入相当力量；蜀则下大力量平定了越嶲、益州（今四川境内）、牂牁（今贵州境内）、永昌（今云南境内）四郡之变乱；吴加强了对东南沿海地区的经营，并曾出兵夷洲（今台湾）和朱崖（今海南岛）。

西晋（265—316），东晋、十六国（317—420），南北朝（420—589），政权更迭频仍，特别是由鲜卑拓跋部建立的北魏于公元439年统一北方，疆域北至蒙古高原，西至西域东部，东北至辽西，南境初以黄河为界，后逐渐拓展至淮河、秦岭，进一步至淮南，形成与南朝（宋、齐、梁、陈）对峙的局面。

公元581年，杨坚取代北周称帝建隋。589年隋灭陈朝，重新统一中国。公元618年，隋炀帝杨广在江都（今江苏扬州）被杀，隋亡。隋朝仅存 38 年。隋朝极盛时期版图未能达到汉代水平，与西晋盛时相比，虽再有河套及蒙古高原东南部，但失辽东、西域西部和云贵高原大部。

公元 618 年，李渊称帝建唐，都长安。唐朝消灭了地方割据势力，将中国统一多民族国家推进到一个新的发展阶段。唐朝前后时期盛衰反差很大，疆域盈亏亦很明显。极盛时期，不仅拥有秦汉时期的疆域范围（唯缺今云南西南部），而且东北推进到日本海西岸地区、库页岛和朝鲜半岛西南部（曾设熊津都督府），北方推进到贝加尔湖和叶尼塞河上游（属安北都护府），南方拓展到海南岛南部（设振州）。唐王朝对西域的经营是统一多民族中国发展史上的华彩乐章。为恢复对西域辖治，重开商路，唐朝进行了艰苦斗争。

公元 635 年降占据今青海全部和新疆南部的吐谷浑；公元 640 年克高昌，唐以高昌之地为西州，以高昌附近浮图城为庭州（今新疆吉木萨尔），各置属县，并设安西都护府；公元 644 年突袭焉耆，设焉耆都督府；公元 645 年破龟兹都城，西域各族纷纷摆脱西突厥统治，诚心向唐。

唐统一西域后，重建西域行政，强化中央政令，有效地行使主权。首先设龟兹（今新疆库车）、于阗（今新疆和田）、碎叶（今吉尔吉斯斯坦北部托克马克城附近）、疏勒（今新疆喀什）4 镇 34 州。不久在西突厥故地天山北路一带，设置北庭都护府，在天山南路，将安西都护府迁往龟兹，统辖天山南路畎沙（治所于阗）、疏勒（治所疏勒）、焉耆（治所焉耆）、康居（治所今乌兹别克斯坦撒马尔罕）、大宛（治所今乌兹别克斯坦塔什干附近）等都督府。安西与北庭都护府的设置并有效行使职权，将天山南北连成一片，成为统一多民族中国的一部分。公元 661 年，于阗以西、波斯以东 16 国附唐，唐在其地分设 16 都督府，下辖 89 州、110 县、126 军府。至此，大唐西部疆界推至咸海，势力范围延至里海。

安史之乱（755）后，唐朝疆土丧失很多。隋唐时期边疆地区存在和兴起许多民族：东北有靺鞨、契丹，北方有突厥、回鹘，西部有吐蕃，西南有南诏。吐蕃的兴起最为突出。吐蕃是唐朝的劲敌，公元 663 年，吐蕃占领了青海之地，763 年又占领了河西陇右大部分地方，8 世纪末占领了西域南部。不过，吐蕃与中原地区的交往联系也因此增加了，既包括经济、文化、人员方面的交流，也包括和亲联姻与战争。总之，唐蕃之间的交往是双向的。公元 907 年，已遭农民起义深重打击的唐为后梁所灭。

历时 300 多年的隋唐时期，是我国统一多民族国家发展极为重要的时期，不仅表现为隋唐统一多民族国家疆域广阔，社会政治、经济、文化高度发展，边疆开发与治理内涵丰富，而且表现为周边地区（特别是东北地区、吐蕃和南诏）社会经济发展水平提高、政治上日趋成熟和与中原的交流日益增多。而这一切又构成了中国统一多民族国家进一步发展的基础。

随着唐帝国的衰亡，中国进入动荡割据时代，随之而来的是宋、辽、金、西夏南北对峙的新时期。

持续半个多世纪的五代十国（907—960），从中国统一多民族国家发展史的角度考察可以看到，当社会经济发展在更广大的地区（不仅仅是中原地区）得以实现后，在一个强大的中心（如汉、唐）因内外原因削弱后，就会出现多中心现象，但也正是随着各地社会经济的发展和各地间交流逐步加强，地方在政治上的独立性则遭到削弱，有实力的地方性中心都在为更大范围的统一做努力。黄河中下游地区、长江中下游地区、东南沿海地区在五代十国以后至清末的千余年中再未出现大规模的地方性割据现象。当然这一态势的发展与汉民族的发展、分布及各民族的融合，以及宋以后中央集权制度的进一步发展、完善有关。另一个不可忽视的因素是北方边疆少数民族在政治上已经成熟，并能入主中原与汉民族轮流执掌统一江山。宋、元、明、清四朝的统治民族恰好是汉、蒙古、汉、满，从"割据对峙"到"轮流坐天下"，不能不说是历史上中国民族关系，也是统一多民族发展史上的一个质的变化。

随之出现的是辽（947—1075）、宋（北宋，960—1127；南宋，1127—1279）、金（1123—1223）诸朝。辽对北部边疆地区因时、因人、因地制宜的开发与辖治加快了该地区与中原地区融于一体的进程。北宋的疆域与唐朝晚期疆域比较，北宋南疆已不含越南北部，西北以陕西横山、甘肃东部、青海湟水流域与西夏、吐蕃接界，北部则在今河北、山西中部一带与辽对峙。由党项人建立的西夏，盛时辖地为今宁夏、陕北、甘肃西北部、青海东北部和内蒙古一部分。女真族建立的金，与南宋对峙于淮河、秦岭一带百余年，据有东北和中原广大地区。南宋对金处屈从地位，一个拥有大片领土由汉族统治者建立的王朝称臣于少数民族统治者建立的王朝，这在中国历史上是少有的典型例子。在辽、宋、金时期，西南地区青藏高原有吐蕃等部，在云南高原则有以大理为中心的大理政权。

公元 1206 年，蒙古族首领铁木真统一蒙古诸部，后称成吉思汗，建立蒙古汗国。蒙古汗国先攻金进占黄河流域，继而灭西辽、西夏、金和大理，并在吐蕃地区设行政机构进行直接统治。与此同时，蒙古军还西征亚欧广大地区。1271 年，忽必烈在内部争位斗争中取胜，定国号为元。1279年，元朝灭南宋，完成古代中国史上空前的大统一。

元朝虽仅存 98 年，元的版图东北至日本海，北至今俄罗斯西伯利亚北极圈内，西北接窝阔台（成吉思汗三子）汗国、察合台（成吉思汗二子）汗国、钦察汗国（成吉思汗孙拔都所建）和伊儿汗国（成吉思汗孙旭烈兀所建），西南接尼波罗、印度、缅甸、越南，东南至海。蒙古四大汗国中，钦察汗国和伊儿汗国名义上对大汗即元帝称藩，但实际是封建君主国；察合台汗国初实际上是窝阔台汗国的附庸，两国不承认元帝的宗主地位，连兵反元；察合台汗国后与元通好称藩，并在窝阔台汗国破后并有其大部领地。元朝还设征东行省于高丽，但行省丞相由高丽国王兼任，其原有机构制度不变，故实为藩属国。

元朝为巩固和发展统一多民族国家，在继承中国历代治国方略成功经验的同时，推出更为适应历史发展的政策与制度。元朝首先大力加强中央集权制度，将金后期的行省制度推行于全国，辽阳、岭北、甘肃、云南、湖广等皆是置于边疆地区的行省。元朝还在距省治较远的地方分设宣慰司都元帅府，又有招讨、安抚、宣慰等使层层管理边疆地区。其次，在边疆地区因地制宜，因俗而治。吐蕃地区初由设在中央掌管全国佛教事务的总制院管辖，该机构后改为政教合一的宣政院，从此该地区正式纳入中国版图。在畏兀尔地区设有北庭都护府等机构。在云南、湖广等一些边远地区实行土司制度。

元朝的建立标志着古代中国统一多民族国家一个重要发展阶段的结束，也预示着一个新的发展阶段即将开始，古代中国统一多民族国家进入成熟和鼎盛时期。

3. 奠定：清代的中国疆域

1368 年，朱元璋称帝，国号明，建都南京，后迁都北京。至 1386 年，在元故有版图基础上，完成了除北元控制区外大部地区的统一。明前期强盛时疆土与元后期基本相同：在东北的鸭绿江一线接壤朝鲜，在北方与蒙古鞑靼、兀良哈、瓦剌各部有不同程度的藩属关系，在西北哈密以西一线与亦力把里（察合台汗国演变而来）相接。至明后期，北方瓦剌、鞑靼、兀良哈诸部地域有所发展，与明相交于西起嘉峪关，东至山海关的长城一线；东北边界退至辽河流域；西北有由各部蒙古建立的亦力把里、叶尔羌、吐鲁番三国（三国国王皆察合台后裔）以及在青海地区的鞑靼土默特部；西南部云南西界也有东移。

14 世纪至 16 世纪，东南沿海一带经常受到海盗集团的烧杀抢掠，即倭寇之患，至 16 世纪 60 年代才逐渐解决倭寇之患。1553 年，葡萄牙人贿通地方官，在广东珠江口壕镜澳（今澳门）登岸建立居留地，1573 年变贿赂为地租。1624 年，荷兰人入侵台湾，在台湾实行殖民统治。上述沿边海防之患虽然还只是发生在局部地区，但这些来自海外的入侵已是一个明确的危险信号。

明后期，建州女真在东北崛起，1583 年，任明建州左卫指挥使的爱新觉罗·努尔哈赤起兵，1616 年即汗位，建国号金，史称后金。1626 年皇太极嗣立，1635 年改女真族为"满洲"，1636 年即皇帝位，改国号清。清（包括其早期发展阶段）统一全国的行动历时长达 176 年（从 1583 年起兵到 1759 年平定西域结束），最终完成了中国疆域奠定的历史使命。这一历史过程大致可分为四个组成部分：

第一，统一东北诸部族和收服漠南蒙古。太祖时统一了建州诸部和海西四部，征服或招抚了生女真的主要部分；臣服了蒙古科尔沁、喀尔喀等部，并攻取辽东地区。太宗时统一了乌苏里江、黑龙江流域和库页岛上诸部族；使包括察哈尔、土默特、鄂尔多斯等部在内的漠南蒙古全部入其版图。

第二，灭明统一中原及江南广大地区。1644 年清兵入关，击败李自成，顺治帝入主北京，清以北京为都。1645 年清兵下江南，灭南明弘光帝政权。1659 年清兵入滇，灭南明永历帝政权。至 1664 年南明在大陆的残余势力基本被肃清。1662年郑成功驱逐荷兰侵略军，收复台湾，仍奉南明永历正朔；1683年清兵入台湾，郑克塽降。

第三，战胜卫拉特蒙古及西域诸部，收服北、西北、西南广大地区。明末清初，卫拉特蒙古占有从漠北至西域地区及青藏高原的广大地区，在卫拉特四部中，又以准噶尔部最为强盛。经康熙三次亲征，1697年准噶尔汗噶尔丹兵败病死，清占有阿尔泰山以东地区，已臣服于清的喀尔喀三部还牧漠北故地，青海和硕特部亦称藩臣服。1720年，清兵入藏，结束和硕特和准噶尔等蒙古人先后统治西藏的时期，西藏始入清朝版图。1724年，清平定青海和硕特部之叛。1757年，清平定准噶尔部，准部所属地区（包括乌梁海诸部）尽入版图。1759年，清平定天山以南的回部。

第四，通过雅克萨之战和外交谈判，确定中俄东段、中段边界。1689年，中俄签订中俄《尼布楚条约》。条约规定中俄以额尔古纳河、格尔必齐河为界，再由格尔必齐河源顺外兴安岭往东至海，岭南属中国，岭北属俄国；乌第河和外兴安岭之间为待议地区。1727年，中俄签订中俄《布连斯奇条约》。条约规定中俄中段边界由唐努乌梁海沙宾达巴哈起至额尔古纳河西岸阿巴该图止，以南归中国，以北归俄国。1727年签订的中俄《恰克图界约》重申了以上两个界约的规定。另外，1712年定盛京与朝鲜之间的鸭绿江、图们江为界，于长白山天池南分水岭上立碑为界。在西南边疆，乾隆末年击退廓尔喀（尼泊尔）对西藏的侵扰后相继与廓尔喀、布鲁克巴（不丹）、哲孟雄（锡金）等划定了边界。

最终完成古代中国大一统伟业的清王朝对全国实施了有效的管辖，以《嘉庆重修一统志》为据，嘉庆二十五年（1820）时全国分为27区，即内地18省、盛京3将军、蒙藏准回6区。18个设省地区既有汉族聚居区，也有少数民族聚居区（在直隶、山西、云南、广西等省、自治区），并继明以后展开了更大规模的改土归流。在东北地区设有奉天将军（盛京将军）、吉林将军（初为宁古塔将军）、黑龙江将军三将军辖区。在西北有总统伊犁等处将军和定边左副将军（驻乌里雅苏台）等两将军辖区。在漠南蒙古和套西蒙古两地区设盟旗辖治。在青藏地区设西宁办事大臣和驻藏办事大臣两辖区。

总之，清在继承古代中国历代治国安边经验的基础上，在加强国家统一、克服割据势力、反对外来侵略、加强边疆治理与开发等方面留下了大量宝贵经验。当然，清在治国安边方面的历史局限性也是明显的。随着清社会发展步伐的放慢、停滞和其统治阶层的日趋腐朽，在帝国主义列强入侵时，国家、民族危机和各种社会问题就暴露出来了，1840 年以后中国进入了一个新的历史阶段。

4. 变迁：清中叶以来至民国时期的中国疆域

19 世纪中叶以后，帝国主义列强入侵中国，割占中国领土，是这一时期最重要的边疆大事。资本主义列强侵占中国领土大致可分为三种类型：

第一种是邻国强占我国领土。俄国是典型。在东北，俄国通过强迫清王朝签订 1859 年《中俄瑷珲条约》和 1860 年《中俄北京条约》，强占黑龙江以北和乌苏里江以东地区；在西北，俄国通过签订 1864 年《中俄勘分西北界约记》、1881 年《伊犁改订条约》等不平等条约，强占了从唐努乌梁海、科布多到巴尔喀什湖、帕米尔地区的大片领土。日本是又一个典型。日本首先将海外殖民目标对准中国的邻国朝鲜，继而在甲午之战（1894）中打败中国，次年迫使中国签订《中日马关条约》，割占中国的台湾省。

第二种是欧洲强国将我国领土纳入他们在中国周边国家建立的殖民地。英、法两国是典型。英国将北起帕米尔，经西藏至云南的不少中国领土并入其殖民地；法国将滇南乌得、孟乌二土司划入法属交趾支那。

第三种是列国强租强占中国沿海地区。葡萄牙在澳门，英国在香港、威海，德国在胶州湾，俄国（后为日本）在旅顺口大连湾，法国在广州湾都采取了这种手段。

伴随着中国边疆危机的加深，清王朝对边疆地区的政区管理体制进行了一定的改革，这些改革有益于中国统一多民族国家及其疆域的进一步巩固，也是此时期中国边疆发展的大事，包括 1884 年设新疆行省，置巡抚驻迪化（今新疆乌鲁木齐），同时仍设伊犁将军驻惠远城，辖伊塔道；1886 年设台湾行省，置巡抚驻台北；1907 年设奉天、吉林、黑龙江行省，置巡抚分驻奉天府、吉林府、龙江府。

1912 年中华民国成立，但不久以孙中山为首的政府让位给以袁世凯为首的政府。1916年袁世凯死后，各派军阀纷争割据。1928年，国民党领导的南京国民政府完全取代北洋军阀政府。民国初年，中国边疆形势依然十分严峻。在外蒙古由沙俄导演的"独立""自治"事件。1914年，唐努乌梁海地区被沙俄出兵霸占。1913年至1914年，英国策划了旨在统治西藏的西姆拉会议，中国政府代表拒签并声明不承认所谓英藏《西姆拉条约》。

20世纪30年代以后，民族危机达到了巅峰。1931年，"九一八"事变爆发，东北大好河山沦陷于日本。1937年，抗日战争全面爆发，日本侵略军入侵东北、华北、华东、华南、西南等地区，不但大片边疆领土沦陷于日本，中原内地亦有许多地区先后为日军占领。1945年，中国人民抗日战争和世界人民反法西斯战争胜利结束。"二战"后，中国不但收复了大陆的失地，而且收回了被日本侵占50年的台湾省以及在第二次世界大战中被日本侵占的南海诸岛。1946年1月，国民政府承认蒙古国独立（唯详确疆界尚待勘定），这是20世纪以来中国疆域最大的变动。蒙古国早在1921年即宣告独立，并在1924年成立蒙古人民共和国，但始终未得到中国中央政府的承认。第二次世界大战后中国在收复失地（包括众多租借地和通商口岸）的高潮中，却承认外蒙古独立，给国人留下了许多可以反思的地方。外蒙古独立虽与中国社会演变过程密切相关，但外来因素的影响是外蒙古独立的最重要的原因，国际关系大格局的演变与远东（特别是东北亚）地缘政治的变化，相当典型地反映在这一事件中（自辛亥革命时期"外蒙古策划独立"至20世纪中期外蒙古独立得到中国中央政府承认这一历史发展过程之中）。

自鸦片战争爆发以来，特别是进入20世纪以来，在国家、民族、边疆危机日益加深之时，国人中的有识之士在指出中国"寇深矣"的同时，还强调了"病革矣"。"寇深矣"即外患严重，这是一目了然的事实；"病革矣"即内忧严重，中国社会发展遇到了严重的障碍。中国向何处去，是摆在国人面前的最严峻问题，然而回答好这个问题就不那么简单了，中国为此付出了几代人的努力。从改良维新到民主主义革命，20世纪前半叶中国社会开始发生巨变，资本主义民主革命思想和社会主义、共产主义革命思想相继传入中国，科学救国、教育救国、实业救国等亦有众人尝试。

经过近 40 年的矛盾斗争，1949 年 10 月 1 日中华人民共和国成立，标志着中国统一多民族国家发展进入了一个新的历史阶段。

（二）统一多民族国家及其边疆地区的发展大势

有着广袤疆土和众多国民的统一多民族的中国，是经过漫长而曲折的发展过程后大致定型于现代状态的。中国历史上的边疆大致有三种发展趋势或归宿：其一，原为某一王朝的边疆地区，经过长时期甚至是有反复的发展逐步变为内地的一部分；其二，曾是域外或边疆的地区，经过长时期甚至是有反复的发展，现在成为或仍为中国边疆的组成部分；其三，由于外来势力的影响（直接的或间接的），曾是中国边疆有机组成部分的地区，成为今天中国域外之地。如果从宏观角度观察中国边疆的发展大势，那么结论只能是：在历史发展的长河中，随着统一多民族国家由局部的小统一到全国的大一统，广大边疆地区日益成为统一多民族国家的重要组成部分。

三　中国疆域历史上的难点和热点问题

（一）产生的原因

中国疆域历史上出现一些难点和热点问题，原因是多方面的，归纳起来主要有以下两个方面：

1. 研究层面原因

由于历史情况复杂、史籍记载多有歧义，引起学者们探求的兴趣，此类难点、热点问题，有待研究深化来逐步解决。

2. 政治层面原因

这一层面原因又可分为正常的和不正常的两类。所谓正常的，是指不同国家出于国家利益的考虑，要建立本国的历史体系，强调自己国家历史的悠远，维护独立传统的辉煌，对此，即便有些观点有悖历史的真实，可以求同存异，以宽容之态度待之。所谓不正常的，是指个别国家或个别团体、个人出于狭隘民族国家利益考虑，不惜故意歪曲历史事实，并将历史问题现实化、学术问题政治化，通过被歪曲的历史事实，煽动民族主义狂热，对此我们应讲明历史真相，据理力争，绝不能姑息迁就。

上述原因是相互交织、互相影响的，情况十分复杂。对此，我们应本着国家利益高于一切的原则，保持政治警觉，潜心深化研究。

（二）个案举例

当前此类难点、热点问题颇多，大体上可分为两种类型。

1. 涉及国家与国家之间争议的个案

中国与朝鲜对历史疆域认识上的歧义

朝鲜、韩国史学界的主流观点是将整个"朝鲜通史"划分为以下历史阶段：旧石器时期—新石器时期—青铜时代—古朝鲜（新金属时期、卫满朝鲜、汉四郡）—诸联盟王国（高句丽、辰国与三韩）—三国时期（高句丽、百济、新罗）—南北国时期（新罗、渤海）—高丽—朝鲜—韩国。另外还有一种非学术意味更多一些的观点则是以"檀君朝鲜"时期来标记青铜时代和古朝鲜时期。

对于这个历史延续关系的表述，中国学者的观点与朝鲜、韩国学者有很大的不同。

首先，朝鲜半岛的青铜时代比中原大约晚 2000 年，正是青铜时代的中原居民将青铜文化带入朝鲜半岛，从而开创了朝鲜半岛文明史。公元前 11 世纪，箕子（名胥余，殷商王族）在朝鲜半岛北部建立了"箕子朝鲜"，其政体是古代西周王朝的一个侯国。"箕子朝鲜"与卫满朝鲜汉王朝设置郡县有确凿无疑的历史继承关系，"箕子朝鲜"存在与否是关系到朝鲜半岛文明史起源、朝鲜半岛民族国家的源流等关键问题。如果我们把"箕子朝鲜"、卫满朝鲜、汉四郡时期称为"古朝鲜"时期，这个"古朝鲜"与现在的朝鲜（韩国）古代民族国家并无直接渊源关系。① 这正是朝鲜、韩国一些人极力否认"箕子朝鲜"历史存在的主要原因之一。

其次，高句丽、渤海诸民族源出我国东北地区，在某些历史时期，它们的活动范围或者它们的政治统治范围扩大到了朝鲜半岛中部地区，但高句丽、渤海仍属于古代中国地方民族政权，沿袭的是汉四郡的统治。自 20 世纪 80 年代以来，高句丽史和渤海史研究被人为地抹上了浓厚的政治色

---

① 朝韩史学界把商周时期的"朝鲜"称为"古朝鲜"，包含于"檀君朝鲜"之中，这样一来就把古代朝鲜民族国家的历史时限大大提前，范围也随之扩大了。

彩，其核心就是归属问题。

高句丽古国是公元前 1 世纪勃兴于浑江、鸭绿江中上游一带的古代中国地方民族政权，起初无论其政治和种族以及地望都与朝鲜半岛南部的居民没有直接关系。魏晋南北朝时期，高句丽日益强大，向西扩张到辽河流域，向南则进入朝鲜半岛，首先攻击乐浪郡，迫使乐浪郡内徙，然后才开始与朝鲜半岛南部土著城邦小王国直接接触。迫于中原王朝的压力，高句丽于公元 427 年将都城迁移到平壤城（今朝鲜平壤），但这并不说明高句丽就成为一个朝鲜古代国家，除地望相接外，高句丽与百济、新罗的政体、种族仍完全不同。作为古代中国的一个民族政权，高句丽政治上隶属中央王朝，经济文化上依附中央王朝，其管辖范围内仍有大量包括汉族在内的原"四郡"居民。迁都后的高句丽与百济、新罗确实具有十分密切的关系，不管这种关系以和平还是以对抗的形式出现，其实质类似于后来辽金王国与高丽王国的关系，即古代中国民族政权与古代朝鲜民族国家之间的关系。当然，这时的百济、新罗还没有形成真正意义上的古代朝鲜民族国家。高句丽建国后，夫余等古代部族与生活在这个地区的汉民族居民融合而形成古代高句丽民族。与此相似的还有古代渤海民族。唐宋以降，高句丽、渤海国灭亡后，古代高句丽民族和古代渤海民族的一部分又重新融入汉民族之中，另一部分确实融入古代朝鲜民族中去了，这也给了今天怀抱民族主义史观的一部分人以混淆历史真相的机会。20 世纪 80 年代以后，朝韩史学界极力提高高句丽、渤海在朝鲜（韩国）古代民族国家发展史中的历史地位和价值，重要原因之一是虚拟的"檀君朝鲜"与统一后的新罗之间有巨大的历史空白需要填充。

因此，"古朝鲜"（包括"箕子朝鲜"、卫满朝鲜、汉四郡时期）、高句丽、渤海政权对朝鲜半岛的统治都是中国古代历史的一部分。如果仅就区域史而言，这些历史应属于朝鲜半岛文明发展史的组成部分，但不属于朝鲜（韩国）古代民族国家历史的内容。

综上所述，对朝鲜半岛历史研究诸关键问题，可以得出以下六点简明的结论：

第一，"朝鲜"一词首先是作为地域名称，然后是作为"东夷"中的某一支部族的名称记载到古代汉文史籍中的。公元前 11 世纪，箕子在朝鲜半岛建立了第一个以"朝鲜"命名的文明国家，这是古代中国统一王朝治下的一个侯国，正是"箕子朝鲜"首次赋予"朝鲜"具有政治含义。当代朝鲜史学界不但否定"箕子朝鲜"的存在，而且杜撰出一个强大的"檀君朝鲜"（或称"古朝鲜"），而实际上最初在朝鲜半岛上称名为"朝鲜"的城邦王国与后来建立的古代朝鲜民族国家除了名称相同外，没有任何政治和历史承继关系。历史上以"朝鲜"命名的朝鲜民族国家是李氏朝鲜王国，开始于公元 14 世纪末年。

第二，直到公元 6 世纪末，朝鲜半岛上还没有出现真正意义上的古代朝鲜民族国家，生活在半岛南部的"古朝鲜人民"还处于联邦城国时期，而半岛北部则一直在古代中国中央王朝的有效管理和控制之下，那里生活繁衍的是古代中国的子民。历史上的第一个朝鲜民族国家是 7 世纪中叶统一了半岛南部的新罗，朝鲜民族国家的历史以金氏新罗—王氏高丽—李氏朝鲜为承继关系。朝韩学者称为"古朝鲜"的历史，以及高句丽、渤海国的历史，都是古代中国边疆地区发展史的一部分，但不属于朝鲜民族以及朝鲜民族国家历史的基本内容。

第三，朝鲜半岛的原始人类来源于大陆，经过长期的迁移、融合的过程，一部分定居在朝鲜半岛南部并开始形成"三韩"原始部族，这是今天朝鲜民族的本源。7 世纪，以新罗统一朝鲜半岛南部为标志，古代朝鲜民族真正形成。其后在漫长的古代朝鲜民族发展历史中仍继承着大范围的民族迁移、融合的进程，包括女真（满族）、汉、蒙古、日本等在内，都构成今天朝鲜民族之重要源流。

第四，历史上的中朝关系是一种典型的、十分牢固的宗藩关系，最重要的原因之一是朝鲜民族从贵族到贫民都接受了传统礼治思想，认同并实践以儒家纲常学说为基础的封建礼法制度。历代朝鲜王朝都在政治上依附于中原王朝，经济和文化上更离不开中原王朝，历代中原王朝给予朝鲜最特别的礼遇和利益，主流是和好的。近代清朝出兵朝鲜没有超越传统宗藩关系的界限，是援助而不是侵略。

第五，从"箕子朝鲜"、卫满朝鲜到"汉四郡"，古代中国中央王朝一直有效管理和控制着朝鲜半岛的北部地区，其后高句丽、渤海延续了中央王朝对这一地区的统治。唐与新罗的疆界确定在大同江至龙兴江

（元山湾）一线。从新罗开始，历代朝鲜王国都采取了领土扩张政策，新罗时期自汉江流域扩张至大同江一线，高丽时期则逐渐推进到鸭绿江入海口至咸兴一线，李氏朝鲜完成了对朝鲜半岛东北部的扩张，历经800年的扩张，在15世纪后期最终将其北部疆界稳定在鸭绿江、图们江一线。

第六，古代史上朝鲜民族在异族压迫下出现过三次民族主义情绪的爆发，11世纪辽金时期的高丽出现了"三国"说，将高句丽纳入朝鲜民族国家历史范畴；13世纪元代的高丽又出现了"檀君朝鲜"说，杜撰出"强大的"以"檀君""古朝鲜"为名的朝鲜民族国家；18世纪清代的朝鲜则出现了"南北国"说，将渤海强行纳入古代朝鲜民族国家历史范畴。

现、当代的朝韩民族主义史观的出现固然有其长期被侵略、被奴役、南北分裂的历史背景，朝韩人民需要追崇祖先以加强民族意识和民族精神，这些都是必然的、可以理解的。但是，如果是以歪曲历史、贬低其他民族为前提，更有甚者，以煽动民族情绪、提出非法领土主权等要求为目的，则是我们绝对不能容忍的。在古代朝鲜半岛历史研究和古代朝鲜（韩国）民族国家历史研究以及中朝（中韩）关系史研究领域，我们应当十分重视非学术化的民族主义倾向的复活。同时，我们应结合东北疆域史和边疆理论的研究，大力加强对朝鲜半岛地区政治史以及该地区各古代民族形成发展史的研究，特别应当注意考古学、人类学、民族学、地缘政治学等学科基本方法的应用，以坚实的研究为基础还历史以本来面目。

古代中国和越南间的宗藩关系

越南古为交趾之地，是中国的南邻。中越关系源远流长。越南的信史，有2000余年，其中隶中国郡县千余年，称"北属时期"或"郡县时代"。越南建立自主国家，亦近千年。越南立国之后，中越两国之间始终保持着"宗藩关系"，直到1885年越南沦为法国的殖民地，这种关系才宣告结束。

中国封建王朝的统治，从公元前214年秦开岭南，设置桂林、南海、象郡开始。一般认为象郡包括今越南北、中部地区和广西南部的一些地方。秦末，边吏赵佗于公元前 207 年建立以今广州为中心的地方政权——南越国，于其地设交趾、九真二郡。越南古史把南越国列入王统，称赵佗为越武王，推尊为开国之君。公元前 111 年，汉武帝灭南越国，设九郡，其中交趾、九真、日南三郡在今越南，从此其地属中央王朝直接管辖。西汉虽有三郡之设，但被列为"初郡"，雒侯、雒将"主民如故"，且无赋税；及至西汉末东汉初，三郡久列郡县，不复为初郡，封建王朝派去的地方官掌握了郡级政权，统治当地的人民，并开始征收"调赋"。这种统治政策的强化，使固有的氏族部落制度面临崩溃的危机，雒侯、雒将行将失去他们原有的地位，引发了他们与中央王朝的矛盾。同时，地方官中的残暴贪墨之徒，更激化了封建统治与雒侯、雒将和人民的矛盾，终于在公元 40 年爆发了雒将之女征侧、征贰领导的"二征起义"。公元 42 年，东汉派伏波将军马援率军征讨，于次年镇压了这次起义。二征起义失败后，雒侯、雒将退出历史舞台，东汉的统治延伸到县级。马援最重要的建树，是把封建法律推行到交趾，以巩固封建生产关系。所以，中越学者大都认为：二征起义后，越南已完成了封建化进程，步入了封建社会。公元 679 年，唐于其地设安南都护府，因而越南又有安南之名。

唐朝初年，在交州之地设府（安南）、州（13 个）、县（39 个），此外设有羁縻州 32 个。从唐武德五年（622）到咸通七年（866）的 244 年中，由于安南时局时乱时安，因此唐朝在安南的统治机构多次变更。公元 622 年，安南都督府改为交州总管府，公元 679 年又改为安南都护府，后虽屡有更迭，但其统辖范围大体固定在今越南中部以北至中越边界一带，历任交州都督或安南都护的官员，均由唐中央政府委任、派往。

在唐代，安南地方多次发生地方势力起兵反唐的事件。但从总体上来看，这一时期，安南与中央王朝以及中原地区保持着经常和密切的政治、经济、文化联系和交往，唐王朝在安南实行的文教制度、培育和选择人才的政策以及推行汉文化的方针，取得了卓有成效的成绩。

这一时期安南与中原地区一样，普遍实行了唐中央统一的政治机构、组织原则；与中原地区一样全面实施了租调法和两税法。

唐朝灭亡后，中国进入五代十国的混乱时期，越南的封建主利用中原的分裂动荡之机，纷起割据。在大约半个世纪的时间里，先后有曲承裕、杨廷艺、矫公羡、吴权及丁部领五氏崛起，被称为"小五代"。曲、杨、矫三氏皆自称节度使，至公元939年，吴权称王，但时仅6年。公元944年，吴权卒，"管内一十二州大乱"，形成为时22年的"十二使君之乱"。直至公元968年，丁部领削平十二使君之乱，统一宇内，建立大瞿越国，摆脱了长达千年的中国郡县统治，开启自主王朝的新时期。丁部领建立的自主封建国家，在政治制度等各个方面完全仿效中国，一开始便确立了君主集权制度。丁部领在国内称皇帝，史称丁先皇，内政完全自理。这成为与中国确立宗藩关系不可或缺的条件。

当丁部领父子在越南建立自主国家的时候，中国出现了宋朝，结束了五代十国的混乱局面，重新获得统一。公元971年，宋太祖命大将潘美平岭南，南汉随之灭亡。丁氏父子害怕宋军乘余威荡平原属中国的交州，便主动于公元973年以丁部领之子丁琏的名义遣使贡方物，上表请封。宋太祖接受了丁氏的朝贡，封丁琏为检校太师、充静海军节度使、安南都护。至公元975年，丁氏再次入贡。宋朝承认了它是自己的"列藩"，破天荒第一次封丁部领为"交趾郡王"。这样，在宋太祖的时候，中越之间开始确立了宗藩关系。

有宋一代确立了中越之间的宗藩关系，为以后的历朝历代奠定了基本模式，尽管以后在实施过程中遇到这样或那样的问题，但这种模式及其内涵没有本质的变化。因此，在中越关系史的研究中，宋朝时期占有重要的地位。那么，宋代中越宗藩关系主要内涵如何呢？首先，越南的自主王朝要向中国朝廷朝贡，表示臣服；其次，以朝贡换取中国的册封。

明代初年，安南与明朝依然保持着宗藩关系，仅洪武年间，安南陈朝遣使至明朝请封、朝贡、谢恩、告哀就多达百余次；而明朝回访安南，颁宣诏书、回赐珍品、祭吊或册封安南王也达30余次。在14世纪末期，双方的关系主要是政治、经济方面的和平交往。

公元1400年国祖摄政胡季犛篡政，置国号大虞，是为胡朝。其立朝伊始便大规模入侵中国广西边陲。1406年明朝出兵安南，以捍卫领土、保卫边民，平息了胡朝的入侵，并重新在安南置设郡县，安南再次归入中国版图，这就是越南历史上的"属明时期"，维持了 20 年。在此期间，明朝在安南实行了一系列措施，以发展生产、繁荣社会、稳定秩序，取得良好效果。

在明朝统治安南的 276 年中，除"属明时期"外，对安南的基本政策是施行经济文化的广泛交流、互通有无、共同进步、睦邻相处的国策，在保持宗藩关系的前提下，双方经济文化交往比任何时期都更为频繁和密切，从而对双方封建社会的发展均发挥了重要的推进作用，尤其是对安南的发展更为重要，安南的封建政治制度、经济模式、文化传统更加深刻地受到中国的影响。

自宋以降，中国历代王朝对与越南的宗藩关系，既有理想主义的一方面，也有现实主义的态度。其理想是维持这种宗藩关系的模式，保护藩臣，但当其不能阻止新王朝的篡立时，便以"蛮夷易姓弈棋""蛮夷不足责"为辞，采取实用主义态度，承认篡立的新王朝而继续与其保持宗藩关系。明末清初，越南存在南方的阮氏、北方挟后黎皇帝而令诸侯的郑氏和盘踞高平一隅的莫氏三个割据政权。南方阮氏无法与中国联系而游离于中越宗藩之外，而郑氏和莫氏，不管是否正统，都受明清的册封，现实主义态度尤为明显。从总体上看，越南篡立的新王朝，即使其与中国的某次战争获胜，也自知无法与强大的中国长期为敌，往往遣使谢罪，吁恳请封，继续保持与中国的宗藩关系。因此，边衅和战争是短暂的，宗藩关系却绵延近千年之久。

中国在西周的时候，实行过贵族分权、封邦建国的政治制度，而秦统一六国后，就废封建，设郡县，实行皇帝集权专制的政治制度。中国的中央集权制与西欧中世纪的领主、封臣封建制是截然相反的制度。一个严格要求统一、集权，另一个则趋向分裂和分散。由于封建和集权是相反的，所以，自秦以降中国基本上就不再封邦建国，虽然汉代实行过郡县和郡国并行制，但郡国制为时较短，且不断"削藩"，因而可以说中国的"封建社会"无封建。所谓宗藩关系从政治制度层面上讲，是把国内已不推行的西周封建制和难以继续推行的汉代郡国制延伸到已经割据或建国或中央王朝不能直接控制的边远地区，从而与这些地区形成了"宗藩关系"。从思想观念层面上讲，"发轫于上古时代的'华夷'观念，在汉帝国时期开始引入中华帝国的对外关系中去……中华与'蛮夷'之间，逐步发展出一种古代类型的国际关系体系，即所谓'华夷'秩序"。① 以宗藩关系为主要内容的"华夷秩序"是中国社会、文化的产物，是一种不平等的关系，是儒家"君臣父子""忠孝节义"理念在对外关系中的延伸，要求周边国家对中国以臣事君和以小事大。越南深受中国文化的濡染，政治制度仿效中国，实行皇帝集权制，在对外关系方面，也如法炮制，与比他弱小的周边国家占城、真腊（柬埔寨）、哀牢（老挝）等建立了同样的宗藩关系。我们可以称之为"亚宗藩关系"。

2. 涉及与分裂势力争议的个案

当前以"台独""疆独""藏独"为代表的分裂势力，为了达到分裂中国的目的，在意识形态领域制造种种歪理邪说，历史领域是其重要舞台之一，其共同点是否认统一多民族中国与多元一体中华民族的存在，从政治上、文化上割断边疆地区与祖国的联系。

（三）应对的举措与建议

1. 研究层面言

坚持实事求是的思想路线，将中国边疆史，特别是历史疆域中的难点和热点问题，纳入正常的学术研究轨道，反对在历史研究中将历史问题现实化、学术问题政治化的倾向和做法，潜心研究，将科学的研究结论提供给学坛，进而推动相关问题研究，这是学人的职责。至于研究结论的差歧，完全可以在符合学术规范的规则下开展学术交流与争鸣，即使一时不能取得共识，在相互尊重的前提下还可以求同存异。

2. 管理层面言

正确处理研究与决策的关系，研究是进行正确决策的重要因素，但不是唯一因素。研究的最高原则是科学的求实，而决策的基本出发点是维护国家的根本利益。在研究与决策中，决策者（当然包括管理者）是矛盾的主要方面，在正确处理两者关系时，决策者需要有更多政治家的气度与远识，应该为研究者进行实事求是研究提供更有利的条件和保证，要允许学术研究中不同见解的存在，要努力创造一种氛围，真正做到把研究者的观

---

① 何芳川：《"华夷秩序"论》，《北京大学学报》（哲学社会科学版）1998 年第 6 期。

点作为学者的观点来对待，切不可把研究者的学术见解错当成某种政见而给以过度的重视或过分的责怪。

（本文首发于《中国边疆史地研究》2004 年第 3 期）

中国古代的边疆政策与边疆治理

一 中国的边疆

边疆，是一个含义较广的概念，国内外文献一般把边疆解释为"靠近国界的地方""边境之地"，或说是"一个国家边远的地区"。

边疆是一个地理概念。中国的边疆包括陆疆和海疆。陆疆是指沿国界内侧有一定宽度的地区，必须具备下述条件的地区才可称为陆疆地区，即一要有与邻国相接的国界线；二要具有自然、历史、文化诸多方面的自身特点。据此，当代中国的陆疆省区包括：黑龙江、吉林、辽宁三省，内蒙古自治区、甘肃省、新疆维吾尔自治区、西藏自治区、广西壮族自治区和云南省。严格地说，我们不能把整个内蒙古自治区、广西壮族自治区和黑龙江、吉林、辽宁、云南等省都视为陆疆地区。因为内蒙古自治区虽然从人文方面看是蒙古族普遍居住的地区，从历史方面看也有它发展的整体性和特殊性，但阴山山脉横亘其间，使山南与山北地区在自然条件、历史与人文特点和经济发展水平方面，实际上都存在着较大的差异。因此，将阴山山脉以北地区作为边疆地区并考虑到行政区域的完整性，应把横跨阴山山脉的锡林郭勒盟、乌兰察布市、巴彦淖尔市也都作为边疆地区，是较为适合的。广西壮族自治区东北部深入内地的桂林、梧州地区，亦不应作为边疆地区。黑龙江省南部哈尔滨市及其周缘地区，吉林省延边朝鲜族自治州、长白朝鲜族自治县和集安市以外地区，辽宁省丹东地区以外地区和云南省沿国境线诸州和地区以外地区，亦不应视为边疆地区。简言之，凡是有国境线的边境县的总和是当代中国狭义的边疆地区。顺便提及，在当今人们习惯中，也有将宁夏回族自治区、青海、贵州等省称为"边疆地区"，其实这是不确切的。我们可以称它们为"边远地区",但不能称为边疆地区,因这些省区均不具备与邻国相接的国界线。

边疆又是一个历史概念,它是随着统一的多民族国家的形成和发展而逐渐形成和固定下来的。中国是一个统一的多民族国家,历史悠久、文化灿烂。自秦始皇建立封建中央集权国家以来,出现过多次大一统局面。秦汉王朝开创了全国统一的先河,隋唐王朝疆域的开拓,扩大了中原传统政治、经济和文化与边疆地区的联系,实现了"华戎同轨""冠带百蛮,车书万里"。宋、辽、金之际,汉族与边疆各少数民族在新的历史条件下进一步增强了中华意识,各族人民克服了战争造成的种种困难,内地和边疆的开发与交流进一步发展。蒙古族建立的元朝,开创了我国少数民族一统全国的先例,中原和边疆地区的政治、经济、文化,乃至民族本身,发生了长达百年富有特色的大融合,改变了统一的多民族国家的传统结构和狭隘观念。及至明、清,特别是清朝前期,清政府在元、明两代基础上实现了新的全国大一统。清初内地划分18省,即直隶、山西、山东、安徽、江苏、浙江、江西、河南、湖北、湖南、广东、广西、四川、贵州、云南、福建、陕西、甘肃。其中云南、广西,以及台湾、海南和南海诸岛虽划入18省,但地处边陲,与邻国接壤,清政府对这些地区的政策与内地有区别;除上述地区以外,一般都视为边疆地区。由此可见,清代边疆包括:东北3省、内外蒙古、新疆、西藏、云南、广西、台湾、海南岛及南海诸岛,基本上形成了现今的疆域范围。

在中国历史发展长河中,有战乱、有分裂,但每次战乱和分裂,都为下一时期更大范围的统一和发展准备了条件。因此,在讨论历史上的边疆问题时,应考虑如下两个相互关联的因素:首先是指与中华人民共和国边界相连接的省区;其次是以此为基础,上溯古代,参考历代封建王朝边疆的实际情况予以综合考察。这就是说,当代的中国边疆与历史上的中国边疆有历史的继承性和延续性,但当代中国边疆又不能与古代的边疆简单地画等号,因为中国古代疆域呈现着稳定性与波动性相结合的特点。

综合现有的认识,海疆可以包含两大部分,一是大陆海岸线至领海基线之间的海域,这是国家的内海,其法律地位与领土完全相同;二是按当今公认的国际法,领海基线以外的国家管辖海域,包括领海、毗连区、专属经济区和大陆架等国家的管辖海域和岛屿。中国大陆边缘除渤海为中国的内海外，还有黄海、东海和南海，所以按海区划分为，黄海海疆、东海海疆和南海海疆。在上述海疆中最大的岛屿有台湾和海南（已分别为中华人民共和国两个省份），但在论及历史上的海疆时还必须考虑到拥有大陆海岸线的省区的客观实际。

因此，可以这样认为：

第一，边疆是一个政治概念，在中国历史上，国家政权在这一区域的统治形式往往呈现两种状况，一种是高度的中央集权统治，甚至是军事管制；另一种则是高度的地方自治。至于在某地实施哪种方式，则是因地制宜或因时而异。所以，从某种意义上讲，历史上的中国边疆在形式上是由国家政权的统治中心区到域外的过渡区域，即由治向不治过渡的特定区域。

第二，边疆有军事方面的含义，边疆地区是国家的国防前沿，即边防地区，因此在军事方面的战略地位自然十分重要，在国家面临外部军事威胁或武装侵略时就更为突出。

第三，边疆有经济方面的含义。由于自然环境和人文、社会条件等方面的原因，边疆地区在经济区域类型和发展水平方面往往与内地有着较大的差别。

第四，边疆也有文化方面的含义。正是因为边疆地区在以上诸方面往往与内地有着不少差异，所以其区域文化类型的形成是边疆地区社会发展长时期、深层次演进的结果，与边疆地区的居民构成（主要是民族或种族情况）有着十分重要的关系，但即使是同一民族在与外部的文化交流中（主要是边疆与内地的交流），其社会文化特点也会发生变化。

显然，中国边疆是一个历史的、相对的概念，只有综合地考虑了政治、军事、经济、文化和地理位置等方面的因素后，才能得出一个相对明确的答案。从历史角度看，许多少数民族自治地方（在不同时代、不同地区民族自治的本质和形式有别，如在古代有羁縻府州、土司地方等）属于边疆地区，但也不能就此得出自治程度高的地区就是边疆地区的结论。

二 统一多民族国家及其边疆地区的发展大势与历史特点

有着广袤的疆土和众多国民的统一多民族的中国，是经过一个漫长而曲折的发展过程后大致定型于现代状态的。边疆地区的发展是统一多民族的中国发展过程的有机组成部分，全国范围的发展状况决定了边疆地区发展的基础，边疆地区的发展状况也对全国范围的发展产生重要的影响。中国历史上的边疆有三种发展趋势或者是到当代为止的归宿：其一，原为边疆地区，经过长时期甚至是由反复的发展逐步变为内地的一部分；其二，曾是域外或边疆的地区，经过长时期甚至是有反复的发展，现在仍为中国边疆的组成部分；其三，由于外来势力的影响（直接的或间接的），曾是中国边疆有机组成部分的地区成为我国域外之地。在下面的论述中，我们会涉及以上三种情况的中国边疆。如果从宏观角度观察中国边疆的发展大趋势，那么结论只能是在历史发展的长河中，随着统一多民族国家的发展、壮大，由局部的小统一，到全国的大统一，终使广大边疆地区日益成为统一多民族中国的有机组成部分。

中国边疆是中国统一多民族国家长期发展的产物，其不但有着较明显的自然特征，更有着源远流长的历史特点。辨析中国边疆的历史特点，对于加深理解中国统一多民族国家发展的全过程和研究中国边疆问题有着十分重要的意义。如作简要的概述，中国边疆至少包括以下特点：

首先，广阔的地域——分散发展演进后的统一。中国是一个有着辽阔领土的统一的多民族国家，其边疆地区地域亦十分广阔。从东北到西南，陆地边疆地区面积即超过全国面积的一半以上，此外还有十分辽阔的海疆。中国各边疆地区在社会人文环境与自然地理条件方面往往存有巨大的差异，中国边疆是在分散发展演进后统一为一体的。这里所讲的分散与统一均有两重含义，讲分散既有从全国角度看边疆分散为若干地区，也有在一个大的地区中又往往可分为若干相对自成体系的局部；讲统一既有各大边疆区域逐步统一于中国的进程，也有各个边疆区域内部趋于一体的演进。每个大的边疆地区都有相对自成体系的发展史，这既是本地区的社会发展史，也是统一的多民族国家边疆史的重要组成部分。在东北边疆地区，该地处于东北亚一隅，东有海，西有大兴安岭山脉，北至东北西北部高寒地区，南则与华北地区相接。该地区有漫长的地区社会发展史，时常与蒙古高原和朝鲜半岛的社会发展有联系，但更主要的是与中原地区的发展密切相关。在东北地区自身社会发展的基础上，中原王朝对该地区的辖治有着时进时退的变迁，当契丹、女真（及后来的满洲族）在该地区发展起来并逐步进入中原地区后，该地区作为中国辽阔边疆一部分的地位得到了进一步的巩固。在北部边疆地区，主要是蒙古高原地区，这里地势开阔，适于牧业发展，但也时遇恶劣气候造成天灾。该地区的经济以游牧为主，社会发展波动性较强，居民流动性亦强。该地区自古就与中原地区联系密切，战争、和亲、经贸人员交往及移民潮都是连接纽带。当蒙古族在这一地区有了历史性的发展后，该地区作为中国北部边疆的地位也随之得到进一步的确认。当然，北部地区的社会发展与东北地区、西北地区的发展也有多方面的联系。在西北边疆地区，这里地域广袤，但间有高山、荒漠分隔；行路漫长而艰辛，但又是东亚至中亚及南亚、西亚、欧洲经济文化交流与民族迁徙的重要通道。这就导致了该地区社会发展的曲折复杂局面，但各地区在分散发展基础上的统一趋势却是十分明显的。在西部边疆地区，主要是青藏高原地区，高山大川的阻隔延迟了该地区统一发展的进程，但自吐蕃在此兴起以后，该地区与内地及其他边疆地区的联系日趋紧密，日益加深的多方面的双向交流最终导致这里成为中国边疆的重要组成部分。在西南边疆地区，热带、亚热带高原、平坝地形更加复杂，自然环境也为小规模人群提供小范围的生存空间，这里的居民有着漫长的相对与世隔绝的发展进程，但是缓慢却坚实少有反复的统一历程则代表了该地区社会发展的大方向，继实现了地区性统一的南诏、大理兴起之后，统一于中国版图的西南边疆地区的发展已稳定地融于中国发展历程之中。在南部沿海及海岛（主要有台湾岛和海南岛）地区，也有着边疆地区相对独立发展和逐步融于全国性发展进程的历史发展历程。

其次，多样的民族——自立发展基础上的融合。中国是一个统一的多民族国家，现代被确认的民族有 56 个，而中国历史上的民族（部族）演进则是一个十分复杂的问题。中国边疆问题与中国民族问题有着十分密切的关系，这不仅因为中国边疆地区是各少数民族主要的聚居地，而且各民族在自立发展（各民族都有以自己为主线的发展史）基础上的融合发展是构成统一的多民族中国边疆的基石。在这里，我们应该确立一个衡量民族发展的标准——任何形式的融合都是民族发展历史上的进步。汉族是中国人口最多的民族，也是居住分布最广的民族，汉族的发展对统一的多民族的中国及其边疆形成和发展具有至关重要的意义。汉族有着十分漫长而从未间断的发展史，而汉族得以以现代如此强大的状态自立于世界民族之林的重要原因之一就是与其他民族的不断融合。华夏民族是汉民族的主源，但华夏在自身发展过程中也与蛮、夷、戎、狄诸族结下了长期的不解之缘。形成于先秦时期并在古代中国成为传统的"夷夏观"并不是唯种族血缘论的，文化的标准在辨华夷时占有主导性地位。秦汉的统一，促进了汉民族的形成，也促进了汉民族与周边其他民族的融合。汉民族自形成后保持了不间断的自立发展史，并大量融合了其他民族人口，同时融于周边其他民族的汉族人口也有相当数量，正是因为存在这种双向融合现象，进而促进了更大范围的民族融合。一般地说，中国其他民族的自立发展和民族融合往往会曲折和复杂些。史料的缺乏妨碍了后人对少数民族发展史的认识程度，古代中国少数民族自身发展道路也是十分多样化的。一些民族流动性大，与其他民族的交流、融合程度和规模也大，不少曾显赫一时的民族自立发展史未能长期延续；一些民族则很少迁徙，与外部社会的交流也少，不少民族发展缓慢而延续。许多北方游牧民族属于前一种类型，而众多热带、亚热带丛林农耕民族往往属于后一种类型。经过漫长的历史演进过程，最终形成了统一的多民族中国的主人——中华民族。在中国边疆地区，还有一种民族现象也很普遍，这就是跨界民族的存在。形成一个民族跨界而居的原因是复杂的，但在我国，许多跨界民族是在帝国主义殖民者入侵中国及其周边国家的过程中形成的，而这种跨界民族现象的存在又增加了中国边疆地区民族问题的复杂性。

再次，悠久的历史——曲折发展过程中的连续。中国是世界上著名的文明古国，而且是世界各早期文明国家中唯一没有中断自身文明发展过程的国家，在这一前提条件下，中国边疆不但在人类文明史中具有最悠久的发展史，而且其发展史具有明显的连续性。中国边疆地区的发展史一般均可追溯到上古时期的石器时代，各个边疆地区社会发展速度或快或慢，但都或早或迟地纳入了中国统一的多民族国家连续性发展的轨道。中国古代文明最早是在中原农业区发展起来的，在中原以北以南这两个大方向上（包括东北、西北和西南）存在着游牧民族和热带、亚热带丛林地带的农业民族，扩大了的中原地区构成了发展中统一多民族的中国之中心地区，其外则是广阔的边疆。在漫长的岁月里，中原与边疆地区交往不断（既有经济文化交流，也有政治辖治或战争），中国边疆也就在这样复杂的环境中曲折发展，在面临近代中国边疆危机，即帝国主义殖民者入侵以前，中国边疆形势发展的总趋势是朝着有利于统一的多民族国家发展的方向演进的，即使是来势凶猛且入主中原的北方游牧民族也从未中断过中国历史发展的进程。到了19世纪中叶，帝国主义殖民侵略者给中国带来了新的边疆危机，这是与以往中国边疆问题性质截然不同的社会危机，中国独立发展的历史面临着中断的危险。但是强烈的挑战也逐步唤起了中国各族人民，经过百余年艰难曲折的探索与奋斗，统一的多民族的中国再次兴起，中国边疆也在继承数千年历史遗产的基础上进入了新的发展阶段。

最后，复杂的问题——多重矛盾发展的叠加。从历史发展的角度观察问题，中国边疆是中国统一的多民族国家发展到一定历史阶段的必然产物，是社会多重矛盾发展叠加的结果。作为中国统一的多民族国家的有机组成部分，全国性发展所遇到的矛盾在边疆地区也会发生，这是矛盾运作具有普遍性的一面。这类矛盾包括人类生存发展与自然环境制约的矛盾、生产力发展与生产关系制约的矛盾、社会不同阶级和阶层之间的矛盾、不同民族间的矛盾、不同文化传统和意识形态的矛盾、国家与国家之间的矛盾等。辨析这些矛盾运动是认识中国边疆现象的前提；与此同时，不可忽视的是中国边疆社会矛盾运动还有其特殊性；不同边疆地区的社会矛盾运动又有其特殊性，辨析那些边疆特殊矛盾运动是认识中国边疆发展现象的关键。边疆地区社会矛盾的特殊性往往体现为上述各类矛盾更集中地发生于一地，多重矛盾的叠加增加了边疆地区社会矛盾的复杂性，这对辨析矛盾线索脉络和寻求解决矛盾的方法都增加了难度。

三　中国古代的边疆政策

自秦帝国完成一统后，为古代中国的行政区域奠定了总的格局，即长期存在一个较稳定的中原地区，与此相对的是存在着广阔的周边地区，以中原地区为基础，中华民族向天然疆界之内的边远地区发展，并逐渐形成了多民族统一的国家。在这个统一的多民族国家的外部，形成了以天然疆界为基础的传统习惯线。这条客观存在的传统习惯线，到了近代，成为正式划定国界的基本依据。因此，古代中国的边界，不仅包括中原王朝的疆界，也包括周边少数民族政权的疆界。中国历史上无论哪一朝、哪一代都有自己的边疆问题。历代统治者为巩固自身封建统治，制定并实施治理边疆的政策，实行有效的管辖。

边疆政策的基本目的所在，概言之就是一个国家、一个政府在一定的思想指导下，采取多种手段守住一条线（边界线），管好一片地（边疆地区）。边疆政策有十分丰富的内涵，其重要方面包括陆疆政策与海疆政策，各个历史时期不同政权的治边政策；历代的民族政策、宗教政策、边防政策，与边界交涉相关的外交政策、边疆行政建置、边疆经济开发，以及边疆政策制定的重要前提之一的传统治边思想等。

中国历史上统一王朝的边疆政策既各有特色，又具有继承性和创造性，现对汉、唐、元、清诸朝的边疆治理和边疆政策试作概述。

（一）汉朝的边疆政策

1. 根据不同的边疆形势设立不同的管理机构进行统一管理

两汉王朝时期的边疆分布着众多的边疆民族，由于汉王朝对这些民族的统一方式不同，各民族和汉王朝的关系也存在着亲疏的差别，因而汉王朝对它们采取了不同的管理方式。汉王朝的边疆机构大致可以分为以下几种：一是设立郡县。秦始皇统一全国后分天下为三十六郡，并将郡县制推行到了边疆地区，汉王朝继承了这一制度，在北疆、东北边疆、西南边疆，以及南部边疆地区设立了众多的郡县，诸如东北边疆设立了玄菟郡、辽东郡、辽西郡等。这些郡县不仅管理边疆地区的民政，而且管理该边疆地区的防务。二是设立属国，管理内徙边疆民族。汉王朝在统一边疆地区的时候，有一些边疆民族脱离其民族主体而迁徙到了内地，为了管理这些民族，汉王朝设立了属国，置属国都尉管理，但其内部事务仍然由该内徙民族的酋长负责。如西汉王朝在今山西、陕西北部即设立了匈奴五属国等。这些内徙的民族，一方面成为汉王朝的直接管辖的臣民，另一方面也成为汉王朝边疆防御的重要力量。三是设置专门机构进行管理。在一些不具备设置郡县管理的边疆地区，汉王朝则设立了一些专门机构，诸如西域都护府是包括今天新疆在内的辽阔西北边疆地区的最高管理机构；护乌桓校尉则管理着活动于东北边疆地区的乌桓、鲜卑等民族；使匈奴中郎将主管北疆地区的匈奴；度辽将军则是从西域到东北整个北疆辽阔地区的管理机构。这些专门性机构即是汉王朝派驻边疆地区的最高长官，也是边疆地区的防卫长官，既理民政，管理边疆民族的有关事务，也理军政，管理戍守的军队、屯田的士卒，负责维护边疆地区的稳定。

2. 设立了完善的边疆防御体系

汉王朝在秦王朝边疆防御体系的基础上进一步完善了边疆防御体系。汉王朝的边防管理体系大致是由塞障亭隧、候望和屯田制度组成。汉王朝在广阔的边疆地区以长城为主干，设置完善的由塞、障、亭、隧组成的瞭望、预警和防御于一体的边防体系，不仅可以及时掌握边疆地区的情况，而且也可以防御来犯之敌，维护边疆地区的安定。由郡太守—君都尉—候—候长—亭、隧长—戍卒等构成的边疆防御组织指挥系统，可以有组织地协调边疆防务。除此之外，汉王朝在西北边疆地区、北疆地区，以及东部边疆地区进行了规范的屯田活动，既有军屯也有民屯，但以军屯为主。这些屯田的戍卒归属于边疆郡守或边疆专门机构、校尉的管理，他们既是边疆开发的重要力量，也是维护边疆安定的重要力量。

3. 根据不同的边疆民族制定了不同的政策

针对边疆地区分布的众多民族，汉王朝采取了不同的政策。如对强大的匈奴先后采取了和亲、武力进攻、纳降、内徙、分化瓦解等政策，最终将匈奴纳入了汉王朝的管辖之下，设置使匈奴中郎将进行管理；对西域城郭诸国则是先后采取了频繁遣使者往来以密切关系、武力征服、和亲、屯田、册封官爵等政策和措施，最终设置了西域都护统辖整个西域地区；东汉王朝对西羌则是采取了连续不断的武力征服政策；对南方诸族则采取的是郡县制和羁縻统治并行，"毋赋税"的政策；对边疆民族的反抗活动，汉王朝一般是采取武力讨伐的政策；等等。

两汉王朝大致存世4个多世纪，从边疆稳定、民族关系和睦的角度看，西汉王朝的边疆政策是较为成功的，这得益于西汉王朝国力强盛，政策得当。相比之下，东汉王朝的边疆政策则存在着一定程度的问题，尤其是对西域、西羌的政策并没有求得显著的效果，反而引起了西羌的不断反抗。东汉王朝的西羌政策从史书的记载看是以武力讨伐为主的，其原因在很大程度上讲是东汉王朝在护羌校尉的人选和管理方面存在较大弊端，对西羌的管理过于残暴，可以说东汉王朝对西羌的统治自始至终贯穿着反抗与镇压，而西羌的不断反抗则迫使东汉王朝对西域的经营时断时续，史称"三通三绝"，对东汉王朝经营和管理西北边疆产生了明显的负面影响。但不管怎么说，统一的秦汉王朝的出现对我国疆域的初步形成奠定了基础。

（二）隋唐王朝的边疆政策

隋唐两代是继秦汉之后我国历史上的又一次更大规模的统一时期，其统治区域不仅恢复到了秦汉王朝时期的水平，而且有所发展，尤其是唐王朝时期。由于经受了魏晋南北朝时期较长时间的民族融合，中国历史上传统的治边思想受到了一定程度的冲击，导致了隋唐两朝较为开明的治边政策的出现。唐高祖李渊在建立唐王朝的第二年即颁布诏书申明其治边政策的主导思想是"就申好睦，静乱息民""怀柔远人，义在羁縻"。一代名君唐太宗即位之后更是追求"治安中国，而四夷自服"，并宣称"自古皆贵中华，贱夷狄，朕独爱之如一"。① 在这种思想的指导下，尽管唐王朝也采取过诸如武力征伐的政策，但其治边政策的突出特点是以怀柔、羁縻为主。唐王朝的治边政策大致上可以从以下几个方面进行总结：

1. 设立了相对完善的以都护府、都督府为特点的边疆管理体系

针对众多的边疆民族，唐王朝确立了羁縻府州制度，以各边疆民族部落的分布范围作为羁縻府、州行政区划的基础，广置都督府和州、县；以边疆民族的首领为都督、刺史，管理府州的具体事务，并可以世袭；羁縻府州辖有的边疆民族百姓不向唐王朝缴纳赋税，户口也不上报户部，但各边疆民族的部落首领要向唐王朝缴纳贡赋，在众多的羁縻府州基础上设立都护府，由都护府直接管理，再统于唐王朝中央政府。唐王朝设置的羁縻府州遍布于东西南北各边疆民族地区，主要分布在关内道（包括北自贝加尔湖以北地区，南到陕西关中的广大地区）、河北道（包括辽阔的东北边疆地区以南至今河南省北部地区）、陇右道（西起咸海，东到甘肃省的广

---

① 司马光：《资治通鉴》卷 193《唐纪九》、卷 198《唐纪十四》。

大地区)、剑南道(北自陕西南部,南到云南省南部地区)、岭南道(西起云南省东部,东到福建省,南到越南中南部地区),涉及的边疆民族主要是突厥、回纥、党项、吐谷浑、奚、契丹、靺鞨、高句丽、西域诸族、羌、西南诸族、岭南诸族等,见于记载的羁縻府州有856个。这些羁縻府州主要统辖于单于、安北、安西、北庭、安东、安南六大都护府,其中安西、北庭都护府管辖西域各羁縻府州;安北、单于都护府管辖北疆的各羁縻府州;安东都护府管辖东北边疆的羁縻府州;安南都护府则辖有南疆各羁縻府州。都护府一般设置大都护、副大都护等官职,职责是管理辖下的边疆民族,具有抚慰、征讨、叙功、罚过的职权。

2. 设立完善的边疆防御体系

为了维护边疆地区的安定,唐王朝确立了军镇屯戍制度。"兵之戍边者,大曰军,小曰守捉,曰城,曰镇,而总之者曰道。"[1] 军、城、镇等皆有使职专领,镇下又有戍。唐王朝在边疆地区设置的这些防御机构由于兴废不定,数目难以确切统计,见于明确记载的镇是204个、戍393个。军、守捉、城、镇、戍都有兵力配备,大的军镇兵力多达数万,少者数千,并可随时调派边疆民族军队作为补充。

3. 以怀柔、招抚为主的边疆民族政策

唐王朝为了巩固自己的统治,对边疆民族也采取过武力讨伐的政策,如自唐太宗时开始的对高句丽的讨伐即持续了数代,但从总体上讲唐王朝的边疆民族政策是以怀柔、招抚为主。唐王朝对边疆民族采取的和亲政策次数之多、持续时间之长是历代王朝所无法比拟的,先后对吐谷浑、吐蕃、契丹、回纥、突厥、奚、突骑施、南诏等施行了和亲政策,将公主嫁与这些边疆民族的首领,目的在于改善或加强和这些边疆民族的关系。作为以怀柔、招抚为主的边疆民族政策的另一面则是通过册封来规范和边疆民族的臣属关系。册封是唐王朝对势力较大的边疆民族经常采取的政策,一方面册封是确定唐王朝和边疆民族"君臣之位"的重要手段;另一方面由于唐王朝国力强盛,边疆民族得到唐王朝册封可以提高自己在边疆地区的威信,故唐王朝也经常利用册封来削弱边疆民族的势力或调整各边疆民

---

[1] 《新唐书》卷50《兵志》。

族之间的关系。唐太宗册封薛延陀可汗的儿子为小可汗，即对其势力由盛转衰产生了重大影响。唐王朝边疆民族政策的另一项重要内容是内徙。在边疆民族的居地设置羁縻府州进行管理是针对多数边疆民族而采取的措施，但是也有不少边疆民族或因战乱，或被武力征服，或躲避自然灾害而款塞内徙，离开了自己传统的居地。对这些民族唐王朝往往是妥善安置，或内迁其至中原，如高句丽灭亡后有众多的部众被安置在江淮一带；或在边疆地区府州安置，如唐王朝初期在北疆安置突厥降众等。

4. 积极开发边疆的政策

唐王朝为了巩固对边疆的统治，也采取了积极开发的政策，其主要内容是发展屯田、开辟互市贸易等。屯田是基于戍守的需要而推行的，主要目的在于解决军队的补给问题，"凡边防镇守，转运不给，则设屯田，以益军储"，① 军屯的数目史书明确记载有992屯，当然实际屯田数目要远远超过此数。互市，是针对边疆民族生产、社会对交换的需要而采取的政策，有官方和民间两种，唐王朝为了对互市贸易进行有效的管理还设置了互市监。唐代的互市场所不仅在边疆地区广泛分布，在都城也有分布，贸易的规模十分可观，如唐和回纥的绢马贸易多者唐王朝要付给绢数百万匹。唐王朝对边疆地区采取的这些政策对于促进边疆地区的经济发展起到了十分重要的作用。

5. 宽松的文化传播政策

发达的中原文化对边疆民族产生了强大的吸引力，边疆民族向唐王朝派遣子弟求学，以及请求颁赐书籍的记载频频见于史书记载，如吐蕃、渤海、高句丽、新罗等不断派遣子弟入唐学习。对于边疆民族的这些要求，唐王朝一般都是予以满足，不仅妥善安排边疆民族子弟学习，而且将众多汉文经典书籍颁赐边疆民族，这是以前各代所未曾采取的政策，不仅有利于汉文化的传播，而且也促进了边疆地区的文化发展。

从总体上看，隋唐王朝时期我国的疆域较秦汉王朝时期有了进一步的发展，尽管其对极为边远的边疆地区的统治采取的是相对松散的羁縻方式，但也多是行之有效的，并且得到了众多边疆民族的承认，唐太宗李世

---

① 《旧唐书》卷43《职官二》。

民被奉为"天可汗"即表明了这一点。

（三）元朝的边疆政策

元朝的疆域是前代所无法比拟的，《元史·地理志》载："自封建变为郡县，有天下者，汉、隋、唐、宋为盛，然幅员之广，咸不逮元。"元朝的疆域从今天的地理情况看大致是从东部沿海到今新疆地区，从南部的南海地区到北部的鄂霍次克海都在元朝中央政府的直接管辖之下。在广阔的边疆地区，分布着众多的边疆民族，为了巩固边防，也为了加强对边疆民族的统治，元朝在边疆治理方面采取许多行之有效的政策。这一政策可以从以下几个方面加以概括：

1. 建立完善的边疆管理体系

元朝以中书省作为中央最高行政管理机构，在地方上则设置行中书省，简称行省。岭北、辽阳、云南、湖广、甘肃等行省位于边疆地区，具体负责边疆管理的事务，包括边疆民族。这些行省管辖的范围十分广泛，如辽阳行省管辖的范围甚至达到了黑龙江之东北极边。为加强对边远地区的统治，元朝在距行省较远的路、府、州、县所辖区域内设置了宣慰司都元帅府，"其在远服，又有招讨、安抚、宣慰等使，品秩员数，各有差等"①。为迅速传递诏命和情报，元朝还建立了从首都行政中枢到遥远边疆地区的驿站制度。行政区域在边疆地区的广泛设置，发达的驿站制度，将边疆地区和中原紧密地联系在一起，元朝实现了对边疆地区广泛而直接的管理。这些也反映着历代王朝对边疆地区的管理取得了实质性的进步。

2. 设置专门管理系统以加强对吐蕃地区的统治

元朝之前吐蕃地区虽然和中央王朝都有亲疏不同的关系，但中央政府一直没有能将吐蕃地区纳入直接管辖之下，元朝实现了对吐蕃广阔地区的管理，为此也在这一地区实施了不同于其他边疆地区的管理方式和政策。根据吐蕃宗教盛行的特点，元朝对吐蕃采取了政教合一的政策。在中央设置的管理吐蕃事务的机构是帝师和宣政院。帝师是主管全国宗教事务的官员，一般情况下并不直接管理吐蕃事务，而是通过宣政院或向皇帝推荐吐蕃地方官的形式来实现。宣政院对吐蕃的管理主要包括：管理宗教事务、

---

① 《元史》卷91《职官志》。

负责指挥重大军事行动、审理案件、举荐地方官、调整吐蕃地区的行政机构、管理驿站等。在吐蕃地方，元朝设置了两个宣慰使司都元帅府，隶属于宣政院：吐蕃等处宣慰使司都元帅府管辖吐蕃东北地区，即今甘肃、青海、四川境内的藏族聚居区，下设置有万户府、总管府、元帅府、千户所等机构；吐蕃等处宣慰使司都元帅府管辖吐蕃东部地区，即今四川、云南境内藏族聚居区，下设置都元帅府、招讨使司、安抚使司等机构；乌斯藏等三路宣慰使司都元帅府管辖吐蕃西部和中部地区，下设置元帅、招讨使、万户等。

3. 因地制宜、因俗而治地确立治边政策

漠北是元朝的兴起之地，设置岭北行省加以管理，省内的基本行政单位仍然是蒙古传统的千户、百户、十户，分属于诸王、贵戚、勋臣，并由晋王直接管理。同时，为了加强对北疆的管理，元朝在这里部署了大量的军队，在戍守的同时进行屯田。辽阳行省是东北边疆的主要管理机构，下设7路1府，辖下有军民万户府、元帅府和提刑按察司、巡防捕盗所等机构，对境内的边疆民族，诸如女真、水达达等实行因俗而治的政策。由于东北地区冬天雪大，因而元朝在这里设置的驿站有45处之多，以便于地方机构之间、镇戍军队之间的联系。对西北边疆虽然也采取了设置军政机构、建立驿站等政策，但针对当时西北边疆的情况也采取了其他一些措施。如通过册封、联姻等政策笼络畏兀儿首领，使之成为维护西北边疆地区安定的重要力量，以防备西北诸王势力的增长，但最终这一政策并没有取得明显效果，后元朝被迫收缩在西北边疆地区防线至今哈密一带。对西南边疆的统治先是采取大元帅或都元帅辖下的万户、千户制度，后改为行省制度，行省兼领军民二政，下设37路、2府、54州、47县，实行直接统治。在边疆民族地区又设置了宣慰司、都元帅府等机构进行管理，并大量任用当地土官，因俗而治。对南部边疆的民族地区除设置宣慰使司、都元帅府、宣慰司、都元帅府、安抚司等机构外，大量任用土著首领对边疆民族进行管理，即史称的土官制度。

元朝在我国疆域的形成方面贡献有三：一是将吐蕃地区纳入了中央王朝的直接管辖之下，为我国版图的奠定作出了突出贡献；二是一些自秦汉以来历朝各代所确立的羁縻统治区域被元朝纳入了中央王朝的直接统治区域，实施直接有效的行政管理；三是在治边的过程中元朝不断向边疆或中原地区派兵屯戍，或移民实边，导致了民族杂居格局的进一步发展，为中华民族的进一步形成创造了条件。

（四）清朝的边疆政策

满族贵族，以少数民族入主中原，并建立起空前大一统帝国，历时260余年，清朝统治者的治边思想既有继承中国历代封建王朝治边思想大成的一面，又有根据时代需要和自身民族特点创新发展的一面，颇具特色，且自成体系。清朝统治者治边思想基本内容的主要方面，以下三个方面是不容忽视的。

首先，对汉族封建统治者传统的"华夷"观进行创新和发展。在儒家典籍中，往往强调华夷有别。孔子曰："夷狄之有君，不如诸夏之无也。"（《论语·八佾》）其意是说，诸夏无君都比夷狄有君强。至于"内其国而外诸夏，内诸夏而外夷狄"（《春秋公羊传·成公十五年》），更是中原地区汉族封建统治者所极力强调的。这种华夷有别的思想，对汉族封建统治者产生很大影响，往往成为他们治国方略的重要依据。但是，华夷有别的思想并不是绝对的，即使在儒家学说中，也还有强调华夷相通、以华变夷的思想。孔子作《春秋》，主张"诸侯用夷礼，则夷之；进于中国，则中国之"。（韩愈：《原道》）在中国历史上，大一统王朝往往在政治上反对严华夷之别。清朝由满洲贵族建立的封建王朝，清朝统治者就反对严华夷之别。雍正皇帝曾说："不知本朝之为满洲，犹中国之有籍贯。舜为东夷之人，文王为西夷之人，曾可损于圣德乎？"[1] 乾隆皇帝在对大臣的奏疏批示中也表示："蒙古、汉人，同属臣民，如有书写之处，应称蒙古、内地""今乌灵阿奏折，犹以夷汉二字分别名色，可见伊等全未留心""若再行传谕沿边各督抚知之，如有仍旧书写之处，朕必加以处分。"[2] 清朝统治者创新之处，一是要求各民族承认满洲贵族建立清王朝为正统，二是为了实现以人口数量处于明显劣势的满洲统治者能控制内地人口数量处于优势的广大汉族，清朝统治者在调整满汉关系的同时，十分重视联合汉族以外的少数民族上层，首先是蒙古上层贵族，把边疆政策的制定，并在推

---

① 《大义觉迷录》卷1，《清史资料》第四辑，中华书局1983年版。
② 《清高宗实录》卷354，乾隆十四年十二月戊寅。

行中不断完善，作为基本国策的一部分。这在实践上，对维护多民族国家的统一，推进大一统有积极意义。

其次，从"中外一体"（指内地与边疆为一整体）的认识出发，主张以积极态度治理边疆各民族，使其起到"屏藩""拱卫"作用。对此，雍正皇帝有很好的阐述："夫我朝既仰承天命，为中外臣民之主，则所以蒙绥服爱育者，何得以华夷而有殊视！而中外臣民既共奉我朝以为君，则所以归诚效顺，尽臣民之道者，尤不得以夷华而有异心。"他还说："自我朝入主中土，君临天下，并蒙古极边诸部落俱归版图，是中国之疆土开拓广远，乃中国臣民之大幸，何得尚有华夷中外之分论哉！"①

最后，坚持"恩威并施"与"因俗而治"相结合的治理原则。前者为我国历代封建王朝惯用的统治方针，清朝统治者亦奉行不替；后者在唐朝推行的羁縻政策中虽已初见端倪，但清朝突出强调"修其教不易其俗，齐其政不易其宜"，使"因俗而治"方针在清代特别在清代前期取得了较好的统治效果。如清代学者李兆洛指出，由于清朝政府奉行了"因俗而治"的方针，并不是对传统的简单继承，而是根据大一统国家总体安全目的出发有所改变和发展。雍正年间在西南地区大力推行"改土归流"即是明显例证。康熙末年，西南边疆地区土司、土官拥兵割据、横行不法日趋严重，严重阻碍清朝多民族国家的统一。此时清朝并未因袭传统而保留其原存土司制度，而是逐步进行改土归流，特别于雍正初年，雍正皇帝在云南、贵州、四川、广西、湖南广大地区大力推行"改土归流"措施。清政府在推行这一措施进程中，虽然在平定土司叛乱的军事行动中给各族人民带来了灾难，但从历史的长远观点看，"改土归流"有利于多民族国家的统一和稳定。

清政府边疆管理的各项制度与措施是清代统治者治边思想、方针的具体化，涉及行政、军事、民族、宗教等诸多方面，完备而周密。在实际运作中，是以行政管辖体制的改进完善为中心环节，与其他措施相辅相成，把提高边疆各少数民族的向心力与加强有效行政管理，维护国家疆土有机结合。其突出成效是把边疆与内地的整体联系推进到一个新阶段，从疆域大一统进

---

① 《大义觉迷录》卷1，《清史资料》第四辑，中华书局1983年版，第3、5页。

入政治大一统，并在边疆民族地区形成了持续稳定、统一的政治局面。

清朝政府对于边疆管理的举措其内容要点如下：

1. 行政管理体制的改进和完善

在中央，设立理藩院，与六部平行，主管边疆民族事务，在清代前期理藩院还兼管中外交涉事宜，为使管理规范化，制定并不断修订补充《理藩院则例》《回疆则例》等法规，通令实施。在地方，在加强中央集权，保证政令统一的前提下，因地制宜、因俗而治，采用适合当地民族社会的统治体制，而不强求划一。如东北三省为将军制下的州县、八旗并存制；内外蒙古为盟旗制；新疆为将军辖下的伯克、州县、札萨克制；西藏以达赖和驻藏大臣协同管理噶厦政府制；西南地区改土归流酌情保留土司制；台湾为隶属福建的府州县制；等等。

2. 制定笼络安抚少数民族上层的各项政策，如封爵、给俸、年班朝觐、联姻等

笼络安抚首重蒙古是清政府的基本国策，并取得了有利于清政府统治的政治效果。

3. 从治国需要出发决定对待各种宗教的方针政策

对于维护自身统治有益的宗教，大力加以扶植；对于那些于政权稳固不至于造成直接威胁的宗教，采取不干涉其信仰的相对宽容的政策；对于凡是认为于巩固统治或保持疆土不利的宗教或教派，则予以取缔，严厉打击。在具体做法上则是：坚持宗教不能干预皇权，限制宗教的世俗权力；坚持依法治教，同样实施众建以分其势的方针；等等。

总之，从明清之际我国社会状况和历史发展总趋势看，清代前期的边疆政策基本上符合历史发展要求，有利于统一多民族国家发展大势。因而在客观上显示出它的积极作用。当然，清政府作为封建政权，其边疆政策实质是从维护以满洲贵族为首的封建国家以及各民族上层的根本利益出发的，具有鲜明的阶级性和历史的局限性。随着清政府的日益腐败，边疆的各种社会矛盾也日益加深。当英国用鸦片和大炮敲击中国大门时，清政府的边疆政策仍是墨守成规，它的破产的结局便成为不可避免的了。

四 中国古代边疆政策的特点

中国古代边疆政策自秦汉时期初具规模后，经隋、唐、元、明、清统

一王朝的充实、完善，到清朝形成了完整体系。清代边疆政策可谓集中国封建王朝边疆政策之大成，具有如下四个特点。

（一）历史的继承性

中国封建时期的边疆政策，既有明确的政策目标和各项具体措施，又有实施政策的组织保证——从中央到地方完善的行政机制。清代的边疆政策在继承中又有创新。我们从历史上的羁縻政策、和亲政策中可以找到清代军府制、盟旗制、满蒙联姻等政策措施产生、发展的历史轨迹，我们还可发现康熙大帝一改历代固守长城、消极北防政策的创造性雄才大略。

（二）地域的广阔性

清代前期，经康熙、雍正、乾隆三朝的经营，其有效管辖范围，除18行省（兼有台湾）外，还包括有奉天、吉林、黑龙江、内蒙古六盟、喀尔喀蒙古各部、唐努乌梁海、新疆和西藏，成为一个幅员广阔、疆界明确的统一的多民族大帝国。因此，清代的边疆地区包括了今天的黑龙江、吉林、辽宁、内蒙古、甘肃、新疆、西藏、云南、广西等省区；至于沿海诸省，以及台湾、海南（包括南海诸岛）则无论古今都是中国边疆地区的重要组成部分。这些地区无论在历史发展、社会经济、民族民俗等方面均各具特色，清朝政府的统治政策的具体内容也因地而各异。

（三）内涵的多样性

地域的广阔性，决定了清代边疆政策内涵的多样性。清代的边疆政策包括了自成一体的海疆政策和陆疆政策。清代前期海疆政策中对沿海地区的治理和对台湾、海南的治理，又各不相同。陆疆政策则涉及从东北到西南的广大地域，东北的军府制与新疆的军府制内容并不相同，而在西藏和西南地区，则又根据当地政治、历史、民族的特点，分别实施驻藏大臣制和通过改土归流来加强中央政府对西南诸省的统治。

（四）影响的现实性

清朝是中国历史上最后一个封建王朝，清前期的赫赫国威和清后期的屈辱挨打，对于清代疆域的形成与变化，均有直接影响。而当今我们的疆域的基本格局，基本因袭了清代，鸦片战争后清朝政府在帝国主义列强侵略下，丧土失地，为今天的边界纠纷留下祸根。要解决当代的边界纠纷，必须弄清清代前期疆域的形成和近代以来疆域的变化，以及清政府边疆政策失误之所在。因此，认真研究清代边疆政策的成败得失，对于维护国家统一、民族团结、边疆安定都具有实际的借鉴作用。

在认识古代中国边疆政策时，还有两个问题需予重视。

一是中国古代"大一统"思想在中国古代边疆政策形成过程中的作用。"大一统"是中国古代占据主导地位的政策思想之一。"大一统"的理想在秦汉时期变成了社会现实。"大一统"思想也成了当时社会上占主导地位的政策思想。董仲舒概括指出："春秋大一统者，天地之常经，古今之通谊也。""大一统"思想，几千年来浸润着我国人民的思想感情，这是一种无形却有形的强大的向心力。以国家统一为乐，以江山分裂为忧，是中华民族天经地义的政治价值取向，并发展成为中华民族的政策思想定势，推动了中华民族的整体发展，同时在推动中国古代统一的多民族国家形成和发展中起到了积极的促进作用。

传统的"大一统"思想及王朝统一的规模对疆域的范围有很大影响。鸦片战争以前，古代中国曾四次出现大一统局面。其中有两次是由汉族统治者完成的，而另外两次则是边疆民族入主中原后完成的。汉唐两代致力于完成统一大业，把千余年来中国各地区各民族孕育着的大一统要求变成现实。但是与元代相比，汉唐统一的规模要小得多，元朝虽然只统治了近百年，但蒙古贵族集团"以马上得天下"的元朝疆域空前广大，它的大一统局面得到了中华各民族的承认和肯定。明太祖朱元璋曾说："天生元朝，太祖皇帝起于漠北，凡达达、回回、诸番君长尽平定之，太祖之孙以仁德著称为世祖皇帝，混一天下，九蛮八夷，海外番国归于一统，百年之间其恩德孰不思慕，号令孰不畏惧，是时四方无虞，民康物阜。"① 元代所创造的全国规模的大一统，给中国历史与中华民族的发展带来巨大而深远影响。满洲人建立的清王朝，对统一多民族国家的奠定作出的历史贡献是独特的，历史上任何时期的疆域版图及其有效控制程序，均没有达到清朝的规模。因此，可以说历史上中国空前"大一统"版图的奠定是 18 世纪中国的突出特征。自秦汉以来中国即以统一的多民族国家面貌出现于世，悠悠两千载，其间，汉、唐、元诸代均是举世著名大一统帝国，清王朝对全

---

① 《明太祖实录》卷198，洪武二十二年十二月。

国的统一和对边疆的经营是这一历史进程的继续和发展。清政府对边疆的经营首先是从实现疆域大一统开始，进而发展到对边疆地区的全面治理和地区性开发。清政府的统一事业经过了四个阶段：一是平定三藩和统一台湾；二是雅克萨之战和签订《尼布楚条约》；三是康、雍、乾三朝对准噶尔及天山南路的用兵；四是驻藏大臣的设立与改土归流的推行。清代前期上述四个阶段的实施进程是极其复杂的，既有智谋的较量，亦有实力的对抗。中国边疆地区地域广阔、民族众多，历史上生活在边疆地区的众多部族与中原王朝的关系也比较复杂。康熙、雍正、乾隆三帝在完成统一大业的实践中创造了统一边疆地区的不同模式，大体可归结为三种，其一是以和平方式完成统一——喀尔喀蒙古部的归附；其二是由间接管辖到直接管辖——对西藏地方的施政；其三是以武力实施统一，如平定准噶尔部的战争。

清朝政府对边疆地区的统一，其进程曲折复杂，其形式多种多样，但清政府的出发点一是入主中原、自持正统，二是实现"大一统"是不变的政治目标。而统一的三种形式仅仅是为达到"大一统"目标而因地因时采取的不同策略手段。清朝统一边疆，一般是使用和平招抚方法，使其接受清中央政策管辖，纳入统一的多民族国家版图。清朝对一些边疆地区民族政权，一时尚不能直接进行统治时，或借助其他力量进行间接统治，实行较宽松的管理制度，但决不允许有背离清朝大一统的行为，一旦时机成熟，即由间接统治向直接统治转变。对不肯接受清朝政府统一政策的边疆地区部族和政权，和平招抚无法奏效，甚至武力对抗，清朝亦不惜以兵戎相见，但是在一般情况下是剿抚两手并用，尤其是在武力征讨奏效后，即实施安抚政策。

二是清代的边疆治理，实现了由内边防务到外边防务为主的根本性转变。古代中国疆域之边有"内边""外边"之分。古代中国有漫长的统一时期，也有多次出现割据的现实。统一时期的边疆治理，通常是指中央政权对控制薄弱的少数民族地区所采取的防范和治理措施。割据时期的边疆治理，通常是指在政权与政权之间的对峙地区和对边远民族地区所采取的防范措施。古代中国范围内的大小政权的边，可称之"内边"，所以古代中国传统治边主要是针对边疆内部的问题。明代以后，情况发生了变化。明王朝的倭患持续了近200年。随着西方殖民主义的崛起，侵略势力滚滚东来。17 世纪以来荷兰侵占台湾，俄罗斯侵入黑龙江流域，19 世纪的鸦片战争，西方殖民主义用大炮敲开了中国的大门，使我国新疆、西藏、云南、广西等一些边疆省区和沿海地区的外患威胁日益突出，出现了边疆全面危机的严重局面。殖民主义者的入侵，可称之为"外边"。明代以后，在古代中国内边防务依然严重存在的同时，现代意义上的边防即外边防务问题开始提上议事日程。面对变化的形势，清朝统治者仍在沉迷于治理"内边"为主的边疆政策的传统中不思进取，致使清前期边疆政策的辉煌很快成为明日黄花。清后期边疆政策的全面破产，成为导致丧权辱国、割地赔款的一个重要因素。

（本文首发于《从文明起源到现代化——中国历史 25 讲》，人民出版社 2002 年版）

试论当代中国边疆治理的几个问题①

一 当代中国边疆地区的战略地位

当代中国边疆地区的战略地位可以从两方面来认识。我们要从历史发展的高度来看中国边疆地区的战略地位。当代中国人继承了先辈给我们留下的两项举世瞩目、无与伦比的历史遗产。一是幅员辽阔的统一多民族的国家；二是人口众多、多元一体的中华民族，这是中国不同于世界上任何一个国家的特殊的国情。简单说，就是统一多民族的中国和多元一体的中华民族。这两大历史遗产既是有形的，又是无形的，既是物质的，又是精神的。

统一多民族的中国，是在经过了一个漫长和曲折的发展过程后大致定型的。从先秦时期开始，在现代中国领土内开始形成了一个核心区域，这个区域大致在黄河中下游至长江中下游一带。在这个中心区域建立政权的既有华夏也有"夷狄"，既有汉族也有边疆民族。在国家的发展进程中，边疆地区的发展是它的有机组成部分。全国范围的发展状况，决定了边疆地区的发展水平，边疆地区的发展状况，对全国范围的发展也产生了重要的影响。

多元一体的中华民族，它既是一个民族共同体的概念，又是一个国族的概念。多元是指统一多民族国家形成过程中各民族所具有的个性和特色，也就是各民族在语言、地域、经济、文化、心理等方面所具有的多样性和表现形式上的特殊性。一体是指各民族在共同发展过程中相互融合，

① 本文写作时曾参阅了下列成果：周平《中国的崛起与边疆架构创新》，《云南师范大学学报》（哲学社会科学版）2013 年第 2 期；郑汕《中国边疆学概论》，云南人民出版社 2012 年版；李国强《当代中国海上边界问题的现状与前瞻》，载郑永年、林文勋主编《21 世纪的中国边疆治理与发展》，社会科学文献出版社 2003 年版；高新生《中国共产党领导集体海防思想研究（1949—2009）》，时事出版社 2010 年版等，特予说明并致谢！

相互同化所形成的民族共同体的共同特征和一体化的趋势。这种由多元到一体的特点，在中华民族的形成过程中自始至终都是存在的。

这两大历史遗产既是物质的，又是精神的，这两大历史遗产有一个共同的关键点，那就是边疆地区。所以从这个意义上来说，中国的边疆在中国历史发展的全过程中，具有特殊的战略地位。中国这个统一多民族国家，如果没有了边疆这个因素的话，这个统一多民族国家就不会成为一个统一多民族国家，如果没有中国边疆地区存在的话，那么生活在这个地区的，我们中华民族的各民族可能也进入不了统一多民的范围里。这是从历史发展的角度来看中国边疆地区的战略地位。

从现实的角度来看中国边疆地区的战略地位，可以从这三个角度来看。第一个角度，边疆地区仍然是中国国防的前线。尽管现在高科技的信息战等发展了，战争的形态也相应发生变化，但是中国的边疆地区仍然具有国防前线这个特殊的功能，是保卫中国安全的第一线。

第二个角度，是改革开放的前沿，是中国走向世界的前沿舞台，也是展示中国实力的前沿舞台。

第三个角度，是当代中国可持续发展的一个重要的组成部分。大家可以设想，如果边疆地区长期的落后，长期的滞后，何谈中国的全面发展？如果边疆地区不发展，怎么能够使中国进入小康社会？加之，陆疆地区地大物博，资源丰富，有取之不尽的宝藏。而按照《联合国海洋法公约》的有关规定，我国可以主张的管辖海域面积可达 300 多万平方千米，接近陆地领土面积的 1/3。我国还有近 40 万平方千米的领海，70 万平方千米的油气资源沉积盆地，约 400 亿吨的海洋石油资源量，约 14 亿立方米的天然气储量，太平洋海底还有我们向联合国申请到的 7.5 万平方千米锰结构开发区。1978 年，我国海洋经济只有三个传统的产业：渔业、交通、晒盐，现在，从产业结构的角度，从原来的三个产业发展到七八个主要的产业，例如新兴的石油、滨海旅游、造船等，都呈现良好的发展势头。所以边疆地区的发展关系着中国可持续发展的全局。

二 中国边疆治理的当代演进

（一）新中国成立后边疆地区形势

中华人民共和国成立，实现了国家主权的独立，民族的解放，是中国历史上具有划时代意义的事件。新中国成立，边疆地区形势发生了翻天覆地的变化，简言之有三：

一是，获得了国家主权的独立，实现了政治上的统一。近代以来，中国国家主权大量丧失，整个国家，山河破碎，边疆危机，国土沦丧，新中国成立后，国家获得独立的主权，废除了帝国主义国家依据不平等条约在中国享有的特权，实现了政治上统一。这样，国家就可以在全部边疆区域行使主权，进行完整边疆治理。

二是，实现了民族解放。历代王朝国家治理边疆，主要是处理与边疆民族的关系。近代以降面对帝国主义列强侵略加剧，在严重民族危机生死考验下，各个民族联系加强了。当20世纪初新的民族概念——中华民族在古老的中国大地出现以来，各个民族形成了对中华民族的认同，这一认同在抗击日本侵华战争中得到新的升华。中华人民共和国成立，标志着中华民族这个民族共同体获得了独立。因此，国家范围内所有区域，包括辽阔的生活着众多少数民族的边疆地区也是这个新的民族共同体家园的一部分。

三是，建立了强大的国家政权，实行人民民主专政。历史事实证明，积贫积弱的旧中国，国家领土安全都难以保障，更何谈边疆安全、边疆治理。新中国成立，强大的国家政权，是边疆治理得以实施的最大保证。

以上三端，为新中国边疆治理提供了政治基础，创造了重要条件。但是，新中国成立之初，从总体上看，边疆地区总体形势呈现复杂、严峻态势，大体可归纳为存在如下六个问题。

第一，边疆安全问题。在东面，以美国为首的帝国主义阵营，在中国周边拼凑了日美韩台联盟、东南亚条约组织、中央条约组织，对社会主义中国形成了遏制包围圈，同时还发动了朝鲜战争；在南方，印度支那半岛依然处在法国殖民者的战火中。复杂而严峻的国际形势，给边疆安全造成了相当大的压力。另外，在边疆地区，还存在盘踞在境外的国民党军残部对我边疆地区进行袭扰，国民党部队叛乱，以及隐藏在边疆的敌特分子与藏匿在边疆的土匪相互勾结、造谣惑众、制造事端、挑拨民族关系，残害新政权干部和少数民族积极分子，制造恐怖气氛等问题。这一切，都对边疆的稳定和安全构成直接的威胁。

第二，政权建设问题。1949 年 10 月 1 日，毛泽东在天安门城楼上向全世界庄严宣告："中华人民共和国中央人民政府成立了！"那是新的中央人民政府成立的日子。而新的地方政府的成立，有先于中央政府的，也有晚于中央政府的，并不是同步进行，边疆地区政府的成立普遍晚于中央政府。在中央人民政府成立的时候，边疆地区政府尤其是中下级政府，有的尚在国民党军队的控制之下，许多地方的政权是历史长期形成的少数民族政权，如土司政权、西藏的噶厦政府等。因此，如何尽快地在边疆地区建立起人民政权，是边疆面临的一个重要问题。

第三，民族关系问题。边疆地区是我国少数民族的主要聚居区，生活着人数众多的少数民族。它们与汉族的关系复杂，历史上存在着较深的隔阂，各个少数民族之间的关系也不简单。而且，少数民族普遍信仰宗教，各个民族信仰的宗教又不相同，宗教关系常常与民族关系纠缠在一起。这种关系是在长期的历史过程中形成的，这种复杂情况，构成了边疆各种矛盾的焦点，也给新政权在边疆地区开展各种工作造成严重的影响，影响着边疆工作的展开和各类边疆问题的解决。

第四，社会改造问题。受自然条件和历史因素的影响，边疆的社会发展程度也与内地存在较大差距，而且各民族的社会发展不平衡。新中国成立之初，边疆绝大多数民族都处于前资本主义社会形态，其中有的少数民族还处于奴隶制阶段，有的甚至处于原始公社后期的农村公社时期，成为社会形态多样性的"活化石"。整个边疆少数民族地区，就是一个"活的社会发展史"。边疆社会形态与内地之间巨大的差距以及由此导致的异质性，是边疆特殊环境条件造成的，又是进一步引起边疆其他问题的深刻根源。因此，对边疆社会进行改造，减少边疆社会异质性，增大边疆社会与内地社会的同质性，是新中国成立初期一个巨大的边疆问题。

第五，边界划定问题。边疆与国家的统治范围紧密联系。王朝国家时期的疆域，是国家统治所及的范围。长期以来，这样的范围是由王朝国家政权的统治能力和所依托的国家实力决定的，往往是王朝国家单方面决定的。18 世纪中叶，清王朝才通过与沙皇俄国签订条约的方式，确定了东北和北部边界，使我国出现了近代意义上的边界。但是，直到新中国成立，我国绝大部分的边界仍然没有划定，既没有对边界进行过勘定，也没有与相关国家签订过边界条约。绝大多数边界都是国家的实际控制线，而不是由相关国家通过条约确定的边界。因此，着手解决边界问题，与相关国家签订边界条约来确定边界，仍然是一个有待解决的边疆问题。

第六，开发建设问题。边疆地区虽然山川壮丽，地理位置重要，但大多自然条件较差，交通不便，远离国家的核心区域，经济欠发达，历史上的开发和建设不够，所以，边疆经济发展的水平较低，基础设施落后，自我发展能力弱。新中国成立之初的边疆，生产方式落后，经济发展水平极低，基本上没有什么建设项目，交通设施奇缺，没有像样的教育设施，缺医少药的情况普遍存在，在经济和社会发展方面与内地悬殊。面对这样的形势，对边疆进行有计划地开发和建设，发展边疆经济，改善人民生活，改变边疆地区贫困面貌，缩小边疆与内地在经济和社会发展方面的差距，就成为一个十分突出的问题。

因此，新中国边疆治理观的战略定位可做如下概括：

一是，将边疆置于国家主权和领土的框架下，形成一种全新的边疆治理模式；

二是，国家将边疆作为维护国家主权和领土安全的关键区域，全面加强边防和边境管理；

三是，国家着力开展全面的边疆建设，促进了边疆的巩固、稳定和发展；

四是，把边疆置于国际形势，尤其是地缘政治格局的总体形势中，注重运用国际规则来处理、解决与我国边疆有关的邻国争端；

五是，基于国家发展的战略全局，对海洋和海岛的管辖给予高度关注，并将其纳入边疆治理的战略全局之中。

（二）边疆治理演进的阶段

新中国的边疆治理是一个逐步演进的过程，在中华人民共和国不同发展的历史阶段有不同的重点和特点，大致可以改革开放为界划分两个时期。

1. 从新中国成立到"文化大革命"结束，即 1949 年至 1977 年

这一时期又可以 1965 年为界分为两个阶段。

从新中国成立初期到 1966 年"文化大革命"前。这一阶段中国边疆治理在党中央的统一领导下，由国务院和中央军委共同分管。中共第一代

领导集体都是领导人民通过革命方式推翻旧政权的伟大政治家，不仅十分重视边疆问题，而且在边疆治理方面显示了宏图大略，他们以开国元勋的宏大气魄，从国家大战略的高度采取了强有力的措施来处理边疆问题，其中主要者有：

一是，确立了边疆地区行省制和民族区域自治制双轨并行的政区体制，在边疆省区先后成立了内蒙古自治区、新疆维吾尔自治区、西藏自治区、广西壮族自治区，而黑龙江、吉林、辽宁、甘肃、云南仍保持行省政区建制。

二是，确定在党中央统一领导下，由国务院和中央军委共同分管的管理体制。国务院各部门都有涉边的机构，国家民族事务委员会（简称国家民委）则统一领导和协调全国的民族工作。中央军委主要负责边疆省区的军事防卫，总部设边防局。边疆的军事防卫由解放军与公安部队协同分段管理。公安边防部队实行双重领导体制，由中央军委和公安部共同领导。

三是，在完成边疆省区地方政权建设的基础上，依据边疆省区不同的特点，推进社会主义改造，边疆社会面貌得到翻天覆地的变化。随着社会主义建设的全面展开，政治、经济、文化、社会建设方面的普遍性政策措施的实施，有力推进了边疆省区的建设和发展。

四是，着力面对并谨慎处理历史上遗留下来的边界问题，捍卫国家领土主权，建设睦邻周边关系。

"文化大革命"十年。1966 年以中共中央发出《五一六通知》为起点，全国开展"文化大革命"。8 月，党的八届十一中全会通过了《无产阶级文化大革命的决定》，一场长达十年的内乱在全国展开，边疆省区难以置身事外，同样受到严重波及，直到 1976 年粉碎"四人帮"，1978 年党的十一届三中全会召开，国家的边疆治理才走上排除"左"的干扰的新的征程。

这一阶段由于"以阶级斗争为纲"的政治路线，"政治边防"的口号背离了实事求是的原则，政策上提出了"民族问题的实质是阶级斗争"，抹杀了中心区域与边疆民族地区的差别，统战、民族、宗教事务管理工作受到严重干扰；在经济建设上推行高指标、高估产、高征购，照搬内地"穷过渡"做法，割资本主义尾巴，破坏农牧业结合的经济结构，给边疆人民生活造成困难；"打倒帝修反"的口号和行动造成周边关系的紧张。同时"文化大革命"十年，中央和地方政权机构遭到冲击，甚至处于瘫痪状态。

"文化大革命"结束，各地政府机构逐步恢复工作，但因"两个凡是"的思想没有得到纠正，边疆治理仍笼罩在"抓纲治国"的阴影中，直到党的十一届三中全会召开，通过真理标准大讨论，拨乱反正，才使边疆治理翻开历史新的一页。

2. 改革开放以来的边疆治理，即1978年至今

1978年党的十一届三中全会以后，全党工作着重点转移到经济建设上来。在拨乱反正的基础上，从边疆的自然条件、生态环境、民族特点、宗教信仰、经济结构等实际出发，为边疆的改革开放制定了一系列特殊政策。

在思想上强调一切从边疆的实际出发，贯彻落实"解放思想、实事求是、与时俱进"的思想路线，不搞"一刀切、一锅煮"；

在政治上坚定不移地贯彻党在社会主义初级阶段的基本路线，坚持以经济建设为中心，坚持改革开放；

为维护边疆长治久安，坚持民族区域自治制度，大力加强民族团结，落实各项民族政策和宗教信仰自由政策，维护社会稳定。

为支持边疆地区的可持续发展，出台西部大开发战略和支持边疆地区发展的特殊政策，如财政倾斜政策、对口支援政策等，推动边疆经济体制改革，大力发展社会生产力。

在边政机构设置方面，废除了"文化大革命"时期形成的"政社合一""一元化"的"革命委员会"和"人民公社"建制和体制，本着有利于管理、有利于经济发展、有利于团结、有利于方便群众、有利于巩固国防五个原则，恢复了"党政协调"、实行"中央垂直领导""内地和边疆联动"的行政机制，中央统战部、国家民委、国家宗教局分管统战民族宗教工作；地方则以省（区）、州（盟）、县（旗）、乡等行政建制，逐步打破边疆地区原有的体制障碍，进行制度更新。

（三）边疆治理举措试议

边疆治理千头万绪。从治疆大战略视野观察，以下四项边疆治理举措是必须予以关注并应着力研究的，在此我试做述评。

1. 边疆省区实行省制和民族区域自治制并行的行政区划体系

中华人民共和国成立后，中国行政区划进入省市区制阶段，是中国多元化行政区划的发展时期。虽然行政区划的主体部分仍沿用省制，但对行政区划制度进行了一系列改革和调整。其中最为重要的改革是将历史上单一的地域型行政区划系统改造为现行的四大行政区划系统，形成了中国现代行政区划体系。四大行政区划系统是指：地域型行政区划系统，城市型行政区划系统，民族型行政区划系统，特别型行政区划系统。

在中国 9 个陆地边疆省级行政单位中，实行传统行省制有 5 个，即黑龙江、吉林、辽宁、甘肃、云南 5 省。

而中国 5 个民族自治区有 4 个属陆地边疆省级行政单位，即内蒙古自治区、新疆维吾尔自治区、西藏自治区和广西壮族自治区。

中国是一个统一的多民族国家，除汉族外，还有 55 个少数民族。1949 年 9 月颁布的《中国人民政治协商会议共同纲领》第 51 条规定：各少数民族聚居的地区，应实行民族区域自治。1954 年 9 月颁布的《中华人民共和国宪法》明确民族自治区域分为自治区（省级）、自治州（地级）、自治县（县级）三级，在相当于乡的民族聚居地不再建过去称为的自治区，而建民族乡。从此，从自治区到自治州到自治县的一套独具中国特色的民族型行政区划系统形成。至 2011 年 12 月底统计，全国有 5 个自治区，30 个自治州、5 个盟，116 个自治县、49 个旗和 3 个自治旗。

最早成立的自治区是 1947 年 5 月 1 日成立的内蒙古自治区。首府是呼和浩特。内与黑龙江、吉林、辽宁、河北、山西、陕西、宁夏、甘肃等省区相邻，外与俄罗斯、蒙古国交界。国境线长达 4221 千米，全区面积 118.3 万平方千米，约占全国总陆地面积的 1/8。

1955 年 10 月 1 日，新疆维吾尔自治区成立，首府乌鲁木齐。东面和南面与甘肃、青海、西藏等省区相邻，从东北到西南与蒙古、俄罗斯、哈萨克斯坦、吉尔吉斯斯坦、塔吉克斯坦、阿富汗、巴基斯坦、印度交界。国境线长达 5700 余千米，全区面积 165 万平方千米，约占全国总陆地面积的 1/6。

1958 年 3 月 5 日，广西壮族自治区成立，首府南宁。与广东、云南、贵州、湖南等省相邻，与越南相交界，国境线长达 1020 千米。全区面积

23.6 万平方千米。南临北部湾，海岸线长 1595 千米，与海南隔海相望，约占全国陆地面积的 1/40。

1965 年 9 月 1 日，西藏自治区成立，首府拉萨。北临新疆维吾尔自治区，东北紧依青海省，东连四川省，东南界云南省，南与西部与缅甸、印度、不丹、锡金、尼泊尔等国接壤，国境线近 4000 千米。全区面积 120 余万平方千米，约占全国总陆地面积的 1/8。

还有一个不属边疆省区的民族自治区是 1958 年 10 月 25 日成立的宁夏回族自治区。

民族区域自治制，是中国政府治国理政的一项基本制度，是治理边疆地区的基本方略。边疆地区民族区域自治制度在新世纪的深化发展，要统筹与考虑如下因素：民族因素与区域因素的结合、政治因素与经济因素的结合、历史因素与现实因素的结合、制度因素与法律因素的结合。总之，推进民族区域自治制度的完善，是中国政府面临的历史性任务。

2. 历史上遗留边界问题的解决

中华人民共和国拥有 960 万平方千米的陆地领土，是世界上仅次于俄罗斯和加拿大的陆地领土第三大国；陆地边界线总长 22000 多千米，是世界上陆地边界线最长的国家；与 15 个国家接壤，也是陆地邻国最多的国家；同时，拥有 300 万平方千米的海洋国土，18000 多千米的大陆海岸线和 6500 多个岛屿，与 8 个国家在海上相邻或相向。

新中国成立以来，边界问题一直是关乎我国领土完整、国家安全、民族尊严，以及周边稳定和外交大局的重要问题。抗美援朝战争以来，中国人民解放军进行的五次作战行动均是为了维护我国的领土主权，即 1962 年对印自卫反击战、1969 年中苏珍宝岛之战、1979 年对越自卫反击战，以及 1974 年收复西沙和 1988 年收复南沙有关岛礁两次海战。目前，中国已与 12 个陆地邻国划定了边界，但遗留下来的陆地边界划界任务仍十分艰巨，且面临着与 8 个海上邻国的海洋划界问题。

中国的陆地边界从东北部中朝边界的鸭绿江口，到西南部中越边界的北仑河口，依次同朝鲜、俄罗斯、蒙古、哈萨克斯坦、吉尔吉斯斯坦、塔吉克斯坦、阿富汗、巴基斯坦、印度、锡金、不丹、尼泊尔、缅甸、老挝和越南接壤。

新中国成立初期，中国面临着巩固国家政权、恢复经济生产、改善人民生活等刻不容缓的任务，边界问题一时难以提上日程。20世纪50年代中期以后，中国的内、外环境有了较大改善，中、印、缅倡导的和平共处五项原则成为发展新型国家间关系的指导原则，为中国与邻国谈判解决边界问题创造了客观条件。

从1956年年初开始，经过友好谈判，中缅两国就解决边界问题达成一致，于1960年10月1日正式签署了边界条约，这是新中国与周边邻国签订的第一个边界条约。随后，1961年至1963年，我国相继与尼泊尔、朝鲜、蒙古、巴基斯坦、阿富汗5个邻国签订了边界条约。与6国划定的边界线总长度约10326千米，占我国陆地边界总长度的47%。这是中国解决边界问题的第一个高峰。此后的相当长时期，由于受国际局势变化和国内"文化大革命"的影响，中国与邻国的边界谈判工作没有重大进展。

20世纪90年代以来，随着国际形势深刻变化和中国改革开放和社会主义现代化建设的现实需要，在"睦邻友好，稳定周边"的外交方针指导下，中国边界工作迎来了第二个高峰。从1991年到2006年，通过和平谈判，中国先后与俄罗斯、老挝、哈萨克斯坦、吉尔吉斯斯坦、塔吉克斯坦和越南6个国家签订了边界条约。

解决边界问题的基本原则和历史经验可做如下归纳：

一是，边界工作要准确把握好维护国家领土主权与稳定周边的关系。

维护国家的主权和领土完整是边界工作的首要目的，每一项具体的边界工作都要切实体现"寸寸国土寸寸金"，都要最大限度地捍卫国家的领土主权。但是为了使问题获得解决，为国内的经济建设创造和平稳定的周边环境，又需做出必要的妥协。两者的总体目标是一致的，都要追求国家利益的最大化。

二是，解决边界问题的原则是通过平等协商、互谅互让、和平谈判，求得公平合理的解决，边界问题解决之前维持边界现状不变。

禁止使用武力与和平解决争端是载于联合国宪章的国际法基本原则。领土边界争端只有通过平等协商、互谅互让、和平谈判的方式解决才符合国际法的要求。这一原则的合理性和有效性，在实践中得到了广泛而深刻的验证，使得中国与周边各国，特别是与小国顺利地解决了困扰各自多年的领土边界问题。

边界问题解决之前维持现状，是为了避免发生冲突，保持边境地区的和平与安宁，从而为解决边界问题创造条件和气氛。否则，双方很容易发生边境冲突乃至战争，增加边界问题解决的难度。

三是，历史与现实相结合，特定时期的国际形势和中国对外政策是重要的现实因素。

中国与邻国的边界是历史形成的，解决边界问题不能脱离历史，但这并不意味着把整个历史都翻出来作为依据。中国古代，比如汉、唐、元、清时期，曾有过非常辽阔的疆土，可是以后不少地方脱离了中国版图，我们就不能以此来提出我们的领土要求，要正视现实。两国人民经过长期生活而自然形成的传统习惯边界线，是国家之间确定边界的重要依据之一。此外，某一时期的国际形势和中国对外政策是中国在解决边界问题时需要考虑的重要现实因素。

四是，按照国际法的一般原则对待旧界约。

1949 年中国人民政治协商会议《共同纲领》规定，对旧中国政府与外国政府所订立的各条约和协定，中华人民共和国中央人民政府应加以审查，按其内容，分别予以承认，或废除，或修改，或征订。但是对于边界条约中国政府采取了按国际法的一般原则对待的基本方针，即一个国家在国体改变和新政府成立后，对旧政府同外国签订的划定边界的条约一般应予继承，如果需要进行调整，也需在已经签订的旧条约基础上，通过同双方政府协商加以调整。中俄、中越等边界均是在旧约基础上划定的。

五是，遵循国际惯例划界和勘界。

国际上的划界、勘界实践中形成一些惯例，如以山为界时的分水岭、山脊线、山梁线、山脚线原则，以水为界时通航河流以主航道中心为界、非通航河流以水流中心线或主流中心线为界的原则等，已成为国际习惯法，是中国与邻国解决边界问题时所遵循的重要依据。

在与邻国解决边界问题时，我们将国际法的一般原则和国际惯例作为与对方谈判的重要依据，争回了不少我们应得的权益，有力地维护了国家的领土主权。比如中俄国界东段，由于沙俄和苏联违反国际惯例，在以黑龙江和乌苏里江为界的大部分地段将国界划在了中方岸线上，导致江河中的岛屿大部分由俄方控制。经过谈判，最后双方按国际惯例以主航道中心线或水流中心线明确了两国边界线，争回了应属中国岛屿面积 300 多平方千米。

3. 中国现代边防体制的调整

边防体制是指一个国家关于边防领导力量和边防实施力量的构成、分工、职责范围等以及与之相配套的体系化制度，是具有权威性、系统性、差异性、稳定性的基本制度。中国边防体制是具有中国特色的边防体制，是多元力量联合的陆、海、空分工协作的防管体制。

中国边防经过 60 年的建设和发展，大体经历了两大阶段，前 30 年为组建充实阶段，后 30 年为改革发展阶段。其边防体制曾进行过 5 次调整。

边防建设是国防建设的重要组成部分，自新中国成立至今，中国边防体制经历了 5 次大的调整。第一次调整是在 1949 年 11 月至 1951 年 12 月，是解放军与公安分段防管时期。1949 年 11 月，国家成立公安部边防局。1950 年公安部召开全国第一次边防保卫工作会议后，形成遍布全国边境的基层边防管理和检查机构以及相应的边防力量。1951 年 6 月 15 日，在北京召开的第一次全国边防工作会议决定，在与帝国主义及其附庸国家接壤的边疆和沿海地区，武装警卫任务主要由国防军担负；在中苏、中朝、中越边境地区和国家口岸，建立边防分局、边防派出所，采用警察防管制。这就奠定了人民边防的基本体制。

第二次调整是在 1951 年 12 月至 1958 年 7 月，是公安防管时期。1951 年，中央将原边防机构和边防部队整编为中国人民解放军边防公安部队。同年 12 月，经中共中央和中央军委批准，全国内卫、边防和地方公安统一整编为"中国人民解放军公安部队"，受中央军委统一领导，公安部门的边防机构负责具体业务指导。1955 年 7 月 18 日，国防部命令将中国人民解放军公安部队改为公安军，担负国境警卫、边防检查、海上巡逻、边防侦查等任务。1957 年 9 月 1 日，中央军委决定撤销公安军番号及其领导机构。总参警备部负责对边防部队的业务指导，这一阶段的边防体制是由公安负责防管的基本体制，这种体制持续到 1958 年 7 月。

第三次调整是在 1958 年 7 月至 1966 年 5 月，是公安与解放军分段防管时期。1958 年 7 月，中央决定除中印、中缅边界边防任务仍由部队担负

外，其余边界的边防任务移交公安部分管。同年 10 月，党中央下达了
《关于整编公安部队的通知》，将中国人民解放军序列内所属的公安部队移
交国家公安部，编入人民警察部队序列。1961 年 10 月 23 日，边防警察部
队番号不变，建制仍归公安机关，但实行公安机关与军事部门双重领导体
制。自 1963 年 2 月 1 日起，又将边防警察部队改称为"中国人民公安部
队"，并仍实行中央军委和公安部双重领导。1963 年 12 月，中央决定将
中苏、中蒙边境地区公安部队及其所担负的任务移交中国人民解放军领
导，翌年，将福建公安部队移交福建省军区领导，其余公安部队仍实行双
重领导，中朝、中越边境的边防任务由公安部队负责。西藏、海南、新疆
的边防任务由人民解放军负责。这种调整仅是领导体制的调整，整个边防
体制仍是公安部队与解放军分段防管的人民边防体制。

第四次调整是在 1966 年 5 月至 1973 年 4 月，是解放军防管时期。
1966 年 5 月，中央决定撤销公安部队，边境防卫与管理交由中国人民解放
军担负。林彪在"文化大革命"中，提出了"政治边防"的口号，边防
部队于 1969 年由边防站体制改为战斗边防体制。

第五次调整是在 1973 年 4 月至今，是公安与中国人民解放军分工防
管时期。1973 年 4 月 5 日，全国陆地边防工作会议决定，边防具体业务工
作由军队移交公安机关负责。改革开放以来，1980 年 1 月国家正式组建边
防武装警察部队，以适应对外开放的需要。边防武警担负部分边界地段的
边防任务和出入境边防检查任务。军队和公安的分工主要体现在任务的区
别上。1981 年 12 月 11 日，解放军边防部队担负的中朝、中缅边境云南段
边防任务的部队，改为边防武警，移交公安部门领导。1982 年 6 月，组建
中国人民武装警察部队总部，边防保卫局纳入总部序列。翌年，公安部边
防局撤销，业务工作归武警总部司令部领导。1985 年，公安部边防局正式
恢复，负责全国边防检查、边境管理、机场安全检查等业务工作。1991 年
成立国家边防委员会，负责指导、协调有关部门和地区的边防工作。1992
年机场安全检查和飞机监护工作移交民航部门。1997 年，成立出入境边防
检查总站，将边防检查现役警察改为职业警察。2003 年，将公安边防部队
担负的中朝边境、中缅边境云南段一线防卫与管理任务移交中国人民解放
军边防部队。至此，中国的边防体制，形成了中国人民解放军边防部队负

责一线防卫与管理，公安武警部队负责二线治安和出入境管理的分工防管体制。

4. 海疆与海防

（1）中国海疆现状

根据《联合国海洋公约》规定，因沿海国所属海域的权利和义务不同，而形成了内水、毗连区、专属经济区和大陆架等不同名称的海疆范畴。1992年2月25日第七届全国人民代表大会常务委员会第二十四次会议通过《中华人民共和国领海及毗连区法》，对中国的权力海域进行了界定，中国主张管辖的海域自北而南有渤海、黄海、东海、南海4个闭海或半闭海，总面积473万余平方千米。其中中国内水和领海37万平方千米；专属经济区面积为395平方千米，居世界第22位；可得到的大陆架以绝对面积计算居世界第14位。上述不同管辖层次的海域即是中国现代的海疆范围。

与中国隔海相望的邻国自北而南依次是：韩国、日本、菲律宾、文莱、马来西亚及印度尼西亚6国，越南和朝鲜则在陆、海两方面与中国互为邻国。

（2）中国政府海防思想的演进历程

新中国成立后，中国政府的海防思想演进大致可以改革开放为界，划分为前后两个阶段。前30年海防思想的基本内核是围绕防御外来威胁，在此基础上稳步进行海防建设。改革开放以来，中国政府的海防思想随着为实现建设海洋强国战略思想的形成和发展有了新的发展和变化。

新中国成立后，中国海洋方向的形势一直严峻，海防在整个国防中占着特别重要的地位。正是在这样的形势下，中国政府高度重视中国的海防建设，明确海防为中国今后主要的国防前线的战略思想，并且不失时机地实现了由"沿岸防御"战略向"近岸防御"战略的转变，为达此目标，组成一支强大的海军成为当务之急。1949年10月新中国成立前，中国人民解放军于4月组建了海军。在福建、浙江、广东三省海岸，面对国民党的袭扰，中国人民解放军采取了重点守备并保持机动兵力于内地，以公安部队在沿海地区建立突击力量，构成海上、岸边和纵深三道防线。在海防建设上，新中国成立初从"沿岸防御"战略需要出发，1950年正式组建第一个海岸炮兵营开始，在中央军委统一部署和沿海各军区努力下，岸炮阵地很快遍布中国海岸线，成为中国人民解放军海防炮兵的骨干。为了提高炮兵的生存能力，从 20 世纪 50 年代末开始，岸炮部队的基本火力单位陆续进入石砌阵地和坑道阵地，武器装备和人员由暴露转入隐蔽状态，并且具备了一定的防原子弹、防化学武器的能力。同时，遵循"全面规划，长远考虑，收缩点线，突出重点，同步建设，协调发展，分期分批，完善配套"的基本指导原则，沿着中国的海岸线，相继建立大连、天津、青岛、烟台、上海、宁波、福州、厦门、广州、汕头、湛江、榆林、海口、三亚等几十个港口、码头和机场。

20 世纪 50 年代以来，海防战略实现由"沿岸防御"到"近岸防御"的转变，强调"威慑"与"防御"并重的海防战略，据此，中国海军首先是一支具有战略上防御和战术上进攻能力的防御性海军，其次是一支实施近海作战的海军。从当时实际情况看，按照海军的实际作战范围，所谓"近海"，应当只是距离海岸几十海里，从现在意义上说只能称作"近岸"。因此，当时的海军，只是一支精干的轻型海军，当时没有能力也不必建造重型舰只。重要的是突出其机动性、隐蔽性和突击威力。20 世纪 50 年代至 70 年代，海军贯彻积极的防御战略，形成了"海上破袭游击理论""海上独立战场理论""依托岛岸作战理论"和"战争初期海军作战理论"等独具中国特色的海防作战理论。人民海军成功突破了国民党军队的海上封锁，解放了除台湾、澎湖列岛、金门、马祖和东沙、南沙以外的全部岛屿，还取得了西沙自卫反击战的胜利。

改革开放后，为了促进我国社会主义现代化建设，维护我国海洋安全和合理开发利用海洋资源，中国政府提出了近海防御、开放沿海地区、维护海岛主权和开发近海资源、开拓远海公海、加强新型海军建设等诸多新的海洋战略发展理念。特别是结合 20 世纪 80 年代前后国际海洋发展形势提出近海防御战略，对于保障我国沿海发达地区的安全具有重要意义，是实现我国走向海洋大国和海洋强国的重要指南。

近海防御战略的主要任务，就是在陆军、空军、沿海人民群众和海上民兵的配合下，遏制与抵御来自海上之敌的入侵，保卫国家领海和国家主权，维护国家的海洋权益。

"近海防御"战略的正式提出，对于我国的海防建设有着重大的现实意义和深远的历史影响。它不仅在中国明确提出海军战略的概念，确立中国海军作为一个战略军种，必须具有一个统筹全局的方略以解决海军的战略问题，使有关海军建设和作战中的各项重大决策问题有了可以直接遵循的理论依据，而且还系统阐明了中国海防战略思想的实质是近海防御，提出了有效控制近海的思想，并明确了海防战略运用的范围，确定了海防建设方针等一系列重大的战略指导问题。

确立新的"近海"概念，并以此作为海上战略防御范围，实际上已经构成海防战略的雏形。1985 年年底至 1986 年上半年，"近海防御"战略渐趋成熟并正式提出。这是我国第一次用战略的概念完整表述海军战略。"近海防御"战略的形成，是中国海防力量走向成熟的一个显著标志。

（3）海洋边界主权争端

我国是一个有辽阔海洋国土的国家，由于多种因素的影响，目前与周边海上邻国在海洋边界划界上存在主权争端。其中主要有与朝鲜和韩国在黄海划界；与日本在东海划界；与菲律宾、马来西亚、印度尼西亚、文莱、越南在南海划界。其中与朝鲜、越南还涉及划分领海边界问题。目前中国与越南就北部湾的划界问题达成协议。

中国与越南就北部湾划界达成协议

北部湾是南海北部一个半封闭浅水湾，由中越两国大陆和我国海南岛所环抱，其中大陆架为中越两国领土的自然延伸，面积 2.4 万平方海里，最宽处 170 海里，最大水深 100 米。1974 年，越南首先提出北部湾海域的划界问题，同年 8 月双方在北京开始进行首次划界谈判，1979 年因双方武装冲突而中止，1993 年中越恢复划界谈判，同年 10 月 20 日两国副外长在越南河内签订《关于解决中华人民共和国和越南社会主义共和国边界领土的基本原则协议》，一致同意按照公平原则并考虑北部湾的一切有关情况，通过谈判划分北部湾边界。2000 年 12 月 25 日，双方正式签署了《中华人民共和国和越南社会主义共和国关于在北部湾领海、专属经济区和大陆架的划界协定》和《中华人民共和国和越南社会主义共和国北部湾渔业合作协定》。2004 年 6 月 25 日，中国全国人大常委会正式批准了该协定，2004 年 6 月 30 日，越南国会也批准了该协定正式生效。

中国与日本钓鱼岛主权争端

中日关系涉及中国海疆的热点问题目前有两个点，一个点是钓鱼岛，一个点是东海的划界。

钓鱼岛及其附属的岛屿位于我国台湾省东北约 100 海里的地方，总面积大概 5.3 平方千米，离日本最近的只有 80 海里，钓鱼岛上没有居民居住。钓鱼岛的问题形成有一个复杂的历史背景，1895 年，日本政府趁清政府在甲午战争中败局已定，在《马关条约》签订前三个月就窃取了钓鱼岛和它的附属岛屿，所以 1895 年实际上日本已占领了钓鱼岛。一直到 1951 年 9 月，日本同美国等国家签订了《旧金山和约》，同意将钓鱼岛在内的西南群岛交给美国托管。1971 年 6 月，美国签署了《归还冲绳协议》，明确向日本归还了冲绳的施政权。到了 1972 年 5 月，美国将他托管的钓鱼岛一起归还给了日本，所以钓鱼岛现在实际上在日本的控制之中。钓鱼岛及其附属岛屿自古以来就是中国的领土，我们中国人民维护主权和领土完整的决心是坚定不移的，围绕着钓鱼岛主权的归属，我们跟日本已经争论一个世纪了，但是目前还不具备全面解决的条件。

我国与日本围绕钓鱼岛问题的斗争是长期而复杂的，我们应该把钓鱼岛的问题放在中日关系长远发展的大框架内来看待和把握，坚持从长计议。邓小平曾经提出，两国政府把这个问题避开是比较明智的，这样的问题放一下不要紧，放 10 年也没关系，我们这一代人智慧不够，这个问题谈不拢，我们下一代人总比我们聪明，总会找到一个大家都能接受的方式来解决这个问题。这话是 20 世纪 80 年代讲的，20 世纪 80 年代小平同志讲这个话的时候不光指的这个，还指南沙的争端。目前这个僵局可能也很难打破，因为这里涉及一个经济利益，钓鱼岛的归属涉及钓鱼岛周围海域的石油。

第二个热点问题的争议就是东海划界，中国跟日本在东海划界问题上存在着争议，这是客观事实。我国政府一贯主张，双方应该通过谈判来解决东海划界问题上的争议，现在日本政府已经决定授权民间公司在东海所谓的中间线以东进行试开采，这种行动只会导致东海形势将更加复杂和尖锐，使得问题的性质发生根本性变化，东海的划界同样根子还是在石油上。另外，《联合国海洋法公约》规定，确实跟各个国家海域的认定中间线有很多交叉，200海里之间有很多交叉，如果离得很远，两岸国家海洋隔了400海里，那没关系。如果两岸国家海域之间就只有200海里，这一交叉问题就出来了，就需要协商，或者需要争议，或者需要妥协。再加上这个交叉本身又涉及海底的石油，这牵涉经济利益。现在在东海划界的问题上，日本态度很强硬，我们也没有办法再退，实际上还是维持现状。

南沙岛礁被占，中国主权受侵

南海也叫南中国海，是中国最大的外海，面积约为350万平方千米，约等于我国的渤海、黄海和东海总面积的3倍，南海位居太平洋和印度洋之间的航运要冲，并且有着丰富的水产资源和石油、天然气等能源资源。整个南海海域有"海底油田"200多个，油气田180个，石油地质储量大致在230亿吨至300亿吨，约占中国总资源的1/3。

自1947年以来，在我国南海地图上描绘的一条U形断续线为"南海断续疆域线"，它表明线内的岛屿及其附近海域都是中国领土的组成部分。尽管世界上许多国家都承认南海属于我国主权管辖范围，但是，从20世纪70年代开始，南海海域发现丰富的油气资源，南沙群岛开始受到周边各国的关注。同时根据1982年《联合国海洋法公约》规定，岛屿是四面环水并在高潮时高于水面的自然形成的陆地区域，而岛屿可以像陆地一样拥有自己的领海、毗连区、专属经济区和大陆等。沿海国可以在岛屿附近划定12海里领海，200海里专属经济区和24海里毗连区（指在领海以外而又与邻海毗连，由沿海国对海关、财政、移民和卫生等特定事项行使管制权的一个海域）为依据，行使主权和管辖权，因此，占领岛屿就好比拓宽国土，各国互不相让。南海周边国家自20世纪70年代以来，无视南海属于我国主权管辖范围的事实，陆续擅自占领中国南沙群岛的某些岛礁及其周围海域。据统计，目前，南沙群岛50多个岛礁，除中国占据8个之外，越南已占据了南沙群岛的29个岛礁，菲律宾占据9个，马来西亚占据5个。文莱、印度尼西亚也对部分岛屿和海域提出了主权要求。断续线内的海域被侵占情况估计是：越南117万平方千米，菲律宾62万平方千米，马来西亚17万平方千米，文莱5万平方千米，印度尼西亚3.5万平方千米。

南海周边诸国，掠夺南沙石油资源频频得手，以越南为例，20世纪

80 年代，越南是石油进口国，石油产量只有 6 万吨，但从越南开始大量开采南海石油，1991 年石油产量超过 450 万吨，目前，石油产量已达 700 万吨，使越南成为石油输出国，石油工业已成为越南经济支柱产业。

长期以来，中国奉行和平外交政策，对南海周边国家提出"搁置争议，共同开发"的方针，然而，中国的和平善意却得不到应有的回应，相关国家趁机加速抢占南沙岛礁。迄今为止，中国渔民仍无法在我国传统海域内正常作业，中国也从未在该海域内打出一口油井，实际状况是，争议没有搁置，开发没有共同，资源全被别人抢去了，中国没有得到任何利益。

因此南海石油开发不能"只说不做"！中国南海战略要有新思维！

三　边疆治理的战略思考

（一）边疆治理战略的构建

1. 要重视中长期治疆战略的思考

中国边疆治理的基本任务是守住一条线（边界线），管好一片地（边疆地区）。当代中国边疆地区，按地域分有：东北边疆（黑龙江、吉林、辽宁三省），北部边疆（内蒙古自治区），西北边疆（甘肃省、新疆维吾尔自治区），西藏（西藏自治区），西南边疆（云南省、广西壮族自治区），还有海疆（除渤海属中国内海外，还有黄海海疆、东海海疆、南海海疆）。每一个边疆地区既有统一多民族中国与多元一体中华民族前提下的共性，又各具历史的、现实的特点。边疆治理的内容十分丰富，主要有：边疆管理的行政体制，中央与边疆地方的管理机构设置与运作机制，边防（国防），周边外交，民族政策，文化政策，宗教事务管理，经济发展战略，等等。在边疆治理战略构建时，要重全局性和预测性；要不唯书、只唯实，要敢于突破传统，直面鲜活的现实；要放眼中长期的治疆战略思考，也就是说，既要有符合边疆地区实际的近期治理之策，也要有中长期治理的远略，所谓中长期，至少定位于 10 年、20 年，甚至更长一些时间。

2. 要重视治理边疆历史经验的总结

中国历代边疆政策研究是中国边疆治理史的最重要内容之一，有关中国边疆政策，特别是中国古代边疆政策的经验与局限综合已有研究共识，大体可作如下归纳：

一是，传统的"大一统"政治理念始终是治边的主题，军事布防是实边的保障，边疆开发为边疆治理提供了坚实的物质基础，中华文化的凝聚力是治边牢固的精神纽带，正确的治边战略和策略是边疆政策能否成功的关键。

二是，华夷之防，唯稳而治，重内轻边，重谋轻法是古代中国边疆政策时代的和阶级的局限。

历史研究要面对现实和未来，这既是中国史学研究的优良传统，也是当今时代的要求。中国的边疆和历代边疆政策是一个现实感很强的研究领域，通过研究，可获以史为鉴的启示极多，择要者，可有：

第一，中国作为统一多民族国家，边疆是国家不可分割的一部分，边疆的稳定关系国家的稳定大局，边疆的发展关系国家发展大局。任何轻视、放弃边疆的想法和举措，都会受到历史的谴责，成为历史的罪人。以清朝为例，在"塞防"与"海防"之争中，左宗棠力主收复新疆，历史会记住左宗棠这一功绩。"宁失千军，不失寸土"的古训，至今仍有现实意义。

第二，广义的边疆治理，包括管理和开发两个方面。开发即是经济发展、文化发展，是保证边疆稳定的基础之策，历代有作为的中央政府，如汉、唐、清在治理边疆时均注意到这一点，并取得成效。但封建政权毕竟有极大的历史的、阶级的局限，如清政府在边疆地区重"稳定"，轻发展，出于阶级私利有意识保持边疆地区落后，以利统治，致使边疆地区长期处于落后状态，这也是不争的历史事实。

第三，中国独特的历史传统之一是中央政府的权威，这是维系统一多民族国家的重要（甚至可以说是最重要）因素之一。边疆治理要依靠实力，或者可说是综合国力，实力既包括有形的军事实力、经济实力，也包括无形的中央政府的权威。唐太宗为各族共推为"天可汗"可视为一例。

第四，历代边疆政策的治理形式，如中央集权、"因俗而治"，利用宗教，民族的事由民族的人来办等，都有可供借鉴的成分，值得后人在创新的基础上予以认真总结。

第五，要在增加民族凝聚力、国家向心力上多做些事。清政府的满蒙联姻，对民族首领的怀柔在这方面收到有利于清政府统治的效益。边疆民族地区特别是在一些与中原地区文化有较大差异的边疆民族地区，对民族凝聚力和国家向心力而言，具有消极影响。历史上如此，现实生活中也是如此。

第六，边吏是否善政关系边政是否得当。边疆地区远离统治权力中心，且情况复杂，对边吏的素质要求更应优于内地。应变过激会致使事态人为扩大；而过缓消极，本想息事宁人，往往适得其反。用一句大家熟悉的话来说，即路线确定之后，干部是决定的因素。

3. 要坚持实事求是的思想路线

中国边疆地域辽阔、文化多元，边疆治理的方针、政策的制定和实施必须坚持实事求是的思想路线。要因地制宜，一切从中国国情实际和边疆实际情况出发，绝不能搞一刀切。

从文化政治的角度观察，边疆地区，特别在一些与中原地区文化有较大差异的边疆地区，实际上存在着以下四个特征：一是，地缘政治方面带有孤悬外逸的特征；二是，社会历史方面带有离合漂动的特征；三是，现实发展方面带有积滞成疾的特征；四是文化心理方面带有多重取向的特征。这些特征的存在，对国家向心力、民族凝聚力，均具有消极影响。我们在治理新疆、西藏等边疆地区时，对上述四个方面的客观存在应予以特别的重视，唯此，我们的治理才有可能有的放矢。

从维护边疆稳定的角度观察。当代中国边疆稳定面临的挑战从性质上可以分为两种类型。

第一种类型，政治类型。政治类型中又可以分为三种情况。第一种情况，某些势力要把我们某些边疆省区从统一多民族的中国中分裂出去，所以在政治上表现为分裂和反分裂的斗争，这种斗争是全方位的，既有政治战线上的斗争，也有意识形态领域的斗争，还有武装斗争。分裂与反分裂，当代中国最突出的地区是台湾、新疆和西藏。第二种情况，由于边疆地区相关联的境外地区的不稳定造成的冲击。就是说，问题不在境内，而是在境外，由于境外的不稳定，对相邻的边疆地区的稳定造成了负面影响。目前表现在东北边疆地区。东北边疆地区本身也存在很多问题需要克服，需要解决。但是它现在最大的挑战是来自朝鲜半岛。朝鲜半岛局势发展的不确定性对东北边疆地区的稳定带来了很多负面的影响。第三种情况，由于历史上遗留的边界问题没有得到彻底解决，存在边界纠纷，影响了相关地区稳定的局面。遗留的边界问题从当前陆地边界来看，主要是中印边界的历史遗留问题。从海疆来看，一个是钓鱼岛的争端，一个是南沙群岛主权的争端，近几年还有东海海疆的划界问题。

第二种类型，是经济类型。经济类型相对比较简单，就是某些国外势力集团为了追逐高额利润，在边疆地区进行跨国犯罪，包括贩毒、拐卖人口、走私枪支等，特别是贩毒。这一点从当前来说，热点地区还是云南、广西，特别是云南，因为它面临着金三角。这种犯罪活动，特别是贩毒，确实对当地的社会方方面面带来了非常严重的影响。

从周边安全的角度来观察。

周边安全，实际上也是边疆稳定的另外一种表述，或者说是另外一个观察的视角。从 20 世纪 90 年代以来，我国周边安全形势应该说是新中国成立以来情况比较好的一个历史时期。我国的边疆安全、周边安全大概有这么几个特点：

第一，总体的稳定与局部的不稳定并存。地区的总体稳定局势主流是能够保持的，但是也有许多不稳定因素存在。这些不稳定因素有的时候还可能激化。

第二，陆缓海重，就是陆地边界相对比较缓和，海疆方面的问题比较多。与陆缓海重相对应的是北缓南急，即北部边疆相对比较缓和，而南部海疆方面的事情就比较多。那么，具体的就是重点地区，台湾、南沙群岛，特别是台湾。

第三，威胁多元，程度有别。当然这里影响我们战略全局的最大威胁来自美国。威胁多元中既有美国的因素，也有日本的因素，东盟跟我们也有竞争。在新疆方面，伊斯兰世界跟我们也有不协调的地方，所以，应该说是威胁多元。但是最大的威胁在美国。

第四，有关问题相互联系，而且是互相影响。

这四个特点从 20 世纪 90 年代以来，应该说总体上是这么一个格局。每个具体阶段的情况还是有些变化。

（二）发展与稳定

1. 关于发展五题

题之一，发展的内涵应该是社会的整体发展，包括经济的发展、文化的发展，特别是国民素质的提高，这样的发展才有可能是可持续发展、是跨越式发展，才有可能使发展取得最理想的效果。那种把"发展"简单看成经济的发展，是非常不全面的。

题之二，经济发展无疑是发展的重要组成部分，在经济发展中应坚持群众第一、民生优先，处理好长线投入与短线投入的合理比例。在此前提下，倾国家之力，在边疆地区推进基础设施现代化、新型城镇化的进程。

题之三，制定经济发展战略规划，必须顾及地区特点，不能行政命令，不能生搬硬套，必须把"我让你做"变成"老百姓愿意做"，要激发群众改变自己命运，建设和发展自己家园的主动性和积极性。

题之四，要做好做实对口援疆工作，援助边疆是服务、是拥抱，处理好援疆中"输血"与"造血"的关系，"输血"是临时性的，"造血"才是决定性的。

题之五，要处理好发展与稳定的辩证关系。发展和稳定是互相依存、互相制约的，没有发展，稳定得不到保证，没有稳定何谈发展，发展和稳定是相辅相成的，在实践中绝不是、也绝不能把两者人为分割：这个时期抓发展，那个时期抓稳定，把发展和稳定作为不同阶段区分的标准。

2. 关于稳定三题

题之一，国家治理视野下的边疆稳定。边疆稳定是指边疆地区的社会稳定，亦即我们习惯称之为长治久安。社会稳定，包括政治稳定、经济稳定、社会秩序稳定、思想稳定和国际环境稳定等层面。边疆稳定的治理是以政府为主导的多元主体的协作性治理。长期以来，我国边疆稳定治理的主体都是中央政府和地方政府。但实践证明，仅此仍远远不够。传统的边疆稳定治理都是政府行为，边疆社会和公民仅仅是被治理的对象，完全处于消极被动的地位，因此不可能从根本上实现边疆的长治久安。要使边疆稳定治理取得应有的效果，必须构建一个由中央政府、边疆地方政府、边疆社会组织、公民等相结合的协作性主体结构，其中，中央政府是边疆稳定治理的制定安排者和主导力量，主要提出边疆稳定治理的制度框架和国家战略，调动必要资源，督导和推动边疆地方政府，促成稳定治理目标的实现。边疆地方政府是边疆稳定治理的具体责任人，负责落实中央政府的大政方针，承担具体的边疆稳定事务的管理。边疆社会组织和公民则是边疆稳定治理的参与者和行动者。

题之二，要打一场反恐的人民战争。当今，边疆地区面临非传统安全问题的严峻挑战："三股势力"的暴恐活动，毒品、非法移民、拐卖妇女和儿童、流行疾病等在我国不同边疆地区都不同程度存在。但我们也应承认，尽管新疆社会大局总体稳定、可控，但新疆维稳形势的严峻、复杂也是谁也回避不了的客观实际。新疆的反恐、反分裂斗争将持续一代人、二代人，甚至更长的时间，所有爱国的中国人应有足够的心理准备。面对暴恐分子的挑战，为实现新疆的社会稳定和长治久安的大局，动员各族人民，打一场反恐的人民战争是一项既紧迫又持久的重大任务。

首先，要打一场反恐的人民战争。随着恐怖主义越来越多地指向无辜民众，打击恐怖主义、保障公众的安全，不可避免地需要公众自身更积极地参与和配合。实践表明，公众的反恐意识、反恐知识、心理承受能力、警觉性，以及辨别是非和自救能力等方面，都与反恐的效果息息相关。国外的和中国新疆的经验证明，反恐活动需要民众自身做好准备，需要民众积极参与的心态、很强的反应能力和自卫能力。

其次，政府的指导必不可少。政府有关部门要提高对公众参与反恐工作的重视程度，要从战略的高度思考这一问题，公众参与反恐不是可有可无，更不是添乱，影响民族关系，而是反恐斗争全局中软实力的重要内容。同时还应该高度重视反恐教育和宣传工作，这类反恐教育和宣传不是要营造一种人为的不安定气氛，而是要普及相应知识、提升公众的应对能力。

题之三，对边疆地区群体性突发事件的预警和处置。关于群体性事件，一般被称为"群体性肇事""突发事件""治安紧急事件"，按公安部《公安机关处置群体性治安事件规定》对群众性事件界定是："群体性事件是指聚众共同实施的违反国家法律、法规、规章，扰乱社会秩序，危害公共安全，侵犯公民人身安全和财产安全的行为"。而边疆地区发生群体性突发事件，其群体的主体往往表现为少数民族身份，少数民族群体性突发事件从总体上看多属人民内部矛盾性质的体制外、非制度化的行为,大体上可以分为社会性维权事件、社会泄愤事件、社会骚乱事件。经济转型过程中社会成员受益不均是酿成上述事件发生的基础性原因,而政府管理行为失当往往是促成事件发生的催化剂,当然也时常伴有社会不稳定分子的借机煽动。

20世纪90年代以来,群体性事件呈现数量增多、规模扩大、行为方式越发激烈等趋势,成为边疆地区保持稳定、和谐局面的严重挑战之一。

"安而不忘危,治而不忘乱,存而不忘亡",也就是"居安思危",是中国历史上"治国安邦"最重要的经验。预防少数民族群体性事件发生的最好办法就是,在事件尚未爆发时就排除隐患,将隐患消灭于萌芽状态。而优化少数民族群体性事件预警机制是治理危机最经济、最有效的办法。

预警机制的优化,一是政府应加大对民情、民怨的监测,对少数民族群众反映强烈的问题应给予充分的重视,并掌控民怨的发展变化轨迹,采取措施,合理解决,一时解决不了的要善于疏导;二是要建立一整套健全的法律、法规,对预警责任机制的界定,预警监控机构的职责,预警的应急保障等要有明确的规定,使少数民族群体性预警机制有法可依、有法必依。

(三) 文化认同与国家认同

1. 文化认同是国家认同的基础

文化具有超时空的稳定性和极强的凝聚力,一个民族的文化模式一旦形成,必然会持久地支配每个社会成员的思想和行为。在人类历史进程中,同一民族通常都具有共同的精神结构、价值系统、心理特征和行为模式,人们正是在这种共同的文化背景中获得了归属感和认同感。因此,文化认同始终是维系社会秩序的"黏合剂",是培育社会成员国家统一意识的深层基础。国家安全统一固然取决于强大的政治、经济、军事实力,但文化认同却是物质力量无法替代的"软实力",是一种更为基础性、稳定性、深层次的战略要素。文化认同对维护国家安全统一具有特殊的功能:

一是,标识民族特性,塑造认同心理。文化是一个民族和国家区别于其他民族和国家的基本特质和身份象征。在一定民族地域内形成和发展起来的共同文化传统，塑造了该民族成员的共同个性、行为模式、心理倾向和精神结构，并表现为一定的民族心理或我们通常所说的国民性。中华文化是中华民族身份认同的基本依据，"崇尚统一"是这个文化价值体系中最显著的特征之一。数千年来，国家统一一直被视为国家的最高政治目标和民族的最高利益，一切政治活动通常都以国家统一作为核心价值和行为准则。这种民族心理沉积于中国社会和价值系统的最深层，主导着中国的政治法律制度、经济生活方式和主流价值观念。中国历史上虽然有分有合，但不论是分裂时期还是统一时期，中华民族都有一个共同的思想意识，这就是国家统一的意识。中华文化这种强烈的国家认同意识，为遏制分裂倾向、凝聚统一意志、消除政治歧见提供了最坚固的精神堤防。

二是，规范社会行为，培育统一意识。在社会通行的准则规范和行为模式中，通常总是潜隐着一整套价值观念体系，这一系统始终居于民族文化体系的核心部位，自觉或不自觉地支配着人们的思想和行为。每个民族成员都生活在特定的文化背景之中，世代相传地承受着同一文化传统，个人的价值观念就是在这种文化传统的耳濡目染中构建起来的。不仅如此，人们在文化的内化过程中，还会把民族共同的价值观转化为自己的内在信念，从而使个体在特定的民族文化传统中获得认同感和依赖感。"大一统"是中华文化的主流意识之一，是中华民族世代相承的基本社会理念和普遍的价值取向。正是这种追求统一的价值取向，使得中华民族的文化认同始终如一，从未导致过文明断层的历史悲剧。在中国历史进程中，统一的文化理念主导着统一的实践，"大一统"的政治实践反过来又强化着人们追求统一的信念。因此，历代统治者无不高度重视"大一统"政治秩序的巩固与维护，无不致力于探索天下分合聚散的规律与对策。在这种文化背景下，军事战略最重要的价值取向就是维护国家安全统一，文化认同不仅为维护国家安全统一提供了强有力的精神支撑，而且为军事等物质力量发挥作用奠定了坚实平台。

三是，凝聚民族精神，强化统一意志。中华文化的价值意识具有强烈的感情色彩，内聚性、亲和性和排异性的特征十分明显。这一特性决定了每当国家存亡、民族兴衰的关键时刻，都能够激发民众强大的国家意识和民族精神。"天下兴亡，匹夫有责"，这正是中华民族大多数成员所认同的道德规范。民族精神是民族文化的精华，也是国家认同心理的深层源泉，爱国主义就是这一精神的集中反映。中国之所以历经治乱分合而始终以统一为主流，正是得益于以国家统一为核心价值追求的民族精神。数千年来，无论是高明的统治者，还是普通的老百姓，人们普遍认为唯有实现"大一统"，国家才能获得最大的安全，民族才能得到应有的尊严，天下才可能实现长治久安。正因为如此，中国历史上虽然多次出现过分裂局面，但是在古代典籍中几乎找不到任何一个主张分裂分治的学派，反而都把"天下一统"作为政治斗争的原则与旨归。尤其是每次统一战争爆发之前，社会上总会出现一股势不可当的统一潮流，每当国家遭受外敌入侵的时刻，社会内部总会产生一种捐弃前嫌、同仇敌忾的强大意志。中华文化所拥有的这种统一意志，为维护国家统一奠定了坚韧无比的精神国防，离开了这种精神的支撑，政治、军事上的统一是难以持久的。

文化认同的上述功能，在由多民族构成的国家显得尤为重要。纵观历史，当统一达成共识然而阻力重重之时，文化认同的力量更能显示出"硬实力"不可替代的特殊作用。可以说，文化认同就是政治，文化认同就是国防，政治军事上的统一只有以文化认同为基础才能更加稳固与持久。

2. 中国要建设国家认同

如果说中国的现代国家建设是从孙中山先生领导的近代革命开始的，迄今也有一个世纪之久了。但是很多事情表明，这项任务还远远没有完成。

国家认同是个近代概念，是近代民族主义发展的产物。自法国大革命以来的近代民族主义既是一种意识形态，更是一场基于这一意识形态之上的政治社会运动。近代民族主义最直接的政治产物是民族国家。任何一个近代民族国家都包括两个重要方面，一方面是民族国家制度，另一方面是境内居民的国家认同。如果说，民族国家制度是民族国家的"硬件"，那么国家认同就是"软件"，这里的国家认同也就是我们时常所说的爱国主义，即对民族国家的一种依恋式的情感。

不见得任何民族主义都会取得成功，就是说，即使存在着民族认同感，但也不见得任何民族认同感都能转化成为民族国家制度。但成功的民族主义必须最终表现为民族国家的建立。没有民族国家的制度基础，民族主义只能表现为一种情感。但另外，如果没有国家认同感，已经建立的民族国家就没有稳固的心理基础。所以，民族国家的制度基础和心理基础是相辅相成的。

中国尽管是个文明古国，但建立国家认同的过程并不比其他国家来得容易。自秦始皇以来的传统中国，国家表现为帝国体制。尽管具有当时世界上最完备的官僚体系，但这一官僚体系仅仅用来维持王朝的生存，国家权力渗透社会的能力极其低下。另外，老百姓则是"日出而作，日落而息"，形成了一种"帝力于我何有哉"的政治冷漠心态。也就是说，帝国之下，老百姓没有任何近代意义上的国家认同感。

这种情形和西方近代国家形成了鲜明的对照。西方一方面是国家权力深入社会的各个角落，另一方面是人民逐渐参与国家事务，成为国家政治过程的一部分。很多研究中国的外国学者在比较了中国和西方近代国家之后非常惊讶地发现，存在了数千年的皇朝体制竟然没有在老百姓中间培养出国家认同感。梁启超很早就认识到：传统上中国人没有国家认同感，老百姓认同的是皇帝个人，而非国家。梁启超甚至提出了"新民说"，认为要建立类似日本那样的近代国家，首先要培养"新民"。

应当指出的是，国家认同建设与民族主义相关，但它并不等于狭隘的民族主义。狭隘的民族主义反而会阻碍中国真正的崛起。中国是个多民族国家，民族的融合是个大趋势，容不得任何一个民族走狭隘民族主义路线。再者，在全球化的今天，各国的依赖性越来越大。狭隘的民族主义最终会是一条孤立路线，它已经被证明是失败的。

如何在推进全球化的同时来避免狭隘的民族主义？如何在加紧民族国家建设的同时迎合全球化的大趋势？如何在强调人民参与政治的同时维持中央政府的权威？这是中国在走向现代化过程中，必须认真对待的问题。

在建设国家认同上，新疆的可贵探索与实践值得一议。

毛泽东早在1957年指出："国家的统一，人民的团结，国内各民族的团结，这是我们的事业必定要胜利的基本保证。"今天重温毛泽东的这一讲话，我们依然十分亲切。

新疆地处祖国大西北，在这片占陆地国土面积1/6的地域，生活着几十个民族的同胞，这里占人口多数的少数民族群众广泛信仰伊斯兰教。新疆的长治久安，事关中华民族伟大复兴的宏伟目标的实现。可以说，在新疆这样一个民族宗教情势特别复杂的边疆地区，维护国家统一、社会稳定和各民族人民大团结以实现我们的宏伟目标，需要高超的政治智慧，及时地总结经验教训和几代人的不懈努力实践。

最近的20多年，新疆经历了"三股势力"的严重挑战，今日之新疆，政局稳定，经济发展步入快车道，人民安居乐业。这些成绩的取得，归功于党中央的英明领导，各民族干部群众反分裂斗争的决心信心和付出的巨大牺牲的公安武警战士，除此之外，自治区在思想和意识形态领域实践中不断有所探索和发现，值得认真总结。

一是，从"两个离不开"到"三个离不开"的教育。1976年一举粉碎了"四人帮"，接着召开的中国共产党第十一届三中全会，揭开了中华人民共和国历史发展的新一幕：拨乱反正、落实政策、改革开放，这是一个令人激动和振奋的年代；与此同时，西方自由化思潮的侵入、中东伊斯兰极端主义的崛起和随着苏联解体而起的当代民族分裂主义浪潮涌来，对新疆的直接冲击就是分裂主义在新疆的复活，出现了如1980年阿克苏"4·9"、1981年叶城"1·13"、1981年伽师"5·27"、1981年喀什"10·30"等政治动乱事件。

在一些地方一定程度地恶化了民族关系。此外，还有一些发生在民族间的斗殴、车祸一类的偶发事件，其中，1980年发生在南疆的"高旭事件"①，就是这样的标志性恶性事件。南疆军区副政委乌拉太也夫在做"高旭事件"善后工作中，深为当时民族关系之紧张而忧虑，遂直接写信给邓小平，信中特别提到："搞好新疆工作要注意如下几种因素：少数民族劳动人民，汉族劳动人民，汉族干部，少数民族干部。忽视哪一个因素，都要犯错误。汉族和少数民族的关系是谁也离不开谁的关系，汉族离不开少数民族，少数民族也离不开汉族。"邓小平对这"两个离不开"的

---

① 1980年8月2日，解放军某汽车团六连在由阿里返叶城基地的昆仑山区，将维吾尔养路工人的家牛误以为野牦牛猎杀。维吾尔工人得知后在204道班设障阻截，汽车团战士因语言不通，争执中以为遭遇土匪，战士高旭开枪误杀道班养路工阿皮孜，是为"高旭事件"。这一事件发生后，在叶城和喀什的维吾尔和汉族群众中引起强烈反响。先是一些维吾尔群众要抬尸到喀什游行；后是喀什汉族群众冲击军事法庭，并一度劫走高旭。

提法十分赞赏，认为："观点正确，很好，大家都这样想问题、处理问题就好了。"1981年7月中央书记处在讨论新疆问题时指出"新疆的汉族干部要确立这样一个正确观点，即离开了少数民族干部，新疆的各项工作搞不好；新疆的少数民族干部也要确立这样一个正确观点，即离开了汉族干部，新疆的工作也搞不好"①。自治区从此开始了"两个离不开"的思想教育活动。

自1982年起，每年5月定为"民族团结教育月"，至今已进行了30多个年头，"离不开"的思想教育贯穿每年的"民族团结教育月"活动之中，为和谐新疆的民族关系做出了巨大贡献。1991年自治区党委第四次代表大会进一步提出"三个离不开"的教育，即汉族离不开少数民族，少数民族离不开汉族，各少数民族之间也相互离不开。1998年江泽民视察新疆时说："两个离不开"是基础，"三个离不开"是对"两个离不开"思想的发展与完善。"三个离不开"的思想教育活动是新疆各族人民和睦相处实践的总结，成为我国各族人民和睦相处的宝贵精神财富。

二是，从"三观"教育到"五观"教育的展开。进入20世纪90年代，在境外"三股势力"的影响下，新疆反分裂斗争进入以反对暴力恐怖为主要形式的新阶段。恐怖分子开始在新疆各地疯狂地进行爆炸、纵火、抢劫、暗杀等暴力恐怖活动。与此同时，他们还撰文、著书、吟诗，广为散布民族分裂、极端宗教思想。面对这一情况，1991年第九个民族团结教育月中，自治区党委部署，结合批判露骨宣扬分裂思想的《维吾尔人》《匈奴简史》《维吾尔古代文学》三本书，在各族干部群众中进行马克思主义历史观、民族观、宗教观为内容的"三观"教育。

20世纪90年代后半期，宗教激进主义化和恐怖主义化的新疆分裂主义，以境外指挥、境内作战，将暴力恐怖活动推向高潮，严重破坏了新疆的社会稳定。1996年党中央发出7号文件，指出："当前影响新疆稳定的主要危险是民族分裂主义和非法宗教活动。"1998年江泽民视察新疆时，指出："维护祖国统一，维护全国各民族的大团结，反对民族分裂主义，这是国家最高利益之所在，也是各族人民最高利益之所在。"此时此刻，自治区党委坚决贯彻执行党中央的上述批示精神，一方面调集警力对"三股势力"的为首分子进行严厉打击，调集干部向社会动乱的重灾区派出工作队"集中整治"；另一方面，在1998年的民族团结教育月开展马克思主义"五观"教育，即马克思主义民族观、宗教观、历史观、文化观和国家观的教育，从而保证了我们在反对民族分裂主义斗争进入关键时刻掌握新疆社会稳定的主动权。

从1991年的"三观"教育，发展到1998年的"五观"教育，反映了新疆反分裂斗争的深入过程，也标志着新疆各族人民在党中央和自治区党委的领导下，在意识形态领域反分裂斗争水平的提高。

三是，从"三个高度认同"的提出到"四个高度认同"教育的开展。进入21世纪，国际局势更加动荡，美国"9·11"恐怖袭击后，恐怖与反恐的较量趋于白热化；中国新疆以西的阿富汗、伊拉克、巴勒斯坦、以色列、俄罗斯车臣、土耳其、西班牙、北非一带，中国新疆以南、东南的巴基斯坦、印度、印度尼西亚、菲律宾一线，恐怖爆炸此起彼伏，不绝于耳。而新疆作为我国反恐斗争的最前沿，虽仍面临实际威胁，但局势趋于平稳。在度过最危急时期后，新疆的同志不约而同地深思如何实现长治久安以维护巩固祖国统一。

新疆分裂主义搞了这么多年，其最重要的口号是：我们的国家是"东突厥斯坦"，我们的民族是突厥，我们的宗教是伊斯兰。为什么？因为它搞分裂遇到最大的障碍是，经过两千年的政治、经济、文化的交往、交流和交融，新疆各族人民对中国、中华民族、中华文化的认同。它们提出这"三个我们的"，就是企图从根本上破坏这"三个认同"。

理论研究表明，国家、民族、文化是三个相互联系的领域，也是国家社会构成的三个基本层次。

国家的统一取决于国民的凝聚力、向心力，归根结底取决于国民对国家的"高度认同"。或者说，没有国民对国家的认同，就没有国家的统一，也就没有国家立足于世界的基础。

国家的认同，从根本上体现在民族的认同，这里的"民族"，不是单一族裔的"族群"，而是整合于一体的国家民族，在中国就是中华民族。

再从深层次看，中华民族的认同，归根结底是56个民族（族群）对中华文化的认同。当然，从中国稳定社会主义建设高度出发，还应包括社会主义道路的高度认同。在征得有关中央领导同志的意见后，在 2004 年 2 月自治区党委部署了"四个高度认同"思想工程，那就是：对祖国的高度认同、对中华民族的高度认同、对中华文化的高度认同、对社会主义道路的高度认同。①

目前"高度认同"的理论研究工作刚刚起步，也就是理论模式刚刚构筑，深入细化的工作还需理论工作者在实践中归纳总结。回顾 20 多年我们走过的历程，如果说，"三个离不开"活动致力于杂居一地的不同族群感情上的融洽；如果说"五观"教育引导各族人民大团结的理性认识；那么，这种感情和理性的升华经过"高度认同"思想工程，将最终导入于最深层次，即心理上的认同，而不认异。如果进入这个境界，那还有什么国家分裂的问题，当然这样的工作，任重而道远。

（本文首发于周伟洲主编《西北民族论丛》第十辑，中国社会科学出版社 2014 年版）

---

① 在 2015 年 8 月 24 日在第六次中央西藏工作座谈会上，习近平总书记指出："必须全面正确贯彻党的民族政策和宗教政策，加强民族团结，不断增进各族群众对伟大祖国、中华民族、中华文化、中国共产党、中国特色社会主义的认同。"

20 世纪的中国西部开发研究

世纪之交，中国政府确立了西部大开发的重大决策，为西部地区的发展带来了历史机遇，其后，西部地区如何充分利用这一机遇得到快速发展，不仅成为西部地区各级政府部门所重视的问题，也吸引了学术界的广泛关注。西部地区有着特殊的人文和地理特点，也有着悠久的开发历史，因此回顾和借鉴以往的开发历史，尤其是 20 世纪对西部的开发，无疑具有十分重要的意义。

一　中国西部地区的地域界定及其研究的重要价值

关于西部大开发所涵盖的西部范围，最初并没有一个明确的认识，或认为是指陕西、甘肃、宁夏、青海、四川、重庆、西藏、云南、贵州、新疆 10 个省、市、自治区，或认为还应该包括内蒙古、广西两个自治区，或认为不仅包括西部、西南地区，还包括其他经济欠发达地区。根据《国务院关于实施西部大开发若干政策措施的通知》，西部大开发的西部主要是指内蒙古、宁夏、陕西、甘肃、青海、新疆、西藏、四川、重庆、云南、贵州、广西 12 个省、市、自治区。本文所涉及的西部的范围即是上述 12 个省、市、自治区。

西部地区拥有土地面积 540 万平方千米，约占我国陆地面积的 60%，人口约为全国人口的 1/4。西部地区不仅是我国主要的牧业基地，有着丰富的畜牧业资源，也有着丰富的矿藏，一些稀有金属的储量名列全国乃至世界前茅。丰富的资源将为西部地区的发展提供坚实的资源保障。

试以新疆和云南略作说明。

新疆维吾尔自治区就是一个十分具有代表性的例子。新疆地区有着丰富的牧业资源，其独特的气候条件也为特色农业的发展创造了极为有利的条件，丰富的 138 种矿产资源：石油、天然气、煤炭，以及大量的有色金属和稀有金属矿藏，则为新疆经济的进一步发展提供了可靠的资源优势。目前新疆已经探明储量的矿藏有 76 种，其中有 5 种位列全国首位。在矿产资源中，丰富的石油、天然气资源占我国陆上天然气资源总量的34% 还多，目前已经形成准噶尔盆地、塔里木盆地、吐哈三大油田和克拉玛依、独山子、乌鲁木齐、泽普四个石化基地。新疆维吾尔自治区天然气东输工程已经纳入国家计划，由此看来，新疆地区的资源优势不仅是本地区经济发展的有利条件，而且也将对天然气东输工程沿途省区的经济发展带来极大的促进作用。新疆也是全国最大的优质棉商品基地，该地区的气候也十分适合果树、甜菜、油菜的生长，天气干燥、昼夜温差大的独特气候使这里的林果业独具特色。

云南省的资源总量在全国排名第六位，有四大资源优势：一是动植物资源丰富，有植物王国、动物王国、花卉之乡、药材之乡等美誉，高等植物和脊椎动物种数都占全国的50% 以上；二是以磷和有色金属为主的矿产资源丰富，25 种矿产居全国前三位；三是水资源丰富；四是旅游资源丰富等。除畜牧业资源、矿产资源、特色农业资源等之外，西部地区还有一个巨大的资源优势，那就是旅游资源，西部地区的旅游资源优势主要体现在：独特的自然景观；丰富的人文景观；连接邻国的口岸；短期异国旅游。相对于西部地区脆弱的生态环境来讲，旅游业的发展在西部地区经济发展中的地位是十分重要的，而丰富的旅游资源则为其提供了牢固的基础。

二 西部开发的历史回顾

西部是中华民族诞生的摇篮之一，尤其是陕西，在唐代以前曾经是我国政治经济文化的中心；先后有 11 个王朝定都在此。历代王朝对西部地区的开发很早即已有之。我们的先人在这一地区创造了灿烂的马家窑文化、半坡文化、陕西龙山文化以及分布于辽阔的草原地区的细石器文化，也表明西部是我国最早开发的地区之一。由于开发较早，在这里先后诞生的周人、秦人，一个建立了我国历史上的第三个王朝周王朝，一个则结束了春秋战国以来的割据局面，建立了统一多民族中央集权的秦王朝。秦王朝的建立对于我国多民族国家的形成和发展起到了极大的推动作用，同时也进一步促进了西部尤其是关中地区的开发，"八百里秦川"也由此成为众多政权为统一中国而梦寐以求希望占据的地区。汉王朝统一中国后将都城建在了长安（今西安），开发进入了第一个鼎盛的时期，高度的发展不仅使关中地区成为当时中国政治、经济、文化中心，而且也使关中地区成为西汉武帝开疆拓土的后方基地，由这里出发通往欧洲、南亚等地区的丝绸之路则将中国的发展和世界其他地区的发展密切联系在一起。魏晋南北朝时期的长期战乱，虽然给这一地区的开发带来了破坏，但结束割据，统一中国的隋唐两朝依然看中了关中地区的富庶，定都在今天的西安，闻名世界的"盛唐文明"由此诞生，残留在辽阔的西部地区的众多佛寺遗址、道路遗址及众多的文物迄今依然在向我们传递着盛唐文化的信息。或许是太早太长久地担负着中国古代政治经济文化中心地位的重任，不仅耗尽了关中地区的开发硕果，持续的开发也为关中地区带来了严重的破坏，自唐代以后关中地区永远失去了全国政治经济文化中心的地位。随着关中地区的衰落，兴起于也属于西部范围的蒙古草原的游牧民族开始主宰中国政治发展的脉络，契丹建立的辽朝、女真建立的金朝实现了对中国北部的统一，而后党项建立的西夏则割据西部一隅，蒙古建立的大元更是成为统一中国的王朝。尽管如此，西部地区的发展仍受到各种因素的制约，逐渐落后于我国其他地区。

进入20世纪，随着列强对我国侵略的加剧，开发西部的呼声一直没有断绝，尤其是抗日战争爆发之后，无论是学术界的有识之士，还是深谋远虑的政治家，纷纷将抵御外侮、振兴中华的希望寄托于西部，希望将西都建设为支持抗战的"大后方"，西部的开发重新成了国人关注的焦点。在各界人士的热忱呼吁下，国民政府基于当时的国内外局势，先后出台一些有助于西部开发的政策和措施，西部地区在经历了长期的沉寂后终于迎来了又一次的开发活动。受到各方面因素的制约，尤其是当时国内外局势的严峻，此次开发活动虽然为西部发展带来了希望，并推动了西部地区各项事业的发展，但并没有使西部重新振兴，更不用说恢复昔日的繁荣。红军到达陕北后，中国共产党也曾经进行过类似于开发的"大生产运动"，虽然取得显著效果，但涉及的范围仅限于陕甘宁边区。1949 年新中国成立之后，以"三线"建设为契机的开发活动也曾经蓬蓬勃勃地展开，西部地区的发展开始出现复苏的迹象，但直到 20 世纪末，西部依然是我国发展缓慢的地区，和内地尤其是沿海发达地区的差距在不断拉大。目前西部人均 GDP 只相当于全国平均数的 60%，全国尚未实现温饱的贫困人口大部分分布于该地区，西部已成为中国这一世界巨人肩上沉重的担子，使其在走向现代化的路途中步履蹒跚。但是，西部能不能大发展直接决定着整个中国的现代化步伐，这也是在世纪之交我国政府作出西部大开发重大决策的一个主要原因。

当今的西部大开发所面临的条件虽然已经发生了明显变化，但有些因素，诸如恶劣的自然环境、多民族分布的人文特点、待开发的各种资源等并没有发生明显的变化，因而在这种情况下对 20 世纪的开发活动进行总结，借鉴其经验和教训，无疑是必要的。这也是我们对 20 世纪西部开发进行研究的一个主要目的。

正是因为西部在我国历史上具有十分重要的地位，因而关于历史上西部开发或经济发展的论著众多，甚至可以说取得了丰硕的成果，如张君约在 1939 年出版的《历代屯田考》、唐启宇在 1944 年出版的《历代屯垦研究》等是 20 世纪前半叶这方面研究的代表之作。另外，还有陈直 1958 年出版的《两汉经济史料论丛》、李剑农 1959 年出版的《魏晋南北朝隋唐经济史稿》、王毓铨 1965 年出版的《明代的军屯》、刘光华 1988 年出版的《汉代西北屯田研究》、王希隆 1990 年出版的《清代西北屯田研究》、杨向奎等在 1991 年出版的《中国屯垦史》、赵俪生在 1997 年主编出版的《古代西北屯田开发史》、贵州六百年经济史编委会 1998 年出版的《贵州六百年经济史》、方铁等于 1997 年出版的《中国西南边疆开发史》，以及众多的地方史，如《新疆简史》《甘肃古代史》《青海通史》《陕西通史》等，断代或政权史著作，如李蔚 1989 年出版的《西夏史研究》等。这些著作或是西部开发方面的专门性著作，或将开发活动纳入社会整体发展过程中进行宏观的探讨。近年来，尤其是西部大开发的战略决策提出后，关于历代开发西部的著作更是大量涌现，其中对西部沙漠化问题的研究和探讨不仅得到了史学界诸多学者的关注，而且一些自然科学领域的学者也在借助科学的手段进行探讨，并取得了显著的效果。

综观这些论及西部开发的研究成果，有几个现象引起我们的关注。一是以古代的经济活动为研究对象的著作占绝大多数，但以近代和现代的开发活动为研究对象的论著十分鲜见，上述所罗列的著作多数属于此类。二是以古代开发活动中的某项具体开发行为为研究对象的论著较多，尤其是历代的屯田开发，上述所罗列的众多著作有很多即是这方面的专门性研究成果，而缺乏系统探讨或介绍整个西部开发历史的宏观著作。三是众多的研究著作即使在时间下限涉及 20 世纪的开发活动，但多是截至 1949 年中华人民共和国成立，以 20 世纪西部地区百年开发为研究对象，系统总结其成败得失的论著尚未见到。造成这种状况的原因是多方面的，但史学界由于各种原因形成的侧重于古代和近代研究的传统，以及浩如烟海的当代资料难以充分掌握是其中的两个重要原因。也就是说，关于 20 世纪西部开发历史的探讨目前还依然处于空白阶段。

实际上，对 20 世纪西部开发进行探讨不仅有着较高的学术价值，也极富现实意义。如前所述，西部地区也有过辉煌，不仅是中华文明诞生的摇篮，而且在很长的历史时期内，尤其是在汉唐数百年间是中国政治、经济、文化的中心区域，并通过丝绸之路对世界产生着重大影响。但是，在唐代之后，随着我国政治、经济中心的东移，西部地区陷入了长期的缓慢发展或停滞的状态，直至 20 世纪初期，伴随着国难的加剧，西部地区才又迎来了一次政府有目的、有计划的开发活动。新中国成立之后，西部地区的发展更是得到了党和政府的极大关注，20 世纪五六十年代的支边、发达省区和西部省区的对口支援，以及国家对西部地区采取的各种优惠政策即是重要的表现。在国家的大力扶持下，20 世纪后期西部省区的经济社会有较大程度的发展，但是在改革开放之后的 20 多年里，西部地区的发展依然处于滞后状态，而且和内地尤其是沿海发达地区的差距越拉越大，这即是党和政府作出西部大开发重大决策的动因之一。但是，西部地区如何才能得到快速发展，西部大开发如何进行，这一系列的问题都需要我们去探讨、去实践。

应该说，在唐代西部地区衰落之后，西部地区很少作为一个整体得到关注，只有清王朝时期对新疆的开发取得了明显的成效，因而可以说依靠政府的力量主动地开发西部是始于 20 世纪初期，尽管这些开发活动并没有取得令人满意的结果，但毕竟已经走过一段开发的道路，先于我们进行了一些探索。在进行西部大开发的今天，尽管我们所面临的国内外形势已经发生了明显改变，西部地区的一些基础设施也有了显著改善，民族关系也已经演变为平等、团结、互助的社会主义新型民族关系，但恶劣的自然环境、多民族分布的格局、落后的经济社会发展水平等依然是制约西部发展的主要因素。因而总结 20 世纪西部开发的经验和教训，对于今天的西部大开发自然是十分重要的，它不仅可以避免我们前人走过的弯路，而且也有助于我们制定出更符合西部实际的开发战略。

三 20 世纪中国西部开发的演进历程与特点

20 世纪西部开发的历程是曲折的，大致可以中华人民共和国成立为界，分为前后两个明显不同的发展阶段：前一个阶段是以清王朝和国民政府的开发；后一个阶段是中华人民共和国的开发。这两个不同的开发阶段具有共同点，但开发的根本目的却存在着较大的差异。

（一）共同点主要表现在相同的战略地位、同样的自然条件、多民族性、发展滞后等几个方面

1. 相同的战略地位

西部地区对中国、中华民族所具有的战略地位是十分重要的。一方面，属于西部核心区域的陕西、甘肃等省在历史上长期是中国的政治经济文化中心，同时也是中华民族兴起、发展和繁荣的中心区域。另一方面，包括内蒙古、宁夏、青海、四川、重庆、西藏、云南、贵州、新疆、广西等其他省、市、自治区在内的辽阔区域，在中国疆域、中华民族不断发展的过程中已经和我国其他地区牢固地凝结于一体，是中国疆域不可分割的重要组成部分，同时由于它们地处外围，尤其是云南、广西、西藏、新疆、内蒙古等省区，也是保卫中国发展繁荣的屏障。在和平时期，西部所具有的重要战略地位表现并不明显，可是一旦中国遭到外敌入侵，其战略地位的重要性就立刻凸显出来。在鸦片战争爆发之前，中国一直是处于自主发展的状态，周围没有可与之抗衡的力量。尽管这种国际环境为中国的发展提供了有利的条件，但也使中国在清代逐渐走入了"闭关锁国"的境地，盲目自大使清王朝放松了对外敌的防御，以致在鸦片战争及其以后的一系列外敌入侵的战争中，中国一直处于劣势，而且领土也遭到了侵占。值得注意的是，始于鸦片战争的列强对中国的侵略尽管是以东南沿海为突破口，但西部地区也是列强入侵的重要目标。当时在南方和西南方，法国在解除了中国和越南的宗藩关系后，开始以越南为基地，蚕食中国的领土；英国将缅甸和印度变为其殖民地后，也开始向我国的云南、西藏以及新疆地区不断渗透，试图将这些区域分裂出中国。在北方和西北，沙皇俄国不仅通过与清政府签订《瑷珲条约》《北京条约》《中俄勘分西北界约记》等一系列不平等条约，鲸吞了我国 150 多万平方千米的领土，而且将真势力深入新疆、内蒙古地区。进入 20 世纪 20 年代后，尽管中华民国实现了对中国松散的统一，但中国面临的苦难并没有结束，持续不断的内战，以及军阀割据依然是阻碍中国复兴的主要因素，也是中国继续遭受外侮的主要原因，而西部依然是列强进一步侵略中国的主要目标。在沙皇俄国及苏联的长期策动下，先是外蒙古实现了"独立"，150 多万平方千米的领土从中国分离出去，后是 17 万平方千米的位于新疆之北的唐努乌梁海地区也并入了苏联，不仅如此，苏俄还不断向新疆地区扩展势力。在西南。英国以印度为基地，在不断策动西藏"独立"的同时，也将其势力延伸到了新疆。面对西部在 19 世纪以来所面临的严重形势，众多的有识之士认识到了西部的重要战略地位。尤其是日本帝国主义开始全面侵华以后，随着东北以及中原地区大片国土的沦丧，西部成为抗战的大后方，西部所具有的重要战略地位日益凸显，中华人民共和国成立之后，西部的战略地位依然十分突出，尤其是中国和苏联关系恶化之后，苏联在中苏边境地区陈兵百万，辽阔的西部地区不仅成为抵御苏联可能进攻的前沿，而且也成为准备长期抵御可能遭受入侵的基地，著名的"三线建设"即是以西部地区为中心展开的，西部地区所具有的重要的战略地位由此可见一斑。

2. 同样的自然条件

西部特殊的地理环境是各种自然因索和人文因素长期相互作用的结果，无论是民国时期的开发，还是新中国成立之后的开发，所面临的自然环境是大致相同的。

宁夏高原与山地交错带，大地构造复杂。从西面、北面至东面，由腾格里沙漠、乌兰布和沙漠和毛乌素沙地相围，南面与黄土高原相连，地形南北狭长，地势南高北低，西部高差较大，东部起伏较缓。南部的六盘山自南端往北延伸，与月亮山、南华山、西华山等断续相连，把黄土高原一分为二。东侧和南面为陕北黄土高原与丘陵，西侧和南侧为陇中山地与黄土丘陵。中部山地、山间与平原交错。卫宁北山、牛首山、罗山、青龙山等挟持山间平原，错落屹立。北部地貌呈明显的东西分异。黄河出青铜峡后，塑造了美丽富饶的银川平原。平原西侧，贺兰山拔地而起，直指苍穹。东侧鄂尔多斯台地，高出平原百余米，前缘为一陡坎，是宁夏向东突出的灵盐台地。

陕西地势南北高，中间低。北部是深厚黄土层覆盖的陕北黄土高原；中部是渭、泾、洛等河流下游冲积形成的关中平原；南部为陕南山地。自然条件复杂多样，南北殊异。

甘肃地形复杂，在全省国土面积中，山地和高原占70%，沙漠和戈壁占15%。境内大部分地区干旱少雨且蒸发量大。

新疆三山夹两盆，准噶尔盆地和塔里木盆地不仅分布着辽阔的沙漠，也有着众多的绿洲和草地。沙漠、戈壁、草原、绿洲、山地是新疆自然环境的显著特点。

西藏平均海拔4000米以上，是青藏高原的主体部分，有"世界屋脊"之称。蜿蜒于西藏高原南侧的喜马拉雅山，全长2400千米，平均海拔在6000米以上，其中海拔8848.13米的珠穆朗玛峰为世界第一高峰，雅鲁藏布江为西藏第一大河，雅鲁藏布江大峡谷深达5382米，是地球上最深的峡谷。

云南是我国自然环境最复杂的省区之一，东部属云贵高原，地形波浪起伏，南部为中、低山宽谷盆地，西部为横断山脉高原峡谷区，最高点是德钦县怒山山脉的梅里雪山主峰——卡格博峰，海拔6740米。东部有五莲峰、梁王山等山脉，西部有高黎贡山、怒山、云岭等山脉，全省有流域面积在100平方千米以上的河流672条、归属于金沙江、珠江、澜沧江、怒江、红河（元江）、伊洛瓦底江六大水系，分别注入太平洋、印度洋，这些河流具有流量大、水位洪枯变化大、河岸坡度陡、河床比降大、急流险滩多的特点，全省有湖泊 37 个，总面积达 1100 平方千米，是我国五大湖区之一，有温泉 700 多处，居全国第二位。

贵州属于中国西部高原山地，通称贵州高原，地势西高东低，自中部向北、东、南三面倾斜，河流顺地势向北、东、南三面分流。西部海拔1500—2800 米，中部海拔 1000 米左右，北、东、南三面河谷地带海拔在500 米以下，海拔最高点在赫章、水城交界处的韭菜坪，为 2900 米。贵州省地貌结构为东西三级阶梯，南北两面斜坡，其显著特征为：一是高原山地多，全省地貌可概括分为山地、丘陵和盆地三种类型，在全省总面积中，山地和丘陵面积占 92.5%；二是岩溶地貌发育，是世界上岩溶地貌发育最典型的地区之一，全省岩溶地貌面积达 109084 平方千米，占全省总面积的 61.9%。境内山峦起伏，层峦叠嶂，主要山脉有北部的大娄山脉、东北部的武陵山脉、西北部的乌蒙山脉、西南部的老王山脉、中部的苗岭山脉等。"地无三尺平"，是贵州地貌特征的形象反映。

四川位于中国西部腹地，占据着四川盆地的绝大部分，是西部地区自然环境相对较好的省区之一，但"蜀道难，难于上青天"的著名诗句也是四川地貌变化较大的真实反映。

当然，西部地区在资源分布、气候等方面还有许多不同于其他地区的方面，而所有这些，都是 20 世纪西部开发活动面临的共同特点。

3. 多民族性

西部还是我国多民族聚居的地区，这种状况迄今都没有发生明显的变化。我国少数民族分布的地域十分广阔，约占全国总面积的 63.8%。由于历史的原因，他们绝大部分居住在我国的西部地区，并绝大多数以或大或小的聚居区同汉族居住地区交错穿插，从而形成了在地域分布上以汉族为主体的各民族"大杂居，小聚居"的分布格局。从目前我国民族自治地方的设置，我们可以很清楚地看到西部地区的这种民族分布特点。民族自治地方按照行政地位分为三级：相当于省一级的自治区，有内蒙古自治区、宁夏回族自治区、广西壮族自治区、新疆维吾尔自治区和西藏自治区共 5个。相当于省辖市一级的自治州共有 30 个。相当于县一级的自治县（内蒙古自治区的自治县称为自治旗），共有 120 个。这些民族自治地方的设置大致有以下几种情况：一是，以一个少数民族聚居区为主建立自治地方。如新疆维吾尔自治区是以维吾尔族聚居区为主建立的自治区；西藏自治区是以藏族聚居区为主建立的自治区；内蒙古自治区是以蒙古族聚居区为主建立的自治区；宁夏是以回族聚居区为主建立的自治区；广西是以壮族聚居区为主建立的自治区等。二是，两个少数民族联合成立自治地方。如湖南省湘西土家族苗族自治州是以土家族和苗族两个民族的聚居区为主建立的自治州；云南省新平彝族傣族自治州是以彝族和傣族的聚居区为主建立的自治州；贵州省黔西南布依族苗族自治州则是以布依族和苗族聚居区为主建立的自治州等。三是，多个少数民族共同建立自治地方。云南省双江拉祜族佤族布朗族傣族自治县是以拉祜族、佤族、布朗族、傣族 4 个民族的聚居区为主建立的自治县；广西龙胜各族自治县也是一个以多民族聚居区为主建立的自治县等。四是，在一个大的少数民族自治地方内部，人口较少的其他少数民族也可以成立自治地方。如内蒙古自治区是以蒙古族为主建立的自治区，但其所属鄂温克族自治旗是以鄂温克族聚居区为主建立的自治旗，鄂伦春自治旗是以鄂伦春族聚居区为主建立的自治旗，莫力达瓦达斡尔族自治旗是以达斡尔族聚居区为主建立的自治旗等。新疆维吾尔自治区是以维吾尔族聚居区为主建立的自治区，其内部也有为哈萨克等少数民族建立的自治州，如伊犁哈萨克自治州是以哈萨克族聚居区为主建立的自治州等。五是，一个少数民族可以建立多个民族自治地方。如内蒙古是以蒙古族聚居区为主建立的蒙古族自治区，但在新疆、青海等地蒙古族的聚居地方也设有蒙古族自治州，如新疆博尔塔拉蒙古自治州、巴音郭楞蒙古自治州，青海的河南蒙古族自治县等。这些民族自治建置多数都分布在西部地区。在西部 12 省区中，除陕西省少数民族人口相对较少，没有民族自治地方外，其他省区少数民族人口都占有一定比例，有些省区则高达 95% 以上，而且分布着众多的民族自治地方，省一级的民族自治地方全部分布在西部；州一级的民族自治地方分布在西部的有 27 个，占 90%；县一级的民族自治地方则有 83 个，占全国民族自治县总数的 69.2%。也就是说，多民族聚居是我国西部地区最为显著的特点。

4. 发展滞后

经济社会发展的滞后也是贯穿 20 世纪西部发展过程中的一个显著特点。在抗日战争全面爆发之前，西部地区社会经济基本上还处于传统的农业、畜牧业及手工业阶段，近代化的经济形态仅仅是萌芽。全面抗战之后，随着东、中部地区企业、机关、学校以及人员的大量向西及西南地区迁移，才在客观上推进了西部近代化的形成和发展。值得说明的是西部地区发展的滞后状况在人类已经进入21世纪的今天也并没有发生根本性改变，西部依然是我国发展缓慢的地区，而且和中部尤其是沿海发达地区的差距在不断拉大。以基础设施建设为例，被纳入西部大开发范围的12省区都普遍存在着基础设施落后的问题，尤其是少数民族聚居的地区。以公路、铁路、航空为主体的交通设施尚未形成网络或等级水平较低；城市化水平还很低，城市公共设施的建设有待提高；电力设施、水利设施、通信设施等方面也相对落后或不能满足需求等。基础设施落后的原因是多方面的，地域辽阔、人烟稀少、自然环境恶劣、经济基础薄弱、资金缺乏等都是导致西部地区基础设施落后的重要因素。落后的基础设施已经成为制约西部地区经济发展的重要因素之一，诸如资源的开发和利用、旅游业的发展、边境贸易的发展，甚至作为西部地区优势产业的农业、畜牧业、林果业等的发展也多受制于此。如云南省的旅游业具有强劲的发展势头，其在云南省经济发展中的地位日益突出，但旅游业发展所需要的交通设施建设则严重滞后，主要依赖公路，制约了旅游业的发展。再如人才状况，新中国成立后的50余年间，我国西部地区的教育事业得到了飞速发展，加之国家对西部地区采取人才支援政策（尤其是20世纪50年代的大规模支边），西部地区的人才状况得到了明显改善，取得了显著成绩。但是，面对已经取得的成绩，我们也要保持清醒的头脑，尤其是西部地区更要看到和其他地区的差距。这些差距主要表现在：一是人才总量严重不足。据1995年的统计，我国东部地区人才总量是2088万，每万个劳动者中有人才885人，而西部地区人才总量仅为794万人，每万个劳动者中拥有人才92人，差距十分明显。二是少数民族科技人才奇缺。西部民族地区虽然人才总量增长较快，但结构存在严重缺陷，绝大多数人才集中在机关和教育、卫生等事业部门，直接在生产领域从事资源、产品开发的科技人才则严重不足。从全国的范围讲，1997年全国270万少数民族人才中，有64万在机关，占总数的23.7%，在事业单位的有146万人，占总数的54%，企业单位只有60万人，占总数的22%。西部民族地区更是如此。这些科技人才如果从分布上看主要集中在城市地区，从职业上看则主要分布在教育、卫生等少数几个行业，从年龄上看则老化严重。三是整体素质难以适应西部大开发的需求。西部地区人才总量虽然增长速度较快，但整体素质并不乐观。据 1997 年的统计，新疆少数民族干部的文化程度，大专以上的学历只占总量的 22%，中专学历占 47%，高中以下（包括高中）占 31%，其中中专以下学历的干部占到了干部总数的 78%，整体素质明显偏低。四是人才流失严重。改革开放以来，由于利益的驱动，以及西部民族地区在用人政策方面存在缺陷，西部民族地区人才，尤其是科技人才大量流向内地、东南沿海地区，"孔雀东南飞"成为这一现象的形象描述。与此同时，一些 20 世纪五六十年代支边的人才或因离退休，或因其他原因也大量流回出生地或内地大中城市。人才的大量流出，不仅使西部民族地区的人才总量不足的情况更加严重，而且也使人才结构更为不合理，成为制约经济发展的重要因素。五是培养渠道不畅。新中国成立以来，国家为发展民族地区的教育事业倾注了大量人力物力，也取得了显著效果，但兴办的众多民族院校多以培养少数民族政工干部为主，在专业的设置方面也偏重文科，加之民族地区经济发展相对滞后，工作生活条件艰苦，有些地区对科技人才的重视程度不够，由此不仅造成人才回流困难，有些地区甚至送出去培养的人才连 1/10 的回流率都难以达到。

西部地区不仅经济发展落后于中东部地区，社会发展的程度也相对落后，进入 21 世纪的今天，依然有许多观念和习俗难以适应社会主义市场经济发展的要求，这主要是历史原因所造成的。我国西部地区主要是少数民族聚居区，诸如内蒙古、新疆、西藏、云南、广西等省区都是我国少数民族的主要聚居区。我国的少数民族，尤其是南部边疆地区的一些少数民族，诸如佤族、怒族、门巴族、珞巴族等，在新中国成立初期尚没有进入阶级社会。尽管他们在新中国成立之后和我国其他民族一起跨进了社会主义阶段，但原始社会的残留影响仍然制约着社会的进步。与此同时，在漫长的历史发展过程中形成的具有民族特点的意识形态、价值观念和风俗习惯，诸如耻于做生意、文化素质有待提高、市场意识淡薄等，使得这些民族在市场经济的大潮中不可避免地处于劣势，从而成为不利于西部地区经济发展的主要制约因素之一。

20 世纪我国西部开发的历程在不同时期也呈现不同的特点，就开发的目的、主体以及效果来看，存在着两个明显不同的阶段，即新中国成立前的开发和成立后的开发，这些不同的特点也决定了前后两个阶段的开发具有根本不同的性质。

就开发目的而言，新中国成立前的开发多是因事而起，或因战而兴，清政府对西部地区的开发、国民政府对西部的开发都是如此。以西北地区为例，略做说明。在清王朝中后期，西北地区的发展一度得到了清政府的重视，开发活动也由此展开，但这种开发主要是出于巩固边防的考虑，因为当时的西北地区面临着列强，尤其是沙俄的严重威胁，不谋求发展就难以有效地巩固西北的边防。也就是说，如果没有沙俄在西北边疆的虎视眈眈和不断蚕食，清政府对于遥远的西北边疆是不会如此重视的，因而其开发活动根本不是出于经济因素，而是因列强对边疆的威胁所导致，直至辛亥革命爆发前，清政府开发西北的主导思想始终是如此。继清政府之后抗日战争爆发之前，西部为各地军阀控制，各地也先后进行了具有不同特点的开发活动，但这些开发活动的目的是增强各自的势力，以便在内战中得到更大的地盘和权势而已，因而开发多是因战而兴。抗日战争全面爆发后，因战而兴的经济开发在西部达到了高潮，关于这一点，我们在国民政府制定的"西南为抗战基地，西北为建国基地"建国战略中可以清楚地看出来。开发活动的这些目的也导致了开发的主体是以政府或本地军阀为主，不可能发挥西部地区各民族人民的主动性。也正因为如此，这些开发活动缺乏持续性，难以取得显著效果。不仅如此，由于这些开发活动着眼点只在于统治者的私利，而不是从根本上去改变西部地区落后的社会状况，因而更不可能从根本上促进西部地区经济社会的整体发展。这也是西部地区在新中国成立前历经数次开发依然落后的原因之一。

相对于 20 世纪前 50 年的开发而言，新中国成立后的开发活动尽管也存在着因事而兴的具体开发，诸如为防范苏联入侵而掀起的"三线建设"，但其开发的目的、着眼点已经发生了根本性改变，开发的目的不仅是彻底改变西部地区落后的经济状况，改变西部地区，尤其是西部民族地区落后的社会发展状态也是开发的目的，因而这种开发才是全面性的开发，才能从根本上促进西部地区政治经济文化多方面的发展。以云贵两省为例，由于受特殊地理环境、历史条件的影响，云贵总体发展相对滞后，尤其是少数民族地区不仅更为落后，而且有些还处于奴隶社会乃至原始社会末期的发展阶段。新中国成立后，人民政府不仅十分重视发展民族地区的经济，促进了云贵两省经济的快速发展，而且也致力于社会各方面的全面开发，尤其是促进少数民族社会的整体发展。1998 年云南民族自治地方的国民生产总值达到 589.2 亿元，在改革开放后的 20 年间以每年 14.9% 的速度递增；贵州民族自治地方的国内生产总值，1998 年达到 266.6 亿元，较过去增长也很快。伴随着经济的发展，云贵两省少数民族社会也发生了巨变。1952 年至 1956 年，人民政府在云贵少数民族地区进行民主改革，对于白族、回族、纳西族和壮族聚居的地区，采取略宽于汉族地区的土地改革方式；对处于封建领主制和奴隶制阶段的傣族、藏族、哈尼族、普米族以及一部分纳西族、彝族聚居地区，采取和平协商土改的方式；对保留原始公社制度残余的傈僳族、景颇族、佤族、布朗族、基诺族、怒族、独龙族以及一部分拉祜族聚居的地区，不进行土地改革，经过发展生产直接过渡到社会主义。经过 50 多年的全面发展、尽管云贵两省和我国其他地区相比还存在一定差距，但少数民族地区在政治、经济、文化诸多方面都发生了巨大变化，已经远非新中国成立初期的情况可比。

正确认识 20 世纪前后 50 年西部开发所具有的这些共同点和不同点，有助于我们客观而科学地总结 20 世纪西部地区开发的经验和教训，但更重要的是，在 20 世纪众多阻碍西部地区发展的因素目前还依然存在，因而这些经验与教训对我们目前的西部大开发极富借鉴意义。

四 研究 20 世纪中国西部开发的启示

20 世纪的西部开发，不仅为我们目前正在进行的西部大开发提供了可持续发展的基础，同时也为我们带来了诸多的启示。

启示之一，西部发展与全国发展的关系。

与全国的关系是西部地区发展首先要考虑的问题。从 20 世纪西部开发的实践活动看，西部发展与我国发展是一个辩证统一的关系，一方面，西部是我国的重要组成部分，其范围占到了我国领土面积的 60% 以上，没有西部的发展，就没有全国的发展。或者说，即使中东部地区的发展取得了令人瞩目的成就，使我国的综合国力显著提高，但这种发展也不是全国性的发展，其发展程度还不彻底，因为占我国国土面积一半以上的西部没有得到充分的发展。另一方面，只有在全国实现了发展的基础上，西部才有可能得到发展，或者更准确地说只有我国的综合国力得到了显著提高，才有能力关注西部地区的发展，而西部地区也只有在国家的关注，包括政策、资金、人才、基础设施建设等诸多方面进行大力扶持，西部才会得到发展。西部和全国的这种关系是由西部地区所具有的一系列特点决定的。西部地区自然环境恶劣，高山、沙漠、戈壁广布，多数地区社会发展缓慢、基础设施落后、人口稀少、全民素质偏低，尽管西部地区有着丰富的自然资源、人文资源，但依靠自身的努力尚不能充分利用这些资源，也难以达到快速发展的效果。在这种情况下，国家的大力扶持，包括资金、人才、政策等方面的照顾对于西部的发展就显得尤为重要。对于这一点，我们从20世纪西藏发展的历程中可以清楚地看出来。

西藏自治区是以藏族为主体实施区域自治的地区，位于我国的西南边陲，面积120多万平方千米，约占我国总面积的1/8。西藏北临新疆，东邻四川，东北连接青海，东南与云南相邻，南部、西部与缅甸、印度、不丹、锡金、尼泊尔等国接壤。西藏现有耕地面积22.4万公顷，其中有效灌溉面积11.3万公顷。农作物以青稞、小麦、蚕豆、油菜为主，因为日照时间长、温差大、生长周期长，且多用高山雪水灌溉，农作物和蔬菜质量好、无污染，使西藏成为"绿色食品"理想的开发地。西藏草场面积1240万公顷，是我国五大牧区之一，牦牛是西藏地区最有特色的牧业产品。西藏还是我国的五大林区之一，林地面积764万公顷，活立木积蓄量20.54亿立方米，其中冷杉、云杉、圆柏、落叶松、云南松等都是优质的木材。西藏已发现了70多种矿产，26种已探明储量，其中锂的远景储量占世界总量的一半，铬铁矿储量居全国之首，硼、菱镁矿、重晶石、砷的储量均居于全国前列；水能、地热、太阳能、风能均极为可观，为西藏地区提供了用之不竭的廉价能源。应该说，西藏地区的自然资源是十分丰富的，而且藏族人民在历史上也创造了灿烂的文化。但是进入近代以来，依靠传统的产业模式和技术已经难以推动西藏地区经济社会的快速发展，而现有资源的开发由于受到资金、技术、基础设施等众多不利因素的限制，不仅难以实现有效的开发，成本也较高。也正因为如此，20 世纪上半叶西藏的经济社会基本上处于发展停滞的状态，不仅难以取得显著的进步，而且也与我国其他地区的发展差距越拉越大。新中国成立后的 50 余年，尤其是 1959 年民主改革以来，西藏的经济社会才有了突飞猛进的巨变。1998 年，全区粮食总产量达 85 万吨，是 1958 年的 5.7 倍；牲畜总头数达到 2300 万头（只），比 1959 年的 955.62 万头（只）增加一倍多；现代农业已初具规模，农业生产已走向机械化，机耕、机播面积在 1993 年时就分别达到 25%、65%；交通运输从 1954 年青藏公路、川藏公路通车开始，形成了以公路运输为主，以航空、管道运输为辅的现代运输新格局。到 2000 年年底，公路运输担负着西藏 94% 的货运量和 85% 的客运量，通车总里程 25300 千米，形成了以拉萨为中心、5 条国道为骨架、辐射全区的公路网，80% 的乡和 67% 的村通了汽车。西藏的工业也从无到有，有了显著的发展，已初步形成以采掘业、加工业、交通运输、设备修理业和电力工业为支柱的现代工业体系，其中矿业、建筑建材、制药等优势产业发展较快，出现了珠峰摩托车、奇正藏药、拉萨啤酒等一批颇具竞争力的高原特色产品。与此同时，邮电通信、教育、医疗卫生等各个行业都有了巨大的变化。应该说，这些成绩的取得和西藏各民族人民的努力是分不开的，国家的大力支持也是一个不可忽视的重要因素。1951 年以来，国家用于西藏基本建设和各项财政补贴达到 500 多亿元；党中央、国务院还给予西藏许多特殊、优惠政策的支持，中央和各兄弟省市抽调了大批素质高、能力强的干部进藏工作。正是这些援助，使西藏经济迅速发展，社会全面进步，给西藏插上了腾飞的翅膀。这些援助既反映了中国共产党领导的新中国是各民族平等、团结、友爱的大家庭，也表明有了强大的祖国，西藏才能真正获得稳定和发展。2001 年 6 月，中央召开了第四次西藏工作座谈会，指出了 21 世纪西藏工作的主要任务，再次加大全国支援西藏的力度，确定国家将投资约 312 亿元，建设 117 个项目，并将对口支援西藏工作在现有基础上再延续 10 年。这次会议的召开预示西藏在中央的关怀和兄弟省市的援助下，将在 21 世纪得到更大的发展，创造出更多的奇迹！

不仅西藏如此，西部其他地区的发展也都离不开国家的大力扶持。当然，国家的大力扶持只是问题的一个方面，任何一个地区的发展都不是仅仅依靠外力的支持就能够实现的，要想得到经济社会的整体发展还需要依靠自身的努力，只有在充分调动了本地区各民族人民主观能动性的情况下，这些来自地区外部的大力支持才能发挥出更大的效益，经济社会高速发展的愿望才能变为现实。20 世纪的西部开发是如此，21 世纪我们正在进行的西部大开发也是如此，只有充分认识到西部发展和国家整体发展的关系，我们才会对西部地区的发展给予足够的重视；而在国家重视的情况下，只有正确认识和处理国家扶持和自身努力的关系，西部才能充分利用国家的大力支持，国家的大力支持也才能取得应该取得的效果。

启示之二，政治稳定是发展的基础和前提。

没有一个稳定的社会环境，就不可能有经济社会的发展，社会环境的不稳定不仅会阻碍经济社会的发展，甚至还会造成经济社会的倒退。这是人类发展的历史已经证明了的真理。20 世纪西部开发的历程也证明了这一点。

回顾 20 世纪西部发展的历程，我们也可以看到一个明显的现象，即凡是社会稳定的时期，西部地区的经济社会就会得到一定程度的发展，而社会的动荡时期则是发展缓慢乃至停滞的时期。西部是我国少数民族聚居区的主要地区，多民族分布的人文特点既为西部地区的发展提供了丰富的人文资源，同时也为西部地区的发展带来了现实的和潜在的制约因素。之所以说是现实的制约因素，是因为在 20 世纪西部地区的发展过程中，民族关系的不协调乃至恶化，成为 20 世纪上半叶西部地区发展的阻碍因素之一；之所以称之为潜在的制约因素，则是因为 20 世纪下半叶我国民族关系的改善，尤其是平等、团结、互助的社会主义新型民族关系的确立，为西部地区的发展提供了一个宽松的社会环境，但历史上形成的影响我国民族关系健康发展的因素还没有得到彻底消除，一旦遇到合适的机会，这些因素就会发挥作用，引起社会动荡，进而阻碍西部地区的发展。20 世纪的前半叶是西部地区各种社会矛盾相对激烈的时期，军阀的割据以及不断恶化的各种社会关系，尤其是阶级关系和民族关系，严重制约着西部地区的发展。当然，在这一时期西部地区也迎来了一次大的发展，但这种发展是在抵御外敌入侵的情况下取得的，不仅有着特殊的各种因素，诸如大量企业、学校的迁入，国家政策的改变等，而且各种社会矛盾也已经弱化为次要矛盾，共同抵御外敌成为当时各地区、各民族人民的共同愿望，社会环境相对稳定，为西部的发展提供了一定的社会基础。也正是在这些因素的共同作用下，才使得此次开发活动取得了一定的成效，但从50年整体的发展看，西部地区的落后面貌并没有因为有了此次开发活动就发生了明显的改变。新中国成立后，由于实行了民族平等和促进社会全面发展的政策，西部地区迎来了社会环境的最好时期，经济社会的整体发展才得以实现。

20世纪西部开发的这一启示，对于我们今天正在进行的西部大开发有着十分重要的借鉴意义。中华人民共和国成立后，我国的民族关系进入了一个新的发展阶段，平等、团结、互助的社会主义新型民族关系得以确立并日益巩固，中华民族的凝聚力也日益增强，这得益于中国共产党的民族平等政策的确立和实施。但是，由于历史和自然的一些因素所致，我国各民族的发展还存在着不平衡，民族地区的发展和内地尤其是沿海经济发达地区相比也存在较大差距。民族之间、民族地区和内地及发达地区之间在发展上存在的差距成为影响我国平等、团结、互助的社会主义新型民族关系正常发展的重要因素之一。民族利益是民族关系的核心问题之一。尽管从整体上看，现阶段我国各民族的根本利益是一致的，而且通过各项政策的实施各民族在政治和文化上已经取得了平等的地位，但经济社会发展差距的存在，尤其是改革开放以来差距的不断扩大依然是制约我国民族关系健康发展的主要因素。2002年，党的十六大又提出了利用21世纪前20年的时间全面建设小康社会的宏伟目标，为我国民族地区的发展提出了新的要求。应该说，这些重要举措将对我国民族关系的发展产生巨大的影响，但是我们也要清醒地认识到，无论是西部大开发还是全面建设小康社会都不是单纯的经济行为，而是综合性的社会系统工程，不仅要考虑到民族地区的经济发展，更要考虑到民族地区社会的整体发展，尤其是民族关系的健康发展。同时，无论是西部大开发还是在民族地区全面建设小康社会都需要包括和谐的民族关系在内的宽松的社会环境。改革开放以来，我国民族关系呈现复杂发展的态势，主要表现在以下几个方面：一是，在经济利益的驱动下，各民族成员的流动日益频繁，不仅有大量的汉族成员流入民族地区，而且也有大量的少数民族成员向内地尤其是城市流动，民族地区内部各少数民族成员的流动也大量存在，原有的大分散小聚居的分布特点被打破，改革开放之前相对简单的民族关系结构已经变得越来越复杂，对民族关系构成影响的因素也逐渐增多。结构的复杂性，一方面表现在民族地区内部由于民族成分的增加以及民族人口的此消彼长，民族关系所涉及的民族数量增加了；另一方面表现在少数民族人口向城市的流动，尤其是向内地的流动，使民族关系涉及的地域大大拓展，一些在改革开放之前没有民族关系问题的城市也开始出现了民族关系问题。发生关系的民族数量的增多以及民族关系涵盖区域的拓展，自然也使影响民族关系发展的因素逐渐增多，民族关系问题出现的频率大大加强。二是，民族关系的互动性增强，使我国现阶段民族关系极易出现较大的波动，更难以把握民族关系的发展脉络。流入内地尤其是城市的少数民族成员虽然离开了其族体，但并没有断绝和族体的联系，相反，陌生的环境和更为便利的联系方式不仅使这些离开族体的成员更容易地结为牢固的一体，而且在和当地其他民族成员发生问题或冲突时往往会寻求族体的支持，从而不仅为流入地区带来了民族关系问题，也导致了民族地区民族关系的波动。三是，民族地区和内地尤其是沿海经济发达地区差距的不断拉大，使各民族或地区对利益的关注程度大大加强，不能给民族地区带来利益的资源开发，正常贸易中出现的纠纷以及外资企业，包括国内其他地区的投资企业如果在用工方面对当地民族成员缺乏照顾等，都会成为影响民族关系健康发展的潜在因素。应该说，我国民族关系在改革开放之后出现的这些新的变化是经济社会发展所引起的必然结果，也是西部大开发和民族地区全面建设小康社会所必须面对的问题，如果对民族关系出现的这些新动向不能给以充分的关注，将西部大开发和民族地区全面建设小康社会仅仅看作经济的发展，那么我们的良好愿望是难以实现的。

启示之三，发展要有正确的战略指导。

综观 20 世纪西部地区开发的实践，是否有正确的战略指导是开发活动能否取得显著效果的关键。20 世纪前半叶的西部地区在全面抗战爆发后迎来了一次重要的发展机会，尽管当时的开发活动受到了战争的影响，但也为西部地区的发展带来了极大的促进作用。可惜的是当时的西部地区并没有抓住这一机会，抗战结束后随着企业、学校人员的回迁，西部地区又重新回到了缓慢发展的状态。当然，造成这种状况的原因是多方面的，既有国际国内局势的影响，也有战略指导的原因。首先就开发活动的目的而言，此次开发是因战而起，一切开发活动，都是围绕战争进行的，谋求的是短期的效益，并没有照顾到西部地区经济社会的整体发展。其次作为地方政府而言，也没有能够充分利用这次机遇制定正确的发展规划，以促成当地经济社会的快速发展，而是囤积财力，壮大地方势力，以求在内战中增加自己的砝码。

20 世纪下半叶的西部开发尽管取得了显著的成效，但我们也走了不少的弯路，其中没有充分调动西部地区谋求发展的积极性，而是一味地希望通过国家财力的大力支持来改变西部的落后状态就是一个很值得思考的问题。以五大自治区为例，由于是少数民族实施区域自治的地方，国家不仅制定了各种优惠的照顾政策，也有大量的财力和物力支持，但并没有取得应有的效果，相反却导致了不同程度的"等靠要"思想的蔓延，以至于到进行西部大开发的今天，不少地方依然把发展的希望完全寄托在国家的财政支持上，根本就没有想到，再好的政策、再多的资金只有和自身的努力有机地结合才能取得预想的效益。目前，我国的经济体制已经由过去的计划经济体制转变为市场经济体制，而且也已经加入了世界贸易组织，随着经济全球化的进一步加深，所有的经济活动都需要遵从市场经济规律的约束。在这种情况下，将发展的希望依然完全寄托在国家的扶持上，不仅是不现实的，也难以抵御市场经济所带来的冲击，更不用说实现发展的愿望了。

当然，从 20 世纪西部开发的实践以及目前制约西部发展的众多因素看，没有国家的大力支持，西部要想快速发展是存在较大困难的，而且我们也不是反对国家对西部采取积极扶持的政策，关键是西部在这种大力扶持面前要保持清醒的头脑，在充分掌握本地区各种优势和不利因素的基础上，确立符合本地区实际的战略指导思想，实现国家的大力扶持和自身努力的有机结合。只有这样，西部大开发才能达到预期的效果，在 21 世纪前 20 年间实现全面建设小康社会的宏伟目标。

启示之四，开发与环境保护。

在西部大开发战略决策提出后，人们在谈及西部地区如何利用这一千载难逢的历史机遇以求快速发展的时候，多将目光集中在西部地区丰富的自然资源方面。应该说，西部地区丰富的自然资源的开发，对于西部地区的发展会带来极大的促进作用，但是在这种开发过程中关注环境的保护也是不容忽视的。

西部地区是有着丰富的自然资源，但是西部地区也有着恶劣的自然环境和脆弱的生态系统，对此我们要有一个正确的认识。一方面，我们进行的西部大开发不仅仅是单纯地促进西部地区的经济发展，而是全面提高西部地区各民族人民的整体生活水平，恶劣的自然环境的改变也是其中的一个重要方面。另一方面，如果在开发的过程中脆弱的生态系统遭到破坏，那么不仅是西部地区的发展要受到严重影响，而且将来我们要消除这种破坏则需要付出数倍乃至百倍的努力。20 世纪的西部开发应该说不仅没有对自然环境进行有效的保护，同时更加重了对生态系统的破坏，从而为我们目前的西部大开发带来了一个严重的制约因素。以陕西、甘肃、青海、宁夏、内蒙古为例，在汉唐时期这些地区的自然环境还是相对较好的，由于无限制地弃牧从耕、虽然带来短期的农业发展，解决了粮食问题，但严重破坏了脆弱的植被，导致了沙漠化扩大，不仅进一步恶化了当地的生存环境，对其他地区的环境也形成了严重的影响。改革开放后的数十年的开发更是如此，受经济利益的驱动，超载放牧、毁草造田及乱砍滥伐的现象屡禁不止，对自然环境的破坏已经到了难以遏制的地步。值得高兴的是，目前各级政府已经注意到了这个问题，诸如陕西省制订了"山川秀美"计划，并取得了初步成效。

应该说，有开发就会有破坏，但西部多数地区的自然环境已经难以承受来自人类的破坏活动，因而西部地区资源的开发不仅应该避免对自然环境的破坏，反而应该树立有助于自然环境恢复的开发意识。只有这样，我们的西部开发才会是积极有效的。

启示之五，屯垦戍边不能忘。

西部 12 省、自治区有不少地处边疆，与邻国交界既为这些地区的发展带来了十分有利的地缘优势，但特殊的地理位置也赋予了这些地区更重要的使命，不仅要维护本地区的稳定，同时也要肩负起把守国门、巩固国防乃至防御外敌入侵的重任。针对边疆地区所具有的这种特殊地位，我们的先人创造性地制定了屯垦戍边的方略。自秦王朝始，迄至我国历史上的最后一个王朝——清朝都广泛地在边疆地区实施着这种政策。既是在边疆地区长期保持一定数量的卫戍力量，同时也解决了路途遥远补给困难的问题，并带动了边疆地区的发展，对于巩固边防、促进边疆地区的发展起到了十分重要的作用。通过回顾历代王朝在包括今新疆在内的西域屯垦戍边的历史，我们不难发现一个带有普遍性的规律：举凡在西域实施稳固的统治者，其在西域的屯田也都卓有成效；反之，举凡在西域屯田成效显著者，其在西域的统治也较牢固，二者相辅相成，联系密切，并互成因果。从历代王朝西域屯田的发展历程，我们不难看出西汉、唐、清三朝是西域屯田的大发展时期，而且代表着西域屯田事业三个发展阶段的最高水平，王朝在西域的统治也相对稳固。其他王朝则是在三个王朝的基础上效果逐减，甚至一无建树，王朝在西域的统治则多充满着挫折，甚至是被迫放弃了对西域的统治。进入 20 世纪后，由于军阀割据的存在，中央对边疆地区的控驭能力有所下降，屯垦戍边政策的实施受到了严重影响，为此也带来了边疆地区的不稳定，并严重影响到了新疆地区的发展。新中国成立后，借鉴了历代的经验教训，在新疆建立了生产建设兵团，虽然屯垦并没有在整个西部地区广泛推行，但取得了显著的成效，对我们今天的西部大开发也具有十分重要的借鉴意义。新疆生产建设兵团成立于 1954 年 10月，1975 年一度撤销，1981 年兵团恢复建制，1990 年在国家实行计划单列。从这些年的实践看，兵团执行着"屯垦戍边"的特殊使命，它不仅是一支建设新疆、稳定新疆和保卫边疆的安全可靠的重要力量，而且对于新疆的发展也起到了重要作用。

就目前的西部大开发而言，政治稳定是西部地区实施大开发所必须具备的因素，而多民族、多宗教的分布格局极易为民族关系带来波动，同时外国势力的干扰乃至渗透也极易影响到边疆省区的社会稳定。在这种情况下，坚持屯垦戍边不仅是必要的，也是必需的。

（本文首发于马大正、李大龙主编《20 世纪中国西部开发史》，黑龙江教育出版社 2005 年版，是为该书绪论，收入本集时作者略作修改）

清朝前期边疆治理三大政策述论

  中国是一个有着悠久历史的文明古国，不但拥有辽阔的中原腹地，而且拥有广袤的陆疆和海疆。多元一体的中华民族在这片土地上繁衍生息。在中国历史的演进中，统一多民族国家和多元一体中华民族是相互依存、相互促进、同步发展的。推动这种同步发展的一个重要动力，就是极富中国特色的边疆治理。中国历史上无论哪一个朝代，都面临着边疆治理问题。边疆治理不仅直接影响一朝一代的兴衰存亡，而且对统一多民族国家的形成和发展有着重大影响。边疆治理的基本任务是守住一条线（边界线）、管好一片地（边疆地区），实际上包含着物与人两个要素。边疆治理的内涵十分丰富，包括边疆治理大战略、边疆地区行政体制、中央和地方的管理机构与运作机制、边防（国防）、边境、民族政策、宗教政策、文化政策、教育政策、经济开发和社会整体发展、周边外交等。

  本文以就清代前期边疆治理中边防政策、边疆民族政策和边疆开发政策试做述论。

一 边防政策

  在清代前期，随着沙俄等外敌对中国边疆地区的觊觎，传统的"夷夏之防"观念发生了变化，"夷"已经由专指边疆各民族和周边藩部转变为"外夷""洋夷""海外诸夷"等西方列强诸国。"夷夏之防"观念的变化，导致清朝边防思想变化，即由"夷夏之防"变为"中外之防"。当然这种变化是逐步发生的。可以明确地说，清朝"既不无理强取他国之寸土，亦决不无故轻让我寸土于人"① 及 "天朝尺土俱为版籍，疆址森然。即岛屿、沙洲，亦必划界分疆，各有专属"② 是清朝前期边防政策的指导思想。

前代前期的边防政策，在边防建设中有三个方面比较突出。

（一）陆路屯重兵于边疆

清朝在东北三省设置东北三将军，由八旗兵驻守防卫，驻军数额奉天2 万余人，吉林1.1 万余人，黑龙江6400 余人。主要兵种是骑兵。

蒙古地区设绥远将军、呼伦贝尔副都统、察哈尔都统、热河都统、定边左副将军、科布多参赞大臣、库伦办事大臣。蒙古八旗仿满洲旗制驻扎北部边疆。此外，蒙古各部另轮流派 "备操兵"，自带口粮、马匹、火药、铅丸，前往乌里雅苏台常驻训练，每期四年，受定边将军调遣。

新疆设伊犁将军、塔尔巴哈台参赞大臣、喀什噶尔参赞大臣等。驻军分 "驻防" 制和 "换防" 制。"驻防" 军队在伊犁、乌鲁木齐等要冲地区，由八旗和绿营携眷永驻；"换防" 军队在塔尔巴哈台和南疆各城更番轮戍，三年一换。新疆总兵额 2 万余人，由 "总统伊犁等地将军" 节制。

对于西南门户的西藏，由驻藏大臣和噶厦政权共同负责管理边防。乾隆末年以前，驻藏清军一直保持在 500—2000 人，驻藏清军每三年一换。乾隆末年制定了《钦定西藏章程》29 条，规定：

（1）完善西藏的常备驻军制度，将西藏的常备军分为绿营兵和藏兵两种。

（2）绿营兵编制、装备等同内地，兵额为 646 名，分驻定日、江孜等处；另在打箭炉到前藏驻粮台兵 782 名。

（3）藏军定额 3000 人，拉萨、日喀则各驻 1000 人，江孜、定日各驻500 人。清朝又命四川总督、成都将军、西宁办事大臣与驻藏大臣声势联络，遥制西藏。

云贵、两广各设总督，并制南疆；又设广州将军，统兵 5200 余人，扼守南疆门户。

---

① 雍正五年七月十八日，《图理琛等奏报沿途与俄使晤谈情形折》，见中国第一历史档案馆编《清代中俄关系档案史料选编》第一编，下册，中华书局 1981 年版，第 501 页。
② 《粤海关志》卷二三《贡舶三》；《清高宗实录》卷一四三四。

（二）设立卡伦、定期巡边

在边疆地区靠近边境的地方设立卡伦，定期巡查，是清朝边防的一项重要军事设施。清代前期，陆路边疆东三省、蒙古、新疆、西藏、云南、广西都设置了卡伦，如在新疆共设卡伦 250 多座，在漠北设 60 余座，黑龙江设 51 座。除设置卡伦外，清朝还制定了较为严格的边境巡查制度。如在新疆，每年春秋两季，伊犁将军委派参赞大臣巡查各所属卡伦及卡伦以外所辖地区。外蒙古卡伦巡查由乌里雅苏台左副将军委派干员，带兵稽查，定为每年一次。黑龙江边境巡查分为每年巡查和三年巡查两种。西藏由驻藏大臣每年春秋两季到边界巡查。云南、广西也规定了每年巡查和定期巡查的巡边制度。清朝在边境地带还设置了巡逻鄂博，定期巡边制度的主要任务是勘查界碑、界牌，修整鄂博，守卫边防。

（三）海疆设立全面防御体制

自康熙朝开始，清朝在海疆设置防御系统，到乾隆朝，已经形成了海疆的三条防线。最外一条是以绿营水师为主的海岛防线；居中一条是八旗与绿营的海岸防线；内里则是以八旗和绿营为主，连接沿海重镇的东南防线。从北到南，设置东三省水师、直隶水师、山东水师、江南水师、浙江水师、台澎水师、福建水师、广东水师、长江水师等。八旗水师战船数百，官兵逾万，与八旗绿营驻防陆师表里相依，扼要戍守水陆兵额高达 3.5 万人。清代前期，东部、东南部形成了海口与海岛，岛屿与海岸并重的海疆全面防御体制。

海疆的巡防，是海防水师的重要任务。巡防有外海巡防和内河巡防，外海巡防按水域分为总巡和分巡，总巡负责较宽水域的巡查，分巡隶属于总巡。

清代前期，清朝通过对边疆地区驻防将军、大臣的设置，海陆两地军队的部署，巡边制度的订立，体现了国家对领土主权的有效管辖。

清代前期的边防政策有三个显著的特点：

一是，考察清朝对边疆地区的军事部署和边防建设，可以看出，不论是海疆还是陆疆，清王朝都给予极大的关注，形成了全面的防御体系。清朝在完成陆疆防御体系的同时，也注意改善海疆的防御系统。康熙五十五年（1716）设金州驻防水师营，雍正三年（1725）设天津水师营，雍正四年（1726）扩建旅顺水师营，雍正五年（1727）设京口水师营，雍正六年（1728）新设福州驻防水师营，雍正七年（1729）又建乍浦水师营和广州驻防水师营。清朝为建设水师倾注了大量的资金，投入了相当的力量。至鸦片战争前夕，清军水师兵额在 15 万—20 万。清军水师在 19 世纪初拥有船舰 890 多艘。

从边防的战略来讲，清朝在建立海陆全面防御系统的同时，根据形势的变化，还是有所侧重。17 世纪 80 年代后期，战略重点转移到内陆边疆。当时，康熙皇帝已经预见到日后海患问题的严重性，"海外如西洋等国，千百年后中国必受其累。国家承平日久，务须安不忘危"①。但是，沙俄对我国北部边疆的入侵及清朝在处理西北边疆民族问题上的长期性和艰巨性，使清朝在统一台湾以后的数十年中不得不将其战略重点一直放在西北边陲。

二是，清朝在边疆地区的驻军和设卡伦巡查。具有保卫国家安全和抵御外敌入侵及维护边疆地区安定的双重职能。无疑，保卫国家安全和抵御外敌入侵是边防的首要任务。但是在清代前期，尤其是康雍乾鼎盛时期，国力强盛，西方殖民主义势力尚未形成对中国疆域的威胁，而在国内边疆地区，清朝对局部地区割据势力的用兵和施政管辖则需要调遣驻防军队协同行动，其作用是十分明显的。

边防驻军的双重职能还表现在卡伦巡查上，在卡伦的设置上，有多种类型，如围场卡伦，国家禁区、牧场、屯田卡伦，禁止越界游牧卡伦，稽查行旅、缉捕逃犯、维护地方治安卡伦和巡查边界、防备外来侵略而设于边境地区的卡伦。前几种卡伦的作用，伊犁将军松筠曾明确说过："新疆南北各城皆设卡伦，而伊犁为最多。伊犁境内东北则有察哈尔，西北则有索伦，西南则有锡伯，自西南至东南则有厄鲁特，四营环处，各有分地，其禁在于私越；又有铜场、铅场、屯工、船工，安置发遣罪人，其禁在于逋逃；至于境外，自北而西则有哈萨克；自西而南则有布鲁特，壤界毗连，其禁在于盗窃。故设卡、置官，派兵巡守。"②

至于边境地区的卡伦，也没有设置在边界线上。如中俄北部交界，清

① 王庆云：《石渠余记》卷六，北京古籍出版社 1985 年版。
② 松筠：《钦定新疆识略》卷一一。

朝在沿边设卡伦 47 处，其中恰克图以东设置 28 处，以西设置 19 处，恰克图以东沿中俄国界设置界碑鄂博 63 处，该地段的卡伦负责巡查任务是保护边防，巡查界碑鄂博。显然卡伦与国界不是同一回事。

三是，中国历史上所形成的传统的疆域观和边防观念与近代国家之间的国家、主权、疆域、国界、边防的理解有明显的差别。清代前期，国家对国界的管理仍然和对整个边疆地区的管理交错在一起，国界观念不强，边疆地区、边境地带和国界线混淆。对边疆地区和边境地带的管理权都归驻边将军。驻防边疆地区的将军的职能是"掌镇守险要，绥和军民，均齐政刑，修举武备"①，边疆将军、都统、办事大臣管理各统辖地区的边防、台站、卡伦、屯田、贸易、征税诸事务，以达到"控驭抚绥，以固邦瀚"②的目的。驻边军队、哨卡的双重职能，自然削弱了守卫边防、抵御外敌入侵的功能。

二 边疆民族政策

什么是清朝的边疆民族政策？简言之，就是两点：其一，"因俗而治""修其教不易其俗，齐其政不易其宜"的政策；其二，"分而治之""众建而分其势"的政策。

（一）"因俗而治"政策

清朝是继承中国历代传统而建立的统一多民族国家，主体民族是汉民族，而边疆各民族和汉族的历史文化传统相差较大，如何根据各民族习俗特点，制定适宜的边疆民族政策，是清朝完成统一边疆后，稳定边疆、长治久安的重要问题。李兆洛在《皇朝藩部要略·序》中高度概括了清朝的"因俗而治"政策，李兆洛说："其丁诸藩也，容之如天地，养之如父母，照之如日月，威之如雷霆，饥则哺之，寒则衣之，来则怀之，劳则劳之，患则救之，量材而授任，疏之以爵土，分之以人民，教之以字畜，申之以制度，一民尺土，天子无所利焉，寸赏斗罚，天子无有私焉。修其教不易其俗，齐其政不易其宜，旷然更始而不惊，靡然向风而自化。"③清朝根

① 《清史稿》卷一一七《志九二》《职官四》。
② 《清文献通考》卷七八。
③ 李兆洛：《皇朝藩部要略·序》，祁韵士：《皇朝藩部要略》。

据边疆地区各民族的情况,"修其教不易其俗,齐其政不易其宜","从俗从宜","各安其习"。也就是说,在一个国家内实行多种政治制度,进行统治。

清朝"修其教不易其俗,齐其政不易其宜"政策,主要有以下几个内容:

一是,在边疆地区对各民族实行多种形式的管理制度。

东北地区居住着众多的民族,各个地区各个民族的管理制度都不相同。共有四种形式:八旗制以统辖八旗兵民,州县制以统辖汉人民户,姓长制以统辖吉林边民,盟旗制以统辖东蒙蒙民。

蒙古地区是蒙古民族的聚居区,清朝实行盟旗制度进行管理。

新疆地区地域广阔,民族众多,境内有维吾尔、汉、满、回、哈萨克、布鲁特、锡伯、索伦、蒙古等民族。清朝根据各个聚居区的民族分布情况实行了多种制度:汉族聚居区实行郡县制;维吾尔人聚居区实行伯克制;游牧的哈萨克、布鲁特蒙古诸部及哈密、吐鲁番维吾尔人实行札萨克制。

西藏地区实行地方政权的行政管理制度,川、青、甘、滇藏区实行土司制度。

西南多民族聚居区实行土司制度。

东南台湾与海南岛的行政管理实行郡县制。

二是,对边疆民族上层人士政策。

清朝统治者对边疆各民族上层人士的控制包括两个方面:一方面"众建而分其势",分化和削弱边疆民族各部上层人士的权势;另一方面,拉拢和抚绥各民族上层人物。

笼络和抚绥各民族上层人士主要表现在:对归顺清朝的各民族上层人士,一般均保留和承认他们原来统治本民族本地区的特权,给以优厚俸禄,封以崇高爵位。与部分边疆民族上层人士家族实行联姻,尤其和蒙古王公贵族实行满蒙联姻,一方面从蒙古王公家族中选择后妃,另一方面,把公主下嫁给蒙古王公。实行朝觐制度,亦称年班、围班制度。年班制度规定:边疆各民族上层人士每逢年节来京、朝觐皇帝、瞻仰圣容;围班制度亦称木兰行围制度,邀请边疆民族上层人士到塞外,赐宴于避暑山庄并进行木兰行围狩猎。

清廷将其对边疆民族上层人士的政策归纳为"恩威并济",对此乾隆皇帝曾做过十分深刻的分析,他认为:"中国抚驭远人,全在恩威并用,令其感而知畏,方为良法。若如明季汉官,当外藩恭顺,则貌忽而虐侮之,或且勒索滋弊,及其有事,则又畏惧而调停之,往往激变,率由于此。……历观往代,中国筹边所以酿衅,未有不由边吏凌傲姑息,绥驭失宜者,此实绥靖边隅、抚驭外人之要务。"①

三是,宗教事务管理政策。

清代,青藏高原、大漠南北和天山北路的蒙藏民族大多信奉藏传佛教,而天山南路的各民族则信奉伊斯兰教。在边疆地区,这两种宗教有着巨大的传统影响和社会势力,有着强烈的民族性。宗教问题往往和民族问题、边疆社会问题交织在一起,国家在边疆地区的施政不能不考虑宗教因素。

1. 利用藏传佛教确保蒙藏地区安定

藏传佛教在西藏地区的巨大影响毋庸赘言。在蒙古民族聚居的地区,蒙古王公贵族和一般牧民无不虔诚信奉藏传佛教,他们"凡决疑宁计,必咨喇嘛而后行"。清前期准噶尔部往往利用藏传佛教与清朝对抗,清朝统治者也是针锋相对,利用藏传佛教的影响,消除割据势力,达到统一边疆的目的。乾隆皇帝在《御制喇嘛说》中曾这样分析藏传佛教与蒙藏民族的关系:"盖中外黄教总司以此二人(指达赖喇嘛、班禅额尔德尼),各蒙古一心归之,兴黄教,即所以安众蒙古,所系非小,故不可不保护之,而非若元朝之曲庇诌敬番僧也。"在清朝统治者看来,要实现全国的安定,就必须确保蒙古地区的安定;要确保蒙古地区的安定,就必须利用藏传佛教;要利用藏传佛教,就不能不重视西藏问题,而解决西藏问题的关键还是在于利用藏传佛教,崇奉藏传佛教不仅可以绥服西藏,而且可以加强蒙古地区对清王朝的向心力。

清朝统治者利用藏传佛教政策的主要内容有:

第一,优礼藏传佛教上层首领。

达赖喇嘛、班禅额尔德尼在西藏僧俗人民心目中威望崇高,具有极大的号召力。乾隆曾经说过"敬一人千万悦"。清前期统治者对于达赖、班

禅倾心归向于清王朝极为重视，从礼制上给予达赖和班禅以逾于常格的优礼。顺治九年（1652），清朝册封达赖五世为"西天大善自在佛所领天下释教瓦赤喇怛喇达赖喇嘛"。康熙五十二年（1713）册封班禅五世罗桑益喜为"班禅额尔德尼"，给予达赖、班禅极崇高的地位，也从此确立了历代达赖喇嘛、班禅额尔德尼都必须经过清王朝册封的制度。

康熙三十二年（1693）清朝册封哲布尊丹巴为"大喇嘛"，掌漠北喀尔喀蒙古藏传佛教事务；康熙五十年（1711）又册封章嘉胡土克图为"大国师"，总领内蒙古藏传佛教事务。这样，蒙藏地区藏传佛教分为四大部分，达赖喇嘛主前藏，班禅主后藏，哲布尊丹巴主喀尔喀蒙古，章嘉胡土克图主内蒙古，四大活佛既有崇高的地位，又各有领地，互不统属，形成藏传佛教大喇嘛分主教权的局面。

第二，支持藏传佛教的发展，赋予藏传佛教寺院集团种种特权。

清朝支持藏传佛教发展的重要形式之一就是鼓励或者出资帮助修建佛教寺庙。因为，藏传佛教寺庙数量的多少是藏传佛教兴衰的标志，寺庙越多，则藏传佛教流传越广，信教者也随之增加，清朝利用藏传佛教以安定西藏地区的社会控制目标便越容易达到。除了达赖、班禅外，清朝对藏传佛教的其他上层人物也封授以各种职衔、名号，制定了喇嘛的等级，使其享有崇高的社会地位，以争取这些上层人物的诚心归附。清朝对达赖喇嘛和班禅额尔德尼予以统治地方的特权，允许其直接向西藏人民征收赋税。

第三，加强对藏传佛教的管理，创立金瓶掣签转世制度。

清前期统治者一向对藏传佛教采取恩威兼施的政策：对诚心归向者，清朝不惜花费重资施以褒奖；对妨害国政者，清朝则绳之以法，严惩不贷。藏传佛教固然能够起到维系西藏地区稳定的作用，但在一定场合、一定时期也有若干藏传佛教僧人违反国法和教规，因此清朝对藏传佛教不能不在崇奉中予以加强管理的一面。在清代前期，无论采取崇奉的手段，还是对煽构祸乱者置以重刑，但清王朝的主旨，利用藏传佛教以安定蒙藏社会的既定目标从未有过丝毫游移。

金瓶掣签转世制度的确立，是清朝在管理藏传佛教方面的重大改革。在这项制度确立以前，蒙藏地区四大活佛的转世出现封建农奴主贵族操纵政教大权，其兄弟叔侄姻娅相传袭，几乎与世袭封爵无异的景况，既不利于清朝对蒙藏政教的管理，也易于使地方封建贵族割据势力膨胀发展。清朝创立了金奔巴制度，规定：各地呈报的达赖喇嘛、班禅的呼毕勒罕的姓名及出生日期用满、汉、藏三种文字写在牙签之上，放入清朝所颁发的金奔巴瓶之中，在驻藏大臣的监督之下，当众在大昭寺宗喀巴佛像前抽掣拈定真呼毕勒罕。

清朝对西藏地方施政的改革，必须考虑到宗教因素，因此在乾隆朝出现了借助藏传佛教力量，缩小地方势力范围的改革思路。清朝提出"多立头目，以分其势"的改革措施。地方噶厦官府内三俗一僧，地位平等，在驻藏大臣和达赖喇嘛的领导下处理行政事务。清廷授予达赖喇嘛直接掌管西藏地方政务的权力，地位和职权与驻藏大臣平等。从此，达赖喇嘛不仅是宗教领袖，而且是政治领袖，这就开始了格鲁派治理西藏的"政教合一"制度。

2. 对伊斯兰教实行政教分离政策

15 世纪以后，由于伊斯兰教在新疆的迅速发展，宗教头目逐渐控制了世俗政权。在清朝统一边疆以前，作为伊斯兰教法规维护者的阿浑的社会地位居于世俗的伯克之上。阿浑，又称阿珲、阿訇。清朝统一新疆，大小和卓叛乱被平定以后，其后裔流亡浩罕，阿浑便成为伊斯兰教在新疆地区的集中代表，并拥有神圣的权力。阿浑常常制造事端，利用教徒聚会之际废杀伯克。清朝认为，及早消除阿浑在新疆社会的影响，如果阿浑势力膨胀，将会利用宗教危及清朝在新疆的统治。清朝统一新疆以后，支持世俗的伯克，令其署理维吾尔地区的各项民政事务，禁止宗教干预行政，实行了政教分离政策。这项政策在某种程度上抑制了宗教势力的发展，避免了宗教人员掌握世俗政权、滋生事端，对于社会的安定及清朝在新疆的统治是十分有利的。

（二）"分而治之"政策

清朝对边疆各民族实行"分而治之""众建而分其势"政策，最初源于对蒙古问题的处理。蒙古高原，自古以来一直是任凭北方游牧民族自在牧放、豪迈驰骋的广阔草原。从汉代到明代，汉患匈奴，唐忧突厥，宋虑契丹，明苦鞑靼，几乎无代无之。清朝也清醒地意识到，蒙古崛起，是对清王朝统治的最大威胁，"蒙古生性强悍，世为中国之患"，清朝提出的治理蒙古的基本思路是削弱蒙古的力量。削弱蒙古的办法，即是"分而治之""众建而分其势"。分而治之政策最早始于漠南蒙古，而后推行于漠北蒙古，最后成为清朝对边疆地区实行统治的基本政策。在蒙古地区，漠南蒙古由6万户变为6盟49旗；漠北蒙古由7鄂拓克变为4盟86旗；漠西蒙古由4卫拉特变为8盟31旗。在西藏地区，将部分藏族地区划归青海、四川、云南管辖。清朝这种做法是要"少其地而众建之，既以彰赏罚之典，又使力少不能为乱，庶可宁辑边陲"①。目的很明确，就是要削弱边疆民族上层人士的权力，"使力少不能为乱"。另外边疆地区各种行政机构，包括各盟旗人、各级伯克、各部土司互不相统属，任免权掌握在理藩院或清朝各驻扎大臣手中，边疆民族地区各级行政官员负责处理该地区的民政事务，但处在清朝驻边各级大臣的监督之下。

（三）创新与局限

清廷在实行"因俗而治""分而治之"，即对各民族实行多种形式管理制度的民族统治政策时，并不是完全照搬原有民族的政治体制，而是对原有的体制加以改革，以适应于当时的国情和利于清朝的统治。其类型有以下两种：

一是，实行郡县制，这主要是针对台湾与海南。清代台湾和海南两岛与腹地边疆不同，其汉族人口远多于土著民族人口，故清朝在台琼两岛始终推行内陆一体化政策。台琼两岛地方府县隶属于沿海邻近省份，两岛的民族事务，另有衙署管理，但均直接听命于本省的布政使司，与中央的理藩院无涉。清朝对两岛的土著民族实行汉化政策。两岛凡划入州县统治的少数民族百姓与内地百姓无异，迫其剃发蓄辫，以示归附。清朝大力推行儒化教育，加速其汉化进程。

二是，对原有民族的政治体制加以改造后再利用。如对伯克制度、土司制度、盟旗制度和西藏地方行政管理制度等都进行了改革。以伯克制度和土司制度为例。伯克制度，在清朝统一新疆前夕"回部阿奇木等伯克向系世袭"，也就是说，维吾尔地区是由阿奇木等伯克控制，如果仍采用世袭制，将与清朝高度集中的封建中央集权统治相矛盾，不利于其在新疆的

---

① 《清高宗实录》卷二九五。

统治，废除伯克世袭制度，将伯克改为流官，是伯克制度改革的首要内容。此外对伯克的任免、任期、回避制度、品级、养廉、入觐制度和政教关系都进行了改革。土司制度的改革在清代具有很大的影响，史称"改土归流"。清朝在西南各省进行大规模的改土归流后，土司制度受到很大的冲击，土司的承袭制度、分袭制度、奖惩制度、抚恤制度都有了新的规定，形成了流土并治及分别流土考成等一整套严格的管理制度。改革后，土司的割据性、独立性不复存在，中央对这些地区的统治得到加强。

维护清朝统治，加强国家统一，还表现在清朝重视对边疆各民族的立法，而清代边疆民族政策往往通过法律形式予以确定。清朝颁布的《蒙古律例》《回疆则例》《新疆条例》《西藏通制》《西藏善后章程》《钦定西藏章程》以及《理藩院则例》《大清祭典则例》等边疆地区的法律条例，既确定了中央对边疆地区行之有效的管辖，又有适宜当地民族特点的具体法规。

清代边疆政策的最终目的，是维护清王朝对全国的统治，加强国家的统一。一俟统一边疆的任务完成，疆域确定，中央对边疆地区治理的内容就发生了重大变化：其一是防御外来的入侵，其二是保持边疆地区的稳定和发展。清代边疆政策的核心是强化清朝对边疆地区的统治，即强调国家的统一，强调边疆地区的安定，只有稳定的边疆，安定和平的环境，才能贯彻适宜各个民族的"因俗而治"的灵活政策，才能实行多种形式的管理制度，才能强调民族文化的多元性。同样，在国家统一完成之后，制定适宜的边疆民族政策，即保持边疆地区世居民族的格局，"因俗而治"实行多种形式的政治制度，强调民族的自治和民族文化的多元主义，不但不会削弱国家的统一和稳定，而且会使国内民族矛盾趋向缓和，清朝多民族国家的统一和巩固得到加强。

清朝以"因俗而治""分而治之"的方针治理边疆地区，收效甚大，但是在强调边疆民族地区的特殊性和制定特殊政策时，也出现了一些不利于各民族交流，影响边疆民族社会发展的消极的政策，影响比较大的有"隔离政策"和"封禁政策"。

隔离政策出现在台湾和天山南部的回疆等地区，台湾有汉番隔离政策，但是最典型的还是南疆汉回隔离政策。汉回隔离政策，除了清朝行政制度和军事制度上采用不同的制度外，经济措施上，监督进入回疆经商，限制汉人进入回疆垦殖，新疆使用普尔钱，禁止商民重利盘剥回民。在社会生活上，严禁汉民移住南疆，并设有"汉、回城"，汉、回人分居，严禁汉、回两族通婚，限制回人留辫发等。封禁政策主要针对东北和蒙古地区，这一政策的推行较大地影响了东北、蒙古等边疆地区的经济开发。

三　边疆开发政策

在边疆地区实行边疆开发政策，是清代边疆政策的特色。清代以前，无数名不见经传的劳动人民手足胼胝，默默无闻地谱写了中华民族开发边疆的宏伟历史。清代的边疆开发，是中原与边疆的各民族人民在此以前开发建设边疆历史的延续和发展。与前代不同的是，清代的边疆开发，人力更多，地域更广，开发的手段更多样化，影响也更大，而且有的开发活动得到官府的指导。

清朝对边疆地区的开发大致实行三种类型的政策。

一是，积极的开发政策。主要是在西北边疆地区。清朝在西北的开发主要是土地开发，如在两北地区开辟了多种形式的屯田，又称为"屯垦开发，以边养边"的政策。对于"屯垦开发，以边养边"的益处，乾隆帝分析指出："前因西陲平定，新疆广辟，所有移驻大臣官兵，岁需养廉经费，比前或致增多，是以特命在外办事大臣等，详查奏闻。顷据舒赫德复奏，军机大臣通行校核，则叶尔羌、喀什噶尔等城驻防应需各项，合之陕叶节省诸费，视未用兵以前，不但绝无所增，实可减用三分之二，其屯垦自给之粮，既可不縻运费，且将来种地日开，所入倍当充裕，又不在此时约计之内，此皆一一指数可按者。"① 也就是说，屯垦边疆的初期，在相当程度上需要依靠国家调自内地的财力物力支援，但是屯垦一经初见成效，形成稳定的生产能力，必将产生出数倍于投入的经济效益。清代北部、西北部屯田开始于康熙五十四年（1715），持续实行近二百年。屯田的类别有兵屯、旗屯、遣屯、回屯、民屯。

兵屯即绿营兵屯田。北路、西路兵屯有：科布多—乌兰同木屯区、鄂

① 《清高宗实录》卷六四九。

尔斋图呆尔屯区、莫岱察罕瘦尔屯区、鄂尔昆—济尔玛台—图拉屯区、额尔齐斯屯区、巴里坤屯区、吐鲁番屯区、哈密屯区、安西屯区9个屯区；新疆兵屯有：朴城子屯区、奎苏屯区、古城屯区、伊犁屯区、塔尔巴哈台屯区、乌什屯区、阿克苏屯区等18个屯区。

旗屯即八旗屯田。嘉庆朝以前，屯田主要由绿营兵担任，嘉庆年间，伊犁驻防八旗丁口增多，生计不敷，始开八旗屯田。旗屯有伊犁旗屯，后锡伯、察哈尔、索伦、额鲁特四营调入后，又设立四营屯田制度。

遣屯，又称犯屯，即发遣罪犯屯田。清初，应遣罪犯主要发往东北边地，康熙末年以后，改发北路和西路。北路、西路犯屯有科布多—乌兰固木屯区、莫岱察罕瘦尔屯区、鄂尔昆屯区和札克拜达里克屯区；新疆犯屯有安西、哈密、巴里坤、伊犁等十处。

民屯，西北民屯主要实施于河西新疆地区。民屯按其制度可分为分成制民屯、募役民屯和实边民屯三种类型。分成制民屯分布于嘉峪关内外，募役民屯和实边民屯分布于嘉峪关外，清朝统一新疆后，天山北路自巴里坤到乌鲁木齐、伊犁，凡有兵屯之处皆有民屯，天山南路实行西四城招垦，在喀什噶尔附近的喀拉赫依和叶尔羌地区的巴尔楚克招垦，长期实施的是单一的实边民屯。

回屯即维吾尔人屯田。新疆统一后，清廷依准噶尔旧例，从南疆各城招募维吾尔人，迁徙至伊犁河谷屯田，供给伊犁驻军。回屯有：哈密回屯、吐鲁番回屯和伊犁回屯。

清朝实行了一系列鼓励西北土地开发的政策，如肯定和支持人口的流入，对此乾隆皇帝曾说过："国家承平日久，生齿繁庶，小民自量本籍生计难以自资，不得不就他处营生糊口，此乃情理之常。……今日户口日增，而各省田土不过如此，正宜思所以流通以养无籍贫民。……西陲平定，疆宇式廓，辟展、乌鲁木齐等处在在屯田，而客民之力作、贸易于彼者日渐加增。将来地利愈开，各省之人，将不招自集，其于惠养生民，甚为有益。"① 对于移民出关，与历代封建官府以强制手段移民迁徙的政策不同，清朝强调"自愿应募"，"随民情所愿，设法开导"。清廷规定，凡

---

① 《清高宗实录》卷六〇四。

举家出关的应募贫民，均由官府出资供给途中盘费、车价及其他必需的生活用品，如口粮、御寒皮衣、铁锅等。路途遥远的，派官兵护送上路，途中管理照料。到达垦区，借给牛种，拨调马匹，以利耕种。户民住房则抽调当地官兵代为盖建。

清朝西北屯田，最初的目的是供给平准大军的用粮，节省长途转输的浩繁劳费。统一新疆后，清朝着手西北开发，设置各种类型的屯垦区，迁移人口，兴修水利，形成大片农业区，发展商业、矿冶、手工业，兴建城镇，开辟驿路，西北边疆地区社会经济大幅度提高。

二是，由封禁转向开发的政策。清朝对蒙古地区、东北地区、西南地区和台琼二岛的边疆开发政策，与西北边疆地区相比，有很大的差异。清朝统一之后，内地移民进入边疆地区进行开发，在开发过程中出现了一些问题，对于这些问题，清廷缺乏相应对策，为杜绝问题的一再发生，颁布了限制流民出边的封禁令。乾隆朝有关封禁令演化成为法律条文，颁布执行。封禁令主要包括人口的封禁、地域的封禁和资源的封禁，封禁令逐渐成为清代前期阻碍边疆开发的政策，后人称为"封禁政策"。但是封禁政策并不能阻挡内地人口出边开发，清朝对移民开发边疆态度犹疑，政策时禁时弛，摇摆不定。

例如东北地区，在清初人口稀少，土地荒芜，农业生产处于停滞不前的状态，而蒙古高原沿长城边外有广大的适宜农业发展的地带，这些都为边疆开发提供了有利的条件。特别是康熙、雍正朝以后，内地人口急剧增加，自然灾害频频发生，内地的劳动人民被生计所迫，大批前往塞外边疆地区谋生。清朝也鼓励内地人民到边疆垦殖，颁布了招民开垦条例、借地养民令等有利于边疆开发的政策：中原地区的汉族农民成群结伙，闯关东，走西口，存边外安家落户，聚族而处，开垦种植，日积日多，由长城边向北推进，在塞外形成了一部分农区和半农业区，在台湾，漳泉粤东之民纷纷渡海前去谋求生计，趋之若鹜。但是，伴随着移民出边垦殖的热潮，民族矛盾和土地纠纷也日益增多。实际上，这只是由于移民垦殖缺乏官府有计划的指导而出现的盲目性和局部地区的混战，只要官府加强管理，边疆开发就会走向健康发展的道路。但是，在乾隆期，清廷颁布了一系列禁止边疆开发的法令，这也就形成了清代前期在上述地区出现移民开发—政府查禁—违禁开发的边疆开发局面。封禁的地区，主要在东北地区和蒙古地区，封禁的时间，主要是乾隆朝。自乾隆朝中叶以后，"违禁出边"和"违禁开垦"的流民不但未能消除，反而出现了流民出边进入边疆的移民潮。进入边疆的人数超过前一朝，"出口垦荒者，动辄以千万计"，清朝派人驱逐，可是"一经驱散，又复潜为招往……年年有驱逐之名，而迄无驱逐之实"①。垦民不但未能驱逐，反而扩大了垦殖范围。清朝面对此禁彼垦，禁者自禁，耕者自耕，禁而不止的迅猛发展的边疆开发势头，作了相应的政策调整。如："严定招垦之禁，已佃者不得逐，未垦者不得招"，也就是说，只禁私垦，保留已垦。另外在其直辖区内继续招垦。再如：在已开垦地区设立州县制，承认一些地区农业开垦的合法性，禁垦令亦随之而停止。

三是，保守封闭政策。清代前期，有一些边疆地区的经济开发发展较慢，清朝对于这些地区的治理，重点不在于经济发展，而是强调社会的稳定，在经济开发方面，基本实行封闭政策。这主要是西藏地区。

清朝对西藏施政的原则，就是保持西藏地区的安定，而开发建设西藏地区则是次要的事情。对此，乾隆皇帝说过："西藏乃极边之地，非内地可比，其生计风俗，自当听其相沿旧习，毋庸代为经理。"确实，西藏社会结构与内地存在区别，开发建设西藏地区难免会引起一系列棘手的问题，清静无为倒可以使西藏地区安堵如故。清朝治理西藏，原则就是要保持西藏地区的长治久安、太平无事。福康安在奏报乾隆末年西藏社会状况时说："藏地自撤兵以来，番民即时播种，收成各处丰盈，男妇恬熙，元气已经全复。达赖喇嘛仰苛皇上此番护卫，全藏逾格恩施，一片感激，悃忱时时流露。凡遇应办事件，咸请驻藏大臣衙门酌核，噶布伦等并不敢如从前专权滋事。达赖喇嘛于坐静之外，即率领众喇嘛讽诵万寿经典，虔诚廷祝，日以为常。"清朝统治者统治西藏，所希冀达到的就是这种社会稳定的局面。而对于西藏地区实行经济开发，孙士毅警告说："边氓之气宜静不宜动，此等番民羁縻之足亦，招募垦田，患有不可胜言者，子知其一不知其二也。"②清前期的历朝皇帝及处理西藏事务的边疆大吏，都和孙

---

① 中国第一历史档案藏：《宫中朱批奏折·直督杨廷璋奏》，档案号：4/361/1。
② 周蔼联：《西藏纪游》，张江华、季垣垣点校，中国藏学出版社2006年版，第64页。

士毅一样，认为在西藏开发弊大于利，唯恐开发西藏会引起各种矛盾和冲突，在这种思想的指导下，在西藏地区出现了以牺牲社会发展为代价而追求社会稳定的封闭政策。

当然，在清朝前期对西藏施政的过程中，也实行了一些社会经济制度的改革。这主要体现在清朝颁布的《钦定西藏章程》中，内容有三个方面：一是铸造钱币，二是加强西藏与关外贸易的管理，三是减免差税。

（本文系马大正主编《清代中国边疆治理研究》第二章和第十章部分内容的节写，该书 2019 年由中国社会科学出版社出版）

从中华民族一词的产生到铸牢中华民族
共同体意识

　　中华民族是每一个中国人的代名词，中华民族共同体是中国历史发展的产物，中华民族共同体意识则是国家统一之基、民族团结之本、精神力量之魂。而"铸牢中华民族共同体意识"与"治国必治边"共同成为新时代边疆治理大战略的核心内容。

　　本文拟从认识的演进、现实的警示、决策的定力、学人的担当四个方面略述个人的读书心得，以求教于学界同人和广大读者。

一　认识的演进

　　今天，每一位国人在高唱国歌——《义勇军进行曲》时，一句"中华民族到了最危险的时候"让人心潮澎湃，甚至热泪盈眶，人们朴素的认识就是我们就是中华民族的一员，中华民族是每一个中国人的代名词。

　　但对中华民族一词产生演变的前生今世，民众百姓，甚至学界同人也不一定能说得一清二楚，其中也包括我在内。

　　为写作本文，览阅、学习相关文章后①，对百余年来中华民族一词的产生以及演变过程，试做概述如次。

　　"中华民族"一词，在中国话语体系中并非自古有之，鸦片战争后，西方话语的"nation"被译成汉文的"民族"，这一具有现代政治意涵的词汇才开始被引入中国。1902年梁启超在其著作《论中国学术思想变迁

---

① 学术前辈梁启超、顾颉刚的宏文，以及马戎、黄兴涛、徐黎丽诸位的论著，文中多有引述，恕不一一注明，顺致谢意！

之大势》中首次提出"中华民族"的概念，但传播仅在学界的范围内，而此时民主革命的先行者孙中山先生提出的口号是"驱除鞑虏，恢复中华"，这一口号在动员民众推翻清王朝的热情与决心上确实起到鼓舞民气的革命作用。但这是一个狭隘的汉人民族主义口号，而且这个口号源自日本极右翼黑龙会下属玄泽社向孙中山的建议。

辛亥革命后，孙中山就任临时大总统后，提出"合汉满蒙回藏诸地为一国，则合汉满蒙回藏诸族为一人，是曰民族之统一"，努力构建全体中国人为成员的中华民族和现代国家。即是人们熟悉的"五族共和"，政界、学界习惯将"五族共和"替代了中华民族，或者说在当时中国中华民族即包括了汉满蒙回藏五大民族。

时流进入1939年，那一年中国抗日战争的形势十分危急，日寇先后攻占了南昌、长沙，轰炸重庆，汪精卫公开投日建立伪政权，日寇加强对内蒙古、宁夏、青海、云南等地的渗透，全力破坏全国各民族的抗日统一战线。"中华民族到了最危险的时候"成了每一个中国人的共识！

即在此时，著名历史学家顾颉刚先生在《益世报·边疆周刊》第9期（1939年2月13日）上发表了一篇文章，题目就叫《中华民族是一个》，顾颉刚先生在文中开篇提出："凡是中国人都是中华民族——在中华民族之内我们绝不该再析出什么民族——从今以后大家应当留神使用这'民族'二字"；他还特别指出，日本御用文人炮制的"中国本部"一词，同样都是为一些一心要灭亡和瓜分中国的帝国主义国家侵华的杀人不见血的工具。在文章最后，顾颉刚先生强调：

在我们中国的历史里，只有民族的伟大胸怀而没有种族的狭隘观念！

我们只有一个中华民族，而且久已有了这个中华民族！

我们要逐渐消除国内各种各族的界限，但我们仍尊重人民的信仰自由和各地原有的风俗习惯！

我们从今以后要绝对郑重使用"民族"二字，我们对内没有什么民族之分，对外只有一个中华民族！

时过八十载，一颗爱国知识分子的拳拳之心，仍为我辈佩之敬之！

顾颉刚先生此论一出，学界反响强烈，在英国伦敦政治经济学院取得人类学博士学位后刚刚回国年仅 29 岁的费孝通先生写了一篇文章《关于民族问题的讨论》投给了《益世报·边疆周刊》，对顾先生的观点提出不同意见。从今天的学科视角看，这次对话是一位在中国成长且对当时中国危亡局面有着切肤之痛的历史学家和一位由西方培养的人类学家之间的学术对话。但在当年，顾颉刚的见解颇得时任中央研究院历史语言所所长、1937 年又兼任中央研究院总干事傅斯年的完全认同，傅斯年认为，中华民族虽在名词上有汉、满、蒙、回、藏等族，但事实上实为一族。他说："汉族一名，在今日亦已失其逻辑性，不如用汉人一名词，若必言族，则皆是中华民族耳。"傅斯年的身份在当时是学、政两界兼具，他的见解对国民党政府有很大影响力。人们由此推断，傅斯年的观点对 1943 年出版的蒋介石《中国之命运》中提出的"中华民族宗支论"很可能有一定影响。可如此这般，顾颉刚先生救亡之策成了独裁者政策定位，"中华民族是一个"成了大汉族主义的代名词！是福是祸?！随着中国政治大变迁难逃扫入历史垃圾堆的命运。

民国时期是讲"国族"概念的，强调全体国民的公民权。中华人民共和国成立后，废除了"国族"的提法，并在斯大林民族理论影响下进行全国民族大调查，开展"民族识别"，把识别出来的 56 个民族都叫"民族"。这就使中国人的认同体系发生了变化，在民族识别工作和实行民族区域自治制度的过程中突出了 56 个民族的"民族"意识，客观上淡化了作为一个整体的"中华民族"。

"中华民族到了最危险的时候"国歌仍在唱，但中华民族一词实际被"56 个民族 56 朵花"的歌声所淹没！

二 现实的警示

20 世纪 80 年代以降，国际国内情况发生了很大变化，分裂、极端、暴恐三股势力合流制造动乱，国家统一、民族团结、社会安定面临严峻挑战。尤其是新疆分裂暴恐活动恶性发展、极端化肆虐直接影响民众的世俗生活，人们在寻求反恐制暴治本之策时，对定型于 50 年代的我国民族理论、民族政策进行深度反思也在情理之中。

在反思的讨论中大体上形成不同认知：

一种意见认为：中国应当在处理和解决民族问题上要有充分的自信，要全面正确贯彻落实党的民族政策，当前最大的问题是没有很好落实《民族区域自治法》，包括 5 个自治区在内还有 16 个自治地方（区、州、县）没有自治条例，中国出现的问题是现有的民族政策没有得到很好的执行，而不是政策本身存在什么问题，在政策执行当中，政策落实得不好，这是最大的问题；

第二种意见认为：目前出现的民族问题与民族区域自治这项基本制度的设计无关，而是在讲信修睦全面正确贯彻落实党的民族政策，原原本本兑现制度设计方面出了问题，从其本意看，实际上是第一种意见的另一种表述；

第三种意见认为：近半个世纪以来，国际和国内形势都发生了翻天覆地的巨大变化，苏联和南斯拉夫解体，社会主义阵营和"冷战"格局不复存在；中国实行改革开放后，传统的计划经济体制已经转变为社会主义市场经济，并与国际大市场接轨。在这样的国内外大环境下，必须与时俱进研究中国社会出现的新现象和新问题，这其中也包括了原来以为不是问题的民族问题，也成了问题。

新中国成立以来，我国的民族理论研究取得了突破性进展，大大丰富了马克思主义民族理论的内容；我国的民族工作取得了辉煌成就，为巩固发展多民族中国做出了无与伦比的贡献。但时代在发展，社会在进步，层出不穷的新事物、新问题，不断对理论研究提出新问题，寻求新思路，学者们对如下涉民族的问题进行了有益探索。其中包括：关于民族平等和民族成员平等，关于民族自治和民族共治，关于少数民族先进文化建设，对民族理论若干模糊认识，特别是将民族理论有意无意变成"少数民族理论"，在教材编写中对"民族"概念缺乏整体把握，强化各民族分界意识，不承认民族"交融"，实际强调民族差别永恒化，等等。反思、研究和讨论中，学者呼吁，对于 20 世纪 50 年代的民族识别工作，以及建立的民族区域自治制度的利弊和未来发展方向，应该是一个允许讨论的问题，而不应被划为学术研究的"禁区"，同时也不应当把民族区域自治这项制度变成一种僵化的体制。

一些理论上的分歧，在学人们引经据典、各执己见的争论时，人们遗憾地发现，在一些边疆地区现实生活中已不断发出了警示和警告。

民族识别给每个公民确定了民族身份，导致了各族人口边界清晰化，民族区域自治制度实际上把各族居住区的行政边界清晰化，而与此同时对"中华民族"这个概念却不断模糊化、边缘化，造成在一些民族群体中只知自己是哪个民族，而不知自己更是中华民族一员的文化属性，是中华人民共和国公民的政治属性！因为"中华民族"这个概念在很多人心目中根本就不存在。

仅以新疆为例，20世纪80年代在国际、国内复杂形势的影响下，分裂势力沉渣泛起并得以坐大形成气候。90年代新疆进入以反对暴力恐怖为主要形式的反分裂斗争新阶段，暴恐活动频发，民族团结、社会和谐遭到严重挑战，党中央领导全国人民，包括新疆各民族进行了反对分裂、打击暴恐、去极端化、标本兼治的卓绝斗争。

现实的警示，斗争的实践，大大促进了理论的探研，实践是检验真理的唯一标准，诚是！

三 决策的定力

对中华民族在我国不同发展阶段政治生态中，地位和作用的回顾，以及国内外形势变化在民族工作领域面临现实警示，2014年9月召开的中央民族工作会议有着特别重要的意义。会议在坚持原有政治话语的前提下，提出了系列值得关注的改革思路，有学者用"旗帜不变、稳住阵脚、调整思路、务实改革"来定位，确乎！

调整思路、务实改革，值得关注的新亮点可归纳为如下四端：

一是，继2014年5月，第二次中央新疆工作座谈会上习近平首次提出"中华民族共同体意识"重大论断后，在这次会议上习近平再次强调"坚持打牢中华民族共同体的思想基础"。从而给新时代民族工作指明了战略方向，即是"铸牢中华民族共同体意识"。2017年8月党的十九大正式将"铸牢中华民族共同体意识"写入党章。

二是，强调中华民族多元一体的基本格局，"各民族共同开发了祖国的锦绣河山、广袤疆域，共同创造了悠久的中国历史、灿烂的中华文化。我国历史演进的这个特点，造就了我国各民族在分布上的交错杂居、文化上的兼收并蓄、经济上的朴素依存、情感上的相互亲近，形成了你中有我，我中有你，谁也离不开谁的多元一体格局"。"中华民族和各民族的关系，是一个大家庭和家庭成员的关系，各民族的关系，是一个大家庭里不同成员的关系"。多元一体，一体是本，强调一体，兼顾多元，忘了这个本就违背了中国的基本国情。基于此，我国民族工作的目标是要"让各族人民增强对伟大祖国的认同、对中华民族的认同、对中华文化的认同、对中国特色社会主义道路的认同"，即"四个认同"，并着重提出，加强中华民族大团结，长远和根本的是增强各民族彼此之间的文化认同，建设各民族共有的精神家园，积极培养中华民族共同体意识。而绝不是用"发展、繁荣"两词所能涵盖。更重要的是在青少年中加强"四个认同"的思想教育。"要把建设各民族共有精神家园作为战略任务来抓，抓好爱国主义教育这一课，把爱我中华的种子埋在每个孩子的心灵深处，让社会主义核心价值观在祖国下一代的心田生根发芽。"

三是，明确提出加强各民族交往交流交融，尊重差异、包容多样，让各民族在中华民族大家庭中手足相亲、守望相助，创新载体和方式，引导各族群众牢固树立正确的国家观、历史观、民族观。交往交流交融既是我国历史上民族关系的主流，也是今天民族关系的主流形态，从而为近些年理论界的争议画上了符合中国实际的句号。

四是，对民族理论、民族工作中一些重大问题做了明确表述，诸如：确认民族区域自治制度是我国的一项基本制度，但一定要"坚持统一和自治相结合、民族因素和区域因素相结合；坚持反对大汉族主义的同时，把'地方民族主义'改为'狭隘民族主义'"；对在民族地区工作的各族干部，特别是少数民族干部的选拔标准，在维护国家统一、反对国家分裂和打击暴力恐怖等大是大非问题上必须立场鲜明，行动坚定，而在日常工作中要一视同仁地热爱各族群众，而不能偏袒本族成员，等等。

2021 年 8 月在第五次中央民族工作会议上，习近平在讲话中 20 次提到"中华民族共同体意识"。其中，习近平指出，铸牢中华民族共同体意识，就是要引导各族人民牢固树立休戚与共、荣辱与共、生死与共、命运与共的共同体理念。习近平还强调，要正确把握中华民族共同体意识和各民族意识的关系，引导各民族始终把中华民族利益放在首位，本民族意识要服从和服务于中华民族共同体意识，同时要在实现好中华民族共同体整体利益进程中实现各民族具体利益。值得注意，这次会议首次提到反恐问题。习近平强调要坚决防范民族领域重大风险隐患。要守住意识形态阵地，积极稳妥处理民族因素的意识形态问题，持续肃清民族分裂、极端宗教思想流毒，同时要加强国际反恐合作，做好重点国家和地区、国际组织、海外少数民族华侨、华人群体等的工作。

以铸牢中华民族共同体意识为主线，坚定不移走中国特色解决民族问题的正确道路，构筑中华民族共有精神家园，促进各民族交往交流交融，推动民族地区加强现代化建设步伐，提升民族事务治理法治化水平，防范化解民族领域风险隐患。"铸牢中华民族共同体意识"与"治国必治边"共同成为新时代边疆治理大战略的重要内容，决策的定力，将动员全党全国各族人民为实现全面建设社会主义现代化强国的第二个百年奋斗目标而团结奋斗。

四 学人的担当

在深化铸牢中华民族共同体意识的研究中，我们应在依托历史、直面现实、着眼未来的原则指导下：

一是，重在"以史为鉴"历史经验的总结；

二是，着力于研究的战略性、预测性和可操作性探研；

三是，研究者应努力成为善于从事基础研究和应用研究交融性研究的复合型人才，要不断提高政治领悟力、政治判断力和政治执行力；

四是，研究深化同时，千万不要疏于成果大众化的普及，让学术走向大众，让大众了解学术。

作为社会科学学科门类"交叉学科"下设的一级学科——中国边疆学①，应充分发挥多学科相结合的优势，积极支持和介入铸牢中华民族共同体意识的研究，尽到学人的职责和担当。

依愚意如下研究课题的开展应成为首选的方向：

一是，中华民族共同体意识的理论研究。其中包括，中华民族一词的产生，以及不同历史时期其政治、人文内涵演变研究，中华民族共同体内涵研究，中华民族共同体意识研究，中华民族共同体建设研究，等等；

---

① 参阅马大正《中国边疆学构筑再思考——"三大体系"建设之我见》，《中国边疆史地研究》2021 年第 3 期。

二是，铸牢中华民族共同体意识中"意识"的内涵与作用的理论研究，怎样"铸牢"的对策性研究；

三是，中国古今诸民族交往交流交融史研究，可从专题的、区域的、断代的、通史的不同层面展开；

四是，构建中国民族史研究新的理论框架，对传统中国民族史在继承中创新的前提下，为撰写中华民族通史积累资料、创新布局；

五是，全方位、多角度开展对中国特色的两大历史遗产研究。统一多民族中国与多元一体中华民族两大宝贵遗产是我国的独特优势，也是我们文化自信的基石。20 世纪中叶至今，虽然学术界对两大遗产的研究从未中断过，但并未引起足够的重视。学术界及民间对这两大遗产的理解仍然相对肤浅，学界对上述多民族国家构建理论并未形成共识。这种共识的达成必须从中央层面加以高度关注，推动相关研究，才能使国人共识成为可能。

统一多民族中国和多元一体中华民族这一极具中国特色的两大历史遗产应成为我们研究的重中之重。因此，我们应开展对两大历史遗产的宏观与微观相结合的研究，并将研究成果普及于各层次各维度的国民教育之中，中小学生要学，大学生要学，研究生更要学；文科生要学，理科生更要学；普通群众要学，党员更要学习；基层领导要学，高层领导更要学。我们的宣传部门要利用学者们长期、扎实的研究，努力将成果通俗化，用群众喜闻乐见的方式进行各个层级的科普宣传，使之深入人心，真正成为整个中华民族的共识。

六是，对新时代以"治国必治边"和"铸牢中华民族共同体意识"为战略核心的大国治疆方略的诠释和研究，要深化对以"疆独""藏独""台独"为代表的当代分裂势力的研究；

七是，深化对中国边疆学三大体系（学科体系、学术体系、话语体系）建设的研究；

八是，深化中国边疆学研究学术共同体建设的研究。

读书中的感与悟，希冀有些许共享价值，不当之处，期待批评指正。

2021 年 11 月 23—28 日　草

（本文发表于《云南师范大学学报》2022 年第 1 期）

坚守国人历史文化认知的底线

对中国历史文化认知是重大原则问题，国人文化认同、国家认同的重要基础之一。为此，我国历史上许多有识之士有过精辟论阐。清代龚自珍曾言："俗知大道，必先为史。灭人之国，必先去其史。"我们的先辈为今人留下了两项举世瞩目、无与伦比的历史遗产：幅员辽阔的统一多民族国家和人口众多、多元一体的中华民族。这是中国不同于世界上任何一个国家的特殊国情，也是每一个中国历史文化认知的核心内容。这些都是大道理、大前提。有了这样的历史文化认知，大道理就能够管住小道理、大前提就能够管住小前提。我们要通过长期、扎实的研究，努力将这些大道理、大前提深入人心，成为中华民族的共识。

一 中国特色的两大遗产

统一多民族的中国，是经过一个漫长而曲折的发展过程后大致定型的。自先秦时期起，在现代中国领土范围内开始形成一个核心区域，这个区域大致在黄河中下游至长江中下游一带。在这个中心区域建立政权的既有华夏，也有夷狄；既有汉族，也有少数民族。在国家的发展进程中，边疆地区的发展是其有机组成部分，全国范围的发展状况决定了边疆地区的发展水平，边疆地区的发展状况对全国范围的发展也产生了重要影响。

多元一体的中华民族，既是一个民族共同体概念，又是一个国族概念。"多元"指统一多民族国家形成过程中各民族所具有的"个性"和"特质"，即各民族在语言、地域、经济、文化心理等方面所具有的多样性和表现形式上的特殊性；"一体"指各民族在共同发展过程中相互融合、相互同化所形成的民族共同体的共同特征和"一体化"趋势。这种由多元到一体的特点在中华民族形成过程中自始至终都存在着：首先是分布于黄河流域的多个部落互相融合形成华夏族；其次是北狄、东夷、西戎、南蛮等多种族群融入华夏族形成汉族；汉族出现后对周围众多的民族产生强大的吸引力，成为中华民族的凝聚核心，各民族在政治、经济、文化等多方面密切联系，不断融合，形成你中有我、我中有你、谁也离不开谁的一个整体，最终形成中华民族。中华民族有两个值得重视的特点：一是多元中的本土特点。中华民族尽管是由众多民族经过数千年的不断融合而形成，但这些民族无论是历史上已消失的民族，还是现实生活中存在的民族，都是在中国这块辽阔的土地上土生土长的民族，即使有些少数民族的祖先具有外人的血统，也是在中国境内与其他民族的融合中形成的。二是凝聚力强。历史上中华各民族之间虽然有冲突和战争，但交流和融合是主流，各民族在共同生活、共同斗争中形成一个整体，在抵御外侮尤其是近代帝国主义列强侵略和瓜分时，中华民族的凝聚力不断升华并空前释放出来。

两大历史遗产是中国与中华民族生生不息的强大原动力，是物质与精神的有机结合、互助互促。并成为每一个中国人的宝贵精神财富。因此，我们应开展对两大历史遗产的宏观与微观相结合的研究，并将研究成果普及于国民教育之中。

二 "新清史"的挑战

"新清史"的提法源于美国，是 20 世纪 90 年代在美国的中国史研究中兴起的一股学术潮流，以哈佛大学教授欧立德（Mark C. Elliott）、耶鲁大学教授濮德培（Peter C. Perdue）、匹兹堡大学教授罗友枝（Evelyn Raw-ski）、得克萨斯大学教授路康乐（Edward J. M. Rhoads）、达特茅斯学院柯娇燕（Pamela Kyle Crossley）等人为代表。总体而言，"新清史"呈现几个基本特征：1. 强调清朝是少数民族建立的"非汉"的"征服王朝"，主张划清与中国历史上汉族王朝的界限；2. 强调清代满洲的族群认同和对满洲特色的研究，反对满族被"汉化"的说法；3. 提倡以族群、边疆等视角和新的理论框架来重新审视清代历史；4. 提倡采用满语、蒙古语、维吾尔语等文献研究清史。

"新清史"提出最初，影响仅限于中美历史学界内部，但其所设置的一些命题、提倡的一些观念牵涉我国历史上边疆地区的诸多敏感领域。他们把清朝的边疆经略看作类似近代西方帝国主义的海外殖民行为，把清朝对新疆、西藏等边疆地区的统一，一概斥为"侵略""扩张"，给清王朝贴上早期殖民帝国的标签；夸大"满洲"元素，强调清朝统治与历代汉族王朝的区别，强调清朝统治中的非汉族因素；对"中国""中国人"以及"中国民族主义"的基本概念和基本准则提出挑战，并对"中华民族"及国家的认同提出疑问。这些理论倾向具有很强的煽动性，即使研究者没有主观政治倾向，实际上践踏了国人历史认知的红线，挑战了国人历史认知的底线，若任由这些观点扩散，确实会对我国边疆地区的稳定产生外部干扰。更为严重的是，"新清史"的上述主张很容易被今天国内外的极端势力所利用，成为他们粉饰自身分裂国家行为的"学理依据"与"思想资源"。

三 坚守国人历史文化认知的中国话语权

面对"新清史"学理上的挑战，我们应采取冷静审视的态度、认真对等、深化研究、妥善应对，为弘扬两大历史遗物是国人历史文化认知的基础，有效"发声"，抢占舆论制高点，坚守国人的话语权。

为此，如下五端应予重视：

第一，现在所谓的"新清史"热潮，因其研究中触及当代中国国家认同以及边疆、民族等敏感议题，通过出口转内销的形式传入国内，迎合了某些热点，从而形成一股引人关注的潮流。据我们了解，"新清史"在美国的中国学研究中仍然属于小众群体，人数不多，被誉为"美国新一代中国研究最有影响的历史学家之一"的霍普金斯大学教授罗威廉（William T. Rowe）2014年5月在大陆权威杂志《清史研究》中发表的《在美国书写清史》一文中指出，美国的清史研究模式呈现多样化，上述几人只是其中一部分，更不能代表主流。即使在"新清史"内部，意见也不统一，通常被视为"新清史"学派的柯娇燕就曾公开声明自己对"新清史"研究持保留意见（见2014年9月1日《中国社会科学报》）。客观而言，"新清史"毕竟包裹着"学术性"外衣，具有较强的专业性，引发的争论基本仍局限在学界内部，尚未向更广泛的社会大众层面扩散。我们应该采取"冷处理"方式，不能替他们人为"造势"，不应再燃火加薪、推波助澜。

第二，尽力将"新清史"相关论争纳入正常学术轨道，以学术化方式解决。我们应该坚持将历史与现实分开，学术与政治分开的原则，提倡双向理解、有效沟通，在互相交流中增信释疑。"新清史"的几位代表人物大多具有在中国学习、工作的经历，今后，对于这一部分学者，应该尽量争取，以礼相待、以理服人，而不能拒人于千里之外。但我们也必须意识到，双方差异的背后，有着不同的学术环境、文化背景以及民族历史的传统，正由于这些不同，才产生了不同的问题意识和研究理念，语言与翻译也是制约双方深层次沟通的重要因素，学术研究的进一步深入与交流之路将会非常曲折和漫长。

第三，"新清史"的一些代表者来自美国各校或是美国中国学研究的重镇。近期的"新清史"热潮也在一定程度上推动了清史研究的国际化进程，对国内的清史研究也提出了更高的要求。这些事实提醒我们，史学研究需要一个更国际化之视野，我们应该下大力气培育本土的优秀学者，不仅拥有深厚的学术素养，同时还能熟练掌握外语，运用西方所熟知的表达方式，在国际学术领域有效"发声"，进而引领学术潮流。

第四，"新清史"学人提出的一些问题确实是清史研究中无法回避的重要内容，我们应进一步加大清代边疆、民族诸领域研究力度。从目下研究现状看，对"新清史"研究的"破"中来看，不乏新颖、有深度的文章，但总体看来"破"的力度依旧不够，"破"的角度在未来还可以继续挖掘。如何做到正面应对"新清史"，精确了解西方学者的学术逻辑，以及在写作过程中做到自身逻辑完整，驳斥有理有据，而不仅是就事论事，打打擦边球。我们认为，在研究中应掌握大局，在事关全局的问题主动发声。统一多民族中国和多元一体中华民族这一极具中国特色的两大历史遗物应成为研究中的重中之重，在"大一统"政治思想和实践、中华一体发展的历史轨迹，以及"正统性建构""边疆内地一体化""中外一家""夹夏之防"等应成为研究的重点命题，拿出宏观与微观相结合的研究成果。

第五，清朝统治者是满族，满语在清朝被视为国语。清朝给我们留下大量的满文档案资料，其中所包含的信息，有时甚至会颠覆我们之前对某些问题的认识。在这一方面，"新清史"研究者提出的重视少数民族语言、文字资料的见解有一定可取之处。现在满语在中国已经成为一种濒危的语言，除了少数专家学者可以认识和掌握满文文字，满语在现实生活中已经基本消失。我们在下一阶段工作中，将继续加强对满文、蒙文等专门人才的培养力度，努力提升中青年学者使用少数民族语言研究清代历史的能力。

总之，"新清史"研究者虽然一直标榜自身研究的学术性，但其一些理论与观点确实具有很强的蛊惑性与煽动性，不仅对我国传统的"大一统"和"多元一体"历史观形成挑战，更容易被国内外分裂势力所利用，从而消解中国当今对非汉族地区统治的合法性，潜在的政治危害不容忽视，需要高度警惕。我们应该防止其对我未来边疆民族问题造成负面影响，杜绝利用"新清史"之争来影射或讨论当代中国的边疆民族问题。

2018 年 12 月 26 日　草

2019 年 8 月修改

［本文发表于《清史参考》2019 年第 34 期（2019 年 9 月 2 日），合作者刘姗姗］

中国边疆治理研究亟待深化

中国是一个有着悠久历史的文明古国，不但拥有辽阔的中原腹地，而且拥有广袤的陆疆和海疆，中国边疆是统一多民族中国十分重要且不可分割的组成部分。多元一体的中华民族就是在这片土地上生息繁衍。勤劳勇敢的各族人民共同创造了灿烂的中国历史，其中也包括了边疆地区发展的历史。

在历史的演进中，统一多民族中国和多元一体中华民族是相互依存、相互促进、同步发展的，并成为世界发展史上一道独特的风景线。而促使这种同步发展成为可能、成为现实的一个重要动因，就是极富中国特色的边疆治理政策（可简称为治边政策）的实施。

中国历史上无论哪一朝哪一代，都面临着边疆问题，统治者也都为巩固自身统治而制定治边政策，展开边疆经略和边疆治理。治边政策是实施边疆经略和治理的指导方针与具体措施，而治边思想则是制定治边政策的重要前提之一。治边政策的正确与否，边疆经略和边疆治理的成败得失，治边思想是否符合时代潮流，不仅直接影响一朝一代的兴衰存亡，而且对于作为整体的统一多民族中国的形成、发展也产生重大影响。

边疆治理的基本任务是守住一条线（边界线），管好一片地（边疆地区），实际上包含着物与人两个要素。可以说通过治边政策实现边疆经略和边疆治理是一项针对人和物综合治理的社会系统工程。边疆治理内涵十分丰富，主要者至少有：治边大战略、边疆地区行政体制、中央和地方的管理机构和运作机制、边防（国防）、边境管理、民族政策、宗教事务管理、文化政策、教育政策、社会整体发展、经济开发、周边外交等。

一　中国古代边疆政策研究的共识

承载着千年传统、百年积累的中国边疆研究，又经历了始自 20 世纪 80 年代以来的 30 年探索，随着中国边疆和周边热点问题频现，中国边疆研究也随之不断升温，在学人的共同努力下，传统的中国边疆研究实现了两个突破：一是突破了仅仅研究近代边界问题的范围，开始以中国古代疆域史、中国近代边界沿革史和中国边疆研究史为研究重点，促成了中国边疆史地研究的大发展；二是突破了边疆史地研究范围，将中国边疆的历史与现状相结合，直面当代中国边疆（当然离不开边界线外侧的周边诸国）面临的新状况、新问题，将基础研究与应用研究有机地结合，从而将中国边疆学的构筑提上研究的议事日程。在此研究发展的大背景下，中国边疆治理和治边政策研究，特别是中国古代治边政策研究得到了长足的发展，取得了可喜的共识，择要者可作如下归纳：

一是，中国古代治边政策自秦汉时期初具规模，经隋、唐、元、明诸一统王朝的充实、完善，到清朝形成了完整体系。清代治边政策可谓集中国封建王朝治边政策之大成，是中国特殊国情的特定产物，具有历史的继承性、地域的广阔性、内涵的多样性、影响的深远性四个特点。

二是，历史上的治边政策具有鲜明的阶级属性，它的直接目的是为一朝一代的政治利益服务，但从统一多民族国家发展大趋势的背景观之，其历史的积极作用不言而喻。简言之，其一促进了多民族国家的巩固与统一，其二协调了民族关系，推动了多元一体中华民族的演进；其三有序展开了边疆地区的经济开发，推动了边疆内地政治经济一体化进程。

三是，研究中国的边疆政策，应重视治边思想的研究，要充分认识到中国古代"大一统"思想在中国古代边疆形成过程中的影响和作用。鸦片战争以前，古代中国曾四次出现大一统局面，其中有两次是由汉族统治者完成的，而另外两次则是边疆少数民族入主中原后完成的。汉唐两代致力于完成统一大业，把中国各地区各民族孕育的大一统要求变成现实。元朝统一规模比汉唐更大，疆域也更加辽阔，元朝所创建的多民族国家的大一统，对中国历史的发展影响是十分深远的。满族建立的清王朝，对统一多民族国家做出的历史贡献尤为重要。历史上任何时期对疆域版图的有效控制，都比不上清朝。清政府对边疆经略首先实现了国家大一统，进而对边疆地区实行全面治理和地区性开发。

四是，清代的边疆政策未能正确应对由内边防务到外边防务为主的根本性转变。古代中国疆域之边有"内边""外边"之分。统一时期的边疆经略和治理，通常是指中央政权对控制薄弱的边疆地区所采取的防范和治理措施。割据时期的边疆治理，通常是指在政权与政权之间的对峙地区和对边疆地区所采取的防范措施。古代中国历史疆域内的大小政权的"边"，可称之为"内边"。明代以前的治边主要是指边疆内部的纷争和割据，明代以后，情况发生了变化。明代的倭患持续了近200年，随着西方殖民主义崛起，1840年的鸦片战争，西方殖民势力用大炮打开了中国的大门，使我国沿海地区和东北、新疆、西藏、云南、广西等一些边疆省区的外患日益突出，出现了边疆全面危机的严重局面。殖民主义者的入侵，可称为"外边"之患。应该说，自明代以降，在中国内边防务问题依然严重存在的同时，现代意义上的边防，即外边防务问题开始提上议事日程。可清朝统治者面对边疆防务这种变化的形势，仍沉迷于治理"内边"的传统治边政策而不思也不会防备外患，致使前期治边政策的辉煌很快成为明日黄花。清后期治边政策的全面破产，是清朝丧权辱国、割地赔款的一个重要因素。认真研究清代治边政策的成败得失，对于维护国家统一、边疆安定都具有重要的现实意义。

二　中国古代边疆政策的当代启示

以史为鉴，经世致用，是中国史学的优良传统。研究历史必须面对现实。研究中国边疆史，以及边疆史中很重要的内容，边疆治理和治边政策时，同样要面对现实，当前中国边疆面临的现实是什么呢？简言之，一是发展面临良好的机遇，二是稳定面临严峻的挑战，从此意义上以下六点启示值得思考。

第一，中国作为统一多民族国家，边疆是国家不可分割的一部分，边疆的发展，关系到国家发展的大局，边疆的稳定，关系到国家的稳定大局。内地和边疆，对于统一多民族国家来说具有同样重要的地位，"宁失千军，不失寸土"这个古训至今仍有现实意义，从边疆的特殊战略地位来看，在国家的总体治理中，对边疆地区应给予更多的重视，更多的政策上倾斜。

第二，处理好发展与稳定的辩证关系。广义的边疆治理，包含管理和开发两个方面，开发即是经济发展、文化繁荣，这是保证边疆社会稳定的基础。中国历代有作为的中央政府，如汉、唐、清在治理边疆时均注意到这一点，并取得了成效。但封建王朝毕竟有极大的历史的、阶级的局限，如清政府在边疆地区重"稳定"，轻发展，出于阶级私利有意识保护落后，以利统治，致使边疆地区长期处于落后状态，这也是历史事实。小平同志曾说过：发展是硬道理。他还说：稳定压倒一切。这两句话当然是指全国而言，但是用在边疆地区更有针对性。所以为了边疆地区的稳定，必须使边疆地区有较快的发展。

第三，中国独特的历史传统之一，中央政府的权威是维系统一多民族国家的重要因素，甚至可以说是最重要的因素之一。边疆治理要依靠实力，或者说是综合国力，实力既包括有形的军事力量，也不可轻视无形的中央政府的权威。中央权威包含两层含义：有形的，就是政权的统治系统；无形的，就是权威本身的文化、思想的号召力、凝聚力，唐太宗被各族共推为"天可汗"可视为一例。从中国历史上看，边疆地区发生动乱，往往是在中央政府的统治能力下降之时。中央政府权威很高，统治就有效，边疆地区即使有乱，也难成气候，影响不了全局。历史经验告诉我们，要维护边疆地区的稳定，必须要维护中央的权威，必须要强化中央对边疆的管控力。

第四，历代边疆政策的治理形式，如中央集权，因俗而治，民族的事由民族的人来办等，都有可供借鉴的成分，值得后人在创新的基础上予以认真总结和创新。如历代民族政策中的因俗而治，就是尊重民族的传统、特点，不轻易予以改变，民族的事情让民族的头面人物来办，这些在历史上已被证明是行之有效的，当然也要认真总结"因俗"过度的教训。因此，对历代边疆政策的内涵与外延，要认真总结，要刻意创新。

第五，国家利益高于一切，要在增强民族凝聚力、国家向心力上多做些事。边疆民族地区，特别是一些与内地文化有较大差异的边疆地区，存在着自身特征，简言之：一是地缘政治上的孤悬外逸；二是社会历史上的离合漂动；三是现实发展上的积滞成疾；四是文化心理上的多重取向。这些特征的存在，对于民族凝聚力和国家向心力的增强而言，具有消极影响是不争的事实。历史上如此，现实生活中也不例外。面对此，应突出统一多民族国家这个主题，千秋历史铸成的民族向心力、凝聚力是统一国家的基石。要让国家利益高于一切深入人心，成为各民族人民的行动准则。

第六，边吏是否善政关系到边政是否得当。边疆地区远离统治权力中心，且情况复杂，边吏素质更应优于内地，无数历史事例告诉人们，应变过渡会使事态人为扩大，而过缓消极，本想息事宁人，往往适得其反。边疆的事情，有的时候瞬息万变，牵一发而动全身，对于边疆大吏，中央应授以更多的便宜之权，该决断时要给他以决断权，清朝历史上这样的例子就很多，今天我们依法治疆，但执法者仍然是人，首先是边疆地区的各级官员。

总之，对于中国古代治边政策这样一个在一定程度上牵动历史发展全局的重大问题，进行微观与宏观相结合的研究是必不可少的。历史的局部、细部考察得越清晰、越准确，对于由局部、细部构成的历史大厦的整体认识，才越有可靠的依据。但是，我们不应该满足于史学的微观研究，还必须对中国古代治边政策进行宏观的考察。我们应该从宏观上，亦即相对地从整体的意义上，去考察历史进程的内在联系，以便寻觅出寓于历史事实中，隐于历史现象背后的更深一层的历史本质，唯有如此，方能揭示出与古代治边政策发展的内在规律及其在促进统一多民族国家的形成和发展中的历史作用。

三 中国边疆治理研究的深化

面对当前中国边疆的新问题、新挑战，边疆治理研究面临深化与拓展的重任。当代中国边疆治理和治边政策研究应给以更多的关注。

每一个认真的治学者深知，资料是研究得以深入的基础，而研究内容的深化、研究视野的拓展则是研究能否创新的保证。

我以为如下五端应予重视：

一是，传统研究内容的深化。

20 世纪 80 年代以来，中国学者对中国古代边疆政策进行了系统研究，取得了可喜成绩，但诸如朝贡体制、藩属制度、不同历史时期、不同边疆地区的政策举措及其影响，封建割据时期不同政权间的应对政策，中国传统边疆观、治边观仍有深化研究的空间；从宏观上总结从秦到中华民国边疆治理实践的经验、教训和当代启示尚待研究者上下求索，即以边疆治理的运作机制的宏观与微观、纵向与横向研究也尚未引起研究者更多关注。

二是，古今打通，中国治边政策研究不能仅止于1911年清朝崩溃，或1949年中华人民共和国成立。

长期以来，由于资料收集困难，研究禁区林立，研究者往往却步于当代中国边疆研究，其中包括当代中国边疆治理、边疆政策，以及当代边疆观、治边观研究。随着中国边疆研究的深入，依托历史、面向当代、研究边疆已成大势，因此，将中国治边政策研究古今打通应成为研究者的共识并努力实践。当代中国治边政策因以往研究基础相对薄弱，加之复杂的现实不断向研究者提出新问题，如下一些内容应成为研究中首选之题：如古代（王朝国家）边疆治理与近代（民族国家）边疆治理的异同；当代边疆治理中的发展与稳定，开发与生态环境保护，边疆多元文化的冲突与协调，民族认同与国家认同，边疆地区社会管理与社会控制，地缘政治与边疆地区的涉外关系，边防与边境管理，边疆治理与边吏素质，等等。

三是，中外边疆治理研究的比较研究。

综观世界各国其疆域范围内具备可以称为边疆地区的除中国外，唯有俄罗斯和美国，因此，将上述三国从历史到现实的边疆治理、治边政策进行比较研究很有必要，而比较研究的前提是将从俄罗斯帝国到苏联时期对西伯利亚和中亚地区的开拓与开发，美国对西部边疆的开拓与开发进行扎实的个案研究。概括了国外边疆治理的基本模式，总结了国外边疆治理的经验和教训，才有可能将中国治边政策、边疆治理放到国际比较的视野中进行更深入的研究。同时，还应着力进行新航路开辟至今西方边疆理论的研究，以期揭示西方边疆理论的发展脉络和演变进程，并对500余年间的主要观点进行重点探讨。

四是，研究方法的多元化，是研究创新的必要手段。

长期以来，中国治边政策研究属于历史研究范畴，因此，研究者大都是史学工作者，随着研究的深入，面对复杂多变的边疆现状，显然仅仅依靠史学研究方法是远远不够了。因此，引入政治学、社会学、民族学、人类学等诸多学科的理论和方法于研究已成大势，唯此才能开展对中国边疆政策古今打通，中外比较的全方位、多层面的研究，并将研究推向新的高度和深度。这种研究方法的发展趋势，也进而印证了从中国边疆研究展开到中国边疆学构筑进程的客观需要。

五是，鉴于中国边疆政策研究是一个研究难度大，且具有敏感性的研究课题，从推动研究的组织者视角言，有两点需予重视。

其一，要理顺研究与决策的关系。研究与决策有着密切关系，但不应将两者等同。研究的结论虽是进行正确决策的重要因素，但不是唯一因素。研究的最高原则是科学的求实，而决策的基本出发点是维护国家的根本利益。在研究与决策中，决策者是矛盾的主要方面，在正确处理二者关系时，决策者需要有更多的政治家气度与远识，应该为研究者进行实事求是研究提供更有利的条件和保证。当然，研究者也应发扬中国边疆研究的爱国主义和求实精神的优良传统，为政治家、军事家的正确决策提供扎实、可靠的研究成果。

其二，在研究中坚持学术与政治分开、历史与现实分开的原则。中国疆域历史和现实中存在诸多难点和热点问题，这些难点与热点问题的出现，原因是多方面的，归纳起来主要有：研究层面原因。由于历史情况复杂，史籍记载多有歧义，引起研究者们探求的兴趣，此类难点、热点问题，可以通过深化研究进而逐步解决。政治层面原因。这一层面原因又可分为正常的和不正常的两类。所谓正常的，是指不同国家出于国家利益的考虑，要建立本国的历史体系，强调自己国家历史的悠远、维护独立传统之辉煌。对此，即便有悖历史的真实，可以求同存异，以宽容之态度待之；所谓不正常的，是指个别国家或个别团体、个人出于狭隘民族国家利益考虑，不惜故意歪曲历史事实，并将历史问题现实化、学术问题政治化，通过被歪曲的历史事实，煽动民族主义狂热，制造事端。对此，我们则应讲明历史真相，有利、有理、有节，据理力争，决不姑息迁就。上述原因是相互交织，又是互相影响的，情况十分复杂。对此，我们应本着国家利益高于一切的原则，保持政治警觉，潜心深化研究，对一些有争议的问题，在坚持学术问题与政治分开、历史问题与现实分开的前提下，倡导和而不同，增信释疑，求同存异，在学术的轨道上心平气和地展开讨论。

同时，更重要的是作为一个负有推动、组织学科发展的一线领导者，应心怀学科发展的全局，及时制定有可操作性的举措，并能取得实实在在的社会效益（指学术著述出版和成果的决策参考率）。非此，就不能称之为是一个合格的领导者，因为这样的领导者虽徒有其名而无其实，没有尽到守土有责的历史责任。

2015 年 8 月 16 日
于北京自乐斋

（本文修改版发表于《人民日报》2016 年 11 月 14 日，学术版）

隋唐民族关系篇

突厥的兴衰及其与隋唐的关系

一　东突厥与隋唐王朝的和战关系

（一）东突厥臣属于隋与东西突厥分裂

突厥是一个曾一度相当强大，并于历史发生重要影响的我国古代游牧民族。它于公元 6 世纪中叶至 8 世纪中叶活跃于我国北方草原，与中原地区自西魏至隋唐诸王朝发生了多渠道、多层面的交往。

突厥原是铁勒的一部，是一个以狼为图腾的游牧部落。公元 6 世纪初叶，突厥隶属于柔然，被迫迁居于金山（今阿尔泰山）南麓，以锻铁生产服役，柔然可汗称之为"锻奴"。

西魏大统十二年（546），突厥首领阿史那土门先后征服散居准噶尔盆地之铁勒诸部 5 万余户（落），力量大振。西魏废帝元年（552）正月，土门大败柔然，柔然可汗阿那瓖自杀。土门自称伊利可汗（又作布民可汗），在我国北方以漠北为中心建立起突厥汗国。次年（553）初，伊利可汗死，其子科罗继立，不久科罗死，其弟燕都（一名俟斤）立，号木杆可汗。木杆可汗"性刚暴、务于征伐"①。在他统治期间（553—572），"西破呎达，东走契丹，北并契骨，威服塞外诸国"。突厥汗国统治地域，"东自辽海以西，至西海，万里，南自沙漠以北，至北海，五六千里，皆属焉"②。可汗牙帐（汗庭）设在郁都斤山（今鄂尔浑河上游杭爱山之北山）。

"突厥"一词最早见于汉文史籍是西魏大统八年（542）。《周书》卷

---

① 《周书》卷 50《异域下突厥传》。

② 《北史》卷 99《突厥传》。

27《宇文测传》载："是岁十二月，突厥从连谷入寇，去界数十里，（宇文）测命积柴之处，一时纵火。突厥谓有大军至，惧而遁走，自相蹂践，委弃杂畜及辎重不可胜数。"大统十一年（545），西魏文帝遣酒泉胡安诺槃陁出使突厥，突厥人说："今大国使至，我国将兴也。"① 次年，土门"遂遣使献方物"②。大统十七年（551），西魏又以长乐公主嫁给土门。中原地区的北齐和北周两个王朝在互相争战中，对日益强大的突厥汗国均"争请盟好，求结和亲"③。而突厥对北齐和北周，则先不偏袒任何一方，以等距待之；继则厚周薄齐，并"与周合从，终亡齐国"④。北周武帝天和二年（567），木杆可汗以女嫁武帝。即后来著名的阿史那皇后。大象二年（580），北周宣帝以千金公主嫁突厥佗钵可汗。突厥统治者把每年获得的巨额丝织品运销中亚，远至罗马，牟取厚利。

公元581年，杨坚建立隋朝。曾与北周统治集团和亲结盟的突厥贵族，当然不会友好待之，这给隋朝与突厥关系的发展带来了阴影。隋初，突厥与隋的关系日趋紧张，史籍载其缘由有二：一是"隋主既立，待突厥礼薄"；二是北周"千金公主伤其宗祀复灭，日夜言于沙钵略，请为周复雠"⑤。今天看来，主要的和真正的原因，是突厥奴隶主贵族想借隋朝初创、立足未稳之机，侵掠以饱私利。开皇二年（582），沙钵略可汗率40万骑南下，新兴的隋朝面临危机。隋文帝采纳了长孙晟"远交而近攻，离强而合弱"的政策，从政治和军事两个方面全面调整与突厥的关系。

在政治上积极采取孤立沙钵略可汗的措置。隋文帝遣太仆元晖出伊吾道至达头可汗（玷厥）牙帐，礼数甚优。又遣车骑将军长孙晟出黄龙道至突利可汗（处罗侯）牙帐，示国厚礼，重申旧盟；正当与沙钵略可汗军旅激战之时，长孙晟还分别遣使至染干、大逻便（阿波可汗）处，通使和好，均收成效，从而大大削弱了沙钵略可汗的实力。

在军事上则集中力量打击沙钵略可汗势力。隋军分八路迎击南下之突

---

① 《北史》卷99《突厥传》。
② 《北史》卷99《突厥传》。
③ 《隋书》卷84《北狄传》。
④ 《隋书》卷84《北狄传》。
⑤ 《资治通鉴》卷175《陈纪九》。

厥军队，屡战获胜。加上沙钵略可汗统领的突厥诸部中，染干离心，大逻便不仅率师而返，还与玷厥合攻沙钵略可汗，致使沙钵略可汗腹背受敌。

在隋文帝强大的政治和军事攻势下，开皇四年（584），沙钵略可汗率部众南渡漠南，奇居于白道川（今呼和浩特平原），并接受隋朝统辖。是年，沙钵略可汗遣第七子窟合真入朝，上表曰："窃以天无二日，土无二王，伏惟大隋皇帝，真皇帝也。岂敢阻兵恃险，偷窃名号。今便感慕淳风，归心有道，屈膝稽颡，永为藩附。"① 隋文帝下诏："沙钵略称雄漠北，多历世年。百蛮之大，莫过于此。往虽与和，犹是二国，今作君臣，便成一体。"② 隋与突厥的关系经过近五年的调整，终于走上了以和为主的和好发展阶段。

需要指出，与双方关系在政治和军事的调整过程同步发展的是突厥内部分裂因素的日益增长，终于导致了突厥分裂为东突厥和西突厥。

开皇元年（581），佗钵可汗死，经过"昆季争长，父叔相猜"③ 的纷争，佗钵可汗之子庵罗被迫让位于佗钵可汗之侄、乙息记可汗之子摄图，即沙钵略可汗（又号伊利可汗），设牙帐于郁都斤山。当时突厥诸部中势力强者还有四支：一是庵罗被封于独洛水（今土拉河）流域，称第二可汗；二是木杆可汗之子大逻便封于阿尔泰山之东，称阿波可汗；三是室点密之子玷厥原驻牧于乌孙故地（今伊犁河上游），称达头可汗；四是沙钵略可汗之弟处罗侯则管辖奚、霫、契丹各族，称突利可汗。这就是时称为"且彼渠帅，其数凡五"④ 的五个突厥可汗。其中以沙钵略可汗为当时突厥汗国内最大的可汗。

貌似强大的突厥汗国，却是内伏危机。正如长孙晟所说："摄图、玷厥、阿波、突利等叔侄兄弟各统强兵，俱号可汗，分居四面，内怀猜忌，外示和同。"⑤ 当沙钵略可汗摄图与隋之间矛盾激化，战争又遭失利，加之隋文帝采纳长孙晟提出的对突厥"难以力征，易可离间"的谋略，突厥诸部潜伏的分裂危机便成为现实。先是阿波与摄图冲突，阿波失败而依附

---

① 《隋书》卷84《北狄传》。
② 《隋书》卷84《北狄传》。
③ 《北史》卷99《突厥传》。
④ 《北史》卷99《突厥传》。
⑤ 《隋书》卷51《长孙晟传》。

于玷厥。开皇三年（583），玷厥联合阿波、贪汗、地勤察等突厥西部势力进攻沙钵略可汗，并脱离其管辖。至此，突厥汗国正式分裂为东、西两部。关于东西突厥分裂的原因，突厥文《阙特勤碑》上说得清楚："吾先人乃如是著名之可汗也，吾先人死后为可汗者，乃其弟其子，惟弟绝不类其兄。子亦决不肖其父，御极者率皆愚昧可汗，贼劣可汗，其 Buirug 亦莫不愚昧贼劣。因伯克及民众间不和，因唐家从中施用诈术及阴谋，因兄弟自相龃龉而使伯克及民众间水火，遂致突厥帝国崩溃可汗沦亡，贵族子孙悉成唐家奴仆，其清白处女，亦悉降为婢妾。"①

（二）东突厥与隋和好关系的建立和发展

开皇五年（585），沙钵略可汗摄图在得到隋朝的允准下率部南徙，离开世代驻牧的郁都斤山地区，南下 1500 余里至白道川（今呼和浩特平原），建牙于紫河镇（今内蒙古自治区托克托县北），狩猎于恒、代两州间。开皇七年（587）4 月，沙钵略可汗卒，其弟处罗侯嗣，称莫何可汗。莫何可汗在位一年，死于西征战乱中。突厥部众奉沙钵略可汗子雍虞闾，号都兰可汗。这一期间，突厥与隋之间和好关系得到顺利发展。莫何可汗、都兰可汗即位，长孙晟均代表隋廷亲赴汗廷表示祝贺以示支持，并予厚赏，突厥也岁岁遣使朝贡。

开皇十三年（593），都兰可汗雍虞闾听信内地流人杨钦、胡人安遂迦和大义公主（即北周千金公主）的挑唆，不修职贡，甚至发兵扰边，关系一度紧张。后经长孙晟二次出使突厥，说服都兰可汗执杀大义公主，才平息了一场风波。是年，都兰可汗遣母弟褥但特勤献于阗玉杖。开皇十四年（594），突厥各部首领遣使进贡，隋文帝准许突厥"缘边置市，与中国贸易"之请。② 自此之后，中原的粮食、布帛，突厥的马、羊及皮毛，双向交流、互通有无。隋朝的缯帛还通过突厥，远销东罗马帝国。

发生在开皇十三年（593）的杨钦事件，结果虽是以诛杀大义公主、隋与突厥重归言好而告结束，但应看到，这一事件在隋与突厥关系上却留下了裂痕。在隋廷讨论都兰可汗请婚之议时，长孙晟的议论颇有代表性。

---

① 《阙特勤碑》东内 4—7 行。详见林幹编《突厥与回纥历史论文选集（1919—1981）》（全二册），中华书局 1987 年版。此碑汉译文系韩儒林教授生前修改过之新译文。

② 《隋书》卷 84《北狄传》。

他说："臣观雍闾，反复无信，特共玷厥有隙，所以依倚国家。纵与为婚，终当必叛。今若得尚公主，承藉威灵，玷厥、染干必又受其征发。强而更反，后恐难图。且染干者，处罗侯之子也，素有诚款，于今两代。臣前与相见，亦乞通婚，不如许之，招令南徙，兵少力弱，易可抚驯，使敌雍闾，以为边捍。"① 隋文帝支持此议：隋朝开始执行目的在于"以为边捍"的扶持染干的政策。

开皇十七年（597），隋以宗女义安公主和亲染干。染干遂率部南徙度斤旧镇驻牧，为隋守边。不久，都兰、达头两可汗联兵攻染干，尽杀其兄弟子侄。开皇十九年（599），隋军出兵助染干，大败达头，并封染干为意利珍豆启民可汗。在隋朝的全力扶持下，启民可汗收集亡散之突厥部众万余，隋遣长孙晟督役5万人，在朔州筑大利城（今内蒙古自治区和林格尔西北）以安置启民可汗。仁寿二年（602），隋文帝应启民可汗之请，筑金河城（今内蒙古自治区托克托县东北）；大业四年（608），又在万寿戍（上述两城之间）置城造屋。

与此同时，启民可汗在隋军支持下，先后打败达头可汗、都兰可汗，将自己牧地向西扩大到胜、夏二州间（今陕西靖边县及内蒙古准噶尔旗一带）。以大利城为中心的白道川及其周邻地区获得相对安定，当地突厥、汉等族人民得以休养生息，出现"人民羊马，偏满山谷"② 的兴旺景象。启民可汗驻牧白道川不久，安义公主卒，隋朝又以宗女义成公主妻之。有隋一代，少数民族首领连娶两位公主，唯启民可汗一人。

突厥与隋朝和好关系的发展，使隋解除了北部的边患。启民可汗每当"伺知动静，辄遣奏闻"，使隋每遇事故"每先必备"。③ 开皇二十年（600）都兰可汗在内乱中被杀，部众离散，启民可汗奉命招慰，都兰可汗余部相继归附，东突厥诸部又尽归启民可汗统辖。

隋朝的强盛和北疆的安定，使北方诸族纷纷内向。仁寿元年（601），"突厥男女九万口内附"，仁寿三年（603），思结、伏利具、仆骨等铁勒部归附。隋朝将这些内附之突厥族系部众均置于启民可汗的直

---

① 《隋书》卷51《长孙晟传》。
② 《隋书》卷84《北狄传》。
③ 《隋书》卷51《长孙晟传》。

接管辖之下，同时还兼管奚、契丹、室韦、霫等族众。大业二年（606）、三年，启民可汗两次入长安，备受礼待。三年五月，炀帝巡至榆林（今内蒙古自治区托克托县），启民可汗及义成公主同至行宫，前后献马3000匹，炀帝亦回赠帛13000段，尊其位在诸侯王上。隋朝为维护自己的利益、保护中原地区封建经济的正常发展，对启民可汗实施扶持政策，客观上符合了突厥和汉两族人民要求安定、加强联系的愿望，也适应了全国走向大一统的趋势。终启民之世，突厥与隋的和好关系得到前所未有的发展。

（三）唐初与突厥间的战和关系

隋炀帝大业四年（608），启民可汗卒[①]。其子咄吉世继位，称始毕可汗，按突厥习俗，复妻义成公主，继续奉行启民可汗与隋和好的政策。双方频遣使臣，贸易也有所发展。但由于炀帝宠臣裴矩一手制造了诱杀史蜀胡悉事件，双方关系急剧恶化。

大业十年（614），裴矩以始毕可汗"众渐盛，献策分其势"，谎言告始毕可汗宠臣、主持对隋贸易事务的史蜀胡悉："天子大出珍物，今在马邑，欲共蕃内多作交关。"史蜀胡悉信以为真。"尽驱六畜，星驰争进，冀先互市。"裴矩"伏兵于马邑下，诱而斩之"。事发后，又以史蜀胡悉叛而被讨为由，告于始毕可汗。始毕识破裴矩谎言诡计，嫌怒于隋。"由是不朝"[②]，并伺机进行报复。同年，始毕可汗乘炀帝北巡，举重兵围炀帝于雁门（今山西代县），战斗激烈，矢及炀帝，33天才解围。雁门事变表明，隋与突厥间的和好关系又为兵戎之争所替代。

隋末丧乱，东突厥成为雄踞漠北、力控西域、势倾中原的强大军事力量，史称其"控弦百万，戎狄之盛，近代未有也"[③]。当时北方农民起义领袖和各派地方割据势力，纷纷向突厥称臣，欲借其力以谋天下："薛举、窦建德、王世充、刘武周、梁师都、李轨、高开道之徒，虽僭尊号，俱北面称臣，受其可汗之号。"[④] 始毕可汗不仅在军事上予以支持，还封刘武

---

① 《隋书》卷84《北狄传》。按《资治通鉴》卷181，说是卒于大业五年，今从《隋书》。
② 关于史蜀胡悉事件引文，均见《隋书》卷67《裴矩传》。
③ 杜佑：《通典》卷197《边防十三》。
④ 杜佑：《通典》卷197《边防十三》。

周为定扬可汗、梁师都为大度毗伽可汗、李子和为屋利设。一时间，始毕可汗政治态度之相背，直接影响着隋末中原地区政局的发展。

李渊坐镇太原，是隋末一支重要的地方实力派。大业十二年（616），还是隋臣的李渊曾和马邑太守王仁恭一起成功地击退始毕可汗南下之军。但当李渊在太原起兵伐隋前夕，为取得北方强大的突厥的支持，于大业十三年（617）六月，致信始毕可汗："当今隋国丧乱，苍生困穷，若不救济，总为上天所责。我今大举义兵，欲宁天下，远迎主上，还共突厥和亲，更似开皇之时，岂非好事。……若能从我，不侵百姓，征伐所得，子女玉帛，皆可汗有之。"[1] 始毕可汗接信后，对李渊采取了支持态度，从而解除了李渊起兵太原、进军长安的后顾之忧。

但强大的东突厥对新建的唐朝毕竟是一个现实的威胁。唐初高祖武德年间，突厥始毕、处罗、颉利三可汗更迭，对唐的态度一贯是"自恃其功，益骄踞，每遣使者至长安，颇多横恣"。高祖因"中原未定，每优容之"，[2] 采取了息事容人的态度。武德三年（620）二月，突厥处罗可汗迎立隋齐王子扬政道为隋王，居定襄（今内蒙古和林格尔北）。同年处罗死，颉利可汗继之仍妻隋义成公主。颉利可汗士马雄盛，有凭陵中国之志。四年义成公主从弟善经，避乱在突厥，协同王世充使者王文素共说颉利："昔启民为兄弟所逼，脱身奔隋，赖文皇帝之力，有此土宇，子孙享之。今唐天子非文皇帝子孙。可汗宜奉杨政道以伐之，以报文皇帝之德。"[3] 在这人的煽动下，武德五年（622）八月，颉利可汗以 13 万骑入雁门，攻太原，长安吃紧。不久，解围而去，并遣使求和亲。唐高祖集群臣商议对付颉利可汗之策。太常卿郑元璹等人主张"战则怨深，不如和利"[4]；中书令封伦则提出"胜而后和"为上策，他说："突厥凭凌，有轻中国之意，必谓兵弱而不能战。如臣计者，莫若悉众以击之，其势必捷，胜而后

---

① 温大雅：《大唐创业起居注》卷 1，上海古籍出版社 1983 年版，第 8—9 页。李渊是否向突厥称臣，台湾学者李树桐在 60 年代曾发表《唐高祖称臣于突厥》考辨（《大陆杂志》第 26 卷第 1、2 期）和《再辨唐高祖称臣于突厥事》（《大陆杂志》第 37 卷第 8 期），认为唐高祖并未称臣于突厥，可资参阅。其实称臣与否，从今天统一多民族国家前提出发，并非原则大事，唐高祖为政治之需要、求援于突厥则是历史事实，正如旧唐书卷 1 所评："屈已求可汗之援。"

② 《旧唐书》卷 194 上《突厥传上》。

③ 《资治通鉴》卷 189《唐纪五》。

④ 《资治通鉴》卷 190《唐纪六》。

和，恩威兼著。若今岁不战，明年必当复来，臣以击之为便。"① 显然，后一种是积极的求和保边之策，为唐高祖所采纳。武德六年（623）十月，颉利可汗进攻马邑，两军激战；次年突厥又兵胁长安，李世民率军相迎，声言与之决战，都是采取有节制的抵御政策。从武德年间唐对突厥的战争看，突厥是进攻方面，唐基本上是积极防御，以战求和。由唐高祖制定的以战求和的政策，到贞观初年仍未改变。

唐太宗在回顾唐初对突厥政策时曾说："吾即位日浅，国家未安，百姓未富，且当静以抚之。一与虏战，所损甚多；虏结怨既深，惧而脩备，则吾未可以得志矣。故卷甲韬戈啗以金帛，彼既得所欲，理当自退，志意骄惰，不复设备，然后养威伺衅，一举可灭也。将欲取之，必固与之，此之谓矣。"② 推行这种"战而后和"的政策是囿于唐初的国力。一旦"贞观之治"初见成效，对突厥的防御随之转变为进攻，唐与突厥关系又进入一个新的阶段。

（四）东突厥内徙与唐太宗的安置措施

唐太宗即位之初，对突厥继续奉行"战而后和"的政策，渭桥之盟即是实施上述政策之成功一例。武德九年（626）八月，颉利可汗乘唐太宗即位不久，政局动荡，率 10 万骑兵入扰，列阵于渭水便桥之北。唐太宗一方面扣留颉利来使，积极备战；另一方面又亲率数骑至渭水之南，隔河相对，指斥颉利背信负约。唐太宗亲自迎敌并非为战，而是通过显示迎战之决心以求和盟。颉利可汗未知虚实观唐军盛，乃请和。于是在渭桥刑白马设盟。

渭桥之盟虽一时解除了突厥威胁，但唐太宗历唐初十年的经验，深感突厥问题不妥善解决，终是心腹之患。

突厥统治下的各部完全是建立在军事征服基础上的松散联盟。颉利可汗统辖的东突厥已走到了顶峰，开始了由盛向衰的转化。贞观初，铁勒部的回纥、薛延陀等部相继反抗，薛延陀还与唐朝结成了军事联盟，大大削弱了东突厥的军事力量。加之颉利可汗连年穷兵黩武，部民不堪兵役之苦，又逢频年大雪，六畜冻死，牧民生计艰难。

唐太宗趁东突厥内外交困，利用矛盾，拉拢突利可汗，以扩大其内部

① 《旧唐书》卷63《封伦传》。
② 《资治通鉴》卷191《唐纪七》。

的裂痕；同时积极准备向颉利可汗用兵。贞观二年（628），突利可汗背弃颉利，暗地与唐相约进攻颉利。贞观三年十一月，在消灭了中原地区最后一支割据势力梁师都之后，唐太宗集结 10 万精兵，分道出击。经贞观四年（630）正月，定襄（即前启民可汗所居之定襄城，故地在今内蒙古自治区清水河县）大捷，颉利可汗率残部北撤，又被唐军堵截，全军覆没。颉利可汗欲西逃吐谷浑，于同年三月被唐军生俘。

唐太宗对颉利可汗的军事行动前后不到半年，即以全胜而告终。唐朝把西起阴山，北至大漠的广阔地区尽入版图。

颉利可汗败亡后，东突厥部众约有 10 万人降唐归附。如何妥善安置归附的突厥部众，唐太宗召集群臣商议对策。多数朝臣主张："分其种落，俘之河南兖、豫之地，散居州县，各使耕织，百万胡虏可得化为百姓。"① 中书令温彦博主张仿照两汉时置匈奴降者于五原塞下之例，"全其部落，得为捍蔽，又不离其土俗，因而抚之，一则实空虚之地，二则示无猜心"②。唐太宗采纳了此议。由于唐朝对突厥人采取优待政策，当时迁居长安的突厥人将近有万家。唐太宗挑选部分首领委以京官武职，其中任职五品以上将军、中郎将有 100 余人，差不多占朝廷武官之半数。唐太宗对内徙的突厥部众与汉人同样对待，使其农业生产水平迅速提高。

归附之东突厥大部分仍居原处，唐太宗在其地设置羁縻府州。"自太宗平突厥，西北诸蕃及蛮夷稍稍内属，即其部落列置六州县。其大者为都督府，以其首领为都督、刺史，皆得世袭。"③ 在突利可汗辖地，设顺、佑、化、长四州都督府；在颉利可汗辖地置六州，以定襄、云中两都督府统辖。任命本族首领为都督、刺史，管辖部众。如封突利可汗为北平郡王、右武侯大将军、顺州都督；封阿史那思摩为北开州都督；封阿史那苏泥失为怀德郡王、北宁州都督，即对被俘之颉利可汗也封为右卫大将军。贞观八年（634），颉利死后，还追封为归义郡王。

唐太宗平定东突厥和对归附突厥的妥善安置，加强了中原地区人民

---

① 《旧唐书》卷 194 上《突厥传上》。
② 《旧唐书》卷 194 上《突厥传上》。
③ 《新唐书》卷 43 下《地理七下》。

和边疆各族人民的联系，极大地提高了唐朝的威望。西域、北疆各族君长请尊唐太宗为各族共同的大首领——天可汗。贞观四年（630）三月。唐太宗"令后玺书赐西域北荒之君长，皆称皇帝可汗，诸蕃渠帅有死亡者，必下诏册立其后嗣焉"[①]，从此确立了对边疆各族首领的册封制度。至高宗永徽元年（650），阿尔泰山北部小可汗车鼻可汗率部归附后，唐朝使其部众牧居郁督斤山，置狼牙都督府。高宗龙朔年间（661—663），又设单于、瀚海二都护府。单于都护府领狼山、云中、桑乾三都督府及苏农等十四州，管辖碛南；瀚海都护府领金徽、新黎等七都督府及仙峼、贺兰等八州，管辖碛北，从此大漠南北全归唐朝管辖，正式列入唐帝国版图。唐朝成为我国历史上继秦汉以后，又一个强盛的统一多民族国家。

二　西突厥与隋唐王朝的关系

（一）隋代的西域诸族国

西域一词，狭义言指包括巴尔喀什湖以东、以南的我国新疆广大地区；广义言则泛指中亚细亚，直到地中海东岸东罗马等地的广大地域。这里所述主要是狭义意义上的西域。必要时也会涉及此外地域。

西汉时期在西域曾设西域都护府。魏晋南北朝时，在南北对峙而北方又复分裂的情况下，中原地区与西域的联系受到一定影响，但从未间断。《北史》西域传列传之国有 75 个。

隋初，西域诸国中或者是接受汉文化很深，或者即是汉人建立的政权。如高昌国（今吐鲁番地区）就是汉族敦煌人张孟明所建，以后的麹氏也是汉族金城人。他们迫切希望加强与中原地区的联系。由于突厥强盛，吐谷浑又崛起于青海，隋朝与西域诸国的联系，尚不能畅通。文帝推行南平陈朝、北服突厥的政策，一时无暇顾及西域事务。

炀帝大业初，陈朝已平，东突厥也臣属于隋，密切与西域的关系便提

---

① 《唐会要》卷 100《杂录》，中华书局 1955 年版，第 1796 页。

上议事日程。炀帝派裴矩驻于张掖，并往来于武威、张掖之间，主持和西域的联系及贸易交通事宜。大业中，西域"相率而来朝者四十余国，帝因置西戎校尉以应接之"。① 大业五年（609），炀帝西巡，即有西域 27 国使者同来相会。长安和洛阳"西域胡往来相继"，② 西域和内地的关系日益密切，不少西域的音乐，如西凉、龟兹、疏勒、康国乐等传入内地，而内地的丝绸和大量汉族文化典籍也传入西域。

著名的丝绸之路，此时也得到了新的发展。裴矩在《西域图记》序中，记述了以敦煌为总出发点，通向地中海东岸的三条道路。北道：在天山北路，由伊吾经蒲类海、铁勒等部而至西海；中道：天山南路的北道，由高昌、焉耆、龟兹而至西海；南道：天山南路的南道，由鄯善、于阗、朱俱波等地而至西海。敦煌是内地到西域的咽喉，而伊吾、高昌、鄯善则分别为三条大道的起点，其中中道和南道越葱岭分别抵波斯和拂菻（东罗马帝国）等西亚、欧洲诸国。

西域诸族国中，势最盛者是西突厥。

西突厥始祖是室点密，游牧于乌孙故地（今伊犁河流域），是突厥汗国内的一个分封国。开皇五年（585），东突厥沙钵略可汗臣服于隋，达头可汗称雄西域。是时，西突厥内部尚不统一，先是达头与阿波势最盛，其后，阿波被沙钵略可汗之弟叶护可汗所擒，泥利可汗继位，并与达头可汗共同称雄于西突厥。

开皇二十年（600），突厥境内发生铁勒诸部大起义。铁勒是散处于漠北许多游牧部落的总称，人数众多，分布很广，"姓氏各别，总谓为铁勒。并无君长，分属东、西两突厥"③。铁勒诸部对突厥贵族既要缴纳贡赋，又要出兵马，为突厥贵族穷兵黩武卖命。乃至泥利可汗在乱中被杀，西突厥动荡。隋朝乘其内乱，联合东突厥共同征伐达头。战争持续四年（600—603），铁勒诸部尽背达头，臣属隋朝。达头可汗部众大溃，西奔吐谷浑。

泥利可汗和达头可汗一死一逃，泥利之子达漫成了西突厥的可汗，称

① 《北史》卷97《西域传》。
② 《资治通鉴》卷180《隋纪四》。
③ 《隋书》卷84《北狄传》。

泥橛处罗可汗。他统治西突厥时期（603—609），西突厥动乱不绝。达头可汗之孙射匮可汗自持出身汗系，不甘居于泥橛处罗可汗之下，欲借隋之力，取代泥橛处罗可汗，君临西突厥。大业六年（610），射匮可汗遣使至隋，请和亲、求支持。炀帝接受裴矩对泥橛处罗可汗"以计弱之"的建议。支持射匮攻击泥橛处罗可汗，射匮可汗溃泥橛处罗可汗，泥橛处罗可汗率残部内投隋朝。

大业七年（611）冬，泥橛处罗可汗抵长安，同行者还有其弟达度设、特勤大奈（即史大奈）等人。隋赐号为曷萨那可汗，并妻以信义公主。

泥橛处罗可汗投隋后，射匮可汗成为西突厥的唯一大可汗，统一诸部，建立王庭。大业十一年（615），射匮可汗派侄儿率诸部首领到长安朝贡。是年到长安朝贡的还有龟兹、疏勒、于阗等使者。为了接待西域来使和处理日益繁多的西域事务，隋朝设立了一个专门机构——西域校尉。

（二）唐朝与西突厥的关系

唐高祖武德年间（618—626），新兴的唐王朝一方面忙于内部事务，另一方面又要对付东突厥的侵扰，无力顾及西域。此时西域与中原地区的政治关系，大体上同隋末的状况相仿。

隋末唐初，正逢西突厥射匮可汗（611—619 在位）和统叶护可汗（620—628 在位）统治期间。射匮可汗一度得到隋朝的支持，势力复振，"建廷龟兹北之三弥山，玉门以西诸国多役属"[①]。射匮死，其弟统叶护可汗嗣。统叶护可汗"勇而有谋，善攻战。遂北并铁勒，西距波斯，南接罽宾，悉归之，控弦数十万，霸有西域，据旧乌孙之地。又移庭于石国北之千泉。其西域诸国王悉授颉利发，并遣吐屯一人监统之，督其征赋。西戎之盛，未之有也"[②]。贞观二年（628），唐僧玄奘西行取经时曾路过统叶护汗庭，受到盛情款待。据《大慈恩寺三藏法师传》卷二记载：玄奘至碎叶城（今吉尔吉斯斯坦共和国托克马克附近），逢突厥叶护可汗外出游猎，戎马甚盛。"可汗身著绿绫袍，露发，以一丈许帛练裹额后垂。达官二百

---

① 《新唐书》卷215 下《突厥传下》。
② 《旧唐书》卷194 下《突厥传下》。

余人，皆锦袍编发，围绕左右。自余军众皆裘毦毳，槊纛端弓，驼马之骑，极目不知其表。"① 当玄奘告别可汗继续西行时，"可汗令一年少通解汉语者送法师到迦毕试国，西突厥最南之属国也"②。

统叶护可汗与唐朝在政治上保持朝贡关系。武德三年（620），进贡条支（今伊拉克）巨卵（鸵鸟蛋）。八年，统叶护可汗遣使向唐请婚。高祖为牵制东突厥，纳封德彝之议："计今之便，莫若远交而近攻，请听昏以怖北狄。"③ 于武德九年（626），遣高平王李道立至西突厥报聘。翌年（627），统叶护可汗遣真珠统俟斤与李道立同来唐朝，献万钉宝钿金带及马千匹，以迎公主。后因统叶护可汗于同年为其伯父莫贺咄所杀，和亲之事暂罢。

莫贺咄自立为侯屈利俟毗可汗。莫贺咄原为西突厥小可汗，现自称大可汗。对此，西突厥弩失毕诸部不服，拥立统叶护可汗之子咥力特勤为乙毗钵罗肆叶护可汗，与莫贺咄对抗。西突厥实际上已一分为二，一为莫贺咄统治的东厢咄陆五部，一为肆叶护统治的西厢弩失毕五部。双方都遣使向唐朝进贡，请求通婚，唐太宗不许，谕以"各守部分，勿复相攻"。贞观四年（630），肆叶护战败莫贺咄，成了西突厥的大可汗。正当西突厥两可汗相争时，东突厥的阿史那杜尔率众西迁，趁机占据了西突厥部分土地，自号都布可汗。

贞观四年（630），唐军大败东突厥于阴山，北方和西域诸族首领纷纷朝唐，"诸蕃君长诣阙，请太宗为天可汗"。此举对西域诸族震动很大。同年，西域胡人七姓部落所居之七城归属于唐，唐朝设庭州于此。两年后（632）游牧于热海（今伊塞克湖）附近的契苾部，在首领契苾何力率领下臣属于唐，东迁内地。贞观九年（635），占有西突厥领地的东突厥首领阿史那杜尔亦效法契苾何力，率众东迁，臣属于唐。贞观八年（634），唐朝在平定吐谷浑后，派康艳典等人驻扎鄯善一带，负责联络西域。在这一时期，高昌麹文泰、焉耆王龙突骑支、龟兹王白苏伐叠、疏勒王裴阿靡支、于阗王尉迟居密，以及康国王、安国王、石国王等，先后遣使或亲到唐朝，表示臣属。由"朝贡"到"册授"，意味着关系发展又进了一步。

---

① 沙畹：《西突厥史料》，冯承钧译，中华书局 1958 年版，第 173 页。

② 沙畹：《西突厥史料》，冯承钧译，中华书局 1958 年版，第 174 页。

③ 《新唐书》卷 215 下《突厥传下》。

　　唐朝与西域诸族的"册授"关系，具体到西突厥族，则始于贞观七年（633）。这一年肆叶护可汗在内乱中走死中亚，其侄泥孰被拥立为咄陆可汗。泥孰之父在唐初曾到过长安，与李世民结为兄弟，交往甚密。泥孰嗣位后，"遣使诣阙请降"①。所谓"请降"，即是表示进一步的臣服。唐太宗"遣鸿胪少卿刘善因至其国，册授（泥孰）为吞阿娄拨奚利邲咄陆可汗"②。唐朝册封西突厥首领为可汗，是从此开创的新例。自此之后，西突厥除了例行的遣使朝贡外，如有重大事情，均向唐朝"表奏"，并听命受诏。新可汗即位，须得唐廷"册授"，方为合法。贞观八年（634），咄陆可汗泥孰死，弟同娥设继。次年唐太宗"遣中郎将桑孝彦领左右胄曹韦弘机往安抚之，仍册立（同娥设为）咥利失可汗"③。贞观十三年（639），咥利失可汗死，其侄薄布特勤立，为乙毗沙钵罗叶护可汗。唐太宗于贞观十五年（641），"令左领军将军张大师往授焉，赐以鼓纛"④。

　　西突厥内部并不统一，咥利失可汗统治时，贞观十一年（637），西突厥弩失毕部首领欲谷设拥众自立为汗，称乙毗咄陆可汗，与咥利失可汗并立，双方以伊列水（今伊犁河）为界，分成南庭与北庭两大部分。河之东属乙毗咄陆可汗，牙帐设于镞曷山（今吉尔吉斯山），谓之北庭，天山以南的高昌地区也归其管辖；河之西属咥利失可汗及其后继者乙毗沙钵罗叶护可汗，建牙于雒合水（锡尔河）北，谓之南庭，"自龟兹、鄯善、且末、吐火罗、焉耆、石国、何国、穆国、康国，皆受其节度"⑤。

　　西突厥的南庭，继续与唐保持和好关系，唐朝在政治上予以支持。但以乙毗咄陆可汗为首的北庭，势远胜于南庭，于贞观十九年（645）攻杀乙毗沙钵罗叶护可汗，并其所属，专擅西域。乙毗咄陆可汗挟持高昌王麴文泰与唐为敌，切断了西域与内地的通道，遂成为唐太宗出兵高昌，进军西域的契机。

　　贞观十四年（640），唐太宗派侯君集、契苾何力率军一举消灭了高昌麴氏王朝。北庭的乙毗咄陆可汗派驻在可汗浮图城（今新疆吉木萨尔县

---

① 《旧唐书》卷194下《突厥传下》。
② 《旧唐书》卷194下《突厥传下》。
③ 《旧唐书》卷198《西戎·焉耆传》。
④ 《旧唐书》卷194下《突厥传下》。
⑤ 《旧唐书》卷194下《突厥传下》。

境）支援高昌的军队，也归降于唐朝。唐在高昌设置西州及安西都护府，同时设庭州于可汗浮图城。

西突厥的乙毗咄陆可汗在唐军打击下，内外交困，其国大乱。贞观十五年（641），西突厥北庭的屋利啜等谋欲废咄陆，遣使长安，请立可汗，唐太宗抓住此有利时机，派遣通事舍人温无隐持玺册封前莫贺咄侯屈利俟毗可汗之子为乙毗射匮可汗。

在政治上册授的同时，唐太宗在军事上仍不断扩大战果。特别是贞观二十一年（647）唐军进攻龟兹获胜，册立白诃黎布失毕的弟弟叶护为龟兹王，有力地打击了西突厥中与唐朝敌对的势力。贞观十六年至二十二年（642—648），唐军先后占领了天山南北广大地区，设置了龟兹（今库车）、疏勒（今喀什）、于阗（今和田）、碎叶（今吉尔吉斯斯坦共和国托克马克城附近）四镇。① 后将安西都护府由高昌迁往焉耆。因四镇均隶属于安西都护府，故史称"安西四镇"。贞观二十三年（649），唐朝设置瑶池都督府，隶属于安西都护府，并任命乙毗咄陆可汗的部属阿史那贺鲁为瑶池都督，授以左骁卫大将军称号，其部众被安置在庭州之莫贺城。至此，阿史那贺鲁成为西突厥内部与乙毗射匮可汗直对立的又一派势力。双方都承认唐朝为宗主，乙毗射匮可汗为唐朝所册立，而阿史那贺鲁则已是唐朝的命官。

阿史那贺鲁任瑶池都督后，利用唐朝的声威发展自己的势力。首先是收集那些西突厥内乱时因受到乙毗射匮可汗攻击而四散的部众，招携离散，庐帐渐多。高宗永徽二年（651），阿史那贺鲁西击乙毗射匮可汗，夺取原咄陆可汗故地，建牙于双河及千泉，自号沙钵罗可汗，统摄咄陆、弩失毕十姓，俨然成了西突厥诸部的统治者。同年阿史那贺鲁叛唐，出兵攻庭州，威胁西域重镇西州（治所在今新疆吐鲁番东南），危及东西商路的畅通。

永徽三年（652），弓月道总管梁建方和契苾何力率唐军，及回纥骑兵出击阿史那贺鲁。四年，唐朝政府一方面正式撤销瑶池都督府的建置，另一方面任命程知节为葱山道大总管，率兵继续征伐贺鲁，虽获胜，但未歼其有生力量。高宗显庆二年（657），伊丽道大总管苏定方及瀚海都督回纥

---

① 此四镇系指贞观至开元之前，开元之后四镇碎叶改为焉耆。

婆闰从北道、安抚大使阿史那弥射、阿史那步真从南道，两路夹击，俘获贺鲁父子，西突厥诸郡纷纷归属，西突厥汗国亡。

如何处理与西突厥诸部的关系，是唐朝面临的一个新问题。唐政府承袭并发展了汉朝在西域设都护的传统，在突厥地区设置都护府，即所谓"分其种落置昆陵、濛池二都护府，其所役属诸国，皆分置州府，西尽波斯，并隶安西都护府"①。"分其种落"，即是按原来的种姓部落为单位来设府。西突厥左厢五个部，即碎叶水以东五咄陆部，设置昆陵都护府；其右厢五个部，即碎叶水以西五弩失毕部，设置濛池都护府。任命阿史那弥射为兴昔亡可汗兼左卫大将军、昆陵都护；阿史那步真为继往绝可汗兼右卫大将军、濛池都护。唐朝政府任命两名西突厥贵族担任昆陵、濛池两部都护府的行政长官，使其既是西突厥的可汗，又是唐朝的官员，这是唐朝推行羁縻政策的重要内容。对一些附属于西突厥的别部，如葛逻禄、处月、处密、姑苏等，也都设置州府。唐于西突厥所设府州，皆归安西大都护府管辖。

自此之后，兴昔亡可汗与继往绝可汗的王统各自持续了四世。及至吐蕃势力进入西域，又先后出现了依附于吐蕃的西突厥地方政权。这些政权的兴亡更代，反映了唐与吐蕃在西域政治影响的盛衰消长。

唐朝对西域诸族有效行政管辖的建立，大大有利于中原地区与西域诸族经济、文化的交流。

唐朝统一西域后，遣军戍边、屯田驻守，中原地区许多汉人也迁往西域谋生。这些屯戍的军队和迁来的劳动人民，把汉族地区先进的生产技术带到西域，推动了西域社会的发展。同时，汉族的传统文化和科学技术在西域也得到广泛的传播。吐鲁番地区出土的唐代儒家典籍和史书，如《毛诗》《郑玄注论语》《伪孔传尚书》《孝经》《急救篇》《千字文》，薛道衡《典言》、佚名《晋史》，以及《针经》等书，即是最好的力证。②

中原地区与西域的贸易极为频繁。内地运往西域的商品主要有锦、绫、罗、绌、绢、丝、金、铁等。西域的贵族、商人、乐人、僧侣、技工

---

① 《旧唐书》卷194下《突厥传下》。
② 参阅新疆社会科学院考古研究所编《新疆考古三十年》，新疆人民出版社1983年版，第14页。

等纷纷到内地，长安是他们集中居住的地方。

交流是相互的。西域文化对隋唐文化的影响也是很大的。

音乐舞蹈方面，龟兹乐早在后凉时即已传入内地，隋唐时大盛，出现了很多精于龟兹乐的乐师。龟兹乐成为唐以后燕乐的基础，对汉族音乐影响很大。唐代十部乐中西域占了三部，即龟兹乐、疏勒乐、高昌乐。唐代的乐器也有不少是从西域传入。唐代的乐工很多是"胡人"或"胡裔"，不少著名音乐家是西域人，如龟兹人白明达、疏勒人裴神符等。白明达的《春莺转》、裴神符的《火风》《胜蛮奴》《倾盆乐》等乐曲，深为时人喜爱。

美术方面，西域地区因地当中西交通孔道，对佛教艺术的东传起了很大作用。于阗人尉迟跋质那、尉迟乙僧父子把绘画中的晕染法传到内地。唐代著名画家吴道子、李思训就受了这种画风的影响。

由于汉族人民和西域各族人民长期共同辛勤劳动，汉族和边疆各族之间经济、文化联系进一步加强，大大促进了西域社会生产力的发展。有唐一代，西域出现了前所未有的繁荣景象。

三　后突厥与唐王朝的关系

（一）骨咄禄复建突厥汗国

贞观四年（630），颉利可汗兵败被擒，之后东突厥部众不断由塞北南迁。唐朝对南迁之突厥部众皆安置在黄河河套以南地区，主要集中在丰、胜、灵、夏、朔、代诸州，称为"降户"；此外在河西甘、凉之间，也有突厥部众聚居。这些突厥人与汉族人民交往频繁，接受汉族的农耕和纺织等生产技术，使其生产结构由单一的畜牧业逐渐向畜牧业、农业相结合的生产结构转化。对此唐太宗在贞观十三年（639）册阿史那思摩为可汗诏中说得清楚，诏曰："久欲存其亡国，返其遗萌，尚恐疮痍未瘳，衣食不足。今岁已积，年谷屡登，众种增多，畜牧蕃息，缯絮无乏，咸弃其毡裘。菽粟有余，廪资于孤惸，便可复其故庭，继其先绪，归三祠于沮泽，旋十角于卢山，使会蹄林，遂其依风之思，重宴乐水，遂其向日之欢。"①

---

① 《册府元龟》卷964《外臣部》。

生产发展，生活安定，突厥部众的势力又得以恢复。至武后临朝，唐朝内部纷争多事，外部吐蕃连年扰侵，并陷安西四镇。这一切对那些试图恢复汗国旧业的突厥贵族，不啻是极好良机。自高宗调露元年至开耀元年（679—681），即有东突厥余众阿史那泥孰匐和阿史那伏念先后自称可汗，试图复国，均告失败。永淳元年（682），阿史那骨咄禄复集突厥部众入总材山，据黑沙城（今内蒙古呼和浩特市北），称颉跌利施可汗。在袭扰唐朝同时，又东击契丹、鞑靼，北征九姓铁勒，集众五千余，建牙乌德鞬山（今杭爱山之北山），又在黑沙城建"南牙"，以其弟默啜驻守。阿史那骨咄禄为东突厥汗国颉利可汗之疏属，其祖父本是唐朝右云中都督舍利元英部首领，世袭吐屯啜。史称骨咄禄所建之政权为"后突厥"，或认为乃突厥汗国之"中兴"。

骨咄禄拥众自立，当然不能为唐朝所容忍，双方关系一度紧张。时值大旱连年，大漠南北"野皆赤地，少有生草。以此羊马死耗，十至七八"，人民不得不"掘野鼠，食草根，或自相食"①，骨咄禄为摆脱困境，连年（684—687）南下抢掠粮食、牲畜。大批饥饿的突厥部众为求生路，仍纷纷南下，投奔唐朝。对这些南来之突厥饥民，武后诏令移安北都护府辖境安置。因此，骨咄禄复国之初，虽与唐朝关系一度僵持，但战中有和，人民间交往更未中断。在面临天灾的困境中，还得到唐朝的资助。

（二）后突厥兴盛期与唐关系的发展

天授二年（691），骨咄禄病卒，其弟默啜继汗位。默啜可汗（691—716）及其后继者毗伽可汗（716—734）是后突厥的兴盛期。在他们执政近40年间，与唐的关系打破了骨咄禄时僵持、敌对局面，双方虽仍间有冲突，但接近与和好成了关系的主要方面。

默啜可汗认识到与强大的唐朝敌对，掳掠可得益于一时，但无论从军事上，还是经济上均非良策，因此推行以和为主的对唐政策，即发动战争，也以不引起全面冲突为限。默啜继汗位不久，于长寿二年（693）②遣使请和。武则天册默啜为左卫大将军，封归国公，赐物5000段。次年又加授其为迁善可汗。万岁通天元年（696），默啜助唐平定了契丹李

---

① 陈子昂：《为乔补阙论突厥表》，《陈拾遗集》卷4。
② 又作三年，此处依旧唐书校勘。

尽忠、孙万荣之乱。唐朝又册封其为颉跌利施大单于、立功报国可汗。默啜为获得更大的实利，一方面遣使谢恩，表示愿作武后之子，并以自己女儿与唐和亲；另一方面又索还居于丰、胜、灵、夏、朔、代六州之突厥部众降附者，以及单于都护府之辖地。唐朝"惧其兵势"，"许其和亲，遂尽驱六州降户数千帐，并种子四万余硕、农器三千事以与之"①。后突厥得利甚厚，默啜可汗"大抵兵与颉利时略等，地纵广万里，诸蕃悉往听命"②。

默啜时期，后突厥与唐的和好、臣属关系并不稳定。圣历元年（698），"默啜率兵十余万俘虏赵、定二州男女八九万人"。久视元年（700），复掠散居灵，夏二州之党项人，以及陇右唐军之监马万余匹。在扰掠同时，默啜仍屡提和亲之议，只是先有鸣沙之役，后因杀害唐将孙佺，才议而未果。及唐玄宗即位，默啜仍一方面于开元元年（713）遣其子杨我支特勤入朝宿卫请婚，唐以蜀王女南和县主妻之；另一方面，于次年又使子移涅可汗僭同俄特勤等率精骑攻北庭遭惨败后，才有所收敛。

开元四年（716），默啜可汗北征拔野古获胜归来时被部下所杀。骨啜禄的儿子阙特勤趁机发动军事政变，杀默啜众子及其亲信，立足默棘连（即默矩），是谓毗伽可汗。毗伽可汗统治之初，为稳定对周邻诸部的统治，频频出兵征伐。开元六年（718），东征契丹和奚、西征葛逻禄。八年（720），征拔悉密，围北庭，侵甘州、凉州，掠唐羊马数万及降唐之凉州契苾部。九至十年（721—722），再征契丹和奚。十八年（730），契丹臣属突厥，并联兵伐奚。这些战争主要都是征伐突厥旧时属部。除开元八年掳凉州羊马及二十一年（733）与唐将部英杰令战于郁都斤山外，并未与唐发生正面冲突。毗伽可汗接受了重臣敦欲谷建议："唐主英武，人和年丰，未有间隙，不可动也。"③ 改变了默啜时战和相兼的政策。开元六年、九年、十年多次遣使言和，十二年一年中即四次遣使请和求婚。唐朝担心毗伽可汗重演默啜故使，请和之议虽允，但求婚之事始终不予明确答复。为此毗伽可汗质问唐使袁振：吐蕃、奚、契丹、唐均以公主和亲，"突厥

---

① 《旧唐书》卷194上《突厥传上》。
② 《新唐书》卷215上《突厥传上》。
③ 《旧唐书》卷194上《突厥传上》。

前后请结和亲，独不蒙许，何也?"并说，"且闻入蕃公主，皆非天子之女。今之所求，岂问真假，频请不得，实亦羞见诸蕃"①。毗伽可汗并未因此对唐反目，开元十五年（727），仍将吐蕃欲联合突厥入侵中原的情报，遣大臣梅录啜告唐，为此唐允其在朔方西受降城互市。

开元十九年（731），毗伽可汗弟阙特勤卒，唐遣金吾卫将军张去逸等前往吊祭，并在毗伽可汗汗庭东侧（今鄂尔浑河左岸和硕柴达木湖畔）立碑，玄宗为之亲撰碑文，又遣工匠为阙特勤建庙、雕石像。二十一年（733），唐终于允其求婚之议。婚尚未果毗伽可汗于次年为梅录啜所毒害。毗伽可汗在位十九年，与唐的和好关系有了很大发展。大漠南北再次出现了相对稳定的局面，汉与突厥"虽云异域，何殊一家? 边境之人，更无他虑"，②出现了"蕃汉百姓，皆得一处，养畜资生，种田未作"③ 的升平景象。受降城的互市，"每岁斋缣帛数十万匹，就市戎马以助军旅，且为监牧之种，由是国马益壮焉"④。

（三）后突厥灭亡后突厥余部迁徙

开元二十二年（734），毗伽可汗死，国人立其子为伊然可汗。伊然可汗卒，又立其弟为登利可汗。登利可汗为判阙特勤所杀，另立可汗。新汗又被骨咄叶护杀，更立其弟，又杀之，骨咄叶护自立为可汗。

正当突厥汗庭内争不绝时，拔悉密、回纥、葛逻禄三部趁机独立，于天宝元年（742），联兵攻杀骨咄叶护，推拔悉密酋长为颉跌伊施可汗，回纥、葛逻禄自为左右叶护。突厥余众则推阙特勤之子为乌苏米施可汗。在唐的支持下拔悉密等三部联兵攻乌苏米施可汗，后突厥西部诸叶护、设及可汗眷属率其部众千余帐，相次降唐。天宝三年（744），乌苏米施可汗死于兵乱，突厥残部立其弟为白眉可汗。次年，回纥首领骨力裴罗攻杀白眉可汗，后突厥汗国亡。

突厥各部大多归附回纥，一部分南迁灵武（今宁夏灵武县）、丰州（今内蒙古临河区一带）；另一部分则迁往中亚。

---

① 《旧唐书》卷194上《突厥传上》。
② 《敕突厥毗伽可汗书》，《曲江集》卷6。
③ 《册府元龟》卷979《外臣部和亲二》。
④ 《资治通鉴》卷213。

　　南迁灵武、丰州的突厥余部人数不多。史载在安史之乱时，突厥人阿史那从礼率同罗、突厥、仆骨 5000 骑从安禄山反，曾屯兵长安。后逃归朔方，与九姓及六胡州诸胡屯聚于经略军（属灵武）北；另有突厥百五十帐居丰州振武军所辖地，称为振武突厥。开成三年（838），这些突厥余部以掠唐军营田，被振武节度使刘沔发吐浑、契苾、沙陀部万人击破。[①] 之后，突厥便鲜见于史载了。

　　西迁中亚的突厥部，后世在阿富汗建哥疾宁王朝，在中亚建塞尔柱克突厥王朝及乌斯曼突厥王朝，可见其势仍盛。[②]

　　（本文首发于翁独健主编《中国民族关系史纲要》，中国社会科学出版社 1990 年版）

---

① 《新唐书》卷 171《刘沔传》。按《资治通鉴》卷 245，记为开成二年。
② 参见张星烺《中西交通史料汇编》第 5 册，第 261—274 页。

回鹘与唐朝的关系

一　回鹘的兴起及其隶属于唐朝

（一）回鹘兴起

回鹘，原称回纥①，意为团结、联合、协助。唐德宗贞元四年（788），自请改汉字译音为"回鹘"，"言捷鸷犹鹘然"，取俊健如鹘之意。

回纥是铁勒的一支。铁勒于南北朝时称敕勒、高车。隋和唐初，铁勒分若干部，其中有薛延陀、回纥、骨利干、多览葛、仆骨、拔野古、同罗、思结、浑、斛薛、阿跌、契苾、白霫等，主要分布在贝加尔湖以南和大漠以北地区。诸部皆役属突厥。唐击破东突厥，薛延陀曾强盛一时，诸部皆服。薛延陀衰败，回纥渐盛，诸部服之，遂以回纥总称。后有所谓回纥九姓或九姓回纥。九姓即药罗葛、胡咄葛、咄罗勿、貊歌息讫、阿勿嘀、葛萨、斛嗢素、药勿葛、奚耶勿。加上被回纥征服的拔悉密、葛逻禄两部，统称十一姓或十一部。药罗葛为回纥可汗姓，可汗多产生于该部。

回纥人壮健、善骑射，"居无恒所，随水草流移"②。隋唐之际，回纥受突厥汗国统治，遭受剥削和压迫，并经常受驱为突厥奴隶主征战。隋大业元年（605），西突厥处罗可汗攻掠铁勒诸部，又"集渠豪数百悉坑之"③。回纥联合仆骨、同罗、拔野古等奋起反抗，终于摆脱了突厥贵族的统治，"自为俟斤，称回纥"④。

---

① 为尊重原文，行文中的回鹘、回纥不做统一。
② 《旧唐书》卷 195《回纥传》。
③ 《新唐书》卷 217 上《回鹘传上》。
④ 《新唐书》卷 217 上《回鹘传上》。

隋末，回纥部众推时健俟斤为君长。时健俟斤死，子菩萨继承，酋长世袭制开始出现，这是回纥历史发展上的大事件。回纥逐渐壮大，时拥兵5万，人口10万人。

唐贞观初，东突厥汗国势衰，原羁属于突厥的薛延陀部首领夷男在唐朝支持下，于贞观二年（628）建立起薛延陀汗国。次年（629），唐太宗特遣游击将军乔师望持册往慰，拜夷男为真珠毗伽可汗，势力大振。"回纥、拔野古、阿跌、同罗、仆骨、白霤诸大部落皆属焉。"① 薛延陀汗国与唐朝的关系是和好的。据不完全统计，贞观二年至十四年，薛延陀遣使于唐凡15次，其中朝贡13次，请助讨高昌和请婚各一次。但唐却"以其强盛，恐为后患"，欲分其势迫使居河南的突厥降户返回河北及漠南，以御薛延陀。由此引起了薛延陀的不满。贞观十六年（642），唐太宗初允夷男求婚，后又撕毁婚约，双方关系急剧恶化。至贞观二十年（646）薛延陀汗国为唐朝所灭，其羁属回纥诸部酋长均请归附。回纥药罗葛酋长吐迷度（菩萨之子）接受唐册封怀仪大将军兼瀚海都督名号，承认自己是唐朝官员，但在部落联盟内部自称可汗，建立起汗国。因此，贞观二十一年（647），是回鹘开始建国的一年。

（二）唐朝六府七州的设置与回鹘诸部

唐朝初年，回纥诸部尚隶属于薛延陀汗国时，便与唐朝有诸多交往。贞观三年（629），回纥遣使朝贡，献方物，这是双方正式建立关系之始。② 贞观二十一年（647），回纥联合诸部，配合唐军攻灭薛延陀汗国，占有其部众和地区后，遣使告唐："（薛）延陀不事大国，以自取亡，其下麋骇鸟散，不知所之。今各有分地，愿归命天子，请置唐官。"③ 唐太宗受其所请，亲至灵武会，见回纥使者，接受回纥诸首领"愿得天至尊为奴等天可汗"的请求，④ 对回纥首领大加封赏。

唐朝即于回鹘诸部设置六府七州，"府置都督，州置刺史，府州皆置长史"⑤ 六府七州列表如下：

①《旧唐书》卷199下《铁勒传》。
②《新唐书》卷217上《回鹘传上》。
③《新唐书》卷217上《回鹘传上》。
④《资治通鉴》卷198《唐纪十四》。
⑤《旧唐书》卷195《回纥传》。

部称	都督府 州称	备注
回纥	瀚海都督府	
多览葛	燕然都督府	
仆骨	金微都督府	
拔野古	幽陵都督府	
同罗	龟林都督府	
思结	卢山都督府	
浑部	皋兰州	
斛薛	高阙州	
阿跌	鸡田州	
契苾	榆溪州	又记为契苾羽
奚结	鸡鹿州	又记为跌结
阿布思	蹛林州	又记为思结或思结别部
白霫	寘颜州	

后又以回纥西北之结骨为坚昆都督府，其北骨利干为玄阙州，其东北俱罗勃为独龙州，总为七府九州。

漠北都督府、州皆羁縻之，"于本族中选有人望者"为都督刺史，均隶属于燕然都护府。

唐朝对回纥实行羁縻统治。回纥诸部都隶属于唐朝的羁縻州。但在回纥内部，吐迷度自称可汗，并建立起一套完整的统治机构。回纥基本上沿袭突厥制，领兵的将领称"设"，可汗的子弟称"特勤"，大臣称"叶护""屈律啜""阿波""俟利发""吐屯"等，共28等，都是世袭。回纥也采用了一些唐朝官制，设有外宰相六、内宰相三，并有都督、将军、司马等官号。

唐朝设都督府与吐迷度称可汗，看来是矛盾的政治设置，却正好反映了回纥与唐朝相互关系中既有矛盾又互相妥协的特点，也反映了唐朝羁縻统治的特点。

唐朝设六府七州，目的在分散回纥诸部的联盟，取消回纥在诸部中的盟长地位，用都护对回纥诸部实行羁縻统治。而吐迷度接受唐朝封授的都督与自称为可汗同举，正好取得了既与唐朝和好的益处，又抵消因设置府州而冲击自己权力的害处。吐迷度作为一位少数民族政治家，吸取了突厥、薛延陀失败的教训，懂得与中原王朝保持和好远比兵戎相见更为有利。后来回纥不因唐朝的转衰，而始终遵守不同于任何漠北强国的态度来与唐朝建立关系，吐迷度是开端者。唐太宗对吐迷度称汗固然不满，但他能从多民族国家的全局出发，知道保持和好比迷恋武力更有利于自己的统治利益，因而默认了回纥可汗的实际存在。政治上的互相妥协，使回纥与唐朝的关系从一开始就得到了顺利的发展。

唐太宗允许在回纥以南、突厥以北开一条大驿道，沿途分设68驿站，各驿站有马及酒肉供往来贡使，时称"参天至尊道"。漠北诸部对唐朝岁贡貂皮等物，唐朝对诸部则负救济灾难、平息争端的责任，这条大驿道在促进彼此政治、经济文化的交流是有所作用的。

迄至8世纪末唐德宗贞元年间，回纥与唐朝在政治上基本上保持着和好与互相支持的关系。主要表现在两个方面。

唐朝承认回纥药罗葛部酋长的可汗世袭制。贞观二十二年（648），吐迷度被其侄乌纥杀死，唐朝遣燕然副都护元礼臣协助回纥平定内乱，杀乌纥，立吐迷度之子婆闰为左骁卫大将军、大俟利发。袭父职为瀚海都督。唐太宗立婆闰，并扣留乌纥同党俱罗勃，形式上保护唐的瀚海都督，实际却是保护了回纥可汗的世袭制。自此之后，历叱粟、独解支、伏帝匐、伏帝难（承宗），唐朝在回纥内部斗争中，始终支持药罗葛家族的汗王地位，唐高宗龙朔三年（663），唐朝徙燕然都护府于回纥地区，改名为瀚海都护府，徙故瀚海部护府于云中，改名为云中都护府。永徽元年（650）唐朝灭突厥车鼻可汗，置瀚海都护，统领瀚海等七府、仙萼等八州。漠北诸州府统归瀚海管理，漠南统归云中管理，唐朝对漠北加强统治，实际是帮助药罗葛家族加强对回纥汗国的统治。

回纥首领婆闰及其后继者则通过助唐攻战，为安定边陲、统一西域作出了贡献。婆闰两次奉调率兵助唐平定阿史那贺鲁之乱。永徽二年（651），瀚海都督婆闰以回纥5万骑助唐将梁建方、契苾何力，大破西突厥阿史那贺鲁，收复北庭（今新疆吉木萨尔县）。显庆元年（656），婆闰再次出兵助唐将程知节、苏定方先败阿史那贺鲁于阴山、再破于金牙山，尽收所据之地。永淳元年（682），后突厥首领阿史那骨咄禄进犯唐边，抄掠回纥大量牲畜，进攻回纥汗帐所在地乌德鞬山（即郁都军山、于都斤山）。回纥人一部分迁至独洛河流域，后又被迫与坚昆、思结、浑三部迁徙到唐境内之甘、凉间居住，余众则受后突厥统治。默啜可汗时，后突厥又屡攻回纥。因此当唐朝用兵于后突厥时，回纥便在政治、军事上全力支持唐朝。

二 回鹘与唐朝政治上和好关系的发展

（一）回鹘诸汗受唐廷册封

开元末，骨力裴罗继为回纥君长。时后突厥统治集团互相攻杀，部内大乱。天宝元年（742）和天宝三年（744），骨力裴罗趁后突厥内乱，先后出兵击破后突厥乌苏密施可汗和拔悉密部颉跌伊施可汗，自立为骨咄禄毗伽阙可汗，并两次遣使至唐廷奏告原委。唐玄宗先封其为奉义王，后又举行盛典拜其为骨咄禄毗伽阙怀仁可汗，简称怀仁可汗。① 建牙于乌德鞬山、嗢昆河之间，悉有九姓之地，后又破拔悉密、葛逻禄等部。天宝四年（745），击杀后突厥白眉可汗，送其首级到长安报功。后突厥汗国亡后，回纥"斥地愈广，东极室韦，西金山，南控大漠，尽得古匈奴地"②，成为漠北继突厥之后又一强大汗国。

骨力裴罗是第一个得到唐朝授予汗号的回纥首领，这一册封在回纥与唐朝的政治关系发展上是一件大事。从回纥方面而言，接受册封有利于与唐朝经济、文化联系的加强，也是显示出回纥在政治地位上优于其各部，有利于盟主地位的巩固和内部的稳定。从唐朝方面而言，回纥已成为漠北唯一强国，勉强保持瀚海都督的名号，已无实际意义，适时地承认回纥首领的可汗地位，有利于边陲的安定。在互相妥协中求得政治上平衡，从而使双方和好关系得以发展，无疑是明智之举。此后，即使回纥益强，唐朝趋衰，但可汗继位总是由唐朝加以册封的成例得以沿袭。

自吐迷度到厖驳可汗回鹘瓦解，回纥前后共经历了200余年。其间骨力裴罗正式立国至国亡不过96年，历13名可汗（乌介841—846，遏捻846—？等可汗系汗国瓦解后，由南下回鹘人拥立，不计在内）。除厖驳可汗（839—840）因不及册封汗号而国亡，其他12名可汗曾13次接受唐朝册封的汗号。兹列如下：

① 《新唐书》卷217上《回鹘传上》。
② 《新唐书》卷217上《回鹘传上》。

1. 骨咄罗毗伽阙可汗，741—745 年，名骨力裴罗，药罗葛氏，册怀仁可汗。

2. 葛勒可汗，745—759 年，名磨延啜，骨力裴罗子，册英武威远毗伽阙可汗。

3. 牟羽可汗，又称登里可汗，759—780 年，名移地健，磨延啜次子，册英义建功毗伽可汗。

4. 合骨咄禄毗伽可汗，780—789 年，名顿莫贺达干，移地健从兄。建中元年（780），唐封为武义成功可汗，贞元四年（788），又封为长寿天亲可汗。

5. 泮官特勒，789—790 年，名多逻斯，顿莫贺子，册爱登里逻汩没密施俱禄毗伽忠贞可汗。

6. 阿啜可汗，790—795 年，多逻斯子，册奉诚可汗。

7. 骨咄禄可汗，795—805 年，碤跌氏，册爱滕里逻羽禄没密施合胡禄毗伽怀信可汗。

8. 滕里可汗，805—808 年，册滕里野合俱禄毗伽可汗。

9. 保义可汗，808—821 年，骨咄禄庶长子，册爱登里逻汩没密施合毗伽保义可汗。

10. 崇德可汗，821—825 年，册臀逻羽禄没密施句主毗伽崇德可汗。

11. 昭礼可汗，825—832 年，名曷萨特勒，崇德可汗弟，册爱登里逻汩没密施合毗伽昭礼可汗。

12. 彰信可汗，832—839 年，名胡特勤，曷萨特勒从子，册爱登里逻汩没密施合句禄毗伽彰信可汗。

13. 厔馺可汗，839—840 年，名勿荐公，又作勿笃公。

其中第四位可汗顿莫贺，即两次接受唐朝授予的汗号，故汗号一事就有 13 次册封。广德元年（763）七月，代宗在册封牟羽可汗为英义建功毗伽可汗同时，还册光亲可敦仆固氏为婆墨光亲丽华毗伽可敦，又拜左杀为雄朔王、右杀为宁朝王（"杀"即"设"的异译），胡禄都督为金河王，拔览将军为静漠王，汗国十一部都督皆封国公。自可汗至宰相赐实封 2 万户。这次册封的规模，从可汗、可敦起直至都督、将军，不仅官爵高，而且实封户也多。当时回纥人称唐朝皇帝为天可汗，贡使不绝，军队也多次为唐朝调用。回纥对唐朝以政治上从属为前提的和好关系，终回纥兴亡基本上保持了下来，这在中国封建社会的民族关系中还是少见的。

（二）回纥助唐平内乱

回纥与唐朝政治上和好关系发展的另一表现，是回纥在军事上协助唐朝平定安史之乱，抵御吐蕃对西域的侵扰，保卫北庭。

玄宗天宝十四年（755）冬，平卢、范阳、河东节度使安禄山与其部将史思明，以诛宰相杨国忠为名，起兵范阳（今北京城西南），攻陷两京，史称"安史之乱"。翌年（756）秋，玄宗避难入蜀，太子李亨即位于灵武（今宁夏灵武县），是为肃宗。唐朝面临重大政治危机。此时，回纥葛勒可汗磨延啜于至德元年（756）八月遣使至灵武，请助平叛乱。肃宗派敦煌王李承寀、大将仆固怀恩出使回纥，请其出兵。葛勒可汗遣其臣葛逻支率兵入援。十二月回纥骑兵至带汗谷（即呼延谷，今内蒙古包头与固阳间的谷道）与唐朝将郭子仪军会合，"大败叛军，斩首三万，捕虏一万"。至德二年（757），葛勒可汗遣其子叶护领将军帝德等率精骑 4000 余与唐军会师，肃宗子广平王李俶与叶护结为兄弟，号称 20 万大军。九月唐与回纥联军收复西京长安，继后再克东京洛阳。收复两京前，肃宗曾与回纥统帅叶护约定：克城之日，"土地、人众归我，玉帛、子女予回纥"①，及西京收复，回纥欲如约，为广平王李俶劝止。东京洛阳光复，回纥纵兵大掠三日。"洛阳人众敛集罗锦一万送回纥，俘掠乃止。唐朝对回纥兵的胡作非为奈何不得，惟大加犒赏，封叶护为忠义王，约定每年送给回纥绢二万匹，立马市收买回纥马匹。"乾元元年（758），册葛勒可汗为英武威远毗伽阙可汗，并以幼女宁国公主下嫁与他。同年八月，葛勒可汗又遣其子骨啜特勒及宰相帝德，率 3000 精骑助唐攻安庆绪，但战事失利。

宝应元年（762）十月，代宗又向回纥借兵助讨安史余党史朝义。其时葛勒可汗已死，子牟羽可汗（又称登里可汗）移地健应召率兵助唐，与仆固怀恩联军攻史朝义。史朝义兵败自缢河北悉平，在平定安史之乱的最后战斗中，回纥军是建有功勋的。对此，回纥可汗铭石立国门曰："唐使来，当使知我前后功。"② 代宗为酬报回纥助战平乱之功，除大加封赏外，

---

① 《新唐书》卷217上《回鹘传上》。
② 《新唐书》卷217上《回鹘传上》。

还规定唐朝买回纥马，每年最高额为 10 万匹，每匹换绢 40 匹。唐朝对回纥助平安史之乱的功绩是铭记的。60 年后，长庆元年（821），吐蕃都元帅、尚书令尚绮心儿曾诘问唐使臣刘元鼎：回纥是个小国，唐朝为何这样厚待？答曰："回纥于国家有救难之勋，而又不曾侵夺分寸之地，岂得不厚乎！"①

当然，回纥铁骑并非仁义之师，牟羽可汗在再复洛阳后，纵兵大掠，火烧房屋二旬不熄，抢得财物无数。他更是态度骄横，侮辱唐朝天下兵马元帅李适（即后来的德宗）和他的随从官员。广德元年（763），牟羽可汗归国，带走财物无数，沿途对唐朝地方官员供应稍不称心，便肆意杀戮。诚如《旧唐书》回纥传史臣所评："于国之功最大，为民之害亦深。"②

唐朝自安史之乱后，国力日衰，边备无力，吐蕃趁机掠河湟、寇甘凉。切断中原与安西四镇的联系，致使安西、北庭两都护府孤悬西陲。在此困境下，回鹘扶助两府，共同抵御吐蕃，还派兵护送使差和商旅，沟通与中原地区的联系。贞元六年（790），正当吐蕃向西域推进时，回鹘大相颉干迦斯（时奉诚可汗阿啜年幼，大相专权）率众进入西域，占领北庭，与吐蕃相抗。由于回鹘统治者对当地居民过量征收赋税，原属回鹘的三姓葛逻禄等部撼其侵掠，吐蕃趁机略葛逻禄等部攻陷北庭。北庭都护杨袭古率残部 2000 余众逃往西州。贞元七年（791），颉干迦斯率兵数万联合杨袭古打败吐蕃、葛逻禄，又重新占有北庭。贞元十一年（795），奉诚可汗死，宰相碑跌（即阿跌）氏骨咄禄立为可汗，唐册为怀信可汗。自此之后回鹘汗位由药罗葛氏转入碑跌氏。怀信可汗，两传至保义可汗，为回鹘兴盛之世。回鹘在与吐蕃争斗中，占有优势，取凉州，占北庭、龟兹，向西扩境到跋贺那国（费尔干），一度削弱了吐蕃对唐朝的威胁，重开了东西交通，为维护边陲的安定作出了贡献。

回鹘与唐朝的关系由于受到时代的、民族的、阶级的诸种因素的制约，不可能是平等的，出于政治上均衡要求形成的和好关系，也时出现曲折与阴影。除了上述在助唐攻战中的骄横抢掠行动外，回鹘与唐朝也出现

① 《旧唐书》卷 196 下《吐蕃传下》。
② 《旧唐书》卷 195《回纥传》。

过短暂冲突。

永泰元年（765），仆固怀恩叛唐，引回纥、吐蕃等部数十万人进攻长安。唐朝对回纥采取了避免冲突扩大的审慎政策，派遣大将郭子仪亲赴回纥军营，说服回纥大将合胡禄都督药罗葛（牟羽可汗之弟）合击吐蕃。双方共同执酒而盟，郭子仪曰："大唐天子万万岁，回纥可汗亦万岁！两国将相亦万岁！若起负心违背盟约者，身死阵前，家口屠戮。"① 此事发生在泾阳，故史称"泾阳之盟"。回纥与唐重修和好，并联军大败吐蕃，唐朝赠缯帛10万作为报酬。

大历十三年（778），牟羽可汗为掠夺财富，进攻太原，掠取羊马数万。次年（779），代宗去世，牟羽可汗在九姓胡（粟特人）煽动下，想趁机进掠。宰相顿莫贺深知"回纥人心不欲南寇"，劝牟羽说："唐，大国也，且无负于我，前年入太原，获羊马数万计，可谓大捷矣。以道途艰阻，比及国，伤耗殆尽。今若举而不捷，将合归乎？"② 牟羽可汗不听，顿莫贺利用民心怵战，起兵杀牟羽可汗及支持寇唐的九姓胡约2000人，自立为合骨咄禄毗伽可汗，遣建达干使唐，唐朝即派遣使者源休去回纥，册封顿莫贺为武义成功可汗，消弭了一场潜在的危机，使双方和好关系得以继续。

（三）回鹘与唐朝和亲

回鹘与唐朝的和亲，在双方政治关系的发展中占有重要的一页。唐朝有7位公主和亲回鹘，即宁国公主（肃宗之女）、小宁国公主（宗室女）、崇徽公主（仆固怀恩幼女）、咸安公主（德宗第8女）、永安公主（宪宗第15女，未出婚）、太和公主（宪宗第17女）、寿安公主（宗室女）；仆固家族还有两位和亲回鹘的，一个是后来被肃宗封为光亲可敦的仆固女，另一个是仆固怀恩之孙女，和亲忠贞可汗受封为少可敦叶公主。回鹘有一公主嫁于唐敦煌王李承寀，即回纥葛勒可汗磨延啜可敦的妹妹，史称为毗伽公主。至德元年（756），肃宗派敦煌王李承寀前往回纥借兵平定安史之乱，回纥葛勒可汗将自己可敦之妹收为义女，嫁于李承寀，又遣权臣随承寀来朝。肃宗先后封可敦妹为毗伽公主和王妃，加承寀为开府仪同三司，擢宗正卿，葛勒可汗也封承寀为一等大臣、即叶护，持四节，以示双方对

---

① 《旧唐书》卷195《回纥传》。
② 《旧唐书》卷195《回纥传》。

这次和亲的重视。

乾元元年（758），唐军在回纥骑兵帮助下击败安禄山，收复长安、洛阳后，肃宗即提出将自己次女宁国公主①嫁予葛勒可汗磨延啜，并封磨延啜为英武威远毗伽可汗，简称英武可汗。唐朝派肃宗堂弟汉中郡王李瑀为册命使，以宗子（堂侄）左司郎中李巽副之，兼允宁国公主礼会使，护送宁国公主往汗庭。公主到回纥汗庭后，可汗受诏，册公主为可敦。"蕃酋欢欣曰：'唐国天子贵重，将真女来'。"② 唐朝官员返回时，可汗向唐朝献马500匹以及貂裘、白氎。宁国公主出嫁，是唐朝对回纥第一次和亲，又是帝之亲女，可见唐朝对维护与回纥和好关系的重视。陪同宁国公主一起到回纥的还有荣王女，亦被封为可敦，回纥尊为小宁国公主。乾元二年（759），英武可汗死后，宁国公主回朝，荣王女又嫁回纥英义可汗。贞元七年（791），小宁国公主死，回鹘遣使来告，德宗下诏，隆重哀悼这位远嫁塞外30余载的和亲公主。

在宁国公主和亲同时，葛勒可汗又为其子移地健请婚，肃宗以仆固怀恩女嫁予之。乾元二年（759），移地健继磨延啜为回纥牟羽可汗（又称登里可汗），仆固氏为可敦，不久又受唐册封为婆墨光亲丽华毗伽可敦，简称为光亲可敦。大历三年（768），光亲可敦卒，次年唐朝又封仆固怀恩幼女为崇徽公主，再嫁牟羽可汗。

贞元三年（787），新嗣位的回鹘可汗顿莫贺为进一步加强双方关系，遣使长安，请求和亲。起初，德宗李适不同意，他认为和亲之事，子孙可以做，他是办不到了。宰相李泌针对德宗的思想说：杀死你的随从官员，使皇上受辱的是牟羽可汗，企图发兵攻打唐朝的，也是牟羽可汗，而不是顿莫贺。顿莫贺杀掉了牟羽可汗，有功于唐，"宜受封赏，又何怨邪"③。在李泌的固请下，德宗才允许将第八女咸安公主嫁予顿莫贺。李泌代表朝廷向回鹘提出和亲条件五项："称臣，为陛下子，每使来不过二百人，印马不过千匹，无得携中国人及商胡出塞。五者皆能如约，则主上必许和亲。"④

① 《新唐书》卷83《诸帝公主》，《旧唐书》卷10《肃宗纪》。按，《旧唐书》《新唐书》回鹘传称宁国公主为幼女，误。

② 《旧唐书》卷195《回纥传》。

③ 《资治通鉴》卷233《唐纪四十九》。

④ 《资治通鉴》卷233《唐纪四十九》。

不久，顿莫贺回信说："凡泌所与约五事，一皆听命。"① 贞元四年（788）九月，顿莫贺遣其妹骨咄禄毗伽公主及国相跌跌都督等，携聘马两千匹迎娶咸安公主，并向唐廷表示，"昔为兄弟，今为子婿，半子也"②。十一月德宗遣刑部尚书关播等护送咸安公主去回纥，并册封顿莫贺为汩咄禄长寿天亲毗伽可汗，公主为智意端正长寿孝顺可敦。咸安公主在回鹘生活了21年，历嫁回鹘天亲可汗、忠贞可汗、奉诚可汗、怀信可汗。当回鹘与唐在绢马贸易上发生矛盾，回鹘埋怨唐绢质次、尺寸不足时，咸安公主曾出面斡旋，"远为可汗频奏论。元和二年下新敕，内出金帛酬马直。仍诏江淮马价缣，少此不令疏短织"③。看来咸安公主的上书奏效，唐朝下诏，改进了缣帛质量。

元和末，回鹘再次提出和亲之议，宪宗考虑到"北虏有勋劳于王室，又西戎（指吐蕃）比岁为边患，遂许以妻之"④。长庆元年（821），穆宗即位，次年（822），封第17妹为太和公主，与回鹘和亲。以左金吾卫大将军胡证持节护送，太府卿李说为婚礼使。崇德可汗盛礼相迎，并厚赠来使。

回鹘与唐朝统治集团之间的和亲，是我国历史上汉族和少数民族之间相互通婚的一部分。和亲本身具有明显的政治内容，是唐代对周边少数民族推行羁縻政策的一个重要组成部分。诚如《唐大诏令集》卷42指出：公主和亲"实资辅佐之功，广我怀柔之道"。

隋唐时期的和亲是为安边拓疆而实施的民族政策的一个重要内容：对回鹘的和亲同对其他少数民族上层和亲一样在客观上加强了周边各族的内向力，促进各族间经济文化交往，有利于统一多民族国家的发展。

三　回鹘与中原地区的经济文化交往

（一）马绢贸易

唐初，吐迷度称可汗以前，回纥社会还处于原始社会末期。时健和菩

---

① 《资治通鉴》卷233《唐纪四十九》。
② 《旧唐书》卷195《回纥传》。
③ 《白氏长庆集》卷4《阴山道》。
④ 《旧唐书》卷195《回纥传》。

萨任酋长时期，酋长世袭制形成，正反映了社会发展的变化。吐迷度建立汗国，是回纥社会由原始社会进入阶级社会的标志。由于特定的历史条件，因受唐朝封建社会的强大影响，封建制度在回纥社会发展起来。唐中期，回纥人由游牧发展为半定居，打破单纯游牧生产的局面，出现相当规模的商业和农业。到唐晚期，回纥人已成为今天新疆地区的定居者，农业、手工业、畜牧业和商业都有显著的发展。回纥社会经济的发展水平和速度，是匈奴、柔然等游牧民族无法相比的，就是突厥也稍逊色。原因是多方面的，但从多民族国家角度着眼，唐与回纥和好关系发展的积极作用是一个重要原因。

回纥经济自唐安史之乱后发生巨大的变化，这与马绢贸易的发展有直接关系。安史之乱后，回纥助唐收复长安、洛阳，消灭史朝义，战功显赫。肃宗为酬谢回纥，采取了三项重要措施。一是宁国公主和亲；二是每岁赠绢 10 万匹；[①] 三是约定马绢互市。

马绢贸易的主要方式是进贡和回赐，而且回纥派到唐朝的使者，大部分兼做买卖，使者队伍少者数十人、多达数百人，[②] 马是主要贡品，且数量多至万匹。唐朝以绢市马，按正常比价，"一匹马可换二十至三十匹绢"，但实际上是"以马一匹易绢四十匹"[③]。显然，马绢贸易具有唐朝对回纥助平安史之乱的"报答"和"赠予"的性质。

回鹘每年取得大量马价绢，促进了商业的繁荣。唐朝的绢，除供回鹘贵族自用外，回鹘统治者还利用占有丝路要冲的有利条件，向西域开辟交换市场。商业的发展，增加了财富的积累，引起回鹘经济和社会的变化，商业在社会经济的比重显著增加。回鹘商人在九姓胡（粟特人）协助下，足迹遍及中原、西域，乃至中亚。商业发展一方面促进畜牧业发展；另一方面城市也开始出现，如色楞格河畔的富贵城，鄂尔浑河畔的哈剌巴剌合孙，都是回鹘汗国时期建造的；都城及其他城郭的兴建，说明回鹘与

---

① 按《资治通鉴》卷 220，至德二年十一月。岁赠回纥叶护绢 2 万匹。而《唐大诏令集》卷 129《册封回纥为英武威远可汗文》又记岁赠磨延啜绢 5 万匹，故实为岁赠绢 7 万匹。

② 如乾元元年（758）88 人，上元元年（760）20 人，大历八年（773）140 人，贞元四年（788）除回鹘大首领姜姜 56 人外，随从人员达千人之多，长庆元年（821）573 人。参阅马国荣《回纥汗国与唐朝的马绢贸易》，《新疆历史研究》1985 年第 1 期。

③ 《旧唐书》卷 195《回纥传》。

以往北方诸游牧民族的分散统治不同。虽然回鹘基本群众仍然是游牧民，但回鹘贵族却已习惯于城市定居生活，这就为后来西迁西域定居打下了基础。

马绢贸易的影响远超出其贸易本身。在持续 80 年的马绢贸易中，回鹘从唐朝取得了所需要的绢帛，增进了财富，引起自身经济的变化，唐朝则达到了有利于边防安全和内部稳定的目的。试以较典型地反映这种互从政治、经济方面得利一次马绢贸易为例：大历八年（773），"回纥赤心请市马万匹，有司以财乏，止市千匹。（郭）子仪曰：'回纥有大功，宜答其意，中原须马，臣请内一岁奉，佐马直'"①。代宗旋"命有司量入计许市六千匹"②。这次互市的始末说明一方面回纥迫切需要唐的绢帛以易马之数甚巨，另一方面唐政府无力支付如此高额的马价绢，出于财政原因尽力压低市马数量。可是镇边将领出于军事、边防的考虑又力主多买，唐朝最高统治者从全局出发，从政治目的出发加以平衡。这确是既要长期维持，而又充满矛盾的马绢贸易的很好缩影。但从统一多民族国家发展的历史长河着眼，马绢贸易还不失为相互有利的经济交往。

（二）文化交往的发展

回鹘与唐朝政治上和好关系的建立，经济上互利关系的发展，必然促进文化交往的加强。

汉地文化对回鹘曾产生巨大的影响。回鹘首领和人民"慕朝廷之礼""思睹汉仪"③。唐朝公主和亲回鹘，带去了大量丝织品、金银器皿和各种工匠，汉族的文化、技艺也随着传入回鹘。近代出土的一些回鹘碑刻，形制都是汉式的。《九姓回纥碑》不仅有回鹘文，还有汉文，明显出自汉族工匠之手。至于居住京都和其他大城市的回鹘人，在日常生活中说汉话、着汉服、改汉姓，与汉人通婚，在风俗习惯方面也逐渐汉化。会昌三年（843），石雄在振武登城望回鹘之众寡，仍"见毡车数十乘，从者皆衣朱碧，类华人"④。交往是双方的，影响必然是互相的。回鹘文化对汉族文

---

① 《新唐书》卷 137《郭子仪传》。
② 《旧唐书》卷 195《回纥传》。
③ 《册府元龟》卷 965。
④ 《全唐诗》卷 780，花蕊夫人《宫词》。

化的发展也有影响。当时回鹘的服饰传入唐朝，如唐诗中描述："回鹘衣装回鹘马，就中偏称小腰身。"① 回鹘人效法汉人的装束和唐朝宫人着回鹘的装束，以及回鹘人与汉人的长期杂居、通婚，促进了汉人和回鹘人的融合。安史之乱后，吐蕃占据河陇，内地与西域交流多假道回鹘，故回鹘在促进中原与西域经济文化交流上起的作用是巨大的。

回鹘与唐文化交往上的这种互相影响，在摩尼教的传播上也得到明显反映。

回鹘人原先信奉萨满教。宝应元年（762），牟羽可汗率兵攻史朝义，兵入东都洛阳。当时摩尼教（亦称明教）在洛阳建有寺庙。牟羽可汗与摩尼僧交往，颇感兴趣。次年，他携摩尼僧睿息等人回国，这是摩尼教传入回鹘之始。在牟羽可汗倡导下，回鹘贵族相率入教，摩尼教发展很快，成了回鹘的国教。摩尼教思想渗透到社会各个领域，摩尼僧也日益在政治生活中发挥作用，即所谓"回鹘常与摩尼议政"②。正如陈垣先生指出："无论来朝，无论去国，非摩尼不成行。"③

摩尼教在牟羽支持下，广建寺庙。大历三年（768），在回鹘使者请求下，唐朝准许回纥奉摩尼者建立大云光明寺于长安。大历六年（771），回纥又请"于荆、杨、洪、越等州置大云光明寺"④。不到十年时间，回鹘人把摩尼教由鄂尔浑流域推行到了中原的江淮流域，当时长安则是回鹘传播摩尼教的中心。

四　回鹘的南下与西迁及其影响

（一）回鹘汗国瓦解及其迁徙

唐文宗大和（827—835）以降，回鹘内乱频仍。大和六年（832），昭礼可汗死于内乱，彰信可汗继位。开成四年（839），宰相安允合、特勤柴革谋乱未成被杀，又有宰相掘罗勿引沙陀兵攻彰信可汗，可汗兵败自杀。掘罗勿立特勤为可汗。时回鹘"方岁饥，遂疫，又大雪，羊、马多死"⑤，内乱

① 《资治通鉴》卷247《唐纪六十三》。
② 李肇：《国史补》。
③ 《陈垣学术论文集》第1集，中华书局1980年版，第379页。
④ 《佛祖统记》卷41。
⑤ 《新唐书》卷217《回鹘传下》。

与天灾并行，回鹘自困。开成五年（840），回鹘将军句录末贺因痛恨掘罗勿，"引黠戛斯领十万骑破回鹘城（位于鄂尔浑河畔的哈剌巴剌合孙），杀馺馺，斩掘罗勿，烧荡殆尽，回鹘散奔诸蕃"①。回鹘汗国瓦解。回鹘诸部为寻找生计迁徙远方，其迁徙方向是南下与西迁。

南下的回鹘部众，一支由可汗兄弟乌介可汗为首率亲信大臣共 27 部约 30 万人，② 南迁振武军（内蒙古和林格尔北）及天德军（内蒙古乌拉特旗西北）一带；另一支奔河西，居甘州（甘肃张掖）为中心的河西一带。③

西迁的回鹘部众，一支迁安西，可汗居西州（新疆吐鲁番地区）；另一支由宰相驭职拥庞特勤率 15 部西奔葛逻禄（游牧地在阿尔泰山西巴尔喀什湖南）。

这些回鹘部落与当地汉族和其他民族继续发生密切的交往，谱写了民族关系史上新的一页。

（二）南下回鹘诸部与唐朝的关系

乌介可汗率领南下的回鹘部众，依时间先后又可分为两支。约在开成五年（840）八月，特勤嗢没斯及其相赤心首先率领部众南迁，抵天德军。次年二月，乌介可汗率大部南下，十一月到达天德军辖境，遣使入唐求敕封。但唐朝信使未到，乌介可汗已开始扰边，掠夺附唐诸部牛马数万头，逼近云州城（山西大同）。会昌三年（843），唐河东节度使刘沔击败乌介可汗，收降众 20000 余人，夺回太和公主。乌介可汗逃亡金山，残众不及 3000 人。会昌六年（846），回鹘相逸隐啜杀乌介可汗。遏捻立为可汗后，先附于奚，后归依室韦。不久在室韦难以存身，遏捻携妻子及残众西走，不知所终。余众奔之不及，为室韦七姓分占。后室韦被黠戛斯所败，回鹘复附之，乌介可汗所率南下部众，内部纷争残杀，对唐又不能和好相处，终于导致失败。

对南下附唐之回鹘，唐武宗和宰相李德裕沿袭以往定规，允许其首

---

① 《旧唐书》卷 195《回纥传》。

② 此南迁人数据艾尚连《回鹘南迁初探》（《民族研究》1982 年第 4 期）之统计。据《旧唐书》卷 195《资治通鉴》卷 246 载乌介可汗领有 13 个部落。但当时南迁之众特勤嗢没斯及相爱耶勿率领的 5 部、特勤那颉啜及相赤心率领的 9 部，合计 27 部。

③ 迁安西一支，传统论者将其归于西迁中一支，其实依地理方位，甘州为中心的河西地区，实是在回鹘汗庭所在地之南，故在此列入南迁中的一支。

领、贵族居住京师及其他城市。如对嗢没斯赐以官号，赐姓李氏，允其徙居京师长安，赐予甲第。太和公主返回长安时，也带有不少回鹘侍从。唐朝对主动内附的回鹘首领和部民，仍许不分散其部落，允居沿边州地；对被掳获的回鹘部众则分别安置在离边地较远之处。南迁归唐的回鹘部众，经过同汉族人民长期错居杂处，渐趋汉化。在晚唐直至五代十国的政治舞台上，这部分汉化的回鹘人在藩镇割据活动中，扮演了不容忽视的角色。

南迁河西走廊的回鹘人，牙帐设于甘州，故史称这部分回鹘人为甘州回鹘或河西回鹘，因河西、陇右地区当时被吐蕃控制，故河西回鹘先依附于吐蕃，及张义潮起兵逐吐蕃势力，河西回鹘又附之。咸通二年（861），张义潮死，回鹘攻据甘州，自立可汗，请唐册封。乾符元年（874），唐僖宗任命郗宗莒为册立使前往，因战乱册立未果。次年（875），回鹘使者同罗榆入贡，唐赠绢 1 万匹。由于得到唐朝政治、经济的支持，河西回鹘日益强盛。在 9—10 世纪，以甘州为中心，统治势力西至肃州（今酒泉）、瓜州（今安西）、沙州（今敦煌），东南至凉州（今武威）、兰州、秦州（今天水），东北至贺兰山（今宁夏境），西北至合罗川（今额济纳河）。"其后时通中国，世以中国为舅，朝廷每赐书诏，亦常以甥呼之。"① 直至唐亡，河西回鹘与唐朝一直保持和好的关系，并延续至北宋。到明代，这一部分人称为撒里畏吾尔（黄头回鹘），一般即认为是今裕固族的先民。

（三）回鹘西迁和定居西域

回鹘西迁时，天山北路之葛逻禄原是回鹘属部，天山南路吐蕃势力已处衰微，所以西迁回鹘发展颇为顺利。

以庞特勤为首的十五部回鹘西迁天山北路后，于大中十年（856）唐宣宗下诏："回鹘有功于国，世为婚姻，称臣奉贡，北边无警。""已庞历今为可汗，尚寓安西（今库车），俟其归复牙帐，当如册命。"② 已庞历即宰相驳职拥戴的庞特勤，是西迁人数最多的一支。次年（857），宣宗任命王瑞章为册立回鹘可汗使，前往安西册封庞特勤为嗢禄登里罗汨没密施合俱录毗伽怀建可汗，中途为室韦所阻，不至而还。

另一支西迁西州的回鹘人，以高昌为中心，建立了政权，史称西州回

① 《旧五代史》卷 138 《回鹘传》。
② 《资治通鉴》卷 249 《唐纪六十五》。

鹘或高昌回鹘。西州回鹘以吐鲁番为中心，建都高昌。咸通七年（866），西州回鹘首领仆固俊出击吐蕃，杀吐蕃将领论尚热，尽取西州、轮台等城，遣使达干米怀玉献俘于唐朝。可汗对唐称舅，自称为甥。此举表明，西州回鹘在西域已替代了吐蕃的势力，掌握了唐朝通向天山南北两路的枢纽。直到元代，它仍自认是回鹘的嫡系。

自西汉以来，西域地区拥有众多的城居农业国，有发达的文化。回鹘西迁后，天山南北大部分为其所征服，民族同化与融合加剧，并逐渐融合成一个新的民族共同体，成为今天维吾尔族的先祖。

（本文首发于翁独健主编《中国民族关系史纲要》，中国社会科学出版社 1990 年版）

吐蕃崛起与唐蕃关系

一 吐蕃崛起与唐蕃和好关系的建立

（一）吐蕃崛起与松赞干布的业绩

在青藏高原，自古就有人类生息，在两千多年前，我国西北地区的部分羌族陆续南徙，逐渐与生活在青藏高原的土著居民融合，形成了今天藏族的先民。藏族自称为"博巴"，意即是居住在博地方的人。"博"早在公元 7 世纪时，就是居住在今天藏族地区的一部分古代藏族的自称，当时的汉文史籍上称作"蕃"或"吐蕃"。"蕃"字古音读博，因此吐蕃国即是藏族先民建立的一个政权。

公元 5 世纪以前，藏族还处在原始社会氏族公社阶段，到公元 6 世纪，由于生产力的发展，藏族社会逐渐进入奴隶制。当时在青藏高原上出现了北有苏毗，西和西北有大、小羊同，西南有悉立，东有白兰、党项、附国，雅鲁藏布江南部有蕃部等部林立的局面。隋开皇六年（586），苏毗向隋进贡，大业四年（608），附国也向隋朝进贡，出现了以部为单位与中原王朝联系的局面。活动于雅鲁藏布江中游雅隆河谷地区（今西藏山南地区琼结县境内）的雅陇悉补野部兴起，先后兼并毗邻诸部，实力渐强。据 7 世纪藏文编年史记载的传说，雅陇悉补野部第一代首领是聂墀赞普。[1] 至第 17 代德楚布车雄赞为首领时，开始设置辅佐首领的"大论"职务。公元 6 世纪，尺论赞[2]先后吞并了毗邻的雅鲁藏布江中游地区，成为当时西藏地区最强大的政治力量，首领称赞普[3]，

---

[1] 汉文史籍称鹘堤悉补野。

[2] 汉文史籍称论赞索、论赞率弄赞。

[3] 《新唐书》卷 216 上《吐蕃传上》载："其俗谓强雄曰赞，丈夫曰普，故号君长曰赞普。"

以后即成为吐蕃王的尊号。尺论赞被奉为车日论赞①。在他统治期间，为吐蕃奴隶制国家的建立和统一西藏各部奠定了基础。继承车日论赞事业的是他的儿子弃宗弄赞②。弃宗弄赞死后藏族人民追谥其为干布（大德之意），藏文史籍都称之为"松赞干布"，意为庄严的大德王。

松赞干布生于隋大业十三年（617）③，13 岁（唐贞观三年，629）即位。当时政局动荡，其父中毒被杀。松赞干布即位后诛戮叛臣，先后降服塔布、工布、娘布、羊同、苏毗、香雄等部，统一了西藏地区。松赞干布是强盛吐蕃国的创始者。

松赞干布统一西藏诸部后，采取了一系列具有重大历史影响的内政措施。首先建都逻娑（亦作逻些，今拉萨），并在辖境内设置了称为"如"的四大军政区。其次，加强奴隶主的统治权力，赞普作为王，拥有绝对的权力，对下属有生杀予夺之权，并以法律形式予以保证，在原先严酷的习惯法基础上，制定了"十善法律"，用严刑来保护奴隶主的利益。第三，为适应社会发展的需要，还创立文字、制定藏历和有关土地、牧畜、升斛的计量制度。

吐蕃建国和发展，对我国民族关系演变和唐朝发生着显著的影响，《旧唐书》史评云："西戎之地，吐蕃是强。蚕食邻国，鹰扬汉疆。"④

（二）文成公主和亲与唐蕃和好关系的建立

贞观初年，松赞干布治理下的吐蕃已是一个统一而强大的王朝。唐太宗时期的唐朝正处于威震海内的鼎盛时期。唐太宗被各族尊为天可汗，"入贡""请婚"的使节络绎于长安道上。正是在这一历史潮流推动下，在唐蕃和好关系的建立上，松赞干布走出了可贵的第一步。

贞观八年（634），松赞干布遣使求和亲。唐太宗虽派遣冯德遐前往吐蕃慰抚，但对请婚之议婉言拒绝。松赞干布认为是吐谷浑从中作梗，发兵

———————

① 汉文史籍称朗日论赞，天山论赞。

② 汉文史籍又异译为弃亦农赞、弄赞、卉苏衣、苏农、弗夜氏；藏文史籍又称其为尺松赞，松赞为其本名。

③ 松赞干布的生年，藏汉史籍记载紊乱，今取 617 年说，详见蒲文成《吐蕃王朝历代赞普生卒年考》（一），《西藏研究》1983 年第 4 期。

④ 《旧唐书》卷 196 下《吐蕃传下》。

击之，也以此向唐朝显示武力。吐蕃在击败吐谷浑后，又将军矛指向松州（四川松潘），声言："若大国不嫁公主于我，即当入寇。"① 冲突虽以吐蕃失败而告终，但却是双方一次重要的实力接触。吐蕃在引兵撤退后，"遣使谢罪，因复婚"②。唐太宗也认识到对于吐蕃不能等闲视之，处理好与吐蕃的关系，有利于西部边疆的安定，因此，贞观十四年（640），吐蕃派大相禄东赞亲赴长安，献金五千两及珍玩数百，再次请婚时，唐太宗决定以文成公主许嫁。文成公主和亲吐蕃是唐蕃和好关系建立的标志，是吐蕃历史上的一件大事，也是我国民族关系史上一件大事。

贞观十五年（641）正月，文成公主在江夏王李道宗和吐蕃迎亲专使禄东赞伴送下，出了长安，由西而南，越青海日月山，踏上了艰辛的和亲之路。松赞干布迎亲于河源，执子婿之礼见李道宗，"既而叹大国服饰礼仪之美，俯仰有愧沮之色"③，然后同返逻娑城。贞观十七年（643），文成公主一行抵达吉雪卧塘，吐蕃人民闻讯欢歌庆祝。松赞干布在玛布日（布达拉山）建宫室供文成公主居住。

文成公主和亲吐蕃除带着华贵而丰富的嫁妆外，还携带经史、佛经、佛像以及工艺、医药、历法等典籍。在文成公主众多的随行队伍中还有为数不少的工匠，他们成为传播中原先进农业，手工业技术的使者。文成公主在途经之处，使汉族工匠装置碾硙，利用水力碾磨青稞，传播了利用水力的技术。至今藏族人民还传说文成公主在山南一带教会了藏族人民平整田地、除杂草、挖畦沟和纺织、刺绣等技术。当然，传说中精于耕作、纺织之术的文成公主，实际上是集跟随文成公主入藏的工匠、侍女于一身的理想化了的文成公主。但是如果没有唐蕃和亲、文成公主入藏，汉族文化传播的规模和范围是不可能这么大和广的。正因如此，文成公主为藏族人民世代缅怀崇仰。唐高宗初年又应松赞干布之求，送去蚕种，派去善于酿酒、制碾硙、纸墨的工匠。大批吐蕃贵族子弟被派到长安国子监学习，唐朝的一些文士受聘到吐蕃负责管理文书。唐朝贵族的服饰也传到了吐蕃。

终松赞干布之世，吐蕃始终与唐朝保持着极为和好的关系。贞观二十

---

① 苏晋仁等校证：《〈册府元龟〉吐蕃史料校证》，四川民族出版社1981年版，第21页。
② 《资治通鉴》卷196《唐纪十一》。
③ 苏晋仁等校证：《〈册府元龟〉吐蕃史料校证》，四川民族出版社1981年版，第25页。

二年（648），唐朝出使西域使臣王玄策途中为中天竺劫掠，吐蕃闻讯调兵往援，解脱唐使困境。次年（649）夏，唐太宗去世，高宗即位后遣使入蕃告丧，并授松赞干布为驸马都尉、西海郡王。松赞干布遣专使吊祭，并表示："天子初即位，若臣下有不忠之心者，当勒兵以往。"[1] 高宗又晋封其为宝王[2]，并刻石图像，列太宗昭陵玄阙之下。

永徽元年（650），松赞干布去世，高宗为之举哀，遣右武侯将军鲜于匡济赍玺书吊祭。松赞干布一生，统一了西藏，促进了唐蕃和好关系的建立，加强了汉藏两族间的经济文化交流，于我们多民族国家的发展是有功之人。

二　矛盾争斗与和好往来交织发展的唐蕃关系

由唐太宗和松赞干布建立的唐蕃和好关系，其发展并非一帆风顺，而是充满曲折与坎坷的。贞观八年至二十三年（634—649），可以视为唐蕃关系发展的一个阶段，其特点是和好关系的建立，并因文成公主和亲而得到迅速发展。在唐太宗和松赞干布相继逝世之后，随之而来长达170余年间（650—820），唐蕃关系却呈现矛盾斗争与和好往来交织发展的复杂局面。这是双方势力互相消长、势均力敌，谁也无法吃掉对方的必然结果。在这期间唐蕃双方在交往中互相依存，斗争中互相消耗，经历了各自政治、军事力量由盛转衰的演变，终于出现长庆元年（821）唐蕃会盟。自此之后，在唐蕃双方均已走向衰弱的情况下，进入以和为主的双方关系发展的又一个阶段。只是此时，唐蕃双方国力均已是明日黄花、夕阳西下。9世纪中叶吐蕃国瓦解，再过半个世纪大唐帝国也走完了自己的历程。

为使叙述方便，本节将不完全依时间顺序，而将历史事件分列为矛盾斗争与和好往来两大方面来陈述。

（一）唐蕃间的争斗

唐蕃关系以和好为开端，但和好的幕后经常演出一幕幕军事冲突的武剧，和好与战争并进，是有唐一代唐蕃关系的主要特点。从永徽元年到长

---

[1] 《唐会要》卷97《吐蕃》下册，第1730页。

[2] 《旧唐书》作宾王，《新唐书》作賨王。王忠：《新唐书吐蕃传笺证》第53页认为："疑皆宝王之讹。《册府元龟》云，吐蕃自称'宝髻'，髻，义即'王'"，今从此说。

庆元年（821）的170年间，唐蕃间战争除了边界摩擦频仍外，其斗争主要集中在如下四个地区：一是争吐谷浑，二是争西域之安西四镇，三是争南诏，四是争唐朝本土的河陇之地。在这些争战中，总的看来，吐蕃处于进攻、主动地位，唐处于防御之势。唐蕃控制南诏的争斗，将在《西南、南方诸族与隋唐王朝》中阐述，现分别简述唐蕃在吐谷浑、安西四镇和河陇地区的争斗情况。

1. 争吐谷浑

开皇九年（589），隋朝灭陈，统一中原。开皇十一年（591），吐谷浑可汗夸吕惧隋国力，"遁逃保险，不敢为寇"①。同年，夸吕卒，子世伏立，遣使奉表称藩于隋。开皇十六年（596），隋文帝将宗室女光化公主妻世伏。次年，世伏死于内乱，其弟伏允上表请按吐谷浑"兄死妻嫂"之俗，尚光化公主，文帝许之。炀帝继位，接受宠臣裴矩"胡中多诸宝物，吐谷浑易可并吞"②的建议，决意征服吐谷浑。大业五年（609）初，炀帝开始了以征服吐谷浑为目的"西巡"。"遂北至青海，虏获千余口，趁胜至伏俟城。"③吐谷浑王伏允南逃党项。炀帝于吐谷浑之地设置西海、河源、鄯善、且末四郡。隋末，吐谷浑复国，但国势已由盛转衰了。

唐初，吐谷浑趁唐朝初兴无暇西顾，频扰西境，阻塞中西交通，而唐朝则以许互市消极应付。贞观年间，吐谷浑仍不断侵扰，沿边11州均受其害。已处贞观盛世的唐朝再也不愿坐视；同时，唐朝为经营西域也急于扫除中西交通的障碍。贞观八年（634），唐太宗抓住吐谷浑攻掠凉州事件，下诏大举讨之。九年（635）五月，伏允败逃，被左右所杀，其子顺举国降。国人立顺为可汗。十一月，国人杀顺，又立其子诺曷钵。贞观十年（636）三月，吐谷浑诺曷钵请颁唐历，奉唐年号，遣子弟入侍，愿为藩属。唐封诺曷钵为河源郡王、吐谷浑可汗，并于贞观十三年（639）以宗室女弘化公主（即西平公主）妻诺曷钵。

正当吐谷浑与唐和好关系顺利发展之际，松赞干布治理下的吐蕃国崛起，其北境直接与吐谷浑南界为邻。吐谷浑成了吐蕃向外拓疆和唐朝安边

---

① 《资治通鉴》卷177《隋纪一》。
② 《隋书》卷67《裴矩传》。
③ 《隋书》卷63《刘权传》。

的必争之地。由于唐太宗处置得当，松赞干布在文成公主和亲后奉行对唐和好政策，贞观十五年（641）后，唐朝、吐谷浑、吐蕃三方相安无事。

松赞干布死后，吐蕃大权掌握在大论禄东赞手中，与唐和好的国策发生逆转。吐蕃开始向四周扩张，首当其冲的是吐蕃的北邻吐谷浑。显庆元年（656）后，吐蕃频击吐谷浑。龙朔三年（663），禄东赞率军攻占吐谷浑。吐谷浑王诺曷钵及弘化公主数千帐逃至凉州，吐谷浑国亡。如史籍所载："吐谷浑自晋永嘉之末，始西渡洮水，建国于群羌之故地，至龙朔三年为吐蕃所灭，凡三百五十年。"①

吐蕃占有吐谷浑后，其北境直接与唐河陇相接，威胁着唐朝的河陇、西域。唐朝的对策一方面是助吐谷浑复国，使之为其屏障，乾封元年（666）五月，唐朝封诺曷钵为青海王，表现唐朝使诺曷钵重返青海为王的决心；另一方面则是积极备战。

吐蕃统治者一方面强化对吐谷浑旧地统治，另一方面继续其进攻的势头，于咸亨元年（670）大举进军西域，"入残羁縻十八州（掳安西四镇所辖羁縻州），率于阗取龟兹拨换城（今阿克苏），于是安西四镇并废"②。是年四月，高宗派薛仁贵、阿史那道真等率军 5 万出击吐蕃，在大非川（青海惠渠南切吉旷原）与吐蕃钦陵（禄东赞之子）40 万军激战，唐军全军覆没。大非川一役，最终使吐谷浑诺曷钵依靠唐朝力量复国的希望破灭。从此，吐谷浑分别归吐蕃、唐朝统治，散居青海、甘肃、陕西、宁夏等地。

同一时期，吐蕃又兼并唐剑南道管辖的诸羌羁縻州。乾封二年（667），禄东赞率军攻唐边境，"生羌十二州为吐蕃所破"③。之后，剑南道所辖诸羌州陆续为吐蕃所占。到唐肃宗时，除少数羌州内徙外，余均并入吐蕃。至此，吐蕃与唐争斗的重心转移到西域。

2. 争西域

贞观年间，吐蕃势力通过帕米尔地区，开始进入西域。高宗龙朔二年（662）十月，吐蕃军队在疏勒以南地区与唐军相遇。史载："（苏）海政

---

① 《旧唐书》卷198《吐谷浑传》。
② 《新唐书》卷216《吐蕃传上》。
③ 《资治通鉴》卷201《唐纪十七》。

军回至疏勒之南，弓月又引吐蕃之众，来拒官军，海政以师老不敢战，遂以资略吐蕃，约和而还。"① 次年底，吐蕃联兵弓月、疏勒进攻于阗：咸亨元年（670），大非川之役后，吐蕃趁势攻陷了唐安西都护府治所龟兹，占安西四镇大部分治地。军事上失势，迫使唐废弃四镇，安西都护府治所迁回西州（新疆吐鲁番）。唐朝在西域实际上仅能控制自沙州至伊州、西州、昆陵都护府、濛池都护府一线，也就是天山以北、以东地区，塔里木盆地均为吐蕃势力所控。在西域的力量对比，唐弱而吐蕃强，因此唐朝在西域面对吐蕃的攻势，一直处于守势。

武则天临朝执政，决心夺回四镇，改变以守为主的被动局面，使唐蕃争夺西域进入一个新的阶段。垂拱元年（685）十一月，命天官尚书韦待价为燕然道行军大总管，以讨吐蕃。永昌元年（689）七月，韦待价军至寅识迦河，与吐蕃战，大败，死亡甚众，乃引还。长寿元年（692），武则天再次组集大军，武威军总管王孝杰、武卫大将阿史那忠领兵出击，大破吐蕃，克复龟兹、于阗等四镇，复于龟兹置安西都护府，以兵 3 万人镇之。这次军事行动的胜利，不仅使唐朝重新确立了对西域的统治地位，对于吐蕃的政局也发生了极大影响。

松赞干布死后，吐蕃大权为大论禄东赞所掌。乾封二年（667），禄东赞病死，诸子分掌吐蕃军政大权。垂拱元年（685），都松茫波杰②受尊赞普尊号，大权仍为禄东赞家族所掌握。随着都松茫波杰年龄日增，对禄东赞家族专权日益不满。西域兵败，便成为赞普收回权力的极好契机。圣历二年（699），已 23 岁的都松茫波杰首先发难，禄东赞长子论钦陵兵溃在宗喀（青海湟中县）自杀，其弟论赞德率千余人，其子论弓仁率吐谷浑 7000 帐降唐，结束了持续近半世纪的禄东赞家族专政的局面。

自武则天收复四镇至安史之乱的半个世纪，唐朝在西域地区仍保持优势，只在大小勃律（今克什米尔一带）与吐蕃发生过战争。安史之乱爆发后，唐朝调河陇、朔方之兵平叛，西域河陇军力空虚，吐蕃趁机大举进犯河西陇右地区。广德元年（763），陷凉州、陇右、河西诸郡大部分地区为吐蕃所占。安西四镇和伊、西两州、北庭等地与中央政府联系被切断。建

---

① 《册府元龟》卷449。
② 汉文史籍称为器弩悉弄、乞黎怒悉笼、乞梨弩悉笼、墀都松赞、墀都松。

中二年（781），沙州失陷，西域更处于不利境地。虽然回鹘助唐抗吐蕃，并开通了"回纥路"，但并未完全扭转唐在西域与吐蕃争斗中的劣势。至德宗贞元三年（787）吐蕃复攻回鹘，北庭、安西无援，相继陷于吐蕃。自此之后，天山北路同河西地区的吐蕃势力连成一片。

3. 争河陇

贞观元年（627），唐太宗划全国为十道，陇坻以西为陇右道。睿宗景云二年（711），又从陇右道中分出黄河以西为河西道，领凉、甘、肃、瓜、沙、伊、西七州、河西、陇右分治，习惯上简称河陇，大体上即是元明以后的甘肃和新疆东部地区。河陇地区是丝绸之路的要孔，在战略上具有极重要的地位。吐蕃若控制了河陇，既可切断唐与西域的联系，又可成为进攻唐朝心腹地区的跳板。吐蕃奴隶主的攻唐战略，即是先蚕食边境军事据点，然后重点突破陇右，遮断河西，孤立西域，进而兵锋直指唐朝政治中心长安。

唐朝对吐蕃的进攻是有准备的。玄宗开元年间特设河西节度使以防吐蕃和它与回鹘可能发生的联系，陇右、剑南两节使专防吐蕃进攻。仅在河西、陇右两节镇即驻精兵148000人戍守。安史之乱爆发后唐朝穷于应付，国力日衰，而吐蕃正是赤松德赞①执政时期，他平定内乱，任用尚野息、尚悉东赞、尚赞摩和论悉诺（汉籍作马重英）。"三尚一论"辅政，国力大振。因此，吐蕃对河西陇地区的蚕食日趋加剧。肃宗至德元年（756），吐蕃陷威戎、神威、武宁、宣威、威胜、金天、天成等军和定戎等城。翌年再取廓、霸、岷等州及河源、漠门等军。宝应元年（762），陷临洮，取秦、成、渭等州。代宗广德元年（763）入大震关，取兰、河、鄯、洮等州，"陇右地尽亡"②。同年十月，吐蕃军乘胜长驱直入，进逼长安。代宗仓皇逃往陕州。吐蕃入踞长安，立金城公主侄李承宏为唐帝。吐蕃军踞城15日，大肆抄掠后始退出长安，屯军原（宁夏固原）、会（宁夏中卫），成（甘肃成县）、渭（甘肃陇西）等地。是役是唐蕃交战中唐朝最大的一次失败。

---

① 汉文史籍又书为娑悉笼猎赞、挲恳茏猎赞、苏农猎赞、乞立赞、墀松德赞，在位年是754—796年。

② 《新唐书》卷216上《吐蕃传上》。

吐蕃虽自长安退兵，在陇右的进攻势头并未减弱。代宗大历元年（766），又占甘州、肃州，十一年，再占瓜州，德宗建中二年（781），占沙州，至贞元七年（791），攻陷西州。安史之乱后不到半个世纪，河陇诸州及安西、北庭辖地皆为吐蕃所并。

赤松德赞执政以来，对外扩地战绩显赫，吐蕃北方占甘、肃、瓜、沙诸州和北庭、安西地区，东占剑南西川大片地方，东南与南诏相接，南达天竺，西至大食，为吐蕃国的鼎盛期。

（二）唐蕃和亲与会盟

唐蕃争斗比较剧烈，这是阶级社会不可避免的现象。在争斗中，多数情况下吐蕃是进攻者。但唐朝毕竟是当时东方的最大帝国，虽自身矛盾不断加剧，其国势民力，绝非吐蕃所能匹敌。因此争斗时紧时松，打打停停，和战相兼。有唐一代唐蕃间使臣往返异常频繁。自太宗贞观八年（634）始，至武宗会昌六年（846），吐蕃王朝瓦解的 213 年间，据不完全统计，双方使臣来往共 191 次，其中唐使入吐蕃 66 次，吐蕃使入唐 125 次。吐蕃 1 年中遣使 2 次的凡 14 年，遣使 3 次的凡 6 年，遣使 4 次的凡 3 年。唐朝 1 年中遣使 2 次的凡 8 年。来往使团的人数多者 50 余人至百余人，寡者也有 10 余人。有些使臣长期居留对方，有的达 10 余年乃至数十年之久。[①] 唐蕃使臣频繁往返，就其任务言，包括了报丧、吊祭、朝贺、进贡、报聘、求匠、送僧、请市等，但其主要任务是和亲与会盟。

1. 唐蕃和亲

文成公主于高宗永隆元年（680）病故，[②] 在吐蕃生活了近 40 年。她虽然不能左右唐蕃关系自松赞干布死后出现的扰乱局面，但在吐蕃一直备受礼待，并得到吐蕃民众的爱戴。

---

① 此统计数参阅《西藏地方历史资料选辑》，生活·读书·新知三联书店 1963 年版，第 7 页。近年一些研究论文提出了新的统计数，包寿南：《汉藏关系史的重要一页——唐蕃使臣往还述要》（《西北民族学院学报》1980 年第 1 期）认为自 634—851 年间唐蕃使臣往还有具体时间、事要可数的累计达 142 次，其中唐使入藏 51 次，吐蕃使入唐 91 次；张积成：《"唐蕃八次和盟"概述》（《西藏民族学院学报》1980 年第 3 期）认为 634—846 年的 209 年间，使臣往返 152 次，其中唐使入藏 52 次，吐蕃使入唐 100 次，存以备考。

② 参阅《旧唐书》卷 196 上《吐蕃传上》；《新唐书》卷 216 上《吐蕃传上》。文成公主死于何病，据《于阗国史》载："王妃胸间忽长痘疮数枚，旋而病亡"，转引邝平樟《唐代公主和亲考》，《史学年报》第 2 卷第 2 期，1935 年。

禄东赞家族专权时期，吐蕃曾屡次要求和亲，因双方兵戈迭起，和亲之议均为高宗拒绝，文成公主病故之第二年吐蕃又求和亲，请尚太平公主（武则天之女），为武则天所拒绝。长安三年（703），吐蕃赞普都茫波杰又"遣使献马千匹，金二千两，以表求婚"①。此次武则天允婚，但因赞普出征泥婆罗（今尼泊尔）时战死而未果。新赞普赤德祖赞②年少，祖母没禄氏辅政，为安定内部，获取唐朝的支持，于中宗景龙元年（707），派悉蕉热入贡请婚。时中宗也接位不久，为"边土宁宴，兵役服息"③，允吐蕃和亲之求，封养女雍王李宗礼之女为金城公主许嫁吐蕃。这是继文成公主之后第二位和亲吐蕃的唐朝公主。

景龙三年（709）十一月，吐蕃遣大臣赞咄等率千余迎亲队伍到长安，次年一月，唐朝命骁卫将军杨矩充任护送金城公主之使臣，中宗赐金城公主"绵缯别数万，杂伎诸工悉从，给龟兹乐"，④并亲至始平县（今陕西咸阳西北）设宴送行。金城公主入藏，进一步促进了唐蕃间经济、文化的交流。一方面大量丝织品和生产技术更广泛地传入吐蕃；另一方面，吐蕃土特产也相继传入内地。开元四年（716），金城公主在《谢恩赐锦器物表》中说："伏蒙皇兄所赐信物，并依数奉领，谨献金盏、羚羊、衫，缎青长毛毡各一，奉表以闻。"⑤赤德祖赞在开元十八年（730）亦赠玄宗"金胡瓶一、金盘一、金碗一、玛瑙杯一、羚羊衫段一"⑥。开元十九年（731）唐朝应金城公主之请，赐《毛诗》《礼记》《春秋》等书。金城公主在吐蕃生活了30年，开元二十八年（740）十一月病逝于吐蕃。⑦金城公主和文成公主一样在吐蕃民众中有广泛的影响，她的事迹至今在藏族人民中广为流传。在布达拉宫、扎什伦布寺、罗布林卡新宫、萨迦寺等处留下不少以金城公主进藏为题材的壁画。金城公主虽然不能在政治上制止吐蕃奴隶主对唐寻衅扩地的贪欲，但在缓解唐蕃冲突、促成唐蕃河源议界、

① 苏晋仁等校证：《〈册府元龟〉吐蕃史料校证》，四川民族出版社1981年版，第80页。
② 汉文史籍又记为：墀德祖贤、弃隶缩赞、弃肆踵贤、器隶缩赞、乞黎苏笼腊赞、乞梨苏笼猎赞、乞犁悉笼纳赞、麦艾聪等。
③ 《旧唐书》卷196上《吐蕃传上》。
④ 苏晋仁等校证：《〈册府元龟〉吐蕃史料校证》，四川民族出版社1981年版，第106页。
⑤ 《全唐文》卷999。
⑥ 苏晋仁等校证：《〈册府元龟〉吐蕃史料校证》，四川民族出版社1981年版，第130页。
⑦ 《资治通鉴》卷214。

赤岭定界起了积极作用。

2. 唐蕃会盟

会盟是唐蕃政治交往的一种特殊形式，作为双方争斗的补充，几乎贯穿双方关系之始终。唐蕃会盟始于中宗神龙元年（705），止于穆宗长庆元年（821）。据近人研究在当时有一定影响有八次，兹制表表1如下。[①]

表1　　　　　　　　　　　唐蕃会盟

年代			双方君主、赞普		双方主要代表		盟地	内容
公元	唐纪年	吐蕃纪年	唐	吐蕃	唐	吐蕃		
七〇七年	景龙元年		中宗李显	赤德祖赞	豆卢钦望 魏元忠	悉熏热	长安	和盟
七一四年	开元二年		玄宗 李隆基	赤德祖赞	解琬	尚钦藏， 名悉腊	河源 赤岭	议界
七三三年	开元二十一年		玄宗 李隆基	赤德祖赞	张守硅 李行祎	莽布支	赤岭	议界
七五七年	至德二年		肃宗李亨	赤松德赞	郭子仪 裴遵庆	论茫赞	长安 灵州	息兵
七六五年	永泰元年		代宗李豫	赤松德赞	元戴 杜鸿渐		长安	息兵
七八三年	建中四年		德宗李适	赤松德赞	张镒	尚结赞	清水	议界
七八七年	贞元二年		穆宗李适	赤松德赞	浑瑊 崔汉衡	尚结赞	平谅	劫盟
八二一年	长庆元年	彝泰七年	穆宗李恒	赤祖 德赞*	刘元鼎 崔植	论纳罗	长安	和盟
					杜元颖 王播	钵阐布	拉萨	

* 汉文史籍又记为：可黎可足、彝泰赞普、热巴金等。

[①] 本表据《旧唐书》《新唐书》的《吐蕃传》，《唐会要》卷97《吐蕃》，《通典》卷190《吐蕃》，苏晋仁等校证《〈册府元龟〉吐蕃史料校证》，苏晋仁编《吐蕃通鉴史料》综合而成，并参阅了张积诚《唐蕃八次和盟概述》（《西藏民族学院学报》1980年第3期），赵远文《试论唐蕃八次和盟的历史背景》（《甘肃民族研究》1984年第3—4期），并特别得力于邓锐龄同志为中国大百科全书撰写的有关唐蕃边界和议界诸条。

从表 1 所列可见，会盟的时间安史之乱前有三次，安史之乱后有五次，且会盟大都发生在唐蕃统治者更迭之初，表明会盟大都是出于双方为安定内部而求妥协。从会盟的内容看，除了双方重申和好（如神龙盟誓）暂时息兵外，主要是议界、划界。由于唐蕃争斗中吐蕃处于主动进攻地位，划界中唐方一退再退，吐蕃咄咄逼人，甚至一手导演了平凉劫盟事件。

唐蕃各自控制地区的交界线，由于双方和战无常，军队进退靡定，边界谈判成了双方政治关系的一项重要内容。据记载，边界谈判中有四次达成协议（其中除长庆会盟外，前三次议界均为吐蕃所破坏），大体上与唐蕃争河陇相始终，所定边界贯穿于唐军驻地与吐蕃长期控制或占领的地区之间。而唐朝的西域羁縻府州和南诏等地与吐蕃的分界问题，未在双方协议之列，就唐蕃北段边界言，从 7 世纪中叶到 8 世纪中叶百年间，双方大致以今天青海省东北部黄河为界；从 8 世纪中叶到 9 世纪中叶百年间吐蕃的控制线向东推进到了六盘山、陇山一线。从议界的结果看，既是双方统治者为了调整政治关系的妥协措施，从客观上却反映了汉、吐蕃等族人民厌恶战争、和平相处的意愿。

开元二年（714）五月，吐蕃第一次向唐朝提出议定边界。是时辅政的没禄氏去世，刚与金城公主和亲的赤德祖赞赞普亲政。在金城公主的斡旋下，双方各派大臣到河源（今青海西宁东南）"正二国封疆，然后结盟"[1]。但好景不长，同年 7 月，吐蕃即毁约进攻兰、渭等州，兵抵渭源县（今甘肃渭源）。河源议界是唐蕃第一次议界。

开元十七年（729），唐军攻下吐蕃占领下的石堡城（今青海湟源县南），吐蕃求和，进表称："遂和同为一家，天下百姓，普皆安乐。"[2] 金城公主也遣使娄众失力入朝，进言双方以和为贵。开元二十一年（733），唐蕃双方在赤岭（今青海湟源县西）隆重会盟，并在赤岭各竖分界之碑，盟铭曰："言念旧好，义不忒兮。道路无壅，烽遂息兮。指河为誓，子孙亿兮。有渝其诚，神明殛兮。"[3] 立碑后，各派使臣共往碛西（龟兹）、河西、剑南及吐蕃边境，历告边州守将，"自今二国和好，无相侵暴"[4]。但

---

① 《资治通鉴》卷 211《唐纪二十七》。
② 《旧唐书》卷 196 上《吐蕃传上》。
③ 苏晋仁等校证：《〈册府元龟〉吐蕃史料校证》，四川民族出版社 1981 年版，第 136 页。
④ 《新唐书》卷 216 上《吐蕃传上》。

信誓旦旦言犹在耳，吐蕃兵戈又动，议界成一纸废文。在河西的凉州、陇右的鄯州、剑南的茂州（四川茂汶）双方拉锯攻战。赤岭立碑是唐蕃第二次议界。

安史之乱后，吐蕃在西域、云南、河陇三个方向全线出击，唐朝穷于应付，被动挨打，但吐蕃也无力一口吞下大唐帝国。其间经过至德二年（757）和永泰元年（765），两次短暂的息兵会盟后，到德宗继位（780）双方均有觅求和解之愿。建中四年（783），唐蕃在清水（今甘肃清水西）会盟议界。据会盟之汉文盟文载，"今国家所守界：泾州（今甘肃泾州）西至弹筝峡西口（今平凉县西）。陇州（今陕西陇县）西至清水县，凤州（今陇西凤县）西至同谷县（今甘肃成县），暨剑南西山大渡河东为汉界。蕃国守镇在兰、渭、原、会，西至临洮（今甘肃临潭），东至成州（今甘肃成县西），抵剑南西界磨些诸蛮，大渡水西南，为蕃界"①，依这次议界规定，大体上北从今六盘山中段开始到陇山南端，然后穿西汉水、白龙江，循岷江上游西到大渡河，再循河南下。此线以东归唐管辖，以西归吐蕃管辖。吐蕃切断了长安通河西、西域的通道，并占有了西自临洮东到陇山西麓，包括大夏河、洮河、渭水上游向西汉水上游的一大片农业地区。但次年唐发生朱泚叛乱事件，吐蕃借口助唐平朱泚之乱，逾界攻陷盐州、夏州。唐朝作了重大让步的清水议界，维持不到一年，又成废文。清水会盟是唐蕃第三次议界。

清水会盟后四年，即贞元三年（787）闰五月发生了平凉吐蕃劫盟事件。吐蕃大论尚结赞认为，要进一步逼唐就范，必先除唐将李晟、马燧、浑瑊三人。出使平凉会盟的唐使正是浑瑊。尚结赞设下重兵，埋伏于盟坛之西。趁浑瑊更换礼服之机，吐蕃伏兵四起，浑瑊夺马而逃，幸免于难。会盟副使、兵部尚书崔汉衡及参加会盟官兵千余人被俘。

平凉劫盟对唐朝的震动极大。同年，德宗任李泌为宰相，并采纳了李泌提出的治吐蕃之策，"北和回纥，南通云南，西结大食、天竺，如此，则吐蕃自困"②，全面调整与四邻诸族的关系，集中力量对付吐蕃。此时吐蕃貌似强大，其实危机四伏。民众困于连年兵役，又遭灾荒。贞元二年

---

① 《旧唐书》卷196下《吐蕃传下》。
② 《资治通鉴》卷233《唐纪四十九》。

（786），润州节度韩滉即上书言吐蕃兵源穷蹙，"臣闻其近岁以来，兵众寝弱，西迫大食之强，北病回纥之众，东有南诏之防，计其分镇之外，战兵在河陇者，五六万而已"①。吐蕃统治集团却无视这个潜在危机，仍醉心于黩武扩地。贞元十三年（797）赤松德赞死，诸子争位，吐蕃内乱。长子牟尼赞普（足之煎）继，在位一年又七个月，即在内乱中死于非命，三弟赤德松赞②继位。赤德松赞是一位于吐蕃历史发展有影响的赞普，他执政期间在吐蕃内部扶植和发展佛教，兴建佛寺，提高僧人地位，致力于佛经翻译和厘定藏文的工作。赤松德赞政绩的一个主要方面是开始缓和与唐朝对峙的紧张关系。赤德松赞时，吐蕃与唐朝使臣往来逐渐增加，双方都在寻求重开会盟的可能与途径。为此，吐蕃还派钵阐布到接近唐朝的地区主持工作。由于吐蕃占领了河陇地区大片土地，唐朝当然不肯善罢甘休，但又苦于无力收复失地，只能退求其次，提出吐蕃归还安、乐、秦三州为和盟条件。双方经过长期往返磋商，互作让步，唐朝释放战俘，吐蕃送回唐朝官员的灵柩，以此互表各自寻求和解的诚意，终于为长庆会盟准备了条件。

元和十年（815）赤德松赞死，其子赤祖德赞③继，吐蕃内部纷争并未停息，对外战争也屡遭挫折。赤祖德赞为稳定内部，保持多年对唐扩张的既得利益，急于与唐重开和盟。唐朝方面连年战乱，人皆惮战。也愿与吐蕃息兵和好，以求边界安定。穆宗长庆元年（821）吐蕃一年三次遣使求盟。赤祖德赞及宰相钵阐布、尚绮心儿等在所书盟文中说："蕃汉两邦，各守见管本界，彼此不得征，不得讨，不得相为冠雠，不得侵谋境土。若有所疑，或要捉生问事，便给衣粮放还。"④ 此议为唐朝全部接受。

长庆元年至二年（821—822，大蕃彝泰7—8），吐蕃与唐朝互派专使先后会盟于长安和逻娑，即历史上著名的长庆唐蕃会盟。长庆元年十月，吐蕃和使论纳罗与唐朝宰相崔植、王播等在长安西郊会盟。盟誓重声："中夏见管，维唐是君，西裔一方，大蕃为主。自今而后，屏去兵草，宿忿旧恶，廓焉消除，追崇舅甥，曩昔结援。"⑤ 次年，穆宗命刘元

① 苏晋仁等校证：《〈册府元龟〉吐蕃史料校证》，四川民族出版社1981年版，第226页。
② 汉文史籍义称之为弃猎松赞、萨那累姜源。
③ 又称热巴金，汉文史籍称之为可黎可足、彝泰赞普。
④ 《旧唐书》卷196下《吐蕃传下》。
⑤ 《旧唐书》卷196下《吐蕃传下》。

鼎为会盟使率使团赴吐蕃，与钵阐布云丹、尚绮心儿等在逻娑东郊会盟，盟誓重声："大唐文武孝德皇帝与大蕃神圣赞普，舅甥二主，商议社稷如一，结立大和盟约，永无渝替！"① 自此之后，吐蕃与唐"亲好复逾言，谊属重亲，地接比邻，乐于和叶社稷如一统，甥舅所思熙融如一"②。在逻娑建长庆会盟碑，以藏汉两种文字铭刻盟誓，此碑至今保存于拉萨大昭寺前。长庆会盟重新审定了清水议界所划定的双方管辖地段，沿贺兰山脉南行分辖东西之境，也就是说唐朝承认了吐蕃对河陇的占有，吐蕃则保证不再侵扰唐之边境，显然于吐蕃有利。此次议界是唐蕃第四次议界。

自此之后，唐蕃使节频相往还，各管本界，边境安宁，双方持续一个半世纪的争斗基本结束。随着唐与吐蕃间和好局面出现，双方经济文化交流继续发展。汉族的茶叶，成为吐蕃人不可缺少的饮品，唐的乐舞杂技传入吐蕃，深受吐蕃人的喜爱；吐蕃的风俗文化也影响着唐人，当时在长安，很多妇女尚吐蕃之俗，在面部涂上赭红的色泽。

三 河陇地区吐蕃属民起义与吐蕃国瓦解

（一）河陇地区各族人民反抗吐蕃的起义

安史之乱后，河陇地区陷于吐蕃长达百年之久。当地人民主要是汉人沦为吐蕃奴隶，处境困苦。凡吐蕃兵锋所向，焚烧村舍，驱掠人畜。吐蕃重壮贼老，对所掠汉人，老弱尽杀，少壮充当奴隶。吐蕃的奴隶制统治是很残酷的。不仅如此，吐蕃奴隶主还推行强迫同化政策，令河陇地区汉人改穿吐蕃服装，只有每年正月初一才允许穿唐朝衣冠拜祭祖先。"州人皆胡服臣虏，每岁时祀父祖，衣中国之服，号恸而藏之。"③ 建中元年（780）唐使臣韦伦自吐蕃归，途经河陇，所见当地汉人"皆毛裘蓬首，窥觎墙隙，或捶心陨泣，或东向拜舞，及密通章疏，或言蕃之虚实，望王师之苦岁焉"④。这种失却民心的统治当然是不可能长久的。

---

① 唐蕃会盟碑，正面盟释（汉文），王尧：《吐蕃金石录》，文物出版社1982年版，第41页。
② 唐蕃会盟碑，背面译文，王尧：《吐蕃金石录》，文物出版社1982年版，第43页。
③ 《新唐书》卷216下《吐蕃传下》。
④ 《通鉴考异》卷7。

　　武宗会昌元年（841）赤祖德赞在内讧中被杀，其弟吾东赞（又称达磨）继。会昌六年（846）吾东赞又死于内讧。① 吾东赞无子，王后綝氏立内侄乞离胡为赞普，众臣不服，又拥赞普支属俄松为赞普。于是吐蕃政坛上出现了两个赞普并立局面，实际上是王族（论）宦族（尚）火并的结果。同时也波及其统治下的陇右一带，统辖河陇的吐蕃落门川讨击使论恐热，与统辖河西一带的尚婢婢进行了激烈斗争，鄯、廓、瓜、肃、伊、西诸州均遭兵燹。吐蕃兵所过之处，"杀其丁壮，劓剕其羸老及妇人，以槊贯婴儿为戏，焚其室庐，五千里间，赤地殆尽"②。

　　河陇地区吐蕃将领们混战，从根本上动摇了自己对河陇的统治基础。大约在宣宗大中元年（847）河陇地区首先爆发了嗢末起义，"嗢末者，吐蕃之奴号也"③。嗢末起义，无统一领导，分布很广，"散在甘（今张掖）、肃（今酒泉）、瓜（今安西）、沙（今敦煌）、河（今临夏）、渭、岷（今岷县）、廓、叠（今甘肃叠布）、宕（今宕昌）之间"④。

　　嗢末起义不久，唐朝也积极部署收复河陇。大中三年（849），唐出兵河陇，收复秦（今天水西）、原（今同原）、安乐（今中卫）三州及石门（宁夏固原市北）等七关。正值吐蕃内外交困之际，沙州民众首领张义潮起义，率众进攻沙州城，各族人民群起响应，吐蕃守将弃城而逃。张义潮乘胜取瓜、伊、西、甘、肃、兰、鄯、河、岷、廓 10 州。大中五年（851）张义潮遣兄张义谭奉沙、瓜等 11 州地图朝唐。唐宣宗决定在沙州恢复河西节度使，号称归义军，任命张义潮为检校吏部尚书兼金吾大将军节度使和 11 州营田处置观察使。

　　张义潮虽恢复 11 州，但吐蕃仍不断侵犯瓜、沙两州。大中十二年（858）八月，张义潮率军在沙碛地带重创吐蕃进犯之军。懿宗咸通二年（861），张义潮领军七千余克凉州，七年（866）又克西州，解除了吐蕃

---

① 《新唐书·吐蕃传》记为会昌二年（842），误。王忠：《新唐书吐蕃传笺证》，第 148 页。
② 《资治通鉴》卷 249。
③ 《新唐书》卷 216 下《吐蕃传下》，据周伟州《嗢末考》（《西北历史资料》1980 年第 2 期）认为："吐蕃嗢末主要是由随主人到河陇的奴隶（旧奴），河陇的部分汉族奴隶以及吐蕃人组成。其民族成份十分复杂，有原邻近吐蕃的羊同、苏毗、党项、多弥、白兰、吐谷浑（以上属氐）、羌和鲜卑，以及河陇的汉族、吐蕃人等。其中汉族奴隶和后来依附嗢末的吐蕃人，原来并不叫嗢末，只是在嗢末起义后，他们加入起义队伍，因而也就统称为嗢末了）。"
④ 《资治通鉴》卷 250《唐纪六十六》。

对河陇的威胁。①

张义潮领导的沙州起义是一次反抗吐蕃民族压迫的人民起义,《张义潮变文》中颂扬其业绩:"河西沦落百余年,路阻萧关雁信稀。赖得将军开旧路,一振雄名天下知。"这次起义的胜利,一方面使河西 10 余州人民摆脱了吐蕃的残酷统治;另一方面,吐蕃失去了对河陇地区的控制,也就失去了赖以支撑的经济重心,加剧了内部矛盾。强盛一时的吐蕃国,从此走向衰微。

(二)吐蕃奴隶大起义与吐蕃国瓦解

吐蕃的奴隶制统治十分残酷,广大奴隶受压迫最深,奴隶包括诸如"阐""更""扬更""片更""悠""宁悠"等,② 他们无任何人身自由和权利。吐蕃奴隶主"用刑严峻,小罪剜眼鼻,或皮鞭鞭之,但随喜怒而无常科。囚人于牢,深数丈,二三年方出之"③。遇有争斗,奴隶充当炮灰。吐蕃被从河陇逐出,失去了经济重心,必然加重对本土的征课,无休止的王权争斗,更加剧了内部矛盾。

咸通十年(869),吐蕃农牧民和奴隶开始在东部康区揭竿起义,"属民反上之初,首始于下多康(即今之青海、甘肃及四川西部藏族地区)及约如(以雅隆昌珠寺为中心之西藏东南部),继之逐渐遍及各地"④。起义者斗争坚决,宣布:"要将王之官员一个不留地杀掉。"大多数(赞普)陵墓亦被挖掘毁掉⑤,这充分反映了奴隶们与统治者不共戴天的决心。持续九年的奴隶起义虽然失败,但在其打击下,吐蕃奴隶主政权瓦解了。

自吾东赞被杀,吐蕃国分裂成四支势力,它们是:阿里王系(在后藏阿里),亚泽王系(在后藏),拉萨王系(在前藏),亚陇觉阿王系(在山南),其中阿里王系与拉萨王系势力较大。阿里王系向西扩张,统治了拉达克一带,拉萨王系势力达到康地。亚陇觉阿王系后来入青海一带,宋朝

---

① 向达:《唐代长安与西域文明》,生活·读书·新知三联书店 1957 年版,第 418—419 页。
② 《贤者喜宴》第 7 函第 19—70 页,转引自黄颢《唐末吐蕃奴隶起义述略》,《青海社会科学》1981 年第 3 期。
③ 《旧唐书》卷 196 上《吐蕃传》。
④ 《汉藏霍尔蒙佛教史》,转引自黄颢《唐末吐蕃奴隶起义述略》,《青海社会科学》1981 年第 3 期。
⑤ 《西藏王臣记》。

时的唃厮啰即是此系子孙。"至五代时，吐蕃已微弱，回鹘、党项诸羌夷分侵其地，而不有其人民"①。及至宋代，"其国自衰弱，种族分散，大者数千家，小者百十家，无复统一矣"②。

吐蕃与唐朝相处200余年，既有流芳百世的和好佳话，也留下纷争相斗的苦痛记录。前者体现了双方人民的根本愿望，后者又是阶级社会不可避免的现象。双方统治者在争斗中损耗了力量，成为各自走向衰亡的重要导因之一。

（本文首发于翁独健主编《中国民族关系史纲要》，中国社会科学出版社1990年版）

---

① 《新五代史》卷74《四夷附录第三吐蕃传》。
② 《宋史》卷492《吐蕃传》。

西南、南方诸族与隋唐王朝

一 统一云南各族的南诏及其与唐、吐蕃的关系

(一) 滇池、洱海地区的民族分布与南诏立国

南北朝时，今云南地区为宁州之地，后又改为南宁州。刺史虽为南朝或北朝派遣或遥授，但实权却操在当地大姓豪族之手，特别操在爨氏之手。隋初，云南实际上已为爨氏家族所统治，隋文帝先后派遣韦冲为南宁州总管，梁毗为西宁州（驻嶲州、即西昌，兼管云南）刺史，在昆明地区又置昆州，并委任西爨首领爨翫为昆州刺史。开皇十七年（597）爨翫反隋，经史万岁、杨武通两次率兵征讨，方平其乱，始将云南置于隋朝直接统治之下。唐初，高祖重新设置了隋炀帝废弃的南宁州，委任爨弘达为昆州刺史。贞观中，唐朝又将招抚羌戎开置的 16 个羁縻州，归戎州都督府（治所在今四川宜宾）。高宗麟德元年（664），为对付日益强大的吐蕃势力南下，又开设姚州都督府（治所在今云南姚安）。戎州、姚州两都督府均属剑南道，隋唐两朝对云南地区的治理，仍采取传统的羁縻统治。

隋唐时期，云南地区居住着众多的民族和族体，族称繁杂。在云南东部（包括滇池地区）至贵州西部有所谓东爨和西爨。属东爨统治的主要是乌蛮，故称"东爨乌蛮"；属西爨统治的主要是白蛮，故称"西爨白蛮"。云南西部（包括洱海地区）主要是白蛮和乌蛮，又有河蛮等其他称谓的族群。在云南的西南部还分布着属于今傣族和佤德语支先民的金齿、黑僰、濮子、望等族。随着社会的发展，各族间的杂处融合，在洱海地区逐渐形成了分别以白蛮和乌蛮为主的六诏，即六个奴隶主政权。

六诏的名称和地望如下：

1. 蒙舍诏：在今巍山县，因位于诸诏之南，又称南诏。

2. 蒙嶲诏：在今巍山县北部至漾濞县一带。

3. 邓（邆）赕诏：在今邓川县。

4. 施浪诏：在今邓川与洱源之间。

5. 浪穹诏：在今洱源县，邓赕、施浪、浪穹总称为三浪。

6. 越析诏：在今宾川县，也称么些诏。[①]

六诏的建立，是洱海地区各族走向统一的重要一步。六诏之间虽互有联姻，但彼此常有争夺，随着力量的消长，南诏逐渐强大。

南诏王姓蒙，始祖名舍龙，自哀牢（云南保山市）迁居蒙舍川。永徽三年（652），唐高祖任命南诏细奴逻为巍州刺史。吐蕃势力进入洱海地区，南诏以外的五诏因受吐蕃威胁，于是弃唐附吐蕃以自保。唯南诏附于唐，"子弟朝不绝书，进献府无余月"。[②] 为对付咄咄逼人的吐蕃在洱海地区的发展，唐朝采取支持南诏的政策。开元元年（713），唐玄宗封南诏皮逻阁为台登郡王，并任命其子阁罗凤为阳仦州（原蒙嶲诏地）刺史。开元二十五年（737），皮逻阁在唐朝支持下战胜河蛮，取太和城（大理县），次年（738），唐朝封皮逻阁为云南王，赐名蒙归义。同年，皮逻阁乘胜进军，先灭越析，次并三浪，又灭蒙嶲，逐并五诏，统一了洱海地区。唐玄宗在封西南大酋帅蒙归义为云南王的制中曰："赡言诸部，或有奸人，潜通犬戎（吐蕃），敢肆蜂虿。遂能躬擐甲胄，总率骁雄，深入长驱，左索右拂，凡厥丑类，后时诛剪。戎功若此，朝宠宜加，俾膺胙土之荣，以励扞城之士。"[③] 开元二十七年（739）皮逻阁迁都太和城，建立了以洱海地区为基地，以乌蛮奴隶主为核心，联合了白蛮奴隶主的南诏国。南诏得以立国，唐朝的支持是一个很重要的因素，而唐朝所以支持南诏，则是与吐蕃争夺洱海地区的控制权。因此，南诏与唐朝关系一开始就不可避免地打上吐蕃影响的烙印，并一直贯穿双方关系发展演变的始终。

（二）南诏对唐的臣属与战争

南诏前后经 13 代王，近 200 年。在 13 代王中，有 10 个王接受唐朝

---

① 加上石桥诏（在今下关）、石和诏（在今凤仪城西），合称为"八诏"。
② 《南诏德化碑》，向达校注：《蛮书校注》，中华书局 1962 年版，第 320 页。
③ 《册府元龟》卷 964《外臣部册封第二》。

册封，基本上和唐朝保持了和好关系，这是南诏与唐朝关系的主要方面。但观其关系发展的全过程，同样也经历了曲折和磨难，随着各自统治集团决策人的昏庸和政策失误，双方兵戎相见时有发生，导致在争斗中两败俱伤。同时还应看到，由于吐蕃势力在洱海地区日益增长，因此，吐蕃势力的存在，始终强烈地影响着，甚至左右着南诏与唐朝关系发展的进程。综南诏立国以降 2 个世纪与唐朝关系的发展，大体上可分如下几个阶段：

第一阶段：玄宗天宝九年（750）至代宗大历十四年（779），南沼异牟寻见龙元年，南诏附吐蕃反唐时期。

第二阶段：德宗建中元年（780）异牟寻见龙二年至文宗大和二年（828），劝丰祐保和五年，南诏与唐重修和好时期。

第三阶段：文宗大和三年（829），劝丰祐保和六年至昭宗天复二年（902），舜化贞中兴五年，南诏与唐和战相兼时期。

1. 南诏附吐蕃反唐时期

唐朝助南诏立国，本意是想利用南诏牵制吐蕃。而南诏王皮逻阁则有自己的政治图谋。一方面借唐朝力量统一六诏和抵制吐蕃的压迫，另一方面是将自己的势力扩展到滇池地区。南诏立国之后，各自相异的政策出发点，很快显出其矛盾。南诏为扩大统治地域，向两爨统治的滇池地区发展，这便与唐朝发生矛盾。唐朝并不愿南诏过于强大，更不愿南诏统治势力到达滇池地区，因此采取保护两爨，阻止南诏统一滇池地区的政策。利益冲突，矛盾日趋尖锐。剑南诏节度使章仇兼琼曾遣使南诏，但"与（蒙）归义言语不相得，归义常衔之"[1]。终皮逻阁之世，表面上还保持与唐朝的和好交往。天宝初，皮逻阁遣阁罗凤之子凤迦异"入宿卫，拜鸿胪卿，恩赐良异"[2]。

天宝七年（748）皮逻阁死，子阁逻凤继位。唐朝诏其袭云南王，阁逻凤遣使朝贡。当时南诏统治者只是在征服西爨问题上与唐朝意见相左，并无反唐之图，因为他们深知没有唐朝支持，是无法抵御吐蕃威胁的。但此时，唐朝却在积极准备对南诏的军事征讨。剑南节度使鲜于仲通、云南郡太守（原姚州都督已改州为郡）张虔陀昏庸狂妄，一味抑制南诏、激化矛盾。

---

① 《旧唐书》卷 197《南诏传》。

② 《新唐书》卷 222 上《南诏传上》。

　　张虔陀先是利用阁逻凤是皮逻阁继子，企图在王位承袭上，用皮逻阁嫡子诚节取代，打击亲阁逻凤势力。张虔陀还派人辱骂前来谒见的阁逻凤，甚至侮辱随同前来的阁逻凤妻女。阁逻凤又闻鲜于仲通已率兵 8 万分三路进军云南，终致逼反阁逻凤。天宝九年（750），南诏兵先发制人，出兵攻下姚州，杀张虔陀。次年，鲜于仲通率大军进抵曲靖。阁逻凤本意并非要与唐决裂，此时遣使谢罪请和，表示愿遣返俘虏，赔偿损失。南诏使者陈诉："往因张卿（虔陀）谗构，遂令蕃、汉生猜。赞普今见观衅浪穹，或以众相威，或以利相导倘若蚌鹬交守，恐为渔父所擒。伏乞居存见亡，在得思失。二城复置，幸容自新。"①并告："今吐蕃大兵压境，若不许我，我将归命吐蕃，云南非唐有也。"② 鲜于仲通自持兵众，率军进逼洱海，另派大军绕道点苍山，以图腹背夹击，歼南诏主力。阁逻凤在唐军压境下，派人到浪穹求援吐蕃，并请归附。这正是吐蕃奴隶主所期望的。天宝十一年（752），吐蕃赞普赤德祖赞册封阁逻凤为"'赞普钟'，给金印，号'东帝'"③。南诏得到吐蕃支持，联兵合击，唐军覆没。此为南诏与唐间的第一次天宝战争。

　　时杨国忠继为剑南节度使，掩盖鲜于仲通的失败，继续奋战。于天宝十三年（754），又命李宓领兵 10 万，再征南诏，军至大和城，南诏坚壁不战。李宓孤军深入，补给困难，士兵又不习水土，疾病流行，不战自溃。南诏趁机追杀，"兢角兢冲，彼弓不暇张，刃不及发。白日晦景，红尘翳天。流血成川，积尸壅水。三军溃衄，元帅沉江"④。李宓战死，全军覆没。第二次天宝战争又以唐军惨败而告终。两次战争唐军死亡众多，军费耗大、元气大伤。次年，安史之乱爆发，唐朝便无力顾及南诏。唐与南诏之战得利者是吐蕃奴隶主，实现了多年想控制南诏的目的。天宝战争中唐的失败，使云南地区唐、吐蕃、南诏关系失去了平衡。吐蕃趁安史之乱，于至德年间（756—758）联兵南诏夺取嶲州（西昌）、会同（会理）、台登（泸沽）、昆明（盐源），进据清溪关（大渡河南），直逼川西平原，威胁成都。

---

①《南诏德化碑》，向达校注：《蛮书校注》，第 322 页。
②《资治通鉴》卷 216《唐纪三十二》。
③《新唐书》卷 222 上《南诏传上》。按吐蕃渭予为"钟"，赞普钟即赞普弟之意。
④《南诏德化碑》，向达校注：《蛮书校注》，第 322 页。

　　天宝战争是唐朝错误政策所造成的，南诏反唐归吐蕃在一定程度上出于无奈。阁逻凤在南诏王都太和城（今大理太和村）所立之德化碑中记述被逼反唐的苦衷。阁逻凤时对国人说："我世世事唐，受其封爵，后世容复归唐。当可指碑以示唐使者，知吾之叛非本心也。"① 唐代政治家李泌曾中肯地评述："云南自汉以来臣属中国，杨国忠无故扰之使叛，臣于吐蕃。"②

　　天宝战争后 20 年间，唐朝与吐蕃在河陇和四川地区展开了激烈争夺。南诏阁逻凤受吐蕃役使参与了这一争夺，同时积极从事统一云南的活动。代宗宝应元年（762）阁逻凤亲率大军，"西开寻传""裸形""祁鲜"诸族地区（今德宏地区），③ 设磨零都督以管理之。次年置安宁城监，加强与贵州、川西一带的经济联系。永泰元年（765）筑拓东城（今昆明），阁逻凤命其子凤迦异为"二诏"（副国土）辖之，经营滇池地区，又在滇南设立银生府统治诸族。阁逻凤还使用武力将滇池地区的白蛮 20 万户移居滇西，以利统治，又将乌蛮移居白蛮之地，以巩固其在滇东地区的统治。因为，从客观上看，数十万生产力发展比较先进的白蛮迁到经济比较落后的滇西，大大促进当地社会经济的发展，而生产发展比较落后的乌蛮迁到了农业发达的滇池地区，无疑对其本身发展是一个促进。而总的结果则是南诏社会经济得到了发展。南诏的统治地域东接贵州，东北达戎州，北抵大渡河，西北与吐蕃的神川为邻，西抵今缅甸北部，西南界骠国（今缅甸中部），南达今西双版纳，成为我国西南地区的一大政治势力。

　　2. 南诏与唐重修和好时期

　　代宗大历十四年赞普钟长寿十一年（779），阁逻凤死，其孙异牟寻继。同年吐蕃联兵南诏，分三路攻唐之剑南道，企图夺取成都。唐将李晟率兵反击，大破吐蕃南诏联军，南诏伤亡惨重。吐蕃不顾南诏怨恨，借其王位交替，加强控制，改封南诏国王为日东王，改兄弟之邦为君臣关系，并在南诏设置营堡，每年要南诏派兵镇防，又对南诏征收很重的赋税和劳役，使双方矛盾加深，异牟寻深感依附吐蕃的害处。当时受南诏王宠信的清平官（宰相）是郑回。郑回本是唐朝西泸县（今西昌市南）县令，阁

---

① 《资治通鉴》卷216《唐纪三十三》。
② 《资治通鉴》卷233《唐纪四十九》。
③ 《南诏德化碑》，向达校注：《蛮书校注》，第 324 页。

逻凤破嶲州时被俘。阁逻凤器重其学识，赐号蛮利，令教王室子弟读书，很受尊重，官至清平官（宰相）。郑回向异牟寻进言："中国有礼仪，少求责，非若吐蕃朘刻无极也。今弃之复归唐，无远戍劳，利莫大此。"① 异牟寻同意此议，但只在暗中谋划，尚不敢公开反对吐蕃。

此时唐朝也在调整对南诏的政策。贞元三年（787）德宗终于采纳了宰相李泌提出的"北和回纥，南通云南，西结大食、天竺，如此，则吐蕃自困"② 的谋略。李泌虽不久病逝（789）。但他的南通云南，以"断吐蕃之右臂"③ 的计划，具体由西川节度使韦皋付诸实施。

韦皋首先招抚东爨首领，通过他们从中斡旋，掌握异牟寻意欲归唐的动向。其次，激化南诏与吐蕃矛盾，并显示军事实力。贞元四年（788），吐蕃出兵10万，再度进攻成都，南诏也被迫从征，但驻兵金沙江北，按兵观望。韦皋有意将一封致南诏的信件转给吐蕃。吐蕃中计，对南诏的疑虑加深，派兵2万屯会川，并要其大臣多孤子弟为质，想废南诏蒙氏，而立施浪诏之后。异牟寻怒，引兵南归，使双方关系公开破裂。韦皋不失时机，进攻吐蕃，擒其大将乞藏遮遮。在这样的形势下，使异牟寻决心归唐。贞元九年（793），异牟寻派出三批使者，一出戎州、一出黔州、一出安南，均达成都，在致韦皋的书信中痛诉受制吐蕃，污辱先人，孤遗受欠、吞声无诉之"四难忍"，表示"愿竭诚日新，归款天子"。④ 韦皋遣巡官崔佐时于次年正月到达羊苴咩城，异牟寻率子寻梦凑等与之会盟于点苍山。盟辞互约，唐与南诏各守疆界，不相侵犯，保持和好。南诏决不阴结吐蕃，与唐为敌。⑤ 异牟寻还袭击吐蕃，战于神川，大破之，取铁桥等10城，虏其5王，降其众10余万，表明与吐蕃决裂。贞元十一年（795）唐朝派遣袁滋为册南诏使，正式颁发了"贞元册南诏印"。南诏与唐和好，形成对吐蕃的犄角，并经常联兵抵御吐蕃。如贞元十七年（801），异牟寻与韦皋联军大败吐蕃，生擒吐蕃军统帅论莽热，南诏献俘于唐朝。吐蕃对

① 《新唐书》卷222上《南诏传上》。
② 《资治通鉴》卷233《唐纪四十九》。
③ 《资治通鉴》卷233《唐纪四十九》。
④ 《新唐书》卷222上《南诏传上》。
⑤ 盟辞全文《云南诏蒙异牟寻与中国辞文》，樊绰著，赵吕甫校释《云南志校释》，中国社会科学出版社1985年版，第329—354页。

南诏的威胁解除，异牟寻得以安心经营云南。

南诏与唐军联合对吐蕃军事上的胜利，有利于内部的安定和发展。首先设立铁桥节度，统治原吐蕃神川都督辖境，同时管辖阳蓬岭以南的嶲州地；其次消灭了吐蕃控制的"三浪"余部。内部相对安定，加之与唐朝经济文化交流的加强，南诏经济得到迅速发展。

南诏派遣大批贵族子弟到成都学习，"业就辄去，复以他继，如此垂五十年，不绝其来，则其为受于蜀者不啻千百"。① 这些人返滇后，传播了汉族文化。南诏王室也潜心学习汉文化，阁逻凤等"不读非圣之书"，异牟寻"颇知书，有才智"，② 丰佑因仰慕汉文化，放弃了世代相沿的父子连名制。③ 在上层统治者带动下，唐文化在南诏盛传。当时南诏人的诗文，在《全唐诗》《全唐文》中均有收录。洱海地区的"城池郭邑，皆如汉制"，流传至今的大理崇圣寺三塔，一大二小，寺内有佛像11400余尊，造型与今存于西安大小雁塔之佛像相同，它们是唐朝工匠恭徽义主持修造。

3. 南诏与唐和战相兼时期

宪宗元和三年（808）异牟寻死，其子寻阁劝继。次年寻阁劝死，子劝龙晟立。元和十一年（816），权臣弄栋节度使蒙嵯巅杀劝龙晟，拥劝龙晟弟时年仅15岁的劝利继位。长庆三年（823）劝利又死，蒙嵯巅拥劝利弟仅六岁的丰佑继。南诏幼君相送，王权旁落，权臣专政。蒙嵯巅掌南诏实权，开始改变异牟寻推行的与唐和好、保境自立的政策，而奉行侵掠唐境、向外扩张的方针。

文宗大和三年（829），蒙嵯巅撕毁盟约，倾全国兵力，进攻唐境，陷嶲州、邛州，直抵西南重镇成都。剑南西川节度使杜元颖"以文儒自高，不练戎事"，④ 对于南诏的进攻毫无防范，措手不及，战而失败。南诏军攻成都不下，大掠子女百工数万人及无数财物。使成都以南至越嶲以北800里间人畜财物，蒙受重大损失。蒙嵯巅虽军事上获胜，仍害怕唐军反

① 《孙樵集》卷3《书田将军边事》。
② 《旧唐书》卷197《南诏传》。
③ 即如《新唐书》卷222中南蛮中所载："慕中国，不肯连父名。"所谓父子连名制就是子之名字的前一个字或一个音节，取父之名的最后一个字或一个音节，如皮逻阁—阁逻凤，异牟寻—寻阁劝。
④ 《旧唐书》卷197《南诏传》。

击。因此，一方面送蜀俘2000及金帛给吐蕃，欲借吐蕃之力与唐对峙；另一方面又致书唐廷求和。唐朝也不愿与南诏大打，允其求和之请，派李德裕为西川节度使，整顿边防，训练士卒。此后，南诏"比年使者来朝，开成、会昌间再至"①，双方在对峙中共处。

此后，唐国势衰，吐蕃也因内部矛盾激化无力对南诏用兵了。在这样的历史条件下，南诏得到发展，国势日强，并欲向外扩大统治范围了。宣宗大中十二年（858），南诏趁安南众蛮反唐之机，寇安南（治交趾，今河内）陷之。十三年（859），南诏丰祐死，子世隆（又称酋龙）继，自称皇帝，国号大礼，遣兵陷唐播州。自懿宗咸通元年（860）至僖宗乾符元年（874），南诏不断发大兵击唐，曾"两陷安南邕管，一又黔中，四犯西川"②。南诏对唐发动的这些战争，不仅便唐为之虚耗，天下骚动，也使南诏疲弊和国内矛盾加深。世隆死，子法立，于乾符四年（877）遣使请和，唐许之。这时，王仙芝、黄巢农民起义已经爆发，敲响了唐王朝覆亡的丧钟。南诏也在不断的战祸中，使内外矛盾日益激化。天复二年（902），南诏权臣郑买嗣掌国权，杀王族近千人，改南诏为大长和国。五年后唐朝也在农民战争的烈火中走完了自己的历程。唐与南诏终于在相互争斗中两败俱伤。

二 南方诸族与隋唐王朝的关系

南方诸族主要是指居于江汉以南及岭南地区的民族。南方诸族极为复杂。《隋书》云："南蛮杂类，与华人错居，曰蜒、曰獽、曰俚、曰獠、曰㐌，俱无君长，随山洞而居，古先所谓百越是也。"③ 两《唐书》则统记为蛮和僚（獠）。蛮和僚又分别以姓氏或地区分记，但记述混乱，难以据此确定它们具体族属。

（一）隋唐时期江汉地区的蛮人

活动于今湖南、湖北南部、四川东部的蛮人，有两支，一支是"盘瓠之后，其来已久"，④ 汉至南北朝为长沙、五陵蛮，又称为五溪蛮；另一

---

① 《新唐书》卷222《中南蛮中南诏传下》。
② 《资治通鉴》卷253《唐纪六十九》。
③ 《隋书》卷82《南蛮传》。
④ 《魏书》卷101《蛮传》。

支是廪君巴蛮之后,汉时已分迁于汉水、五水流域。魏晋南北朝之际,这两支蛮人更加接近和混处。此时,社会动荡,汉人苦于朝廷重课,逃亡入蛮者甚多,"结党连郡,动有数百千人",当时统治者惊呼"荆州为之虚弊之"①。

入隋以后,蛮人时服时反。隋文帝开皇九年(589),废沅陵郡置辰州(今湖南沅陵县),专管当地蛮人事务。唐武德三年(620)二月,开州(今四川开县)蛮酋冉肇则攻陷通州(四川万县)。三月,冉肇则再攻信州(今四川奉节),山南诏慰大使李孝恭与战不利,"李靖将兵八百击,斩之,俘五千余人"②,复开通二州。武德四年(621),唐军灭萧铣于江陵,江汉地区渐趋安宁。唐朝遂在蛮人居住地区先后置锦州(今湖南麻阳)、溪州(今湖南龙山)、巫州(后改叙州,今湖南黔西)等,对蛮人进行统治。及至唐朝后期,"武陵诸蛮数叛"③。宪宗元和六年至八年(811—813),辰、溆二州蛮,因役急而叛。僖宗中和元年(881),石门蛮首领向环率众"陷澧州(今湖南澧县),杀刺史吕自牧,自称刺史"④。昭宗时复结梅山峒僚人切断邵州(今南湖邵阳市)通路,袭击唐军。唐朝困于内乱外犯,只能听之任之,唯求相安。

居于今贵州地区及与之毗邻的广西地区,有所谓牂柯蛮、东谢蛮、南谢蛮、西赵蛮。牂柯蛮以牂柯郡名之。谢、赵之蛮,以其酋长姓氏名之。贞观三年(629),东谢蛮酋长谢元深、南谢蛮酋长谢强入朝,以射元深地为应州(今贵州东南部台江、雷山、三都、榕江一带),以谢强地为庄州(在应州南)。贞观二十一年(647),西赵蛮酋长赵磨率万户附唐,以其地置明州。这几支蛮民,有唐一代比较安定,仅见高宗显庆元年(656),东谢蛮谢无灵反于矩州(今贵阳地区)的记载。

(二)隋朝对岭南地区的经营与冼冯家族的业绩

自秦汉统一骆越、南越以来,经过长期的民族迁徙和繁衍,特别是魏晋以来北方汉民的南迁,岭南已是汉人与蛮僚俚杂居的区域。南北朝时,

① 《南史》卷79《蛮传》。
② 《资治通鉴》卷188《唐纪四》。
③ 《新唐书》卷186《邓处讷传》。
④ 《新唐书》卷186《邓处讷传》。

岭南地区为南朝管辖，除一般的州县设置外，也出现了一些大姓酋帅。这些大姓酋帅依附于南朝，并任其官，是较稳定的地方政治势力。南朝梁、陈时期，左右岭南的政治势力主要是冼冯家族和宁氏家族。特别是冼冯家族中的冼夫人，更是岭南各派政治势力中有影响的代表人物。冼夫人是岭南高凉郡人，生于梁武帝天监十一年（512）①，出生于"世为南越首领，跨据山洞，部落十余万家"的俚人望族。② 年轻时与罗州刺史冯融之子高凉太守冯宝联姻，以越女为汉妇。她凭借着冯氏家族的政治实力和自己特殊的社会关系，走上了岭南政治舞台，发挥着举足轻重的作用。

冼夫人从政之初，协助其夫冯宝全力支持高要郡（郡治在今广东高要市）太守陈霸先平定了侯景之乱。梁太平二年（557）陈霸先建陈朝，冼夫人成为陈朝在岭南的重要支柱。陈朝封冼夫人为中郎将、石龙太夫人。在封建社会册封一个妇女仪同刺史，是极为罕见的殊荣。

开皇九年（589），隋灭陈后，隋将韦洸率军 3 万，乘胜直趋岭南。

作为岭南政治势力的主要代表，"数郡共奉夫人，号为圣母"的冼夫人，面对隋朝军事力量南下，一方面推行"保境安民"之策；另一方面不囿于对陈朝愚忠之情，看到隋朝统一全国的大势，"遣其孙（冯）魂帅众迎（韦）洸，入至广州"。于是"岭南悉定"。开皇十一年（591），冼夫人又协助隋朝平定了王仲宣反隋事变。仁寿（601—604）初，番州总管赵讷贪污暴虐，冼夫人上书朝廷，陈述安抚岭南的意见。隋文帝采纳了冼夫人的意见，处死赵讷，下诏委派冼夫人主持善后岭南事宜。90 岁高龄的冼夫人"亲载诏书，自称使者，历十余州，宜述上意，谕诸狸獠，所至皆降"。冼夫人此举缓和了隋朝与岭南大族的矛盾，稳定了隋朝在岭南的统治。隋朝为表彰冼夫人安抚岭南诸州之功，"册夫人为谯国夫人"。"开谯国夫人幕府，置长史以下官属，给印章，听发部落六州兵马，若有机急，便宜行事。"③ 冼冯家族成为岭南最大的首领，也是地方上最有实力的豪门。

有隋一代，在岭南先后设置了 20 余郡，计有义安郡、龙川郡、熙平

---

① 据王兴瑞《冼夫人与冯氏家族——隋唐间广东南部地区社会历史的初步研究》考证，冼夫人出生月日为十一月二十四日，卒于隋文帝仁寿二年（602 年），享年 91 岁。

② 《隋书》卷 80《列女谯国夫人传》。

③ 《隋书》卷 80《列女谯国夫人传》。

郡、信安郡，高凉郡、永熙郡、始安郡、合浦郡、郁林郡、宁越郡、交趾郡、九真郡、日南郡、珠崖郡、儋耳郡、临振郡、比景郡、海阴郡、林邑郡等。值得一提的是冼夫人为在海南岛俚人地区重新设立郡县制起了积极的作用。由于冼夫人和辑，"海南、儋耳归附者千余洞"。① 南朝梁大同年间（535—545），根据冼夫人建议，梁朝在海南岛置崖州，恢复了郡县制。使全国统一的政治制度在海南岛重得推行。隋仁寿初年改崖州为郡。以后历经唐、宋，迄明、清，在海南岛不论是设郡或置州（琼州府），都统属中央政府治辖。海南岛俚人地区自纳入全国统一的郡县制后，对其政治、经济、文化产生了巨大影响。

隋朝统一全国之后，开拓台湾又重新提上日程。台湾当时称为流求。大业三年（607），隋炀帝派羽骑尉朱宽"入海求访异俗"抵达流求国后，因"言不相通，掠一人而返"②。次年（608）朱宽再次渡海到流求抚慰。大业六年（610），炀帝遣虎贲郎将陈棱、朝请大夫张镇周率1万多军队在台湾中部西海岸登陆（约在今鹿港附近），虏其男女数千人而还。当陈棱率军泛海抵达台湾时，当地人民"以为商旅，往往诣军中贸易"③，显然，海峡两岸通商关系早已存在。

（三）唐朝对岭南地区的经营与岭南诸族的发展

唐代隋之时，岭南冼冯家族已传到冼夫人之孙冯盎及盎子冯智戴。④乘"隋季崩荡，海内震骚，唐虽应运，而风教未孚，岭越无所系属。公（冯盎）克平二十州，地数千里"，⑤ 成了岭南的一大霸主。武德四年（621），高祖派李靖为岭南抚慰大使，招抚岭南各州。次年四月，岭南另一豪门宁氏家族的宁长真降唐，七月冯盎也率众降唐，于是岭南悉平。冯、宁等豪门望族又成了唐王朝的新贵。贞观五年（631），冯盎入朝，七年（633），冯盎之子冯智戴入朝，备受礼待。史载：唐太宗"从上皇

① 《隋书》卷80《列女谯国夫人传》。
② 《隋书》卷81《东夷琉球传》。
③ 《隋书》卷64《陈棱传》。
④ 冼夫人之夫冯宝卒于陈武帝永定初年，子冯仆卒子陈后主至德年间。冼夫人有孙三人。长冯魂、次冯暄、冯盎。冯魂也先冼夫人而亡，冯暄在伐王仲之役中，因贻延军机，被夫人扣押下狱，后获赦，出任罗州刺史，未受重用。
⑤ 《新唐书》卷110《冯盎传》。

（唐高祖）置酒故汉未央宫。上皇命突厥颉利可汗起舞，又命南蛮酋长冯智戴咏诗，既而笑曰：'胡越一家，自古未有也！'帝奉觞上寿曰：'今四夷入臣，皆陛下教诲，非臣智力所及。昔汉高祖廖从太上皇置酒此宫，妄自矜大，臣所不取也。'上皇大悦。殿上皆呼万岁"。① 从中可看到岭南归唐在李唐统治集团心目中的地位。

唐朝在岭南置"五管"，推行郡县之制与羁縻之制并行的统治方式。唐朝在岭南先后设置岭南、桂管、容管、邕管、安南五经略使，谓之五府经略史，名岭南五管。广州刺史充岭南五管经略使，朝廷赋予广州刺史以极大权力。到唐懿宗时，对岭南五管的建制作了调整，分岭南为东、西道节度观察处置等使，以广州为岭南东道，邕州为岭南西道，安南隶属于岭南西道。

在岭南五管之下，对民族聚居地区，列置羁縻州县，大者为州，依次为县和洞。有唐一代先后在岭南设置 93 个羁縻州，以其酋领为刺史，皆得世袭。对当地少数民族，唐朝统治者在相当长时间里奉行唐太宗提出的"怀之以德，必不讨自来"② 的原则。以郡县之制和羁縻之制并行治理岭南，缓和了民族矛盾，保持了地方稳定，有利于岭南的生产发展和文化进步。

岭南地区生产水平比较落后，唐朝派往岭南的官员，重视发展农业生产。兴修水利，推行中原地区生产技术，还大力发展陆路、海运交通。开元年间张九龄开大庾岭新路，咸通年间又开福建至广州的海上通路。

在发展经济的同时，唐朝一些良吏、名士到岭南仕任，大力传播中原文化。岭南地区的儒生、文士日渐增多。为此，唐朝政府在天宝十三年（754）下敕："如闻岭南州县，近来颇习文儒，自今以后，其岭南五府官内白身，有词藻可称者，每至选补时，任令应诸色乡贡，仍委选补使准其考试。有堪及第者，具状闻奏。"③ 在选补人才、扩大仕路上给岭南儒生以优惠，更促进了封建文化在岭南地区的传播。

后人对唐代治理岭南的政绩给予肯定，指出："爰自前代及于唐朝，多委旧德重臣，抚宇其地，文通经史，武便弓弩，婚嫁礼仪，颇同中夏。"④

---

① 《资治通鉴》卷194《唐纪十》。
② 吴兢：《贞观政要》卷9《征伐》，上海古籍出版社1978年版，第260页。
③ 《唐会要》卷75下。
④ 《太平寰宇记》卷157《岭南道一》。

（四）岭南俚僚人民大起义

安史之乱爆发，唐朝内外矛盾激化，必然波及岭南地区的安定，边吏的昏暴也激化了岭南地区的民族矛盾。从至德元年（756）起，西原黄洞少数民族起兵反抗，揭开了持续近百年的岭南俚僚人民起义的序幕。

西原黄洞蛮应为岭南俚僚的一部，活动范围多在邕管羁縻州之"广、容之南，邕、桂之西"一带，① 相当于今广西左、右江流域和云南文山自治州东部的广南、富宁一带。西原黄洞蛮原隶于岭南豪姓宁氏。至德初，黄洞蛮首领黄乾曜、真崇郁与陆州武阳朱兰洞蛮皆起兵反唐，推武承斐、韦敬简为帅，"合众二十万，绣地数千里，署置官吏，攻桂管十八州"。② 唐肃宗采取招抚与征讨相结合的对策，于乾元元年（758），遣中使慰晓诸首领，谕赦其罪，许其官爵。此策分化了起义军，义军首领方子弹等受招。唐朝对坚持斗争的黄乾曜等发起进攻，镇压了起义。

不久，容管各州俚僚之众，不堪唐朝"频诏征发岭南兵募"之苦，③ 于广德元年（763），岭南溪洞俚僚首领梁崇牵、覃向联合西原蛮首领吴功曹起兵攻占容州，坚持斗争10余年之久。唐朝仍采取招抚与征讨结合的政策。大历二年（767），唐朝以御史大夫徐浩为岭南节度使，"伸明中旨，悬示大信，但能归附。即是平人，岂惟复兴安居，亦当随才命职"④。通过招抚和对各部首领仍加委用，暂时平息了容管各州的动乱。

贞元十年（794）黄乾曜之子黄少卿起兵，攻陷邕管13州，部众达20余万。元和元年（806），黄少卿诈降，受封为归顺州（今广西靖西）刺史。元和十一年（816），黄少卿又联合黄少度、黄昌骥再次起兵，势及岭南18州。长庆元年（821），容管经略使留后严公素请讨黄洞。但兵部侍郎韩愈认为不宜兵讨，仍应以招抚为上策，并进而提出治俚僚之策，其要点：对于黄洞诸首领，"普赦其罪，遣郎官、御史以天子之意丁宁宣谕，必能劝叫听命"；建议合邕、容两州为一道，增强邕州兵力；在邕、容两州招募千人，"以给行营，粮不增而兵便习，守则有威，攻则有利"；

① 《新唐书》卷222下《南蛮传下》。
② 《新唐书》卷222下《南蛮传下》。
③ 《旧唐书》卷157《王翃传》。
④ 《唐大诏令集》卷116《宣慰岭南制》。

在地方官吏的委派上，"为选材用威信者，委以经略，处理得方，宜无侵叛事"①。从维护唐朝在岭南的统治出发，韩愈的主张是切实可行的。但穆宗拒不采纳，致使唐朝在岭南的统治处于被动挨打，穷于应付的境地。俚僚人民起义又得到了南诏的支持，前后延续了一个多世纪。直到乾符四年（877），南诏与唐约和，邕管节度使辛说遣人持牛、酒和解黄、侬二洞间的仇杀，岭南俚僚人民的斗争才渐趋平息。

从至德到乾符、岭南俚僚人民起义前后 120 余年，唐朝虽采取以招抚为主辅以征讨的方针，但由于安史之乱后，政局动荡，吏治腐败，岭南边帅长吏，多为贪暴昏庸之辈，他们推行"扰之使叛"的冒险政策，使矛盾激化。宋人范祖禹曾指出："唐自开元至于咸通，南部之师，皆由边臣贪利邀功，以启群蛮，自我致寇，大为国患。"② 岭南俚僚人民长期的反抗斗争和南诏对唐的频繁扰边，大大动摇了唐王朝在西南和南方的统治基础。咸通九年（868），桂林戍卒暴动，继而北方爆发黄巢起义，唐王朝已到了覆亡的前夕。

（本文首发于翁独健主编《中国民族关系史纲要》，中国社会科学出版社 1990 年版）

---

① 韩愈的主张，均见《新唐书》卷 322 下《南蛮下》。
② 范祖禹：《唐鉴》卷 11，上海古籍出版社 1984 年版，第 312 页。

东北诸族与隋唐王朝

隋唐时期，在我国东北地区生活着诸多民族集团。契丹、奚分布在西南部，霫居于西部，室韦分布在西北部额尔古纳河、石勒喀河、嫩江、黑龙江上游及中游部分地区，靺鞨分在东北和东部，而高句丽主要分布在今鸭绿江以东以西地区。

一 高句丽与隋唐王朝关系

（一）高句丽与隋朝的战争

高句丽，东汉以来称高句骊或高丽。魏晋以降活动在鸭绿江两岸及长白山一带。高句丽是我国历史上曾出现过的一个古老民族，它和我国历史上出现过的其他一些古代民族一样，只存在于我国历史上的一定时期。随着历史的发展，高句丽的后人，或重新组合成另一民族，或融合到邻近民族之中，或迁徙他乡、开疆拓土，创建了自己独立的国家。

高句丽在南北朝时即先后藩属于北魏、北齐和北周，向它们遣使朝贡。北朝先后封高句丽首领为护东夷校尉、辽东郡公、高句丽王、辽东王等。隋朝立国，高句丽王高汤遣使入朝，文帝进授其为大将军、高丽王。隋灭陈后，汤大惧，治兵积谷，为拒守之策。开皇十七年（597），隋文帝致书高汤，责以虽称藩属，诚节未尽，且曰："彼之一方，虽地狭人少，然善天之下，皆为朕臣。今若黜王，不可虚置，终须更选官属，就彼安抚。王若洒心易行，率由宪章，即是朕之良臣，何劳别遣才彦也。"① 汤

---

① 《隋书》卷81《高丽传》。

得书惶恐，将奉表陈谢，会病卒。子元嗣立，上使遣拜元为上开府仪同三司，袭爵辽东公。元奉表谢恩，因请封王，隋许之。十八年（598）二月，高句丽王元帅靺鞨之众万余骑，犯辽西。隋文帝闻之大怒，命汉王杨谅总水陆之师30万伐高句丽。六月，汉王谅军出临渝关，值水潦，馈运不继，军中乏食，复遇疾疫；水军自东莱趣平壤，亦遇风，船多没。于是，隋于九月罢兵师还，死者什八九。高句丽王高元遣使谢罪，兵祸暂时止息。

炀帝继位，东征高句丽之议日烈。众议之代表是裴矩，他认为："高丽之地，本孤竹国也。周代以之封于箕子，汉世分为三郡、晋氏亦统辽东。今乃不臣，别为外域，故先帝疾焉，欲征之久矣。但以杨谅不肖，师出无功。当陛下之时，安得不事，使此冠带之境，仍为蛮貊之乡乎？"变高句丽为隋朝"冠带之境"，在裴矩看来易如反掌，只要"请面诏其使，放还本国，遣语其王，令速朝觐。不然者，当率突厥，即日诛之"。① 炀帝采纳了裴矩意见，终于发生了三次出兵征讨高句丽之战。

第一次出兵。大业八年（612），炀帝亲率100余万军，分24路，伐高句丽，另还有水军由东莱（今山东掖县）渡海。号称200万大军，运输粮饷的民伕更是倍于士卒之数。炀帝认为，大军压境，高句丽必降无疑，故下令诸将，"高丽若降者，即宜抚纳，不得纵兵"②，又规定，凡军事进止，均得奏报，待令而行。隋军渡辽河，围辽阳城（今辽宁辽阳市）。高句丽守军每遇危急，即声言投降，隋军只得停攻驰奏待命。等到请旨回来，守军补充守备，又坚守拒战，故战机屡失。水军在大将来护儿统率下从海路进抵平壤城下，又被高句丽守军战败。大将宇文述等率军渡鸭绿江，攻至平壤附近，遭到高句丽人的坚持抵抗，全军溃于萨水，第一次出兵以失败告终。

第二次出兵。大业九年（613）四月，炀帝亲赴辽东备战，命大将宇文述等率陆军，来护儿仍统水军。炀帝率军渡辽河，攻辽东城。高句丽守军誓死卫城。正在僵持之际，隋军爆发了杨玄感兵变。杨玄感是大贵族杨素之子，时受命督运军粮，因延误军令惧罪，起兵黎阳，进围东都洛阳，很快拥众10万，声威大振。正在辽阳城下督战的炀帝，得知

---

① 《隋书》卷67《裴矩传》。
② 《隋书》卷81《高丽传》。

洛阳告急，密召请将使引军还。"军资、器械、攻具积如丘山，营垒、帐幕按堵不动，皆弃之而去。"① 杨玄感兵变虽很快被炀帝镇压，但第二次出兵也无果而终。

第三次出兵。大业十年（614）二月，炀帝下诏征天下兵，自己驻辽西怀远镇（今辽宁北镇县境），隔辽河与高句丽对峙。来护儿所率水军于七月间在平壤附近取得小胜。高句丽遣使求和，送还去岁逃亡彼处之隋臣斛斯政。炀帝自知难以攻灭高句丽，便借此收兵。隋提出要高句丽王高元入朝，遭到拒绝。炀帝三征高句丽的失败，激化了国内阶级矛盾，加速了隋朝的灭亡。

（二）高句丽与唐朝的和好与战争

唐朝初建，无暇东顾，高句丽也苦于连年兵祸，疲弊不堪，竭求休养生息。武德二年（619）、四年（621），高句丽王高建武（高元异母弟）二次遣使赴唐朝贡通好，并应唐高祖之求，送还流亡高句丽的汉人近万人。唐也让流亡内地的高句丽人返归故里。和好关系确立，使双方经济、文化交往日益频繁。高句丽"种田养蚕，略同中国"。"俗爱书籍……其书有五经及史记、汉书、范晔后汉书、三国志、孙盛晋春秋、玉篇、字统、字林，又有文选，尤爱重之。"② 唐高祖还派遣道士赴高句丽，讲授老子之学，高句丽王高建武"率国人共听之，日数千人"③。当高句丽与朝鲜半岛上的新罗、百济不和时，唐高祖派遣散骑侍郎朱子奢前去调解，使高句丽、新罗、百济和好会盟。贞观十四年（640），高句丽王遣太子恒权入朝献方物，唐太宗也遣使陈大德"入其国，厚饷官守，悉得其纤曲"④。唐初以来双方和好关系一度得到顺利发展。

形势的发展变化，终于导致双方和好关系的逆转。贞观十四年（640），唐太宗出兵高昌，大获全胜，西域诸国悉归附，时北方劲旅东突厥早在10年前内属。北方、西北边陲渐趋稳定，唐太宗将视线移向东方的高句丽。贞观十六年（642），高句丽发生政变，西部酋长泉盖苏文杀高

---

① 《资治通鉴》卷182《隋纪六》。
② 《旧唐书》卷199上《高丽传》。
③ 《新唐书》卷220《高丽传》。
④ 《新唐书》卷220《高丽传》。

句丽王高建武及大臣百余人，立高藏为国王。泉盖苏文自为莫离支（如中国吏部兼兵部尚书），专擅国政，并联合百济，进攻新罗。与唐朝保持友好的新罗求援于唐。唐太宗正想实现"今天下大定，惟辽东末宾"的夙愿，新罗求援成为唐太宗出兵的契机。

贞观十八年（644），唐太宗决意亲征高句丽。以刑部尚书张亮为平壤道行军大总管，率兵4万，战船500艘，从莱州渡海去平壤；命李勣为辽东道行军大总管，率步骑6万进军辽东。次年（645）兵抵辽东，破辽东城、白岩城（今辽宁辽阳市北）、盖牟城（今辽宁盖严县）。但唐军在安市城（今辽宁辽阳之南）遭到高句丽守军的坚决抵抗，久攻不克。同年九月，"太宗以辽东仓储无几，士卒寒冻，乃诏班师"①，此次出师军事上并未达到预期目的。贞观二十二年（648），唐太宗又下令大造船舰、运送军粮，准备明年发30万军再伐高句丽。因唐太宗病死，第二次出兵高句丽才议而未行，备而未动。

唐高宗李治继续奉行征辽东方针，为此采取联合新罗先灭高句丽盟国百济，造成对高句丽腹背夹击之势。显庆五年（660），苏定方率军10万渡海，与新罗合力攻破百济，置熊津等五都督府。乾封元年（666），高句丽莫支离泉盖苏文死，子泉男生、泉男建、泉男产争权，泉男生遣子泉献诚到唐求助。高宗接连派遣大将契苾何力、李勣率军进入高句丽。总章元年（668）攻破平壤城。唐朝在高句丽辖地分置"都督府九、州四十二、县一百，又置安东都护府以统之"②，任薛仁贵为安东都护，驻守平壤，并以酋豪有功者授都督、刺史、令，与华官参治。仪凤二年（677），授高藏为辽东都督，封朝鲜郡王，迁安东都护府于新城（今辽宁抚顺市附近）。不久，高藏与靺鞨联合反唐，事发被流放邛州而死，余众也分迁河南、陇右诸道。武则天垂拱二年（686），封高藏之孙宝元为朝鲜郡王。圣历元年（698），改安东都护府为都督府，封高宝元为忠诚国王，委其统领安东旧户。高句丽人或归于新罗，或分投突厥、靺鞨，"旧国土尽入于靺鞨，高氏君长遂绝"③。归于新罗的高句丽部众，在

---

① 《旧唐书》卷119上《高丽传》。
② 《旧唐书》卷199上《高丽传》。
③ 《通典》卷166《边防二》。

朝鲜半岛上谱写了历史的新一页。

二 渤海与隋唐王朝关系

（一）隋唐时期的靺鞨族

靺鞨居住、活动在粟末水（今松花江）与黑水（今黑龙江）流域。这一民族集团先秦时称肃慎，汉时称挹娄，南北朝时称勿吉。隋唐时期，靺鞨居地"直京师东北六千里，东濒海，西属突厥，南高丽，北室韦"①。俗贵壮贱老，屋宇皆依山水，掘地为穴，开口向上，以梯出入。人民相聚而居，夏日出逐水草，冬天入居穴中。养猪最多，富者数百头，食其肉而衣其皮。隋时靺鞨诸部"俱有酋长，不相总一"。当时靺鞨有数十个部落，其中主要部落有七个，其分布大致如上："其一号粟末部，与高丽相接，胜兵数千，多骁武，每寇高丽中。其二曰伯咄部，在粟末之北，胜兵七千。其三曰安车骨部，在伯咄东北。其四曰拂涅部，在伯咄东。其五曰号室部，在拂涅东。其六曰黑水部，在安车骨西北。其七曰白山部，粟末东南。"其中又以粟末部和黑水部势最盛。

隋文帝开皇初年，粟末靺鞨相率遣使贡献，隋文帝为之设宴，"使者与其徒皆起舞，其曲折多战斗之容"②。其首领度地稽率千余家投隋，居于柳城（今辽宁朝阳一带），隋朝拜为金紫光禄大夫、辽西太守；唐高祖武德年间，唐朝在其地置燕州，任命突地稽为燕州总管。因助唐有功，贞观初官至右卫将军，赐姓李氏，其子谨行官至右卫大将军，封燕国公。永淳元年（682）死后，陪葬乾陵。

黑水靺鞨与唐交往也很频繁。武德五年（622），酋长阿固郎到长安通好，这是见于记载的黑水靺鞨第一次派使者到内地。③ 贞观年间，黑水靺鞨因支持高句丽，遭到唐军屠杀，势力衰微。开元十年（722），唐朝在黑龙江下游两岸黑水靺鞨地区置勃利州，封其首领倪属利稽为勃利州刺史。勃利就是黑龙江、乌苏里江汇合处的伯力（今俄罗斯联邦哈巴罗夫斯克）。开元十三年（725），根据安东都护薛泰建议，在黑水靺鞨地区建黑水军，

---

① 《新唐书》卷219《黑水靺鞨传》。
② 以上引文均见《隋书》卷81《靺鞨传》。
③ 《新唐书》卷219《黑水靺鞨传》。

翌年又设黑水州都督府，"仍以其首领为都督，诸部刺史隶属焉。中国置长史，就其部落监领之"①。开元十六年（728）赐都督李姓，名曰献诚，以云麾将军领黑水经略使，隶幽州都督。自此之后，朝贡不绝，"讫帝世，朝献者十五，大历世凡七，贞元一来，元和中再"②。

开元年间，幽州节度副使安禄山为营州刺史，充平卢节度副使，辖两蕃、渤海、黑水四府。两蕃即契丹和奚，黑水即黑水靺鞨，渤海即渤海靺鞨。封建制度渗透到了靺鞨社会内部，产生了深远的影响。

（二）渤海立国与发展

武则天万岁通天元年（696），契丹首领李尽忠与唐朝发生冲突，攻破营州。李尽忠的队伍中有徙居营州的靺鞨人和其他族人。靺鞨人首领是乞四比羽和乞乞仲象。唐朝为打击契丹，对靺鞨人采取招抚政策，封乞四比羽为许国公，乞乞仲象为震国公，但此策收效甚微。于是，唐朝转而命契丹降将李楷固率兵进击，斩乞四比羽。时乞乞仲象已死，其子大祚荣骁勇善用兵，集靺鞨和高句丽之众大败李楷固，声威大振。圣历元年（698），大祚荣率众至太白山（长白山）东北奥娄河（今牡丹江上游）一带，在东牟山下（今吉林敦化附近）筑城以居，开土拓疆发展力量，"地方二千里，编户十余万，胜兵数万人"③，建立了以粟末靺鞨为主体，吸收部分高句丽遗民以及挹娄、扶余、涉貊、沃沮故地原住民的封建政权——震国，史称为"旧国"。

大祚荣以震为国号，取自其父乞乞仲象曾受唐朝册封为震国公。还有一种解释，《周易》谓"震"指东方，大氏所据之地正属震之方位，具有帝王出于东方之意。不论何种解释，均是明显接受中原政治和文化影响的反映。震国是自称，外族仍以靺鞨称之。

大祚荣建国之初，武则天困于后突厥之扰，无暇东顾。大祚荣为自身安全，也"遣使交突厥"④，使初建的震国得以在两个强邻夹缝中生存和发展。神龙元年（大祚荣八年，705），新继位的唐中宗派遣使臣张行岌赴

---

① 《旧唐书》卷 199 下《靺鞨传》。
② 《新唐书》卷 219《黑水靺鞨传》。
③ 《旧唐书》卷 199 下《渤海靺鞨传》。
④ 《新唐书》卷 219《渤海传》。

靺鞨招慰。大祚荣是一位有远识的政治家，他在营州居住多年，深知中原文化对靺鞨地区发展的巨大作用，亲身感受到唐帝国的强大和繁荣，出于确保自身统治和增强震国实力的目的，接受了唐朝的招谕，并派次子大门艺入侍唐廷，宿卫京师。自此，震国成为唐朝统辖下的一个藩属。

开元元年（大祚荣十六年，713），大祚荣遣王子至唐朝，请求互市和礼拜佛寺。同年，唐朝派郎将崔忻以"敕持节宣劳靺鞨使"① 名义至震国，册封大祚荣为"左骁卫员外大将军、渤海郡王"② 以其辖区至忽汗州，任命大祚荣为忽汗州都督。大祚荣接受册封，并决定废弃靺鞨旧号。改称"渤海"。

渤海国是一个以粟末靺鞨人为主体建立的多民族国家，又是唐朝一个羁縻州。忽汗州都督府，亦称渤海都督府，是唐朝在牡丹江、松花江以东流域建置的政治、军事机构之一。它与唐朝在政治上既是中央与地方的关系，又是藩属关系。渤海国辖境北至黑水靺鞨（松花江和黑龙江下游，后亦为渤海所辖），东濒日本海，西接契丹（今辽宁开原、铁岭一带），南以泥河（今龙兴江）与新罗为邻，下辖五京、十五府、六十二州，有居民十余万户和常备兵数万人。历史上创造了"海东文化"的"海东盛国"由此起步而揭开了序幕。

（三）渤海与中原地区的和好关系

渤海自大祚荣建震国（698），经过武王大武艺（719—737）、文王大钦茂（738—794）的经营，"斥大土宇，东北诸夷畏臣之"③，国力大振。及至宣王大仁秀（819—830）时，南定新罗，"讨伐海北诸部，开大境宇"④。大彝震（831—857）时完善了封建统治体制，经济文化均有鼎足发展，使渤海赢得海东盛国之誉。始于宣王大仁秀的渤海中兴，大体延续至大虔晃（858—871）时期。至大玄锡（872—893），渤海国开始衰落。

渤海国政治生活的一个重要方面是与唐朝和好关系不断发展。大祚荣建国，即接受唐朝册封。他统治渤海22年，是在称藩于唐的前提下，维护和发展双方的政治、经济和文化交往。大祚荣确定的这一政治方向，为

---

① 《旧唐书》卷199下《渤海靺鞨传》。
② 唐鸿胪卿崔忻《井阑题记》刻石，原在旅顺口黄金山麓，现藏日本帝室博物馆，载《满洲金石志》卷1。
③ 《新唐书》卷219《渤海传》。
④ 《新唐书》卷219《渤海传》。

历代渤海王所遵循。除武王大武艺曾出兵从海路进攻登州（今山东蓬莱市），发生过短暂不睦外，近300年间，双方和睦相处，友好往来。这在有唐一代民族关系中是少见的，在我国古代民族关系中也是不多见的。"疆里虽重海，车书本一家；盛勋归旧国，佳句在中华。定界分秋涨，开帆到暑霞；九门风月好，回首即天涯。"① 这是唐代诗人温庭筠送渤海王子归国时写的诗章。诗中把重海相隔的渤海看成车同轨、书同文的一家人，正是这种和好关系的如实写照。

下面从政治、经济、文化三个方面，对渤海与唐朝和好关系的发展作一概述。

政治上和好关系，主要表现在接受唐的册封和朝贡贺正两个方面。首先，渤海接受唐的册封。按照唐朝对诸藩属的惯例，"诸蕃渠帅死亡者，必诏册立其后嗣焉"②。故每逢渤海王去世，唐朝皆派遣大臣为使节，前往忽汗州进行吊唁和对继承者进行册立。开元七年（719）大祚荣死后玄宗"诏赠特进，赐物五百段，遣左监门率上柱国吴思谦摄鸿胪卿持节充使前来吊祭"，并册立其嫡子大武艺为"左骁卫大将军、渤海郡王、忽汗州都督"③。开元二十五年（737），"武艺病卒，其子钦茂嗣立。诏遣内侍段守简往册钦茂为渤海郡王，仍嗣其父为左骁卫大将军，忽州汗都督"④。终渤海十五王中，接受唐朝封爵者，有明确记载的就有大祚荣、大武艺、大钦茂、大嵩琳、大元瑜、大言义、大仁秀、大彝震、大虔晃、大玮瑎10王。其他诸王或记载不详，或因在位不及一年，或因如末王大諲譔即位之时，唐朝已濒于灭亡，无暇顾及。

其次，渤海与唐朝双方使节往返频仍，朝贡贺正不绝。"考渤海十五王中，朝于唐者，凡一百三十二次；朝于梁者，凡五次；朝于后唐者，凡六次。"⑤ 渤海使唐主要任务是朝贡、贺正旦、献方物、派王族入宿侍卫

---

① 《温飞卿诗集》卷9。

② 《通典》卷200《边防十六》。

③ 金毓黻：《渤海国志长编》卷3，世纪上册，东北史丛书铅印本。

④ 《旧唐书》卷199下《渤海靺鞨传》。

⑤ 金毓黻：《渤海国志长编》卷16《族俗考》，下编按，关于渤海与唐朝使者交往，学者多有研究，统计数各异，可参阅王承礼《渤海简史》，黑龙江人民出版社1984年版，第123—129页；朱国忱、魏国忠《渤海史稿》，黑龙江省文物出版编辑室1984年印，第244—257页；陈显昌《渤海国史概要》（四），《齐齐哈尔师范学院学报》1983年第4期。

等。对渤海使臣、留宿卫的王族，唐皇每每召见、赐宴、赠物、封官加爵，关系十分密切。唐朝使者的主要任务是册封、慰抚、吊祭。其中张建章聘问渤海事迹尤值得一书。文宗太和六年（大彝震咸和二年，832），渤海遣司宾卿贺守谦到幽州聘问，幽州节度派张建章以嬴州司马衔赴渤海回访。次年从幽州（今北京）出发，陆行南下到登州渡海，于次年秋抵忽汗州（渤海上京龙泉府），受到大彝震的隆重礼待。张建章在渤海住了一年，临行，大彝震"以丰货、宝器、名马、文革以饯之"①，太和九年（835）返归幽州。张建章著有《渤海记》，"备尽岛夷风俗、宫殿、官品，当代传之"②。《渤海记》已失传，《新唐书》渤海传有关渤海诸王谥号、年号、官制、品秩、地理、交通、物产则多取材自《渤海记》。张建章在介绍海东文化，沟通渤海与唐朝间关系方面是有贡献的。

渤海与唐朝政治关系发展的前提是渤海王接受唐朝的管辖。渤海国相当于一个羁縻州建制。在这一统治体内，一方面是本族首领有权对本族地区按传统方式进行统治，唐朝一般不加干预；另一方面，这些羁縻州府又必须接受所在边州的统领并忠于唐朝。唐朝作为中央政府，还直接向渤海都督府派驻"长史"，就地进行监督。"长史"地位仅次于渤海王及世子（副王），而高居于百官之上。长史，在发展双方关系上起了良好的作用。

政治上和好关系日益发展，必然导致双方经济、文化的密切交流。

经济往来主要有两种形式，一是渤海使臣"每朝必贡土物，而唐帝亦有回赠"。渤海使臣朝唐都要贡献其土特产，见于朝聘的贡品可分为兽类、禽类、水族、药类、金类、制品、杂类7大项42种，另外还有太白山之菟、夫余之鹿、鄚颉之豕、率宾之马、湄沱之鲫、沃州之绵、龙州之绸等珍品。唐朝回赠的物品则有：锦采、绢、彩练、绵、粟、金银器皿等。"其时，使臣即同胡贾之长，名为朝聘，实为交易也。"③ 渤海以朝贡形式与唐朝宫廷王室间的贸易，是当时双方经济往来的一种主要形式。

二是直接进行商业交易。渤海与唐朝贸易中心在登州（山东蓬莱）和

---

① 《唐幽州卢龙节度使押奚契丹两蕃副使张建章墓志》，载干志耿、孙秀仁《黑龙江古代民族史纲》，黑龙江省文物出版编辑室 1982 年版，第 181 页。

② 参阅魏国忠《渤海都督府长史小考》，《北方论丛》1982 年第 2 期。

③ 金毓黻：《渤海国志长编》卷 17《食货考》。

青州（山东益都），互易的商品主要有粟、麦、穄、葵、牡丹、盐、石袼、楷失、榛柃、骨咄角、青鼠皮、银鼠皮、腽鱼皮、雉尾、野豕、螃蟹、鼍龟、木材等。当时渤海有交通五道：鸭绿朝贡道、长岭营州道、扶余契丹道、南海新罗道、龙原日本道，前三道均是通往中原的干线。唐代宗时，在青州设渤海馆，以接待渤海使臣和交通船舶，可见当时贸易之兴盛。渤海产名马，率宾之马尤为出名。马市在双方贸易中占有重要地位。平卢、淄青节度观察使李正已在山东"货市渤海名马，岁岁不绝"①。双方在经济交往中，唐朝以农产品、纺织品和工艺品满足渤海社会的需要，渤海的土特产品也丰富了唐朝宫廷和贵族社会的生活。

渤海与唐朝的文化联系也十分密切。唐朝派往渤海的使臣张行岌、崔忻、张建章等，即是唐朝的代表，也是传播中原文化的使者。渤海也十分重视学习唐朝的先进文化，"其王数遣诸生诣京师太学，习识古今制度"②，攻读儒家经典。开成二年（渤海彝震王咸和七年，837），大彝震一次就派遣了16人到唐朝留学，有6人在长安就学。渤海的学生经常参加唐朝的科举考试。渤海国相乌炤度早年曾在长安考中进士。渤海王还遣使"求写唐礼及三国志、晋书、十六国春秋"③。在渤海王都上京城"设文籍院，以储图书，设胄子监以教诸子弟，稽古有文，颇极一时之盛"④。

中原文化渗透到渤海社会生活各个方面。渤海国仿效唐制，建立了三省六部和京、府、州县及品阶勋爵等各项政治制度，儒学成为渤海社会的统治思想，汉字成了渤海通行的文字。渤海的绘画、雕刻、工艺美术都闪耀着盛唐艺术的风格。贞惠公主和贞孝公主墓、上京龙泉府以及其他考古发现，充分证明了这一点。中原文化对于海东文化的形成和发展，影响是十分巨大的，海东文化实际上是在盛唐文化影响下形成的一种民族文化。

（四）渤海国灭亡后其遗民的归向

大玄锡（872—893）时，渤海国开始衰落，唐王朝也为农民起义所困。朱温建梁代唐，正逢渤海末王大諲谍时期（907—926）。大諲谍继续

---

① 《旧唐书》卷124《李正已传》。
② 《新唐书》卷219《渤海传》。
③ 《唐会要》卷36《蕃夷请经史》。
④ 金毓黻：《渤海国志长编》卷16《族俗考》。

与中原王朝保持和好关系。终后梁之世（907—923），渤海遣使进贡凡六次，其贡使如崔礼光等，得到梁朝封爵和赏赐。后唐灭后梁，渤海朝贡如常。终后唐之世（924—936），渤海进贡凡七次，其中贡使有王子大禹谟、大元让、大昭佐及王侄大元谦。

渤海与五代诸小朝廷和好，无法改变日益受到契丹威胁的现实。辽太祖神册元年（渤海大諲譔十年，916），渤海西邻契丹的耶律阿保机称帝建辽，"以渤海土地相接，常有吞并之志"①，为缓和契丹咄咄逼人的攻势，大諲譔十二年（辽太祖神册三年，918）渤海遣使契丹进贡，但未能改变契丹东征的既定方针。辽太祖天显元年（大二十年，926）耶律阿保机向渤海发动全面进攻，精骑直趋忽汗城（渤海上京）。大諲譔兵败，献城投降，渤海国亡。从大祚荣建国（698）到大諲譔献城投降（926），传15王，历228年。

渤海国亡后，辽太祖把渤海国改称为东丹国（东契丹之意），封长子耶律倍为"人皇王"，作为东丹国王，同时在东丹国的有名无实的官职上掺插了渤海贵族官僚。渤海国遗民一部分仍留居原地，也有相当部分被强制迁至燕、辽东和契丹故地，至金代有些又被迁到山东一带。无论留居的，还是迁徙的，经过辽、金两代，渤海人逐渐分别融入契丹、女真、汉诸族之中，但以直接或间接融入汉族的为多。辽初，治理渤海人即"一用汉法"②。金代后期，对渤海人已视同汉人。元时渤海人已成为"汉姓八种"之一，③ 渤海之称不复见于史载。渤海国亡后，还有一部分遗民亡入高丽。据朝鲜史籍记载，"自太祖天授九年④讫二十一年之十三年间，渤海官民先后来奔者，共十一次，人有数万之多"⑤。高丽王天授十七年七月，渤海王世子大光显率众数万投奔高丽，这是规模最大的一次。当辽太宗耶律德光强迁东丹国渤海人于辽阳时，又有部分渤海人亡入朝鲜半岛之新罗、百济，综合《高丽史》《东国通鉴》记载，渤海人流徙朝鲜半岛的，总计有数万户，十余万人。⑥

---

① 徐松辑：《宋会要辑稿》第197册《蕃夷四》第8册，中华书局1957年版。
② 《辽史》卷72《义宗倍传》。
③ 陶宗仪：《南村辍耕录》卷1《氏族》。
④ 高丽王太祖王建在位年是918—943年。
⑤ 金毓黻：《渤海国志长编》卷16《族俗考》。
⑥ 参阅金毓黻《渤海国志长编》卷2。

三 契丹、奚、室韦诸族与隋唐王朝关系

(一) 契丹与隋唐关系

契丹源出鲜卑，是鲜卑宇文部的一支。隋开皇四年（584），契丹首领莫贺弗遣使请降，拜大将军。次年契丹多弥遣使贡方物。契丹部内安定，部势渐强，"依托纥臣水（今老哈河）而居，东西亘五百里，南北三百里，分为十部，兵多者三千，少者千余，逐寒暑，随水草畜牧"①。大业元年（605）契丹扰营州，隋联合突厥启民可汗击之。经过这次战争，契丹损失惨重，元气大伤。

唐高祖武德年间，契丹首领屡次遣使请内附。武德六年（623），契丹大贺氏部落酋长咄咄陆遣使贡物。贞观二年（628）大贺氏部落首领摩会率其部众来降。明年，摩会复入朝，唐太宗赐以鼓纛。鼓和纛是权力象征，唐朝承认和支持了大贺氏在契丹诸部的统治地位。

贞观二十二年（648），契丹帅窟哥举部内属，乃置松漠都督府，以窟哥为都督，赐姓李。又以其别帅达稽等部为峭落等九州各以其部主为刺史，并置东夷校尉官于营州管理之。自此之后，契丹正式接受唐朝的行政统治。

武则天万岁通天元年（696）五月，由于唐营州都督赵文翙政策失措，契丹大贺氏首领、松漠都督李尽忠和归诚州刺史孙万荣联兵反唐攻陷营州，杀赵文翙。"尽忠自号天上可汗，以万荣为将，纵兵四略，所向辄下。"② 八月间，契丹武装力量在西硖古黄麕谷（今河北卢龙附近）与进剿之唐军激战，唐军被歼。十月，李尽忠病死，孙万荣继为首领，势力一度达到今河北南部。神功元年（697）三月，唐再遣王李杰等将兵 17 万与孙万荣战于东硖石谷，唐兵又大败，李杰死亡。后由于奚族贵族倒戈，后突厥奴隶主不断袭击松漠地区掳掠人口，使契丹处于腹背受敌的境地，终于导致反唐斗争的失败。大贺氏统治由此势衰，只得依附后突厥默啜以自保。开元三年（715），李尽忠从父弟失活"以默啜政衰，率种落内附"③。玄宗赐以丹书铁券，以示安抚，并于次年重置松漠都督府和各州，以李失

---

① 《隋书》卷 84《契丹传》。
② 《新唐书》卷 219《契丹传》。
③ 《旧唐书》卷 199 下《契丹传》。

活为都督，封松漠郡王，同时置静析军，以李失活为经略大使。开元五年
（717），唐朝以皇族外甥女杨氏为永乐公主，和亲李失活。六年李失活病
死，玄宗派使臣吊祭。继李失活之后，大贺氏首领依次是娑固、郁于、咄
于和邵固，契丹和唐朝和好相处。

契丹大贺氏统治到邵固时，内部矛盾日趋激化，开元十八年（730）
以可突于为首的一部分契丹贵族，杀死邵固，结束了大贺氏统治，推遥辇
氏首领屈列为契丹首领。契丹内部变乱，并未影响与唐朝的关系，主要通
过朝贡、赏赐、授予官职以及多渠道经济文化交流，来体现双方和好关系
的发展。契丹"岁选酋豪数十人长安朝会。每引见，赐与有秩，其下率数
百皆驻馆幽州"①。契丹使者在沿途各地，特别是在长安、洛阳、幽州等
地购买物品，同时也带来契丹各种土特产品供交换之用。和好关系发展还
体现在和亲的继续。开元十年（722）燕郡公主和亲郁于，开元十四年
（726）东华公主和亲邵固，天宝四年（745）又有静乐公主和亲遥辇氏首
领松漠都督崇顺王李怀秀。

但是，安禄山破坏了契丹与唐朝的和好关系。

天宝三年（744）以平卢节度使安禄山兼苑阳节度使。苑阳节度使监
制奚契丹。安禄山欲以边功市宠，数侵掠奚契丹。天宝四年（745），刚与
唐朝和亲的李怀节杀静乐公主而反唐。唐镇压了李怀节的反唐后，于天宝
五年（746）更立其酋楷洛为恭仁王，代为松漠都督。契丹又恢复对唐的
朝贡。"至德（756—757）宝应（762）时再朝献，大历（766—779）中
十三，贞元（785—804）间三，元和（806—820）中七，大和（827—835）、
开成（836—840）间凡四。"②会昌二年（842）契丹在唐朝支持下，击败
回鹘，唐拜契丹首领屈戍为"云麾将军、守右武卫将军"，"赐唐新印，
曰'奉国契丹之印'"。③唐朝衰亡，契丹迭刺部的耶律阿保机在征战中崛
起于北方。

（二）奚与唐朝的关系

奚始见于北魏，称库莫奚，驻牧漠水（今西拉木伦河）中游和土河流

---

① 《新唐书》卷219《契丹传》。
② 《新唐书》卷219《契丹传》。
③ 《新唐书》卷219《契丹传》。

域（今老哈河）。隋时，奚分五部，附于突厥。突厥臣隋后，奚亦遣使入隋。大业时，常遣使贡方物。

贞观四年（630）东突厥汗国亡。是年八月"奚、霫、室韦等十余部皆内附"①。至此，辽海以北广大地区基本上纳入唐朝版图。贞观二十二年（648）奚首领可度者率部内属，唐以其地置饶乐都督府，"拜可度者使持节六州诸军事，饶乐都督，封楼烦县公，赐李氏"，② 并以五部各置州，以部首领为刺史，对奚实行羁縻统治。唐朝于营州置东夷校尉，管辖饶乐和松漠两都督府。

高宗时奚和唐关系一度紧张。之后奚又参加契丹李尽忠、孙万荣的反唐斗争。开元三年（715），奚首领李大酺遣大臣奥苏梅落请降，玄宗复置饶乐都督，封大酺为饶乐郡王，拜左金吾员外大将军、饶乐州都督。开元五年（717）李大酺入朝，玄宗封外甥女辛氏为固安公主妻之。开元八年（720）契丹可突于作乱，李大酺助唐讨之，战败被杀，其弟李鲁苏继饶乐都督。开元十年（722）李鲁苏入朝，"诏令袭其兄饶乐郡王、右金吾员外大将军兼保塞军经略大使……仍以固安公主为妻"。后"诏令离婚，复以成安公主之女韦氏为东光公主妻之"。③ 天宝四年（745）玄宗又以宗女杨氏为宜芳公主和亲饶乐都督、怀信王李延宠。

政治上和好关系的发展，双方经济文化交往也有明显增长。开元年间，奚朝贡次数增多，主要贡物有麝香、豹尾等，唐朝回赐物主要有缎、绫、绢、帛等。中原的织物，奚地的土特产，互通有无，满足了双方的需求。

安史之乱使奚和唐的和好关系受到严重损害。奚也在流血争斗中大伤元气，为新兴的回鹘所羁属。回鹘在奚地设监护使，还"以女妻奚王"④。奚虽然羁属于回鹘，但与唐朝的交往并未中断。在奚羁属回鹘的80余年间，奚使到长安，据不完全统计有31次，其中多数为朝贡，也有贺正旦、求册封。奚使团有时由奚王亲自率领，多达数百人。鉴于奚使往来频繁，

① 《资治通鉴》卷193《唐纪九》。
② 《新唐书》卷219《奚传》。
③ 《旧唐书》卷199下《奚传》。
④ 《新唐书》卷212《朱滔传》。

人数众多，从元和十一年（816）起，唐朝规定，每当奚使团行至幽州时，从中"选其酋渠三五十人赴阙，引见于麟德殿，赐以金帛遣还，余皆驻而馆之"。①

唐末，契丹强盛，征服了包括大部分奚在内的周邻各族。在辽朝200余年时间里，相当一部分奚先融合在契丹，后又融合于汉族和其他民族。

（三）室韦与隋唐关系

室韦之名，始见于北魏，系"契丹之类也"②。分南室韦、北室韦、钵室韦、深末怛室韦、大室韦五部，互不相属，后又分为20余部，分布在东至黑水靺鞨，西邻突厥，南抵契丹，北达于海，今黑龙江上游两岸及额尔古纳河一带。隋初依附于突厥，"突厥常以三吐屯总领之"③，但室韦也直接向隋遣使贡方物；还与高句丽、契丹等邻近诸族多有交往。

唐武德八年（625）、贞观三年（629），室韦相继遣使朝贡。贞观三年唐设师州，"领契丹室书部落，隶营州都督"④，对室韦实施羁縻统治。武则天时，后突厥兴，加之契丹李尽忠反唐，室韦与唐朝联系一度中断，受制于后突厥。室韦无法忍受突厥凌压，于"景龙初，复朝献，并请助讨突厥"⑤，开元天宝间，连年入贡。开元十九年（731）二月，"室韦遣使贺正，授将军，放还蕃"。"十月癸巳岭西室韦遣使来朝，赐帛五十匹，放还蕃。""开元二十年（732）三月壬戌，室韦大首领薛渤海恍来朝。授郎将，赐帛五十匹，放还蕃。"⑥ 自唐初至此百余年间，室韦和唐朝在政治关系方面增加了新的内容。不仅室韦朝贡于唐，而且接受唐朝册封将军、郎将等官职。在经济交往上也有增长，室韦入贡的主要物品是貂皮，用以换回所需的手工业品和农产品。

安史之乱，室韦与唐朝交往一度中断。至代宗时关系复通。大历（766—779）中频遣使来贡。德宗以后，关系又有新的发展。贞元八年

---

① 《旧唐书》卷199下《奚传》。

② 《隋书》卷84《室韦传》。关于室韦族源有五种说法，即鲜卑说、肃慎说、丁零说、乌桓说、自成一系说、可参阅孙秀仁等《室韦史研究》，北方文物杂志社1985年版，第1—12页。

③ 《隋书》卷84《室韦传》。

④ 《旧唐书》卷39《地理志二》。

⑤ 《新唐书》卷219《室韦传》。

⑥ 《册府元龟》卷975《外臣部褒异二》。

（792）室韦遣使至唐，唐朝任命室韦首领和解热素为室韦都督，次年又任命阿朱为室书都督。文宗大和五年（831）至八年（834）3次遣使赴唐。九年十二月室韦大都督阿成等30人朝唐。会昌二年（842）十二月，武宗"御麟德殿，引见室韦大首领都督热论等十五人"①。

有唐一代，室韦由附于突厥转而附唐，后突厥兴，又一度为其羁属，后突厥亡，室韦正式接受唐朝官职，成为唐朝管辖下的一个蕃属。及至唐末，在社会大动乱中，室韦诸部西徙和南迁，发展成为蒙古族先世的一支。

（本文首发于翁独健主编《中国民族关系史纲要》，中国社会科学出版社1990年版）

---

① 《唐会要》卷96《室韦下册》。

略论高句丽历史研究中的相关问题

高句丽（丽亦作骊，简称句丽和高丽），是汉至唐代我国东北地区一个具有重大影响的少数民族的族称，也是该族人民建立的政权的国号。高句丽国的建立，标志着高句丽族在形成过程中已凝聚为一个牢固的政治实体而登上历史舞台。它的建立，一方面加速了高句丽族的进一步形成和发展，推进了古代中国东北地区政治、经济和文化的发展；另一方面，由于高句丽国历代多数国王奉行对四邻民族掠夺和扩张的政策，不仅给近邻民族居民，也给高句丽族人民带来了深重灾难，最终导致了高句丽族的解体和消失。

高句丽国建于西汉建昭二年（前37），自始祖朱蒙至末王高藏，前后更迭28王，历经705年，于唐总章元年（668）被唐与新罗联军灭亡。高句丽族共同体由出现至消失，则比高句丽国存在时间要长得多。高句丽国由弱变强，反映了高句丽族的发展壮大；高句丽国的灭亡，使高句丽族解体、消失。据史载，在高句丽国第三世国王高无恤（又作莫来，18—44年在位）时，高句丽族开始崛起；至第二十世国王高琏（413—491年在位，号长寿王）时，进入鼎盛期。高句丽国的灭亡，虽有种种内外原因，但主要是到了第二十七世国王高建武时，贵族集团为争夺权位，高建武及百余名重要的文臣武将被盖苏文戮杀。时隔20年后，盖苏文三个儿子为争夺继承父位，又起内讧，各树朋党，相互攻杀，丧尽高句丽国元气。高句丽国盛时控制的区域，东临日本海，西至今辽宁省境辽河，南约达朝鲜半岛汉江一线，东北有栅城（今吉林省珲春市）地，西北至今松花江为限。① 长寿王于公元

---

① 《魏书》卷100，《高句丽传》载北魏世祖派员外散骑侍郎李敖册封高琏时"访其方事"，高句丽人说，其地"东至栅城，南至小海，北至旧夫余"。参见王锺翰主编《中国民族史》，中国社会科学出版社1994年版，第164页。

427 年将王城由今吉林省集安市迁至平壤城（今平壤市）。这一大致区域和王城所在，一直延续至高句丽国灭亡。境内行政建置分州、县两级，而高句丽旧有的五部组织同时存在。

上述历史表明，研究高句丽历史，不仅能了解高句丽族是如何形成、发展和消失的，而且对于探明东北地区史、古代中国边疆史、隋王朝灭亡史、汉族等民族发展史以及与今邻国关系史中的许多问题，都具有重要意义。

一 高句丽是我国东北历史上的少数民族政权

高句丽是我国古代东北的少数民族。周秦之际其先人就生活在浑江、鸭绿江流域，中心区域在今辽宁省桓仁县、新宾县，吉林省集安市、通化县一带。

高句丽的先人还处在部落状态时，即臣服朝贡于周。汉属玄菟郡，汉政府通过高句丽县地方官吏对高句丽人进行实际管辖。公元前 37 年（西汉元帝建昭二年），高句丽在汉玄菟郡管辖范围内建立政权，史书记为高句丽国，实质上是在汉玄菟郡内的一个少数民族政权。当时的都城称纥升骨（今桓仁县境）。公元 3 年（汉平帝元始三年，高句丽琉璃明王二十二年）冬，高句丽迁都国内城（今集安市区内，石筑城垣尚存）。公元 427 年，迁都平壤（今平壤市区内）。公元 668 年（唐高宗总章元年），高句丽被唐朝和新罗联军灭掉。至此，在我国东北历史上存在了 705 年的少数民族政权——高句丽国家消亡了。

我国学者大都认为高句丽民族是我国东北历史上的一个民族，高句丽国家是我国东北历史上的少数民族政权，主要基于以下几方面原因：

第一，从高句丽民族起源看，我国学者目前研究情况尽管存在一些分歧，大体上有秽貊说、夫余说、高夷说、商人说、炎帝说等，但无论何种说法，都是在周秦之际我国东北的范围之内。周人一直认为"肃慎、燕、亳，吾北土也"，可以说，周武王克商以后，周人对东北地区的经营是很明确的，势力已超越今日东北的范围。大量历史文献证明，高句丽民族的先人一直生活、繁衍在周秦以来我国东北地区之内。

多年的考古调查与发掘证明，浑江流域一些新石器时代晚期至青铜时代的文化遗存，如桓仁县台西沟遗址、姚山遗址、凤鸣遗址，集安市大朱仙沟遗址、二道崴子遗址、荒崴子遗址、东村遗址，通化市王八脖子遗址等，都应该是高句丽人建国前的文化遗存。这一地区文化的叠压关系明确，下层为新石器晚期至青铜时代文化，其上面叠压着汉代文化，再上层则为高句丽建国后的文化。

可以这样说，高句丽民族的先民及其文化遗存，都在周秦以来我国东北范围之内。这个民族应该是我国东北历史上的一个民族。

第二，从高句丽国家建立情况看，国内外学者大都认同公元前 37 年（西汉元帝建昭二年）建国，都于纥升骨。今辽宁桓仁县城附近有一座平原城下古城子，还有一座山城五女山城，考古调查与发掘证明，这里是高句丽的早期都城，当时属汉玄菟郡管辖范围。

远在高句丽建国前，西汉王朝就已开始对东北广大地域实行行政管理。公元前 108 年（汉武帝元封三年），先后置玄菟、乐浪、临屯、真番四郡，管辖范围包括我国东北和朝鲜半岛北半部。后来四郡有变化，玄菟郡郡治迁徙，玄菟郡内大县高句丽县一直隶属于玄菟郡或辽东郡。在玄菟郡内高句丽县附近建立起的高句丽国家先后臣属汉玄菟郡、辽东郡，不断上表称臣、朝贡，也从玄菟、辽东郡领回汉王赏赐的衣帻冠服等。

1975—1976 年，在对集安国内城进行考古调查与试掘时，在高句丽石筑墙垣内发现了汉代土筑城垣，出土了汉代铁器、陶器等文物，这充分证明高句丽建国前就已接受西汉王朝的行政管理。

高句丽国在存在的 705 年间，曾向玄菟、辽东、乐浪等地扩张，都城几迁，无论是都纥升骨、国内城，还是平壤城，其政权性质没有变，高句丽都应该是我国东北历史上的少数民族政权。

第三，从灭国后高句丽人的流向看，公元 668 年（唐高宗总章元年）高句丽国亡后，唐凡收其民"户六十九万"（《新唐书·高丽传》）。这应该是当时高句丽国的总户数，其中包括许多非高句丽族户。高句丽族户数在 15 万左右。他们的流向，学者们认为有四个方面：迁居中原各地，投入新罗，投奔靺鞨（渤海），散入突厥。我国学者最近研究成果表明，高句丽灭国时，高句丽族人约有 70 万人，迁居中原各地近 30 万人，投归新罗的约 10 万人，投奔靺鞨（渤海）的 10 万以上，散奔突厥万余人，凡

50多万人。再加上散居辽东等地"遗人"、战争死亡人，总数与高句丽族人数基本一致。其中只有投入新罗、留居半岛今龙兴江以南的约10万高句丽族人融入半岛民族，而大多数都融入了汉族人中。从这一点看，把高句丽民族作为我国东北历史上的少数民族是符合历史事实的。

基于以上几点，我们在对外宣传上，应该明确指出，高句丽是我国东北历史上的少数民族，高句丽政权是我国东北历史上的少数民族政权。高句丽都城迁徙及战争、交流、臣属、朝贡都属于我国东北史的范畴。高句丽与中原王朝的关系是地方政权与中央政权的关系，因此，隋、唐征高句丽不是侵略战争，而是中央为加强地方管理进行的统一战争。

过去，很多学者认为范文澜先生在《中国通史》中将高句丽说成是朝鲜的，其实是误解。范先生在第二编第三章中写道："高句丽，在辽东、玄菟两郡的东面，夫余、挹娄的南面，属玄菟郡管理。"明确指出高句丽是归玄菟郡管理的一个地方政权，只是在第三编第一章讲"这里所说侵略是专指（隋）对高丽的三次战争"。

对谭其骧先生的见解应注意，他认为："历史上的高丽（高句丽）……当它在鸭绿江以北的时候，我们是把它作为中国境内一个少数民族所建立的国家的……但是等到5世纪时它把首都搬到了平壤以后，就不能再把它看做中国境内的少数民族政权了，就得作为邻国处理。不仅它在鸭绿江以南的领土，就是它在鸭绿江以北辽水以东领土也得作为邻国的领土。"（1981年在中国民族关系史研究学术座谈会上的发言，后发表于《中国边疆史地研究》1991年第1期）谭先生在《中国历史地图集》编绘中也依照了这一思想。

现在有些学者认为谭其骧先生是权威学者，他的见解又贯彻于他主编的《中国历史地图集》之中，因此，今天我们要修改这一提法宜慎重。在对外宣传方面，关于427年高句丽迁都平壤以后，高句丽政权的归属可考虑采用含混一点的中性提法。其实，谭其骧先生的见解今天朝、韩学者也并不认同，他们认为："把一个国家历史可以通过时代来看，却以首都的位置来分的逻辑是不能成立的。这不能不说是以现在的领土观点来阐述的，是中国人自意性解释。"所以今天我们可以根据我国大多数学者已达成共识的见解来进行宣传。至于学术上存在不同见解，一鼓励深化研究，二可以求同存异。

二　我国历史教科书中对高句丽提法的变化与说明

我们这里所说的历史教科书，主要是指国家教育部门认定的，供我国中学、大学使用的历史教材。随着教育事业的发展、历史研究的深入，修改教科书是很正常的。

20 世纪 50 年代，中学世界史教科书朝鲜一节把高句丽说成是古代朝鲜的一个国家，中国史教科书把隋、唐对高丽的战争说成是对外侵略战争。

直至 80 年代，1981 年出版的中学《世界历史》教科书上册，仍然把高句丽作为朝鲜半岛北部的奴隶制国家。

大学历史教材中，以世界中世纪史部分最有代表性。

50 年代中期，一部分《世界中世纪史》中把箕子朝鲜、卫氏朝鲜和高句丽都作为朝鲜古代国家进行介绍。也有的教材不提箕子朝鲜、卫氏朝鲜和高句丽，如 1956 年高等教育出版社出版的《世界中世纪史讲义》。

60 年代，教育部门推出统编教材，周一良等主编的《世界通史》中世纪部分将箕子朝鲜、卫氏朝鲜和高句丽都作为朝鲜古代国家，而高句丽更详尽些。

1978 年，教育部门组织 14 所院校合编的《世界古代中世纪史》提到，高句丽是在中国兴起的一个跨国界的民族。

1985 年人民教育出版社出版的孙义学主编的《世界中世纪史》、1990 年北京大学出版社出版的朱寰主编的《世界上古中古史》等高校教材，对高句丽的提法发生很大变化，认为高句丽是建立于以集安为中心的辽东和鸭绿江流域的古代政权。

1997 年，人民出版社将各院校统编教材作为《世界通史》教材（6卷本）出版，客观地叙述了历史，将箕子朝鲜、卫氏朝鲜、高句丽作为中国北方封国和少数民族政权来处理，把隋唐征高丽看成是维护统一的战争。

十分明显，我国大、中学历史教科书在高句丽的提法上有明显的变化，由 50 年代将其作为朝鲜古代国家，变成今日作为中国东北历史上的少数民族政权。出现这种变化的原因主要有以下几方面：

第一，由于国内外政治气候的影响。那就是 50 年代，我国各方面都在恢复、发展，全国上下开展抗美援朝运动，中朝两国人民友好、团结成为一种政治潮流，无论是研究论文，还是出版书籍，都围绕着中朝友谊做文章。

第二，从学术研究状况看，我国学者对东北地区古代封国和民族政权还缺乏研究，没有专门的研究著作，论文亦不多。在编写教材，特别是关于世界史教材方面，受苏联《世界通史》和日本《东洋史大系》影响较大。

第三，改革开放以来，特别是近几年来，我国学者加强了对东北地区古代历史与文化的研究，对高句丽民族与政权的归属问题，形成了趋于一致的意见。一些大、中学历史教材不同程度地反映了学者们的研究成果，于是出现了提法上的某些变化。

由于手头缺乏 50 年代到 70 年代系统的历史教材，建议组织有关力量对新中国成立以来出版、使用过的历史教科书进行全面检查，同时对教材修改时出版发行的有关文件进行清理，这样会使我们对历史教科书中关于高句丽提法的变化过程有一个更为全面的了解。

三　高句丽、高丽和朝鲜族不能混同

高句丽是我国东北历史上的一个少数民族，他的族源不是单一的，有主源非主源之别。她的主源应是秽貊族解体后东迁的各支后裔——高夷、夫余、沃沮、小水貊（梁貊）、秽等。高句丽出自秽貊族系，不仅有汉安帝在建光元年（121）诏书中称高句丽为"秽貊"可证，而且直到 5 世纪后期，还有南齐官员称之为"东夷小貊"（《册府元龟·外臣部·备御二》，《南齐书·高丽传》）。

此外，还有一批非秽貊族系的成员先后融入高句丽族，如古代朝鲜遗民、汉族人、鲜卑人、肃慎人，还有荇人、盖马、契丹、百济人等。

高夷人最先使用了高句丽这一称号。高句丽在古籍中也作高句骊，学者们对高句丽名称来源的解释也各有不同，有喜居山城、其地山高水丽等。高句丽称号在公元前 109 年汉武帝征朝鲜前就已经存在。《后汉书·高句丽传》明确说："武帝灭朝鲜，以高句丽为县，使属玄菟。"《汉书·

地理志》也载玄菟郡中的居民有"句丽蛮夷"。

公元前108年（汉武帝元封三年）"起玄菟、乐浪，以断匈奴左臂"（《史记·韦贤传》）。玄菟郡始设使领有高句丽、西盖马、上殷台诸县。高句丽县之名应该是因高句丽人聚居而得。此后，汉玄菟郡不断加强对高句丽县等地方的管理。也可以说，高句丽人至迟在汉武帝时已生活在玄菟郡内，成为汉政权管辖之下的编户齐民。汉元帝建昭二年（前37），高句丽人在他们居住的中心地区建立起民族政权，尽管称高句丽国，一直也没有脱离汉玄菟郡和辽东郡的管辖区域。

随着中原政权更迭，对北方管理机构及政策的变化，高句丽政权在玄菟、辽东地区发展、扩张，始终没有改变其作为我国东北历史上少数民族政权的性质。这从高句丽同中原及北方政治、经济、文化的联系，不断接受中原及北方甚至江南政权的册封，不断臣属、朝贡等方面可以得到证明。

公元668年（唐高宗总章元年），高句丽国灭，高句丽族民流入中原、东北和朝鲜半岛各族之中，尤以融入汉族的占大多数。

高句丽政权存在时，史家们有时记为句丽、高丽。到了隋唐时期，中原史家和高句丽人大都习惯称高句丽为高丽。这本来是很正常的事，但由于918年朝鲜半岛又出现一个高丽王朝，人们往往将其混淆，其实这是两个截然不同的政权。

高句丽简称高丽，这个民族和政权都兴起于汉玄菟郡，其王族以高为氏，活动区域在今中国东北和朝鲜半岛北半部。

918年建立的高丽王朝，因其第一代王是王建，人们称其为"王氏高丽"。我们不否认王建政权以"高丽"命名有兴灭继绝之意，然而它却是在高句丽政权灭亡250年后建立的，都城开京（今朝鲜开城），其活动范围没离开朝鲜半岛。

高句丽简称高丽，与王建的王氏高丽无论从时间上、活动地域上，还是从王族姓氏上、治下臣民的组成上都存在着根本区别，是不应该混淆的。

现代的朝鲜族人是在高句丽国家灭亡以后，经过长时间的民族融合与交流，以新罗人为主体形成的。在融合过程中也包括留在朝鲜半岛上的少数高句丽人后裔、渤海人、汉人等。19世纪中叶以后，一部分朝鲜人从半岛迁入我国，成为今日我国境内的朝鲜族。

通过以上叙述，高句丽、高丽和朝鲜族是有区别的，不应混同起来。

需要指出的是，高句丽民族和国家在7世纪中叶以前漫长的岁月和历史发展中，在我国东北地区创造了灿烂的文化，至今仍保留着大量的遗迹遗物。辽宁省桓仁县有高句丽第一个都城遗址下古城子、五女山城，那里有高句丽古墓、壁画、遗迹、遗物。吉林省集安市有高句丽都城国内城、丸都山城以及洞沟古墓群、高句丽古墓壁画、好太王碑和大量出土文物。从吉林省的延边、吉林、通化、白山，直至辽宁省本溪、抚顺、铁岭、沈阳、丹东，都保存着不同数量的高句丽古城、古墓和各种遗迹、遗物。多年来的考古发掘证明，高句丽文化层叠压在汉文化层之上。这些遗迹、遗物不是现代朝鲜族的文化，也不是王氏高丽的文化遗迹，而是我国东北古代民族高句丽人的文化遗产，理所当然是我国的文物古迹。1961年以来，国务院先后将洞沟古墓群（包括好太王碑）、丸都山城、五女山城、凤凰山城等公布为中华人民共和国国家级重点文物保护单位。辽宁、吉林两省各级政府也将有关高句丽遗址公布为省、市（县）级重点文物保护单位。

四 现在居住在中国东北地区的朝鲜族是移民民族

首先要明确两个概念，即"朝鲜人"与"朝鲜族"的称谓问题。按现代国际上通行的国籍法规定，如果称"××人"，意为外国人或外族人；如果称为"××族"，它是属于某国本国的公民，即本国族人。在民族学上，这两个概念是可以通用的，但在国籍法上，在外交上，是明确的，是有严格规定的。

我国是一个统一的多民族国家，有56个民族，其中，有的民族有史以来就是我国世居民族，如汉族、满族等；有的是跨国民族，如傣族、蒙古族、哈萨克族等；有的是移民民族，如朝鲜族。

中国朝鲜族不是在中国土生土长的民族，而是从朝鲜半岛迁徙到中国的民族。而且是在我国的移民民族中迁移到中国的历史最短的民族之一。

朝鲜民族是朝鲜半岛上的居民经过了新罗王朝—高丽王朝—朝鲜王朝而逐渐形成的。

虽然从朝鲜半岛只有古代国家新罗一个政权以后，历代都有部分朝鲜半岛的人因各种原因迁移到中国大陆，长期居住，但都逐渐融入了汉族之中。朝鲜族作为一个民族迁移到中国的历史是从 19 世纪中后期开始的。目前，无论是我国政府文件，还是绝大多数的国内外学者，都公认是 19 世纪中叶以后开始的。

1840 年以后，由于沙俄等列强加紧对我国东北的侵略，清朝感到边疆危机，同时，为了解决财政困难，决计求助于"招民试种"，所以，关内各族人民大量进入东北开荒种地。但边境地区封禁仍很严，尤其防止外国人越垦定居。

1860 年至 1870 年，朝鲜北部地区连年发生严重水、旱、虫灾，朝鲜无数民众为求生路，不顾政府禁令，大批越江，到江北中国境内垦荒居住，是为朝鲜大批流民越江垦荒定居之始。朝鲜移民公开犯禁迁入时期，也是公认的朝鲜族作为一个民族共同体迁入中国东北地区的起点，尤其是到吉林延边地区越江垦居人数最多。

日本侵占朝鲜后，不仅大批朝鲜边民越境来华，而且大批朝鲜半岛南半部的民众，也不堪日本的侵略和压迫，纷纷举家北迁至中国东北。这时移民至东北地区的人数越来越多。

特别是从 1931 年"九一八"事变以后到 1945 年，日本帝国主义为了长期侵占我国东北，有计划地、集团式地向中国东北进行移民，其中虽主要为日本人，但也有大批的作为日本"皇民"的朝鲜人，组成"拓殖团"，向中国东北各地（主要是南满和北满）实施"开拓移民"计划，使大批朝鲜人移居我国东北。1945 年"八一五"光复后，虽然有一部分朝鲜人又回到朝鲜半岛，但还有一部分仍留居东北。

自清朝到民国，对从朝鲜半岛上移民至中国东北和关内的朝鲜人，中国政府都没有给以明文认可，没把他们作为"国人"看待，而是称他们为"朝鲜人""高丽人""韩国人"。直至东北解放前夕的 1946 年，他们才正式得到中国共产党的认可：朝鲜族是中华民族大家庭的一员。

抗日战争时期，他们与中国其他各民族一起反抗日本帝国主义的侵略和民族压迫，与中国各族人民同生死、共患难，浴血奋战，为抗日战争的最后胜利立下了不朽的功勋。但 1945 年"八一五"光复时，他们大批返回朝鲜半岛，建设自己的新国家。留下的朝鲜人则参加了中国革命和建设。朝鲜战争爆发后，又有一批人参加了中国人民志愿军和朝鲜人民军。朝鲜战争停战后，根据中朝两党、两国政府的协商，又留下一批人充实朝鲜干部队伍，还有的举家迁回朝鲜，参加朝鲜革命和建设。留在中国的朝鲜人绝大部分加入了中国国籍，作为中华民族大家庭的平等一员。20 世纪 60 年代初，根据中朝（朝鲜）双方商议规定，关内的朝鲜人定为朝鲜侨民，关外的朝鲜人定为中国朝鲜族人，但他们也有自己选择国籍的自由。所以关外的朝鲜人也有极小部分加入朝鲜国籍，作为朝鲜侨民生活在中国。而作为韩国侨民的乃是 90 年代以后的事情了。

但是，关于中国朝鲜族迁入史的起点问题，还有两种不同看法：一种认为起于明末清初，还有一种认为甚至应追溯到中国元代与明朝。

在这里，我们感到有必要说明一下：现在居住在东北的朝鲜族人与古代东北的高句丽人是没有一脉相承的血缘或继承关系的两个民族。但我们注意到，最近一个时期，特别是 90 年代以来，某些人以"寻根问祖""恢复族源"，或者是"要求落实民族政策"为由，把在二三百年前曾由朝鲜半岛移民到中国大陆并早已融到汉族中的人"再次"恢复"朝鲜族"。更有甚者，竟然企图促使原高句丽后裔改为"朝鲜族"，或组织现在居住在东北的朝鲜族人去高句丽遗址处搞"祭祖"活动。这是别有用心的，我们绝不能掉以轻心。因为这样做，在民族学上是不科学的，在民族政策上是不妥当的，而在政治上是有害的。

五 高句丽历史研究深化之管见

高句丽历史日益为学者关注，如何进一步深化对高句丽历史的研究？我们提出以下建议，不知能否得到同人的认同、支持，并付诸研究实践之中。

第一，深入进行高句丽资料的考辨和研究信息的收集整理。资料是研究赖以进行并不断深化的基础。高句丽史料的收集与整理，以及国内学者百年来研究成果的汇集取得了可喜的成绩。目前尚有三件工作有待努力：一是对汉文史籍有关高句丽记载的考辨。杨保隆《各史〈高句骊传〉的几个问题辨析》[①] 在这方面做了有益尝试，但应做、可做的工作还很多。

---

① 杨保隆：《各史〈高句骊传〉的几个问题辨析》，《民族研究》1987 年第 1 期。

二是对国外学者尤其是对朝鲜、韩国学者高句丽研究信息和成果的收集与翻译。这项工作紧迫性自不待言，目前呈现的空白状态更待有所改变。三是加快对国内有关高句丽考古成果的总结和刊布。上述三项工作大发展之时，高句丽历史研究也就具备了坚实的基础。

第二，开拓思路，抓住重点，优化选题。鉴于近年有关单位启动高句丽历史研究都着力于撰著高句丽简史、高句丽通史和多卷本高句丽史，且互不通气，如此难免重复劳动，人才资源浪费，又囿于简史、通史体裁，对一些难点、热点问题也难以深入展开研究，我们认为当前研究重点应抓住：

一是高句丽民族的源和流研究；

二是高句丽民族地方政权的归属研究，并由此深化中国古代地方民族政权归属的理论研究；

三是中国古籍中，尤其是《二十四史》中高句丽记载的考释、辨析与研究；

四是高句丽考古新发现成果整理与研究；

五是中国学者对高句丽史研究的总结；

六是朝鲜、韩国以及日本学者高句丽史研究的总结；

七是朝鲜、韩国高句丽史研究中非学术化趋势研究。

第三，组织研究力量，加强协作，以期发挥研究的整体优势。当前国内高句丽历史、考古、文物研究人才大多集中在吉林、辽宁、黑龙江三省，并且专事高句丽研究者不多，大多数学者是在研究东北史时兼及高句丽史研究。在北京和其他地区，一些学者也只是在研究东北民族史、东北亚史时兼及高句丽史，人数更少，且后继乏人。在组织研究力量工作上，也有三件急办之事：一是相关研究单位应加强联系，协调研究计划。当前国内已具备一定研究实力，且具备相应行政机构建制，并以高句丽研究为主要（或重要）研究任务的研究机构，如吉林省社科院高句丽研究中心、通化师范学院高句丽研究所、东北师范大学民族与疆域研究中心、沈阳东亚研究中心以及东北三省文博系统和地方志编纂系统各部门，都应成为当前高句丽历史研究的核心力量，在研究工作中协调规划，进行研究攻关。二是培养新生研究力量。高句丽历史在中国历史研究全局中毕竟是很小的一个点，依据国际学术界经验，对此类研究课题，研究人员不在多，而在精，要培养政治立场坚定、史学素养好，且能掌握朝文和日文的年轻研究者，提供必要的物质条件，激励他们将此项研究视为毕生的事业。三是应最大限度地动员、组织已退休的、对高句丽历史研究有成就的老专家。只要有行之有效的政策保证，这是一支实力雄厚、素质极佳的研究力量。

第四，将深化研究与普及有关高句丽知识有机地结合，让高水平的研究成果转化为学术性与知识性兼具的历史知识读物，已经出版的由黄斌、刘厚生合著的《高句丽史话》①是一次有益尝试，诸如《高句丽历史问题》这样的知识性读物也应该组织力量撰写，并译成多种文字公开出版。对国内干部、群众普及高句丽历史知识，让世界了解中国学者对高句丽历史的基本认识，是我们面临的重要任务。

第五，进一步解放思想仍是深化高句丽历史研究的当务之急。此处言解放思想有两层含义：其一是从事高句丽历史的研究者应坚持实事求是，本着对历史负责的科学态度，敢于研究高句丽历史研究中的难点问题、热点问题，敢于对以往一些大家、权威的见解提出不同见解，展开争鸣，求得认识上的飞跃、研究结论上的突破。其二是正确处理学术研究与政府决策之间的关系。研究与决策虽有密切关系，但不可将两者等同。研究的结论虽是进行正确决策的重要因素，但不是唯一因素。

专家的研究是解决"应该怎样做"的问题，而政府的决策则是解决"怎样去做"的问题。有时决策部门同意专家的意见，但是不能马上实施，因为决策者一方面要以科学为依据，另一方面还要分析现实力量的对比以及各种复杂情况。

在研究与决策者中，决策者是矛盾的主要方面，决策部门需要有更多的政治家气度与远识，应该支持学术界百家争鸣，应该为研究者进行实事求是的研究提供更有利的条件和保证。只有听取各种不同的见解，领导者才能"择其善者而从之"，才能使决策科学化、民主化，避免决策的失误或短视行为。

研究者应发扬中国边疆研究的爱国主义和求实精神的优良传统，以自

---

① 黄斌、刘厚生：《高句丽史话》，远方出版社 1999 年版。

己的高水准研究成果为国家的正确决策提供扎实、可靠的依据。对于边疆、民族、宗教这类敏感问题的研究有两种态度：一种是回避，一种是知难而进。长期以来在"左"的路线下，人为设置禁区，许多专家的正常研究工作受到干扰，结果是我们的决策缺乏科学依据，从根本上说于社会主义建设事业不利。

学者研究的学术行为和领导决策的政治行为应有一个互补的界限。专家的研究要进入决策的科学化和民主化，领导者要尊重学者的意见。学者讨论敏感问题要在一定范围内进行，即所谓研究无禁区，宣传有纪律。

我们以为，处理好两者关系的关键是要区别研究与决策的不同内涵，正确把握它们之间互补的界限，真正做到把研究者的观点作为学者的观点来对待，切切不可把研究者的学术见解错当成某种政见而给以过度的重视或过分的责怪。唯此，研究者才可能在边疆研究这一颇具敏感性的领域中进行大胆探索，边疆研究的繁荣也就为期不远了。

（本文首发于马大正等《古代中国高句丽历史丛论》，黑龙江教育出版社 2001 年版）

再论高句丽历史研究中的相关问题

一 高句丽历史研究深化的尝试

在中国边疆史地研究大发展的背景下，20 世纪 80 年代以来在东北边疆历史研究深化的推动下，高句丽历史研究也进入了一个勃发期，有关高句丽考古、历史和资料整理的著作相继问世。对此，马大正在《中国学者高句丽历史研究百年历程》一文中已有简要综述。① 2000 年以来又有一批专著出版，仅目见，属历史研究的专著有：曹德全《高句丽史探微》[（香港）中华国际出版社 2001 年版]，姜维东《唐丽战争史》（吉林文史出版社 2001 年版）；属考古研究的专著有：魏存成《高句丽遗迹》（文物出版社 2002 年版），王绵厚《高句丽山城研究》（文物出版社 2002 年版），耿铁华、尹国有《高句丽瓦当研究》（吉林人民出版社 2001 年版）；属资料研究的专著有：朴灿奎《（三国志·高句丽传）研究》（吉林人民出版社 2000 年版）。在此期间，由马大正、杨保隆、李大龙、权赫秀、华立合著《古代中国高句丽历史丛论》（黑龙江教育出版社 2001 年版）也添列其中。

我们在《古代中国高句丽历史丛论》一书中对如何进一步深化高句丽历史研究，提出几点建议，"开拓思路，抓住重点，优化选题"为其中建议之二，谓："鉴于近年有关单位启动高句丽历史研究都着力于撰著高句丽简史、高句丽通史和多卷本高句丽史，且互不通气，如此难免重复劳动，人才资源浪费，又囿于简史、通史体裁，对一些难点、热点问题也难

---

① 马大正：《中国学者高句丽历史研究百年历程》，《中国边疆史地研究》2000 年第 1 期。

以深入展开研究，我们认为当前研究重点应抓住：

一是高句丽民族的源和流研究；

二是高句丽民族地方政权的归属研究，并由此深化中国古代地方民族政权归属的理论研究；

三是中国古籍中，尤其是《二十四史》中高句丽记载的考释、辨析与研究；

四是高句丽考古成果的整理与研究；

五是中国学者对高句丽史研究的总结；

六是朝鲜、韩国以及日本学者对高句丽史研究的总结；

七是朝鲜、韩国高句丽史研究中非学术化趋势研究。"①

作为《古代中国高句丽历史丛论》（以下简称《丛论》）的续篇，《古代中国高句丽历史续论》（以下简称《续论》）正是对上述深化研究建议的一次尝试，一次实践。

《续论》以理论、历史、研究为题立篇，历史篇因内容丰富又以论和考不同的侧重分为上、下两篇，全书四篇共 18 题。

《续论》立题原则，一是《丛论》中尚未论及的高句丽历史中的难点和疑点问题；二是《丛论》中虽有论述，但似还有可补论之处的问题。

理论篇共二题，试图对高句丽历史研究中涉及古代中国疆域的理论问题尽量做完整的、多层面的、双向的探索。

历史篇（上）共五题，其中汉四郡研究，高句丽与中原地区经济、文化交流研究，高句丽文化研究，都是《丛论》中未论及的；而古代中国政权与高句丽相互政策研究和高句丽活动地域变迁研究，则是在《丛论》研究基础上进一步的探讨。

历史篇（下）共五题，所涉及的高句丽考、高句丽建国时间考、高句丽诸王在位时间考、高句丽复国活动考、高句丽五部考，都是《丛论》中未展开论述且均是高句丽历史研究中有待深化研究的问题。

研究篇共六题，大体可分为三类，一是研究评议，高句丽考古是高句丽历史研究的基础，也是高句丽研究中成绩最卓著的领域，有必要做重点

---

① 马大正等：《古代中国高句丽历史丛论》，黑龙江教育出版社 2001 年版，第 418—419 页。

的专题评议，而高句丽归属问题研究虽然《丛论》中也有相同的专题综述，但在《续论》中试图对此问题近年来研究深化的轨迹，以及今后研究深化的趋势做些力所能及的分析；二是对高句丽历史研究中的重要史籍——中国正史和《三国史记》进行辨析和评介；三是对当前朝鲜学者孙永钟，以及韩国的白山学会和高句丽研究会的高句丽历史研究试做记述和评介，这应视为《丛论》中朝鲜半岛学者对高句丽历史研究评述的补充与深化。

当然，本书所述所论是否达到了立意的预定目标，还待同人和学者鉴定，在此篇述及本书的主要宗旨也是为更利于同人对本书尝试和实践的校正。

二　坦然面对朝鲜半岛学者的高句丽历史研究

高句丽历史研究作为一个学术研究的专门领域，朝鲜半岛学者对此所进行探索的努力，值得我们重视，并视之为深化研究的有益借鉴和推动研究发展的学术上的挑战。对于朝鲜半岛学者研究中出现的一些不符合历史事实甚至非学术化的倾向和结论，尽管我们不能认同，也完全可以在正常的学术轨道上进行讨论、争鸣，见仁见智，求同存异。只要我们坚持实事求是的科学态度和严肃认真的学术立场，我们应该能够用一颗平常心来对待朝鲜半岛学者普遍具有的这样一个"情结"，即将高句丽纳入古代朝鲜半岛历史范畴的历史认识与记述，在朝鲜半岛已有近千年的历史，已经成为朝鲜半岛历史与文化传统的一个重要组成部分。

高句丽王朝700多年历史中，约占1/3时期是定都于今朝鲜平壤地区，势力所及包括今朝鲜半岛北部与中部部分地区，并同当时朝鲜半岛上的百济、新罗两王朝不断发生征战，最终被唐朝与新罗联军灭亡。因此，今朝鲜境内迄今留存许多高句丽时期的壁画、古坟、都城、山城等文化遗迹。据调查，迄今发现高句丽壁画古坟98座，其中在朝鲜境内分布有68座，朝鲜境内至今保存有25座，其中9座保存状态良好。朝鲜境内另有高句丽山城、都城、寺院遗址计37处，今韩国境内也留存相当一部分高句丽文化遗迹。这些文化遗迹，可以说是朝鲜与韩国学界主张高句丽属于朝鲜半岛历史范畴的一种"物质基础"。

　　高句丽灭亡之后，朝鲜半岛实现由兴起于朝鲜半岛东南部之新罗王朝（前57—935年）主导的统一，新罗遂成为朝鲜半岛中南部地区历史上第一个统一政权。至公元10世纪初，新罗王朝先后分裂为后百济、泰封、新罗三国，史称后三国，其中泰封国初称高丽，又称后高句丽，意即继承高句丽王朝，旋改摩震、泰封等国号。至公元918年，泰封国武将、地方豪族王建夺位自立，改国号为高丽，定都松都（今朝鲜开城），随即重新统一朝鲜半岛，逐渐成为朝鲜半岛历史上第二个统一政权即高丽王朝（918—1392年）。所谓"高丽"之称，即有为古代高句丽王朝兴废继绝之意，表现出高丽王朝创建势力的所谓"高句丽继承意识"。

　　事实上，在高句丽灭亡250年之后出现的高丽王朝（包括前此短暂出现的"高丽"或"后高丽"），在血缘、疆域乃至正统意识方面都不是古代高句丽王朝的直接继承，由高丽王朝编纂的朝鲜半岛历史上第一部正史《三国史记》中即首列新罗，其本纪部分依次为新罗、高句丽、百济，认为是新罗王朝"归命"于新兴高丽。换言之，10世纪初朝鲜半岛由新罗而高丽之改朝换代过程中短暂出现的所谓"高句丽继承意识"，更多的是当时高丽王朝创建势力利用新罗王朝末期地方豪族与民间怀念古代强盛王朝之社会心理的一种政治性措施，也有借此笼络曾在今我国东北地区出现的渤海国（698—926年）残余势力的意图，渤海国统治势力中包括部分高句丽后裔，因亦有高句丽继承者之自诩。按英文KOREA（初称CORE-A）之称，即由"高丽"一词而来，与古代高句丽无关。可以说，在王朝衰微之际因统治意识与文化随之衰微而导致的普遍怀古心态乃至新兴王朝创建集团对这种社会心态的利用，是高丽王朝所修正史《三国史记》将古代高句丽历史正式纳入朝鲜半岛古代历史范畴的一个重要原因。

　　据朝鲜古代历史文献记载，高句丽曾编纂过题为《留记》的史书，相传达100卷，成书于高句丽建国初期，后又据此缩编出5卷本（或曰6卷）《新集》，而这两种迄今所知由高句丽王朝直接编写的高句丽历史文献已经失传。至王氏高丽王朝中期之公元1145年，王氏高丽王朝官员学者金富轼主持编纂《三国史记》50卷。尽管该书编者主张新罗王朝的正统地位，认为"归命"于王氏高丽王朝的是古代新罗王朝而不是高句丽，然而《三国史记》却是将古代高句丽正式纳入朝鲜半岛古代历史范畴的第一部"正史"。至王氏高丽王朝后期之忠烈王（1274—1308）时期，僧人一然撰《三国遗事》5卷，记述朝鲜古代历史与文化，其中包括朝鲜民族始祖神话（檀君神话），还包括新罗、高句丽、百济年表及大量有关上述古代三国的"遗事"，成为继《三国史记》之后有关上述古代三国历史文化的又一主要文献。从此，包括高句丽在内的三国时代便成为朝鲜半岛古代历史认识体系的重要组成部分，历经王氏高丽王朝及朝鲜王朝（又称李氏王朝，1392—1910）而至当代。当今朝鲜半岛南北学界一致主张古代高句丽属朝鲜半岛历史之主张，实际上就是源于上述历史背景。

因此，将高句丽纳入古代朝鲜半岛历史范畴的历史认识与记述，在朝鲜半岛已有近千年的历史，已经成为朝鲜半岛（包括朝鲜与韩国）历史与文化传统的一个重要组成部分，对此理应给予充分的认识。毫无疑问，历史认识并不等于历史事实，纳入自己国家的历史范畴并不意味着确实属于该国历史。然而，那种认为近代以来朝鲜半岛学界才开始将高句丽纳入其国史范围的观点，还有由于1949年以后一段时期我国学界的"失误"而导致高句丽历史由中国史领域"流失"到世界史、外国史领域的观点，应该说与不了解上述历史背景有着很大关系。

还应指出，自19世纪末以来，日本军国主义出于侵略朝鲜半岛与中国东北的罪恶目的，动用大量人力与物力介入高句丽历史研究领域，留下大量研究成果，其中主要是服务于侵略利益的反动学说与主张，当然也包括个别认真的考古发掘与调查，乃至研究结果。由于朝鲜半岛自19世纪末以来长期遭受日本帝国主义的侵略与殖民统治（1910—1945），朝鲜半岛南北学界在高句丽历史研究过程中无疑要受到上述日本方面研究的一些影响，而对这种影响的认识与评价应保持科学与客观的态度。事实上。自19世纪末以来积极推动自主的高句丽历史研究并获得相当成就的朝鲜学者大多是积极参加反日民族运动的爱国知识分子，朝鲜半岛学界称之为民族主义史学家，而那些接受日本教育并参加日本侵略机构工作的朝鲜学者在高句丽研究领域并无多少建树。至20世纪40年代中期南北分裂之后，恰恰是朝鲜民主主义人民共和国的学者在相当长时期内成为推动朝鲜半岛内高句丽历史研究的主力，而不是与美国、日本保持密切关系的韩国学界。

因此，对于当今朝鲜半岛南北学界有关高句丽历史的研究结论与20世纪中期以前日本帝国主义御用学者的反动主张之间出现的一些相似之处，应进行客观、认真的科学分析与考察，而不应简单视之为同流合污。大体说来，朝鲜、韩国学界在高句丽历史的归属问题上，与19世纪末以来日本军国主义御用学者的观点相当接近（即极力否定高句丽历史之属于中国历史），而在高句丽与古代日本关系等问题上却与日本学界（包括19世纪末以来军国主义御用学者主张乃至现当代日本学者）的观点呈尖锐对立之势。

三 关注朝鲜半岛南北学界研究中的非学术倾向

由于古代高句丽历史本身直接涉及中国及周边各国历史的复杂性，在古代高句丽历史研究中时常出现各种非学术性的不和谐音及其倾向。在历史上，日本军国主义就曾出于侵略朝鲜半岛以及中国的险恶用心而对古代高句丽历史进行有意的歪曲和篡改。在现实中，朝鲜半岛南北学界的高句丽历史研究中也不无许多非学术性因素的作用和表现，至于近年来朝鲜半岛南北的所谓"高句丽热"中更是掺杂着许多非学术性的意图和倾向。早在20世纪70年代，韩国的在野史学就曾掀起所谓"古代史波动"，其中就包括对古代高句丽历史的任意解释甚至歪曲。到1983年，韩国陆军本部编辑出版题为《向着统一与雄飞的民族历史》的所谓"精神教育用历史书"，其中就鼓吹在完成"分裂民族的统一和向着繁荣的民族雄飞"之后应继续实现的"课题"，就是"收复失去的满洲大陆，即那萦绕着我们祖先雄起起的气象的辽阔的满洲原野"。① 就这样，韩国在野史学之非学术化的"国粹主义"历史认识，居然催生出了当时掌握韩国政权的全斗焕等新军部势力的所谓"收复大陆意志"。毫无疑问，这样一种极不正常的因果关系，其贻害绝不止于包括古代高句丽历史研究在内的学术领域本身。90年代以来，随着世界民族主义浪潮泛起，在朝鲜半岛出现了利用高句丽历史来增强"大高丽民族"现实认同感的民族主义热潮，韩国在这方面尤为突出。他们不仅出版了大量著述，而且举办了很多社会化、民间

---

① ［韩］陆军本部编印：《向着统一与雄飞的民族历史》，汉城1983年版，第33页。

性宣传活动。这种早已超出学术研究领域的"高丽热"中的种种非学术的倾向，通过追溯本民族久远的历史国家及其广泛的领土，来激发和强化朝、韩两国民众的历史民族优越感与现实民族凝聚力，同时，也隐含了将近代朝鲜半岛移民进入中国的那段历史视为"回归故土"，甚至为实现所谓"高丽民族大统一"制造舆论。

朝、韩两国属于目前世界上极少数民族同质性最强的国家，加之由于历史上长期藩属于中国，并在近代遭受日本帝国主义殖民奴役，其民族意识浓厚，民族性格倔强。冷战对抗造成的朝鲜战争和半个多世纪的国家与民族分裂，虽然使朝、韩两国的同一民族在不同意识形态和社会制度影响下形成了较深隔阂，但民间层面"血浓于水"的民族认同感始终存在。所以，在冷战格局终结后，朝鲜半岛统一进程中出现的"大高丽民族主义"思潮，朝、韩双方在朝鲜半岛统一进程中各打"民族牌"现象的出现，也就不足为怪了。而这个联合朝鲜半岛南北民众民族主义情绪的交会点，突出表现为南北双方认同的体现其辉煌历史的"高句丽热"。

早已超出学术研究领域的"高丽热"中的种种非学术的倾向，对朝鲜半岛学者的高句丽历史研究的影响将是强烈的、长期的，对此应有一个清醒的认识。

如今，朝鲜半岛南北两个国家的学界，在高句丽历史研究领域应该说各有其特点。

朝鲜学界认为，朝鲜半岛的古代史的主流应是由古朝鲜—高句丽—渤海（与统一新罗形成"南北国"时代）—高丽，而其中高句丽是古代历史上最强大最自主的国家。必须指出，朝鲜学界的上述观点，并不仅仅出于学术研究的结论与动机。强调主要建立与活动于朝鲜半岛北部即今朝鲜境内的上述古代国家历史的正统性，并极力贬低与否定新罗、百济等主要兴起并发展于朝鲜半岛南部即今韩国境内的古代国家的历史地位，无疑是与在南北分裂与对立局面下力争朝鲜国家政权之历史正统性的政治目的有着密切关系。朝鲜新老两代领导人不断发表强调高句丽历史地位的讲话，朝鲜政府自90年代以来大力修复"高句丽始祖东明王陵"，1998年加入联合国教科文组织（UNESCO）后积极开展将朝鲜境内高句丽壁画古坟申请为联合国世界文化遗产的努力，应该说更多的是出自政治与外交利益的考虑，而不是出自学术与文化的目的。根据朝鲜学界的现状乃至朝鲜国内外局势的现实条件，今后朝鲜学界对高句丽历史的学术性研究水准，未必能够出现可以与 20 世纪 60 年代以来之长足发展相比的显著进展，而出于政治外交利益的上述非学术措施与努力却有可能进一步得到加强。近年来朝鲜学界关于高句丽的研究成就，大多为进一步补充和阐发过去观点与主张的水准，已明显失去学术发展与增长的势头。

韩国学界的高句丽研究实际上迟至 20 世纪 80 年代始得兴起，至 90 年代出现高潮，并逐步影响到社会政治文化各领域。鉴于目前韩国学界研究条件与环境（包括可以自由利用朝鲜与中国学界研究成果，直接与朝鲜、中国学界开展交流，甚至直接访问朝鲜等）的大力改善和韩国社会方兴未艾的"高句丽热"，韩国学界的高句丽研究已经逐步呈现出后来居上的强劲势头。曾在韩国社会掀起"在野史学"风波的国粹主义史学势力，也是在推动韩国社会"高句丽热"升温方面不可忽视的一股力量。就掀起全社会范围的"高句丽热"以及对国际的影响力而言，韩国学界的高句丽研究已经取得超过朝鲜学界的成就，而包括政界在内之韩国社会各界对高句丽历史研究的关注与介入，尽管在形式上与朝鲜方面有所不同，其目的（强调高句丽历史之朝鲜半岛历史性，否定其中国历史性）与作用（政治化、社会化乃至国际化）却颇有异曲同工之效，至少不会弱于朝鲜方面。

尽管朝鲜半岛南北之间的分裂与对峙局面迄今没有得到根本改善，朝鲜与韩国学界在不断提高对高句丽在朝鲜半岛古代历史中的地位与评价的问题上，却几乎没有任何意见冲突，而在就高句丽历史的归属问题同其他国家学界（主要是中国学界）开展争论之际更是惊人地保持着不约而同的立场与态度。近年来，朝、韩两国学界在高句丽历史研究方面已经开始进行各种形式的交流与合作（包括学术会议、共同出版等）。因此，在高句丽历史的归属问题以及不断提高高句丽在朝鲜半岛古代历史乃至东亚世界历史中的地位评价方面，朝鲜与韩国学界分明有着基本接近的政治立场与大体一致的现实利益。随着朝鲜半岛南北关系的缓和与南北学界之间交流与合作的加强，同时由于冷战结束后民族主义思潮与势力重新高涨的国际环境，尤其是朝鲜半岛统一进程中朝鲜半岛南北学界、政界都将日益看重事关民族文化传统与利益的高句丽问题，朝鲜半岛南北学界包括社会、政治、文化各界在高句丽历史问题上的相互交流与合作，必将在其深度与广度上呈现前所未有的发展势头。

四 高句丽历史研究学术化建设的建言

我们反对高句丽历史研究中将历史问题现实化、学术问题政治化的倾向和做法，我们应努力使高句丽历史研究回归学术化。为此，提出如下思路与建言。

1. 将高句丽问题研究切实纳入历史化、学术化的正常科研轨道。高句丽民族及其政权是中国历史上的古代民族和地方政权，同中国历史上兴衰嬗替、存亡绝续的其他古代民族及其政权一样，如北方的匈奴、柔然、鲜卑等民族及其政权。所以，高句丽问题也完全可以同这些历史问题一样进行正常的学术研究，在这方面我国民族史学界已形成较为成熟的研究定式。

2. 加强高句丽民族源流和高句丽政权兴衰的研究，形成我国学术上的成熟定论。在我国边疆史、民族史研究中，族源和地方政权研究往往会涉及同周边国家历史疆域盈缩和民族迁徙流变方面的关系，如匈奴西迁与匈牙利民族的关系，突厥汗国的覆灭与我国、中亚各国、土耳其相关民族的关系，蒙古游牧帝国的解体与我国内蒙古、蒙古国、俄罗斯相关民族的关系等。这方面的研究虽然存在国内外的不同观点，但我们在这方面的研究已形成比较成熟的学界共识和相应的成就，高句丽问题也属此类历史现象，在研究中可以借鉴。

3. 在高句丽历史研究中应更多发挥我国朝鲜族历史学家的作用。高句丽历史，涉及中国与朝鲜半岛的古代历史关系问题，在中国与朝鲜半岛关系史研究队伍中严重缺乏熟悉朝鲜、韩国语言文字并了解朝、韩学界情况的专家。因此，熟悉朝鲜、韩国语言文字，并正与朝、韩学界有着相当交流的中国朝鲜族的历史学者，便在这一研究工作中具有不可替代的重要地位和作用。我们理应给予他们更多的理解和支持，发挥他们更大的作用。

4. 加强高句丽研究的基础资料建设和研究信息的收集、追踪工作。组织学界对中国历史文献记载、考古资料等高句丽史证进行全面系统的编年体和专题性梳理、汇集和校勘注释，这是一项基础性工作。同时，进一步完善我对朝、韩以及其他国家有关高句丽问题研究著述的目录索引和信息资料库建设，通过学术交流等多种渠道广泛收集这方面的成果和追踪研究动态，并组织力量摘要译介具有代表性的著述、资料和观点，以利我国开展针对性的研究。

5. 加强对高句丽、渤海等相关文物古迹的保护、开发和利用。对国内有组织的研究要提供方便，在研究成果和图集刊布方面要加快步伐。同时，对朝、韩等国在出版物或展览中刊载或展示我国高句丽文物图片或实物的现象，我国有关出版部门或文物部门可根据知识产权的原则进行交涉和索赔等。同时，严厉打击盗掘、盗取高句丽文物的犯罪活动。

6. 加强高句丽历史知识的社会化科学普及，对现行和新编工具书有关高句丽的条目进行修订，同时对教科书和历史普及读物中的相关内容和表述加以规范。

7. 尊重朝鲜半岛南北两个国家的历史文化传统与民族感情，承认朝鲜半岛学界在高句丽历史研究上同我国学界有着不同立场与观点的事实。我们的态度应当是，既不赞成朝鲜半岛南北学界否认高句丽历史为中国古代历史一部分的主张，也不强求对方接受我们的观点，从符合学术规范与国际惯例的角度去开展正常的学术交流与争鸣。应该看到，在高句丽历史问题上我国学界同朝鲜半岛南北学界的分歧与争论，主要是学术与历史问题，应避免其政治化。我们应保持冷静与客观态度，坚持学术研究与政治问题、历史研究与现实关系分开的原则，潜心研究，将科学的研究结论提供给国际学术界，从而为推动和深化高句丽历史研究尽到学人的职责。

（本文首发于马大正等《古代中国高句丽历史续论》，中国社会科学出版社 2003 年版）

中国学者对高句丽历史研究的百年历程

高句丽是我国东北地区一个古老的少数民族。公元前37年，高句丽建立政权，先后以我国辽宁省桓仁、吉林省集安和今朝鲜民主主义人民共和国平壤市为都，至公元668年为唐帝国所灭，在历史上持续了705年之久。

中国的古籍中对高句丽有大量的记载，《旧唐书》《新唐书》以前各代正书中均有《高句丽传》或《高丽传》，在纪、传、志中也有相关记载。此外，在《魏略》《翰苑》《唐会要》《资治通鉴》《通典》《通志》《文献通考》《太平御览》《册府元龟》《太平寰宇记》《十六国春秋》《三十国春秋》《括地志》《高僧传》《续高僧传》等古籍中，也有高句丽诸多史事逸闻的记载。由于公元668年高句丽国的灭亡，高句丽族人四散迁徙，在中国的古籍中对高句丽的记载日鲜。

自汉至宋留存的有关高句丽的记载可以视为是中国对高句丽观察、研究的第一批成果。正是有了这些文献，才使今天的人们研究高句丽成为可能。

对高句丽的研究，严格地说应是始于19世纪80年代好太王碑的发现。自此之后百余年来，中国学者对高句丽研究历尽艰难，取得了令世人瞩目的成果，也留下诸多遗憾。其发展的历程大体可分为三个阶段：19世纪80年代至1949年，是研究的初始期；1949年至20世纪70年代，是研究的冷落期；20世纪80年代以降，进入了研究的勃发期。下面依次作一述评。

一　研究的初始期（19世纪80年代至1949年）

高句丽的研究实肇始于好太王碑的发现。好太王碑是高句丽国家第十九代王——国冈上广开土境平安好太王的墓碑，东晋安帝义熙十年（414）

立于高句丽都城丸都城之平原都城（今吉林省集安市区内有城垣遗址）东北约 4 千米的坡地上，背靠巍峨的大禹山，面对滔滔的鸭绿江。

清朝初年，长白山区为封禁之地，好太王碑长期处在封禁区内，人迹难至，林木蔽天。晚清政府面对日益严重的边乱，寻找治边对策，开禁设治即为其中一策。光绪二年（1876）七月，奉天将军崇实奏准开垦东边荒地，建设县治，以老岭为界，岭南设恒仁县（后改称桓仁县），岭北设通化县。后因两县幅员辽阔，难以治理，光绪二十八年（1902）经奉天将军增祺奏准，将两县靠近老岭的一部分地区划出，另设辑安县（今吉林省集安市）。

好太王碑所在地区，称为通沟口子，时归桓仁县管辖。清政府派出的设治委员章樾赴任，调查耕地，清理户口，筹划管理事宜。他的随从幕僚关月山好金石之学，公余之时到处寻访古迹，终在荒烟蔓草丛中发现了史书上从未有过记载的好太王碑。

据谈国桓《好太王碑手札》记："近得高句丽好太王碑，尚不恶，当在光绪初叶时所拓。此碑最初历史，弟有所知，敢贡左右，藉备参考。奉天恒仁县设治之时，首膺选者为章君樾，字幼樵。幕中关君月山，癖于金石，公余访诸野，获此碑于荒烟蔓草中，喜欲狂，手拓数字，分赠同好，弟髫年犹及见之，字颇精整。当时并未有全拓本，以碑高二丈余，宽六尺粗，非筑台不能从事，而风日之下，更不易措手也。"①

关月山手拓碑文数字分赠友好，人们争相捶拓。拓本很快传入京师，金石学家杨颐、盛昱、王志修等先后对碑文进行考释、著录，揭开了高句丽历史研究的序幕。②

自 20 世纪初至 1949 年，我国学者对高句丽的研究，主要是对好太王碑碑文的考证与研究。主要有（人名排列以著述发表年代为序）郑文焯、吴重熹、陆心源、荣禧、罗振玉、杨守敬、叶昌炽、徐树钧、张凤台、傅云龙、吴光国、顾燮光、杨宝镛、刘承干、欧阳辅、刘节、吴大澂、于云峰、金毓黻、谈国桓、张延厚、杨伯馨、罗福颐等。③ 对好太王碑文字隶

---

① 金毓黻编：《辽东文献征略》，1927 年线装铅印本。

② 杨颐于 1887 年撰《好太王碑考订》，盛昱于 1889 年撰《好太王碑释文》，王志修于 1895 年撰《高句丽永乐好太王碑考》。这些是我国学者关于高句丽研究的最早成果。

③ 著录目录参阅耿铁华、杨春吉编《中国学者高句丽研究文献目录（1950—1966）》，通化师院高句丽研究所 1997 年铅印本。

定、考释，对立碑年代及相关史事也展开了研究。其中，以罗振玉、刘节、金毓黻的考证最为详尽、周全，为以后的好太王碑研究打下了基础。此外，罗振玉、杨宝镛对好太王陵砖的文字作了跋语；劳干对高句丽大兄冉牟墓志作了跋，还兼论了高句丽都城的位置；王国维对毌丘俭纪功石刻作了跋语。这一时期高句丽历史专题论著几乎没有，只是在地方史的著作中有所涉及，其中比较重要的是金毓黻的《东北通史》上编①。金毓黻先生是我国东北史研究的奠基者，《东北通史》虽不是高句丽的专史，但它阐明了高句丽民族和政权在东北史上的地位和作用，奠定了我国学者深入研究的基础。

二 研究的冷落期（1949 年至 20 世纪 70 年代）

1949 年中华人民共和国成立后，国家百废待兴。从史学研究领域的发展看，马克思主义史学成为中国历史学的主流，它不仅超过了具有优良传统和丰硕成果的古代史学和近代史学，也大大发展了 1919 年至 1949 年我国马克思主义史学的创立和初步发展时期的史学。这一时期中国历史学所取得的成就，不仅在理论方面，而且在具体研究的广度和深度方面，都是前人无法企及的。但从中国边疆研究总体发展的实际情况看，中国边疆研究的总体性、完整性和重要性尚未为研究者所认识，即使是具有优良传统和丰硕成果的中国边疆史地研究也遭到冷落。在总体冷落的前提下，高句丽历史的研究也难免要受时代大背景的制约。

历史的发展是复杂的，学术的发展史也是多面的，这一时期在高句丽历史研究总体发展的冷落中，仍可观察到它的"亮"点和"乱"点。

我们称之为"亮"点的是指对高句丽文物的保护和调研，以及高句丽考古的发现与研究的有序开展和取得的可喜成绩。

（一）对高句丽文物的保护和调研

中华人民共和国成立后，全国文物古迹受到了珍视和保护，好太王碑也不例外。1961 年 3 月，国务院公布的第一批全国重点文物保护单位中就有洞沟古墓群（包括好太王碑），集安县建立了专门管理机构——集安县

---

① 1941 年 9 月四川三台东北大学初版，重庆五十年代出版社再版，1980 年《社会科学战线》杂志社翻印本。

文物保管所，负责洞沟古墓群和好太王碑的保护管理工作。集安县文物保管所于 1962 年 3 月对好太王碑进行了全面的现场调查和观测，调研结果指出，对好太王碑如不及时进行粘接处理，碑身有断为两半的可能。1964年，国家文化部文物局组成"好太王碑化学保护处理工作小组"，于 1965年 5 月开始对好太王碑进行实物处理，同年 6 月下旬完成。10 年后的1974 年 6 月，集安县文管所对第一次化学处理进行了全面检查。与此同时，1963 年，文管部门对建于 1927 年的好太王碑碑亭进行了全面加固和修复。至 1974 年，发现碑亭立柱腐朽，致使碑亭向西北方倾斜达 5 度。1976 年 9 月获准拆除旧碑亭，1983 年新碑亭建成完工。

在对好太王碑进行保护的同时，文物、考古工作者对好太王碑进行了多次调查研究。1957 年，林至德对好太王碑的发现、捶拓情况进行调查，并做了访问记录；1958 年，吉林省博物馆对集安高句丽古墓和好太王碑做了调查；1962 年，王承礼、方起东、李殿福等对好太王碑和好太王陵进行了调查，以后又进行了实测；1963 年，张明善重新拓制碑文拓本，中朝联合考古队对好太王碑进行了调查；1972 年，王健群对好太王碑的碑面、碑高进行了实测，核对了碑文，进行了著录，并考察了好太王陵；1976 年，在拆除旧碑亭时，林至德、周云台、孙长金、赵素琴等对墓碑基石进行实测，并考察了沟塘移位的原因；1979 年，王健群再次调查好太王碑。[①]

（二）高句丽遗址的考古发掘与研究

对我国境内高句丽遗址进行大量而有计划的保护、调查、发掘，是中华人民共和国成立后由我国学者逐步实现的，也是这一阶段高句丽研究的又一基础性工作成果。

高句丽遗迹主要分布在辽宁、吉林两省。

辽宁省在 20 世纪 50 年代配合水库工程在桓仁县浑江中游和富尔江下游的两岸 9 个乡、31 个村屯进行调查，发现古墓葬 750 座，遗迹 24 处。1958 年和 1959 年又在桓仁县连江乡的连江、高力墓子村进行墓葬的发掘和清理，共清理土、石墓葬和大型积石墓 44 座，清出遗物 47 件，证明桓仁县是早期高句丽族长期居住过的中心地区之一。而"高力墓子"墓群规

---

① 参阅《好太王碑保护研究大事记》，载耿铁华《好太王碑新考》，吉林人民出版社 1994年版，第 384—391 页。

模庞大，结构复杂，初步估计是高句丽中期（相当于南北朝初期）的墓葬遗址。[①] 1956 年和 1957 年，辽宁省博物馆文物工作队对抚顺市前屯、洼浑木的高句丽墓葬进行了发掘，共发掘 19 座，出土遗物 70 多件。虽然对这批墓葬由于资料较少，尚难定出明确年代，但认为它们可能为高句丽中期到晚期，即相当于南北朝到隋唐之际一段时期的。[②]

吉林省的工作主要集中在集安。1958 年对东台子建筑遗址的发掘，使对高句丽的建筑结构和建筑瓦件有了较深刻认识。[③] 同时对好太王碑、站前石柱和丸都山城、国内城进行了调查、实测，并在梨树园子南遗址发现了珍贵的白玉耳环。1960 年、1962 年通化地区和集安县组成文物普查队，先后两次对全县文物进行普查，其中包括高句丽南、北道上的几处重要关隘和城堡，同年还清理了五盔 4 号、5 号和通沟 12 号壁画墓。[④] 1968 年和 1970 年，集中发掘了 700 余座墓葬，其中包括重要的长川 1 号壁画墓。壁画中伎乐百戏、山林逐猎场面和拜佛图堪称诸墓壁画之佳作。[⑤] 1972 年发掘了长川 2 号壁画墓。[⑥] 1974 年发掘了禹山下 41 号方坛阶梯石室壁画墓。[⑦] 1975 年发掘了七星山 96 号和万宝汀 242 号积石墓。[⑧] 从 1975 年开始，对国内城连续进行了发掘，获取了国内城建筑年代和建筑结构的重要资料。[⑨] 1976 年配合农田建设，集中清理了 100 余座中小型墓葬。[⑩] 1979 年，集安文管所又清理发掘了 31 座高句丽墓。[⑪]

当时文物、考古工作者致力于高句丽遗存——都城、山城、墓葬和重

[①]　陈大为：《桓仁县考古调查发掘简报》，《考古》1960 年第 1 期。

[②]　王增新：《辽宁抚顺市前屯、洼浑木高句丽墓发掘简报》，《考古》1964 年第 10 期。

[③]　吉林省博物馆：《吉林辑安高句丽建筑遗址的清理》，《考古》1961 年第 1 期。

[④]　吉林省博物馆（王承礼、李殿福、方起东）：《吉林辑安五盔坟四号和五号墓清理略记》，《考古》1964 年第 2 期。

[⑤]　吉林省文物工作队、集安县文物保管所：《集安长川一号壁画墓》，《东北考古与历史》1982 年第 1 期。

[⑥]　吉林省文物工作队：《吉林集安长川二号封土墓发掘纪要》，《考古与文物》1983 年第 1 期。

[⑦]　吉林省博物馆文物工作队：《吉林集安的两座高句丽墓》，《考古》1977 年第 2 期。

[⑧]　集安县文物保管所：《集安县两座高句丽积石墓的清理》，《考古》1979 年第 1 期；吉林集安县文管所：《集安万宝汀墓区 242 号墓清理简报》，《考古与文物》1982 年第 6 期。

[⑨]　集安县文物保管所：《集安高句丽国内城址的调查与试掘》，《文物》1984 年第 1 期。

[⑩]　吉林省文物工作队、集安县文管所：《1976 年集安洞沟高句丽墓清理》，《考古》1984 年第 1 期。

[⑪]　集安县文物保管所：《集安高句丽墓葬发掘简报》，《考古》1983 年第 4 期。

要遗物的调查、发掘和调查报告的撰写。这一时期的工作实践，不仅积累了丰富的资料，也造就了一代高句丽研究专家。20世纪80年代以降，以众多高句丽研究成果活跃学坛的如李文信、王承礼、林至德、李殿福、方起东、陈大为、王健群、陈相伟、孙守道等先生，都是50年代至70年代考古发掘和文物调查的实践者。

我们称为"乱"点的是指这一时期出版的一些通史、断代史和世界史著作，对高句丽历史的叙事大部分停留在简单的描述上。这是由当时高句丽历史研究的整体水平决定的，当不为怪。问题是对高句丽族或高句丽国的历史定位显得含糊，乃至混乱。高句丽被当作世界史的内容，并作为朝鲜半岛古代三国之一，是这一时期世界通史著作写作的基本模式。在中国通史和断代史专著中，有的将高句丽列入相关封建王朝的对外关系之中来叙述，如韩国磐的《隋唐五代史纲》①；有的虽将高句丽与突厥、西域诸族、吐谷浑等中国古代少数民族平列，但仍归入唐代对外关系大前提之下，如杨志玖的《隋唐五代史纲要》②、吴枫的《隋唐五代史》③、章群的《唐史》④ 等。

在当时具有权威性的郭沫若主持的《中国史稿》，将高句丽与隋唐王朝关系定位于"朝贡关系"，与突厥等古代民族放在一起叙述。⑤ 范文澜的《中国通史》对高句丽的论述不仅简略，且论及高句丽与隋唐王朝的战争时，将隋唐王朝定为"侵略"一方。⑥ 另一本影响颇巨、由翦伯赞主编的《中外历史年表》⑦ 则将高句丽的历史纪事全部排入了外国史编年之中。

这一时期出现"亮"点和"乱"，点，究其原因不外乎两方面：

其一，用马克思主义来认识中国历史、阐述中国历史是当时史学界的主要任务，高句丽毕竟只是中国历史大连环中一个小小的节点，加之当时面临的高句丽研究的遗产除了对好太王碑的初步整理，可供借鉴的成果不多。但在国家统一组织下，高句丽文物的保护和整理、高句丽遗存的考古

---

① 韩国磐：《隋唐五代史纲》，生活·读书·新知三联书店1976年版。
② 杨志玖：《隋唐五代史纲要》，新知识出版社1955年版。
③ 吴枫：《隋唐五代史》，人民出版社1958年版。
④ 章群：《唐史》，（台北）中华文化出版事业委员会1958年版。
⑤ 郭沫若主编：《中国史稿》第四册，人民出版社1982年版。
⑥ 范文澜主编：《中国通史》第三册，人民出版社1978年版。
⑦ 翦伯赞：《中外历史年表》，中华书局1961年版。

调查与发掘得到了有序展开，为高句丽历史研究积累了珍贵的资料，打下了坚实的基础。

其二，对高句丽历史定位的含糊与混乱，这得从当时中朝友好政治大背景和对民国时期历史研究成果的简单摈弃态度上去寻找原因了。

三　研究的勃发期（20 世纪 80 年代以降）

20 世纪 80 年代以来，随着我国科学春天的到来，高句丽研究也与其他史学研究领域一样步入了研究的勃发期。据耿铁华、杨春吉编的《中国学者高句丽研究文献目录（1950—1996）》[①] 统计，自 1950 年至 1996 年，我国大陆学者出版和刊发有关高句丽历史的专著 13 种（含朝文 2 种），包含有高句丽历史内容的专著 33 种，论文 471 篇，译著 3 部，译文 90 篇，内容涉及高句丽的考古、历史、古城遗址、古墓、壁画、碑碣石刻、文物等方面，其中 90% 以上是 80 年代以后的作品。

我们试从以下三方面来鸟瞰勃发期高句丽研究进展的概貌：

（一）考古发掘与文物保护更有序开展，相关专著问世

1984 年春，为配合集（安）—锡（林浩特）线公路建设，对洞沟古墓群禹山墓区的线段进行了发掘。公路线位于集安至通化铁路线的北侧约50 米处，自西向东横贯禹山墓区，正处于禹山墓区的中间地带。发掘范围东西长 2500 米，南北宽 40 米。清理墓葬 113 座，其中 111 座墓葬属高句丽时期。[②] 1990 年对太王陵墓室进行清理，发现了原来没有预料到的石椁，并进行了复原。在吉林省集安之外，对吉林、柳河、辽源等地的高句丽山城、高句丽遗存的研究也同时开展起来，主要集中于都城、山城、墓葬和重要遗物等方面。[③]

好太王碑得到更好的保护。耿铁华以好太王碑保护责任者的身份，公布了好太王碑的保护与现状，其中化学封护与基底岩层情况尚属首次公开

---

① 耿铁华、杨春吉编：《中国学者高句丽研究文献目录（1950—1996）》，通化师范学院高句丽研究所 1997 年铅印本。
② 吉林省文物考古研究所、集安市文物保管所：《集安洞沟古墓群禹山墓区集锡公路墓葬发掘》，载耿铁华、孙仁杰编《高句丽研究文集》，延边大学出版社 1993 年版。
③ 耿铁华：《中国高句丽文化研究十年（1881—1990）》，载耿铁华、孙仁杰编《高句丽研究文集》，延边大学出版社 1993 年版。

发表。①

　　凡研究者都知道，没有深入的专题研究，真正具有学术意义的专著是难以出现的，因此可以将一批以高句丽作为研究客体的学术专著的问世看成是高句丽研究深化的重要标志。

　　高句丽文物和考古研究方面的专著占有一个突出地位。王健群的《好太王碑研究》② 是我国学者撰写的第一本好太王碑的研究专著，除"前言"和"附录"外由六章组成，依次是：好太王碑的建立、发现和保护；好太王碑的捶拓；好太王碑的调查、著录和研究；好太王碑文的识读；好太王碑碑文中几个重要问题的考释；好太王碑碑文译注。相隔 10 年后，耿铁华的《好太王碑新考》③ 问世。新书由 4 组 19 篇独立成篇的论文组成，对好太王碑的建立、镌刻、发现、保护以及文字隶定、碑文考证、历史研究、集释集解等方面进行了全面、深入的研究。其中好太王碑集释集解，采取集释集解体例，按照好太王碑原文顺序，逐面逐行地将横井忠直、三宅米吉、荣禧、杨守敬、罗振玉、今西龙、前间恭作、刘承干、金毓黻、末松保和、水谷悌二郎、朴时亨、王健群、井上秀雄、武田幸男及著者本人共 16 家的释文，按竖行排列，并对碑文逐一解说，结论部分点明了今后研究好太王碑的方向和方法。这篇论文可视为百余年好太王碑研究小结和展望之作，显示了作者的研究深度和功力。朴真奭的《好太王碑与古代朝日关系研究》④ 是一部用朝鲜民族文字撰写的好太王碑研究专著。邹宗绪编的《好太王碑》⑤ 是一本字帖性的好太王碑拓本集。

　　考古研究方面的综论性著作：魏存成的《高句丽考古》⑥ 是一部高句丽考古学方面的专著，主要论述了高句丽国家 705 年间创造并遗留下来的文物古迹——城址、建筑址、墓葬、遗物以及调查、发掘、研究、著录情况，不仅基本材料、基本观点介绍完整清晰，同时对重点问题和有争议的

　　① 耿铁华：《好太王碑的保护与现状》，载耿铁华《好太王碑新考》，吉林人民出版社 1994年版，第 12—30 页。

　　② 王健群：《好太王碑研究》，吉林人民出版社 1984 年版。

　　③ 耿铁华：《好太王碑新考》，吉林人民出版社 1994 年版。

　　④ 朴真奭：《好太王碑与古代朝日关系研究》，李东源、张若枫译，延边大学出版社 1996年版。

　　⑤ 邹宗绪编：《好太王碑》，陕西旅游出版社 1992 年版。

　　⑥ 魏存成：《高句丽考古》，吉林大学出版社 1994 年版。

问题做了比较充分的论证与评议。张博泉、魏存成主编的《东北古代民族·考古与疆域》① 中也列有高句丽考古专章，介绍和评议高句丽都城、山城、墓葬、重要遗物的考古发掘和研究的方方面面。为纪念高句丽迁都集安国内城 1990 周年，耿铁华、孙仁杰编辑了《高句丽研究文集》②，收录了集安博物馆研究人员撰写的 20 篇论文，内容涉及高句丽历史和考古的诸多问题，其中有高句丽古墓发掘报告与研究、壁画保护与临摹、古城遗迹调查与研究、好太王碑研究、高句丽器物研究，以及对中国学者研究高句丽文化的概述和高句丽历史研究。

这一时期还出版了一批高句丽文物志方面的著作，主要有：国家文物局主编《中国文物地图集·吉林分册》③，吉林省地方志编委会编、贾士金主编的《吉林省志》卷 34《文物志》④，王光普、杨立新、王其仁编的《通化市文物志》⑤，延边博物馆编的《延边文物简编》⑥，林至德、耿铁华编的《集安县文物志》⑦，傅佳欣、章愚胜、满承志编的《通化县文物志》⑧，耿铁华、王志敏、李奎星编的《柳河县文物志》⑨，张萍、梁志龙、刘兴林编的《桓仁满族自治县文物志》⑩，等等。

（二）一批高句丽历史研究的专著相继出版

高句丽历史研究的专著，从已见到的看，可分为两类：

一是以高句丽历史作为研究客体的专著。一部是李殿福、孙玉良的《高句丽简史》⑪。本书是国内学者撰写的第一部高句丽历史研究的专著，

---

① 张博泉、魏存成主编：《东北古代民族·考古与疆域》，吉林大学出版社 1998 年版。
② 耿铁华、孙仁杰编：《高句丽研究文集》，延边大学出版社 1993 年版。
③ 国家文物局主编：《中国文物地图集·吉林分册》，中国地图出版社 1993 年版。
④ 吉林省地方志编委会编，贾士金主编：《吉林省志》卷 34《文物志》，吉林人民出版社 1991 年版。
⑤ 王光普、杨立新、王其仁编：《通化市文物志》，吉林省文物志编委会 1986 年印刷。
⑥ 延边博物馆《延边文物简编》编写组：《延边文物简编》，延边人民出版社 1988 年版。
⑦ 林至德、耿铁华编：《集安县文物志》，吉林省文物志编委会 1984 年印刷。
⑧ 傅佳欣、章愚胜、满承志编：《通化县文物志》，吉林省文物志编委会 1987 年印刷。
⑨ 耿铁华、王志敏、李奎星编：《柳河县文物志》，吉林省文物志编委会 1987 年印刷。
⑩ 张萍、梁志龙、刘兴林编：《桓仁满族自治县文物志》，桓仁满族自治县文物志编纂委员会 1990 年印刷。
⑪ 李殿福、孙玉良：《高句丽简史》，韩国三省出版社 1990 年版。姜仁求、金瑛洙、韩文翔译。本书附有作者汉文手写稿全书影印件。

概要地论述了高句丽的兴起、扩张、统治制度、疆域、都城、经济、外交、文化、灭亡及其与中原的关系。遗憾的是本书汉文本在国内始终未见正式出版。另一部是刘子敏的《高句丽历史研究》①。该书分别论述了高句丽的族称和族源、高句丽前期社会、高句丽前期王系考辨、高句丽历史地理、高句丽后期历史，以及高句丽在古代中朝关系中的历史地位。

二是在有关地方史、民族史、文化史等专史中，对高句丽的历史再也不是轻描淡写而是重笔浓彩予以阐论。

地方通史和断代史方面，佟冬主编的《中国东北通史》② 全书六卷，其中，第一卷对高句丽政体的建立及其逐渐强盛至长寿王迁都平壤做了阐论；第二卷则对高句丽国在唐王朝的打击下最后解体的历程进行了分析。

薛虹、李澍田主编的《中国东北通史》③ 第二编第二章第二节简要介绍了高句丽建国至灭亡的历史。张博泉编的《东北地方史稿》④，张博泉、苏金源、董玉瑛的《东北历代疆域史》⑤ 对高句丽民族与国家的发展以及与中原政权和北方各民族政权之间的关系，都做了论述。王绵厚的《秦汉东北史》⑥ 则介绍了高句丽民族形成、国家建立及两汉之际的发展状况。张碧波、董国尧主编的《中国古代北方民族文化史》（民族文化卷）⑦ 对高句丽文化立有专章，分别论述了高句丽民族的社会生活、宗教信仰、文学、音乐、舞蹈、体育、教育、科技、建筑、石雕造型与古墓壁画艺术等方面的问题。

在民族史方面，江应樑主编的《中国民族史》⑧，王锺翰主编的《中国民族史》⑨，由中国社会科学院民族研究所专家分别撰写的"中国历代民族史丛书"的《秦汉民族史》《魏晋南北朝民族史》《隋唐民族史》各卷⑩，

---

① 刘子敏：《高句丽历史研究》，延边大学出版社 1996 年版。

② 佟冬主编：《中国东北通史》，吉林人民出版社 1998 年版。

③ 薛虹、李澍田主编：《中国东北通史》，吉林文史出版社 1991 年版。

④ 张博泉编：《东北地方史稿》，吉林大学出版社 1985 年版。

⑤ 张博泉、苏金源、董玉瑛：《东北历代疆域史》，吉林人民出版社 1981 年版。

⑥ 王绵厚：《秦汉东北史》，辽宁人民出版社 1994 年版。

⑦ 张碧波、董国尧主编：《中国古代北方民族文化史》（民族文化卷），黑龙江人民出版社 1993 年版。

⑧ 江应樑主编：《中国民族史》，民族出版社 1990 年版。

⑨ 王锺翰主编：《中国民族史》，中国社会科学出版社 1994 年版。

⑩ "中国历代民族史丛书"，四川民族出版社 1996 年版。

翁独健主编的《中国民族关系史纲要》① 等大型民族通史性著作，对高句丽的形成、发展到消亡均有详尽的阐述。在东北民族史著作中则有：傅朗云、杨旸的《东北民族史略》②，孙进己的《东北民族源流》③《东北民族史研究》④《东北亚民族史论研究》⑤，李德山的《东北古民族与东夷渊源关系考论》⑥ 等。

在文化史和历史地理方面的著作则有孙进己的《东北各民族文化交流史》⑦ 和孙进己、王绵厚、冯永谦主编的《东北历史地理》⑧ 一、二卷。

以上这些著作虽不是高句丽的专史，但都将高句丽历史作为研究的主要对象，并在书中占了相当的篇幅。如孙进己的《东北民族史研究》一书在第三编秽貊系各族史研究中，专列两章——高句丽族史研究和高句丽国史研究，实际是一部高句丽通史的研究布局。

（三）有关高句丽研究资料的汇辑与出版

这一时期在专著出版的同时，高句丽研究的资料收集、整理和出版也取得了可喜的进展。按内容可分为文献资料的整理和研究成果的汇辑。

文献资料的整理方面，孙进己、郭守信主持完成了《东北古史资料丛编》⑨（一至三卷），其中第一、二卷收录的高句丽史料相当全面，除正史中有关高句丽资料全部收录外，对一些常见而又保存许多今已散失资料的史籍如《资治通鉴》《册府元龟》《太平御览》《太平寰宇记》等书中的有关史料，也多有收录。编者还特别注意对一些稀见资料或一些常被忽视的史料的收录。诸如《后汉纪》、谢承《后汉书》《十六国春秋辑补》《隋炀帝集》《三国史记》《三国遗事》《海东绎史》《东国史略》《东国通鉴》《续日本纪》《论衡》《翰苑》《满洲金石志》《昭陵碑录》等。由杨春吉、

① 翁独健主编：《中国民族关系史纲要》，中国社会科学出版社 1990 年版。

② 傅朗云、杨旸：《东北民族史略》，吉林人民出版社 1983 年版。

③ 孙进己：《东北民族源流》，黑龙江人民出版社 1987 年版。

④ 孙进己：《东北民族史研究》，中州古籍出版社 1994 年版。

⑤ 孙进己：《东北亚民族史论研究》，中州古籍出版社 1994 年版。

⑥ 李德山：《东北古民族与东夷渊源关系考论》，东北师范大学出版社 1996 年版。

⑦ 孙进己：《东北各民族文化交流史》，春风文艺出版社 1992 年版。

⑧ 孙进己、王绵厚、冯永谦主编：《东北历史地理》，黑龙江人民出版社 1989 年版。

⑨ 孙进己、郭守信主编：《东北古史资料丛编》，辽沈书社 1989 年至 1990 年陆续出版。

耿铁华、倪军民主编的《高句丽史籍汇要》①收录了中国、朝鲜古籍中有关高句丽的记载。全书分七大类汇要：诸史传记、诸史遗文、史事编年、三国史记、三国遗事、东国史略·高句丽、东国通鉴·高句丽。

研究成果汇辑方面，有耿铁华、杨春吉编的《中国学者高句丽研究文献目录（1950—1996）》②。本目录还被作为附录收入了1887年至1949年我国学者关于高句丽碑刻文字研究目录，在此基础上，倪军民、耿铁华、杨春吉又主编了《中国学者高句丽研究文献叙录》③，从1950年到1996年国内学者的高句丽研究著述中选取了高句丽研究专著及与高句丽相关的著作35部，有关论文365篇，进行叙录，大大方便了研究者的使用。

王禹浪、王宏北编著的《高句丽渤海古城址研究汇编》④，上编为高句丽古城址，介绍了高句丽古城址190个，其中，中国吉林省境内的高句丽古城址80个，辽宁省境内的高句丽古城址90个，朝鲜民主主义人民共和国境内的高句丽古城址20个。对每座城址都介绍了它的地理位置，自然环境，城的形制、周长、墙垣高、城门、马面、女墙等状况以及古城墙垣构筑、维修情况；城内遗迹、遗物和发现情况，历史文献记载及相关历史人物、历史事件。一些城址条目后还附有介绍或研究文章，计33篇。本书开篇"高句丽、渤海古城概述"则为作者的研究成果。本书是一部兼具研究性与资料性的学术成果。

当然，高句丽研究成果集大成的资料集是六卷巨著《高句丽渤海研究集成》⑤，其中高句丽三卷，渤海三卷。高句丽三卷收录1950年以来中国学者撰写的高句丽历史、考古研究论文407篇，800余万字。它是一部工程量浩大的研究论文总汇的资料工具书，既向世界展示了近50年来中国学者在高句丽研究领域的成果，让人们系统认识总结这一领域的研究成绩

① 杨春吉、耿铁华、倪军民主编：《高句丽史籍汇要》，吉林人民出版社1998年版。
② 耿铁华、杨春吉编：《中国学者高句丽研究文献目录（1950—1996）》，通化师院高句丽研究所，1997年铅印本。
③ 倪军民、耿铁华、杨春吉主编：《中国学者高句丽研究文献叙录》，吉林人民出版社1998年版。
④ 王禹浪、王宏北编著：《高句丽渤海古城址研究汇编》，哈尔滨出版社1994年版。
⑤ 《高句丽渤海研究集成》，哈尔滨出版社1997年版。该书是由沈阳东亚研究中心主持编辑的《中国民族史研究集成》中之一部，主编是孙进己、孙海。高句丽3卷的编者是蔺新建、孙海、孙泓、张春霞。

和存在的问题，又为人们提供了全面的研究成果全貌，大大省却了收集论文之劳苦。总之，主编者之立足宏观、深化研究的立意让人钦佩，编者辛劳之功，功不可没！

但是编辑出版这样一套规模巨大的资料工具书毕竟不是易事，读者寄予厚望当在情理之中，因此本书存在以下三点欠缺与不足似也显得突出。

一是未设分类标题。人们细阅高句丽卷三册：一册是历史研究，内容大体上以族源、政治、社会、文化、人物、都城编排；二册、三册则是考古研究，大体上以综论、古墓、山城、器皿、好太王碑、毌丘俭碑及其人、高句丽碑编排。如在各类论文前加上标题，将大大便于读者查阅，而这本是编者极易做到的，不知为何有此疏忽。

二是既称为研究集成，虽人们不能苛求在收录论文上绝对齐全，但不能出现不应该的遗漏。例之一：20 世纪 50 年代刊发的文章本就不多，读者寻检的难度大，《文物参考资料》《史学月刊》上的相关论文却基本未收录；例之二：收录了朴真奭所撰写的与杨通方争议的文章（刊《世界历史》1989 年第 2 期），可却漏收了杨通方所撰的文章，其实杨文刊发于《世界历史》1981 年第 3 期，本不难找到的；例之三：既收录了刘永智刊发于《朝鲜史通讯》1981 年第 3 期上的《也谈萨水究竟在何处》，可刘永智刊发于《社会科学战线》1987 年第 4 期的《萨水考略》却未收入；例之四：对近 50 年来高句丽研究中一些重要研究者的成果应尽量收入，可是遗憾地发现，诸如张博泉、王健群、李健才、李殿福、方起东、耿铁华诸先生的研究论文均多有遗缺。

三是作为一部大型资料工具书，不可缺少的凡例、存目、作者简介和索引，编者都没有向读者提供。

本来手捧三卷高句丽研究论文集成，应该是心知 50 年高句丽研究之全局，但实际上是读者无法建立全面感，加之校对上存在问题，使读者在引用上也难以有安全感和准确感。

以上存在的不足成了人们面对装潢精美的煌煌巨篇的深深遗憾。修订再版谈何易，考虑到主编者的《中国古代民族研究集成》尚在进行，只能寄望此处的不足在其他卷帙中得到弥补。

（本文首发于《中国边疆史地研究》2000 年第 1 期）

中国学者的高句丽归属研究评析

一　高句丽归属研究已成高句丽历史研究的热点之一

在高句丽历史研究的诸多课题中，高句丽归属问题始终受到研究者的关注。近百年来，特别是20世纪80年代以来中国学者发表了众多相关文章，对此我们在2001年2月出版的《古代中国高句丽历史丛论》中已有专题评介。[①] 在此前后，还有两篇评议高句丽归属问题研究的专题论文，值得重视，其一是提交1999年6月"全国首届高句丽学术研讨会"的韩忠富《国内高句丽归属问题研究综述》，[②] 其二是孙进己《高句丽历史研究综述》一文之五"高句丽归属研究综述"，[③] 二文有助于读者对此问题研究进展状况更全面的了解。需要指出，杨春吉、耿铁华主编《高句丽归属问题研究》，作为"高句丽历史与文化丛书"，2000年12月由吉林文史出版社出版。这是国内第一部高句丽归属问题研究的专题论文集，共收论文36篇，还以附录形式收编了朝鲜、韩国、日本学者相关论文或文章7篇，实际上论文集是编定论文集之时中国学者对高句丽归属问题研究重要成果的总汇。

2001年1月，刘厚生、孙启林、王景泽主编《黑土地的古代文明——全国首届东北民族与疆域问题学术研讨会论文集》作为"东北民族与疆域研究丛书"，由远方出版社出版。论文集分综论编、民族编、疆域编、信息编，共收学术论文46篇，另有一篇《东北民族与疆域研究参考书目

---

① 马大正等：《古代中国高句丽历史丛论》，黑龙江教育出版社2001年版，第321—339页。

② 韩忠富：《国内高句丽归属问题研究综述》，《社会科学战线》2001年第5期。

③ 孙进己：《高句丽历史研究综述》，《社会科学战线》2001年第2期。

（1978—1998 年）》。其中姜孟山《高句丽史的归属问题》，张碧波《关于历史上民族归属与疆域问题的再思考——兼评"一史两用"史观》（又刊发于《中国边疆史地研究》2000 年第 2 期）；刘子敏《走出高句丽历史研究的误区——试析古人在高句丽归属问题上的错误说法》（又刊发于《东疆学刊》2000 年第 1 期），都是高句丽归属问题研究值得重视的论文。

2000—2002 年，中国学者论述高句丽归属问题的论文重要者还有：

孙进己：《当前研究高句丽归属的几个问题》（《东疆学刊》2001 年第3 期）；

徐德源：《高句丽历史与疆域归属问题补议》（《社会科学战线》2001年第 5 期）；

刘子敏：《高句丽疆域沿革考辨》（《社会科学战线》2001 年第 4 期）；

高福顺：《试论汉魏时期高句丽政权的统辖区域——以〈三国史记·高句丽本纪〉记事为中心》（《东疆学刊》2001 年第 4 期）。

由此可见，中国学者在深化高句丽历史研究时，高句丽归属问题研究始终是研究者关注的热点问题之一。

高句丽民族是我国东北的古代民族，高句丽国家是我国历史上的少数民族政权，这已成为中国学者的学术共识，或者说已成为中国学者的主流认识。但是在深化研究高句丽归属问题时，学者之间至今仍存在不同意见和分歧，如徐德源所指出："诸如归属的标准问题，历史文献资料的选取，高句丽王国不同时期的政治地位及其与历代中原王朝之间的政治关系和战争的性质，对隋唐诸帝的高句丽政策的评价，高句丽疆域与历史的继承等等，在这些问题上，存在着差别乃至在根本立场一致前提下的分歧，也还有认识不明确和论证不充分之处。"①

二 高句丽归属研究仍需深化

研究的深化，除了对高句丽历史中涉及归属问题的内容进行宏观的和微观的研究外，还需要扩大研究视野。以下两个方面当是应予特别的关注，其一是对箕子朝鲜和卫氏朝鲜历史和活动地域的研究；其二是开展中

---

① 徐德源：《高句丽历史与疆域归属问题补议》，《社会科学战线》2001 年第 5 期。

国古代疆域理论研究。

（一） 箕子朝鲜和卫氏朝鲜历史和活动地域研究

公元前 1 世纪后期，高句丽兴起于西汉玄菟郡高句丽县。这个地方最初的归属是确定高句丽归属的前提。而认定玄菟郡地方原来归属的历史前提则是关于箕子朝鲜和卫氏朝鲜的归属问题。

关于箕子朝鲜，前辈学者金毓黻先生在所著《东北通史》上卷，即以翔实可信的历史文献资料，做出了箕氏朝鲜的历史与疆域属于中国史的论证："吾谓，周武王封箕子于朝鲜，以开拓东北之疆域，一如太公之封于齐，召公之封于燕，盖当时之一蕃国也。试就《魏略》之文考之，称箕子之后曰朝鲜侯，则其先世必膺五等爵之侯封，如鲁君之称鲁侯，齐君之称齐侯也。燕亦侯爵，战国时僭称王，而朝鲜亦自称王，则朝鲜之与中国北方之燕，地丑德齐又可知，是时中国诸侯之称霸者，必尊周室以自重，而朝鲜亦欲兴兵击燕，以尊周室，则其所处之地位，正与中国之诸侯等。近人不察，多视箕氏朝鲜为东夷之一，与后来之王氏高丽、李氏朝鲜等，此实大误。箕氏朝鲜为汉族所建之蕃国，实占汉族开拓东北史上重要之地位，不得以其国都远在鸭绿江东，而存歧视之见也。"这实际上是对此前日本学术界将箕氏朝鲜纳入朝鲜历史的反驳。

众所周知，在悠久的历史时期里，朝鲜半岛的大部，尤其是现在的汉江以北地区，曾一直是古代中国的领土。早在公元前 3 世纪之末，周王朝的诸侯国之一的燕国就在今辽河流域直到朝鲜半岛北部，正式设置了辽东郡，郡治在襄平（今辽阳市附近）。秦灭六国而统一中国后，朝鲜半岛北部为辽东郡东南境"属辽东外徼"，处在秦王朝有效统治区域之内。汉武帝灭卫氏朝鲜后，又在半岛置真番、临屯、乐浪、玄菟四郡，使半岛大部成为汉朝直接管辖的郡县地区。唐灭高句丽后，在半岛设置安东都护府，下辖都督府、州、县。

由于受多方面原因的影响，我国学者对于朝鲜半岛上的古代封国及其民族缺乏系统、全面研究，少有成一家之言的专门研究著作，论文亦不多。现有的一些研究，绝大多数属于通论的性质，并受到苏联《世界通史》和日本《东洋史大系》的影响，将半岛北部的古族国划入了朝鲜史的体系之内。所有这些，比较集中地体现在有关的世界史教材和世界史著作，以及一些专史类著作中。

1. 历史教科书和世界史著作中之综合性研究

这里所说的历史教科书，主要是指经国家教育部门认定的，供我国中学、大学使用的历史教材。需要指出的是，所有的历史教科书和世界史著作中，对朝鲜半岛国与族的研究和论述，均属于通论的性质，为综合性研究，也就是把一定历史时期内半岛上的国与族放在一起加以论述。

20 世纪 50 年代，中学世界史教科书中在有关朝鲜的部分里，均无一例外地把高句丽说成是朝鲜古代的一个国，半岛上朝鲜古代史上的"三国"说，亦即"三国时期"，此说在我国从此滥觞。1956 年，由徐德源编写，辽宁大学教材科发行的《世界中世史》，作为大学历史系教材，采用的是箕氏朝鲜、卫氏朝鲜、汉四郡，"三国时代"的新罗、高句丽、百济的框架结构，也就是说把箕氏朝鲜、卫氏朝鲜、高句丽三个政权都作为朝鲜历史上的王朝。接着，齐思和《世界中世史讲义》（1956）、孙秉莹《世界中世史讲义》（1956）、东北师范大学历史系世界古代中世纪教研室《世界中世纪史》，都是如此处理古朝鲜、高句丽诸问题的。而且，着眼点皆放在其社会发展程度上，其他方面，诸如族源、族称、风俗、习惯、考古学文化、流向等问题，一般是不涉及的。

1962—1963 年，高等教育部推出了第一部由国家组织编写的高等院校世界史教科书，即周一良、吴于廑的四卷本《世界通史》，对古朝鲜和高句丽的处理，没有什么变化。

进入 20 世纪 70 年代，情况有所变化。1978 年教育部门组织 14 所院校合编的《世界古代中世纪史》，论及高句丽时，指出其系在中国兴起的一个跨国界的古民族。1983 年，人民教育出版社出版了李纯武、寿纪瑜的《简明世界通史》；人民出版社出版了教育部组织编写的，供高等学校历史专业使用的，崔连仲主编的《世界史》，仍然将古朝鲜、高句丽纳入朝鲜史的范畴内加以论述。20 世纪 80 年代中期始，情况又有变化。1985 年，人民教育出版社出版了孙义学主编的《世界中世纪史》，认为高句丽等是建立于以吉林集安为中心的辽东和鸭绿江流域的古代政权。1990 年，北京大学出版社出版了朱寰主编的教材《世界上古中古史》，在论到高句丽时，仍按孙义学主编的《世界中世纪史》。1997 年，人民出版社将各院校统编教材作为《世界通史》教材出版。在这部 6 卷本的教科书中，客观地叙述了历史，将箕氏朝鲜、卫氏朝鲜、高句丽作为中国东北方封国和少数民族政权来处理，把隋、唐两朝征高句丽看成维护统一的战争。

2. 专史类著作之研究

这里所说的专史类著作，即我国学者撰写的有关朝鲜半岛的历史著作和其他领域的史著（包括综合性的研究论文）。

中华人民共和国成立前，这方面的研究还不成规模，目前仅仅见到几部著作以及数篇研究论文。

自 1949 年开始，我国学者在没有任何可鉴之资的前提下开始了对朝鲜半岛国与族的研究，但由于受到当时国际环境的影响，这种研究从一开始就偏离了正常的学术研究的轨道。几乎所有的研究采用的都是箕氏朝鲜、卫氏朝鲜、"汉四郡"，"三国时代"的新罗、高句丽、百济……直至现在的朝鲜民族这一模式，毫无例外地批判和检讨中国古代王朝，诸如汉、隋、唐等对古代朝鲜的"侵略"，这种研究，持续到现在仍未绝迹。

1951 年开明书店出版的王辑五《五千年来的中朝友好关系》、周一良《中朝人民的友谊关系与文化交流》，1986 年延边人民出版社出版的《朝鲜族简史》，1968 年延边教育出版社出版的朴真奭《朝鲜简史》，1984 年辽宁人民出版社出版的朴真奭《中朝经济文化交流史研究》，1992 年延边大学出版社出版的姜孟山主编《朝鲜通史》，1995 年中州古籍出版社出版的刘永智《中朝关系史研究》，1996 年黑龙江教育出版社出版的张琏瑰《1945 年以前国际政治中的朝鲜和中国》，1996 年吉林人民出版社出版的吉林省社会科学院《中韩关系通史》编写组编写的《中韩关系通史》，以及《中朝友谊三千年》《简明朝鲜史》《朝鲜哲学史简编》《朝鲜史讲义》《朝鲜哲学思想史》《朝鲜经济史概论》《好太王碑和古代朝日关系》《朝鲜中世纪史研究》等，都是这种立论。如《中朝关系通史》编写组的《中朝关系通史》说：箕子朝鲜、卫氏朝鲜、高句丽皆为朝鲜的古代国家，"高句丽迁都平壤城，开始与新罗、百济等国争霸朝鲜半岛，是为朝鲜的三国时期"。可以说，这种研究方法和史观，一直影响到现在，但在我国的东北史研究领域却是例外，20 世纪 80 年代以后，有关东北民族与历史著作中，已鲜见这样的观点。

第二次世界大战以后至中韩建交前的一段时期内，我国台湾学者也有关于半岛的史著出版，重要者如1958年中华文化出版事业委员会出版的董作宾等的《中韩文化论集》，1969年中华丛书编审会出版的李光涛《中韩民族与文化》，中华书局出版的王仪《古代中韩关系与日本》，1986年文史哲出版社出版的刘家驹《清朝初期的中韩关系》，等等。其观点，与大陆学者的观点相近，同样将箕子朝鲜、卫氏朝鲜、高句丽等国族纳入韩国史的体系之内。

3. 关于古朝鲜的专题研究

古朝鲜是朝鲜半岛历史上第一个建立国家的民族，因之，除我国外，朝鲜、韩国、日本等也重视对它的研究。一般而言，研究古朝鲜，其核心问题有檀君、箕子两个焦点。综合而言，朝鲜和韩国学界的观点一致，他们认为：古朝鲜就是檀君朝鲜，古朝鲜是朝鲜史或韩国史的开端，箕子朝鲜、卫氏朝鲜不是古朝鲜的主流，古朝鲜不包括他们。

针对这样的观点，我国只有极少数学者在某一方面与朝、韩学者的观点一致。较有代表性的如：朴真奭《关于古朝鲜的几个问题》（《朝鲜史通讯》1980年第2期）、王雪梅《箕子朝鲜述略》（《长白学圃》1991年第7期）等，承认古朝鲜是朝、韩国史的开端，认为古朝鲜是朝鲜的古代民族和国家。

与此相反，我国绝大多数学者认为朝、韩学界（包括政界）的观点与史实相左，指出所谓的檀君并不存在，古朝鲜族是我国古代这一地区的一个民族及地方民族政权。箕子进入古朝鲜是古朝鲜的主流。汉武帝灭古朝鲜，是一个封建国家内中央政权与地方民族政权矛盾激化的产物，是继秦之后统一中国的继续。代表性的论著有：蒋逸雪的《殷商拓地朝鲜考》（《东北杂志》1945年11月号）、缪寄虎的《箕子入朝鲜之真相及早期中韩关系》（《大陆杂志》1969年2月号）、梁嘉彬的《箕子朝鲜考》（《史学汇刊》1980年10月号）、刘永智的《箕子朝鲜不应任意否定》（《世界史论文集》）、张博泉的《箕子"八条之教"的研究》（《史学集刊》1995年第1期）、《长白山古民族的神话与传说》（《东北民族》1995年第1期）、《箕子与朝鲜论集》（吉林文史出版社1995年版）、李健才的《评〈箕子朝鲜传说考〉》（《东北民族与疆域研究动态》1999年第2期）、张碧波的《朝鲜箕氏考》(《社会科学战线》1997 年第 6 期)、《对古朝鲜文化的几点思考》(《北方论丛》1998 年第 1 期)、《略谈古朝鲜·高句丽研究中的误区》(《东北民族与疆域研究动态》1999 年第 2 期)、《建立在空想上的历史观——评〈古朝鲜历史概观〉》(《北方民族》2001 年第 1 期)、李德山的《箕族新证》(《北方民族》2000 年第 4 期),等等。

这些专题研究,本着实事求是的原则,还探讨了古朝鲜的源流、族称、地域,与周边各族的关系、箕子东走古朝鲜的原因、古朝鲜与中央王朝的关系、风俗习惯及文化等层面上的问题。多认为古朝鲜族是我国上古东夷族系的一员,其族称及风俗习惯和文化,完全符合汉语和汉文化的特点。

同时,国内学者在一些细节问题上观点尚不统一,表现在以下几个方面:一是能否用箕子朝鲜代称古朝鲜;二是古朝鲜族名的真正含义是什么;三是箕子入居古朝鲜的时间是商末,还是商亡后的周初。随着研究工作的不断进展,相信这些问题会逐步得到解决。

箕子朝鲜的研究正在展开,而有关卫氏朝鲜的研究还待开拓。但对箕子朝鲜和卫氏朝鲜的研究,特别在深化高句丽归属问题上的重要性正为学者所认识。正如徐德源指出的:"关于如何处理朝鲜半岛早期史问题,我已经明确了以下两个基本点,即:(1)箕子朝鲜是先秦时期分封制地方行政管理体制下的地方诸侯国,卫氏朝鲜是西汉初期的地方王国,高句丽是从西汉到唐朝时期的少数民族地方王国,它们当时的疆域都是古代中国的领土,这是历史原貌;(2)箕子朝鲜、卫氏朝鲜的基本疆域和高句丽的部分旧域由于新罗、高丽以及李氏朝鲜的发展而逐步并入朝鲜半岛国家版图,这是历史的继承。"[1] 在此认识的基础上,徐德源认为:"箕子朝鲜历史与疆域的归属是确定高句丽王国历史与疆域归属的原因条件""卫氏朝鲜历史与疆域的归属是确定高句丽王国历史与疆域归属的直接前提"。[2]

(二)中国古代疆域理论研究

历史上的中国疆域及其相关理论,一直为中国史学家所关注和研究。

---

① 徐德源:《关于朝鲜半岛早期史研究经受误导的反思》,吉林省社会科学院高句丽研究中心通化师范学院高句丽研究所《全国首届高句丽学术研讨会论文集》,通化师范学院 1999 年版,第 195 页。

② 徐德源:《高句丽历史与疆域归属问题补议》,《社会科学战线》2001 年第 5 期。

在马大正、刘逖合著《二十世纪的中国边疆研究——一门发展中的边缘学科的演进历程》中曾有专节予以综合评议,[①] 并指出:"历史上中国疆域的研究包括了中国古代疆域概念的形成和发展研究;中国古代疆域的性质、特点研究;中国古代疆域的发展主线研究;中国古代疆域的发展历程研究等一系列重大问题,是一个内涵十分丰富的课题。"邢玉林《1989—1998 年中国古代疆域理论问题研究综述》[②] 也做了有益的评介。

与古代疆域问题相关的理论,最直接的就是边疆地区的民族、政权归属问题。确定历史上边疆地区民族、政权归属的理论原则,是边疆(或曰"疆域")史研究的基础。由于学者们所依据的理论原则不同,所以根据同样的史实,却往往产生相左的观点,得出不同的结论。研究历史疆域应依据的原则,在我国学术界大致有以下三种意见。

1. 以白寿彝为代表

他在《论历史上祖国国土问题的处理》(《光明日报》1951 年 5 月 5 日)一文中主张:"用皇朝疆域的观点来处理历史上的国土问题是错误的办法,用中华人民共和国的国土范围来处理历史的国土问题,是正确的办法。"此后作者又发表了《中国历史上的疆域问题》(《历史知识》1981 年第 4 期),重申并补充了自己的认识。关于这一理论的更为完整阐述,主要体现在白寿彝主编《中国通史》第一卷(上海人民出版社 1989 年版)中。持此观点或类似观点者,还有何兹全(《中国古代史教学中存在的一个问题》,《光明日报》1951 年 7 月 5 日)等。

2. 以谭其骧为代表

他在《对历史时期的中国边界和边疆的几点看法》(《中国史研究动态》1979 年第 11 期)一文中认为:"中国的边界决不能仅仅是指中原王朝的边界,而应该包括边疆其他少数民族建立的政权的边界,其他少数民族建立的政权,都是中国的一部分。"此后作者又发表《历史上的中国和中国历代疆域》(《中国边疆史地研究》1991 年第 1 期),阐述了处理中国

---

① 马大正、刘逖:《二十世纪的中国边疆研究——一门发展中的边缘学科的演进历程》,黑龙江教育出版社 1997 年版,第 166—172 页。

② 邢玉林:《1989—1998 年中国古代疆域理论问题研究综述》,《中国边疆史地研究》2001 年第 1 期。

历代疆域的两个原则：一是"我们是现代的中国人，我们不能拿古人心目中的'中国'作为中国的范围"；二是"我们既不能以古人的'中国'为历史上的中国，也不能拿今天的中国范围来限定我们历史上的中国范围。我们应该采用整个历史时期，整个几千年来历史发展所自然形成的中国为历史上的中国"。从这两个原则出发，作者得出的结论是："我们是拿清朝完成统一以后，帝国主义侵略中国以前的清朝版图，具体地说，就是从18世纪50年代到19世纪40年代鸦片战争以前这个时期的中国版图作为我们历史时期的中国范围。所谓历史时期的中国，就以此为范围。不管是几百年也好，几千年也好，在这个范围之内活动的民族，我们都认为是中国史上的民族；在这个范围之内所建立的政权，我们都认为是中国史上的政权。"持此观点或相类似观点者，还有孙祚民（《中国古代史中有关祖国疆域和少数民族的问题》，《文汇报》1961年11月4日）、杨建新（《沙俄最早侵占的中国领土和历史上中国的疆域》，《中俄关系史论文集》，甘肃人民出版社1979年版）、陈连开（《论中国历史上的疆域与民族》，《中央民族学院学报》1981年第4期）、孙进己（《我国历史上民族关系的几个问题》，《中国民族关系史研究》，中国社会科学出版社1984年版）等。

3. 以张博泉为代表

他在《论古代边疆民族与疆域研究问题》（《吉林大学社会科学学报》1999年第3期）一文中指出："历史事实证明，民族、国家与疆域是历史发展到一定阶段的产物，有国家和民族，才有民族和国家的疆域，这是不言而喻的。历史上的民族、国家与疆域是发展变化的，不同的历史时期结构的模式在发展变化，其内容与思想在发展变化，其幅员的大小也在发展变化，不能以一个固定的模式确定版图范围，不能削历史之足以适其履。历史发展的真实是，在历史上的版图范围，有时大有时小，有时伸有时缩，不是大也不行，小也不行，伸也不行，缩也不行。对历史上边疆民族与疆域研究的准则，应从历史实际出发，尊重历史的本来面目，写包括各民族、政权和土地在内的统一的多民族的国家疆域。当时版图范围，有多大，就写多大，达到哪里，就写到哪里。既不能把属于版图范围内的民族、政权和土地写出去，也不能把不属于版图范围内的民族、政权与土地写进来。这就是研究我国古代民族与疆域所应遵循的依据和标准。"张博泉还进一步阐述了研究古代边疆民族与疆域归属的理论依据。第一，"王天下"与"君天下"的含义；第二，"民族和国家是地域观念，国界从来也不以民族的血统、语言为分界线的"；第三，"在对我国古代边疆民族与疆域的归属研究中，涉及对贡纳制的理解与认识问题"。张博泉全面的理论阐释，见其著作《中华一体的历史轨迹》（辽宁人民出版社 1994 年版），及与程妮娜合著《中国地方史论》（吉林大学出版社 1994 年版）。

还应提到的是，由于高句丽当年活动地域，今天已分属两个不同主权国家的实际，在叙述和研究高句丽历史时，一些中国学者提出了"一史两用"的见解。

刘子敏在《高句丽国与南北朝的关系》一文中认为："凡现在在中国版图以内的古代民族或国家，都应视为中国古代的民族或国家，凡现在在朝鲜版图之内的古代民族或国家，都应视为朝鲜古代的民族或国家。而至于跨越现今国境的古代民族或国家，则应视为两国共同历史，只是在叙述两国共同历史时，要按照其历史的真实情况搞清其来龙去脉，因果关系罢了。"① 刘子敏在《关于高句丽政权及其领域的历史归属问题之我见》中进一步指出："高句丽的历史无疑应当是中、朝两国的共同历史，两国在撰写自己的国史时都可以将其纳入其中。这是'立足于现在'的问题。所谓'正确认识过去'，也就是搞清历史上的高句丽曾经是属于古代中国不是古代朝鲜。"② 徐德源在《关于朝鲜半岛早期史研究经受误导的反思》中指出："我以为可以根据历史的实际，以承认高句丽历史与疆域的双向继承的客观事实为原则，在中国和朝鲜的历史编纂中都可以而且应该包括这三个朝代（指箕子朝鲜、卫氏朝鲜、高句丽——引者按），关键是应当实事求是地尊重历史的原貌而不任意歪曲和篡改，要尊重在历史与疆域存在着双向继承的客观事实，而不采取排他独占的立场。"③ 姜孟山《高句丽史的归属问题》对高句丽历史的"一史两用"问题做了更详述的论阐，他对古代民族史和古代国家史的归属问题提出了 4 条标准，"第一，两国在平等互利的原则上，以国际法划定的现今国界为准，即以现今国境线为

① 金龟春主编：《中朝韩日关系史研究论丛》，延边大学出版社 1995 年版。
② 《全国首届高句丽学术研讨会论文集》，第 23 页。
③ 《全国首届高句丽学术研讨会论文集》，第 195 页。

准，其境内古今史即属那个国家史；第二，以古代国家的政治、经济、文化中心在什么地方，即以现今国界为准而定归属；第三，民族的血缘关系和文化的继承性，即古代民族和现代民族之间有无血缘关系和文化的继承性；第四，历代中央王朝与边疆或地方王朝的关系，即中央王朝和地方王朝是否存在从属关系"。据此原则，他认为："高句丽史首先属于中国历史，但是高句丽史又属于朝鲜历史。"在撰写历史时，怎样具体操作呢？"是否以 427 年为界，前期为中国史，后期为朝鲜史，这不符合历史唯物主义。第一，历史唯物主义认为，历史是有发生、发展、消亡的过程，不能把一国历史截然分开。第二，427 年高句丽虽迁都平壤，但我国东北地区的广大领土仍是高句丽的主要活动地区，所以，应将整个高句丽史全部写进中国东北史。第三，把高句丽史写进朝鲜史，不能写无根无源的历史，也不能把一国史一刀切，所以，在朝鲜史中也应写高句丽前期史。当然在写历史时，具体怎样操作，如以 427 年为界，中国地方史以前期史为主，朝鲜史以后期史为主，这是继续探讨的问题。"[1] 姜孟山以上的结论，明显是受到了以白寿彝为代表的将当代国界作为历史上国家疆域史研究之观点的影响。

张碧波在《关于历史上民族归属与疆域问题再思考——兼评"一史两用"史观》[2] 中，对"一史两用"提出了异议，文章首先指出"中华疆域是一个历史的相对的概念，只有综合地考虑民族与民族归属以及政治的、经济的、文化的、地理的等各种因素方可有一个基本明确的结论和标准"。"在中华民族的多元统一体的历史形成过程中，中华疆域有它一个历史消长、变动与形成的历程，我们的任务是对这一历程作出合乎历史实际的研究，并在此研究基础上确定中华疆域的标准。"文章认为"'一史两用'的提出是我国史学界研究的误区，其根源在于确定民族归属与疆域的界定上的错误。他们首先把中华疆域固定在'以 1840 年以前'的疆域或者'以现今国界为标准'，把复杂的疆域问题一刀切，以今例古，把高句丽划

① 刘厚生、孙启林、王景泽主编：《黑土地的古代文明》，远方出版社 2000 年版，第 37—38、41、43—44 页。

② 张碧波：《关于历史上民族归属与疆域问题的再思考——兼评"一史两用"史观》，《中国边疆史地研究》2000 年第 2 期。

归'邻国'，但又没有能彻底解决高句丽归属问题"。作者指出："这种'一史两用'史观或史学'原则'，其实质是史学领域的折衷主义。"作者的结论是："高句丽不仅'首先是中国史'，就是于427年迁都平壤——平壤在汉乐浪郡疆域内，在作为汉王'外臣'——属国卫氏朝鲜疆域内，在臣服于周、秦的箕子朝鲜疆域内，也就是说在中华历史疆域之内，高句丽迁都平壤是在中华历史疆域之内的政治—文化中心东移，其民族属性、政权性质未变，最终仍属中华民族的地方区域政权。"

孙进己在《当前研究高句丽归属的几个问题》① 一文中认为："对一些横跨今中朝两国国土的历史上的政权和民族，分别在中朝两国历史中研究都是合理的，这种'一史两用'不可避免，世界通用。"在具体分析高句丽历史的"一史两用"时，作者指出："这里首先要辨明：一个政权和一个民族在历史上隶属于何国和这个政权、民族属哪国历史研究范围是两个不同性质的问题。新中国成立初期，许多学者都把这两个问题相混，而企图用今天的疆界来划定历史上的归属，这是错误的。但是用今天的疆界划定一个国家历史的研究范围是完全可以的。"因此作者认为："凡今天在中国疆界之内的历史上的政权和民族都属于中国历史的研究范围，不管他当时是否隶属于中国中央政权，即使是独立的，或隶属于他国的，只要是在今天中国疆界内，都应列入中国史研究范围，不管箕子朝鲜、卫氏朝鲜、高句丽当时是否属朝鲜，但今天朝鲜史应该也可以研究这些民族和政权，并将其写入朝鲜史中。""但不能因为这些政权和民族可列入朝鲜史研究范围，就可判定他们在历史上隶属于朝鲜。这是两个不同的问题。在朝鲜史中可以研究这些民族和政权，但应该具体说明当时他们还不是朝鲜民族，还不是朝鲜国家，要说明他们还属于中国，要说明这些土地和人民后来如何逐步成为朝鲜国家、民族的一部分。"

总之，有关高句丽归属问题研究正在深化，关于本问题在研究中的不同见解，据孙进己的归纳，大体有以下六端。②

第一，关于高句丽对中国中央皇朝的隶属关系，认识的分歧在于称臣、纳贡、受册封算不算隶属？有的认为算，有的认为不算，有的认为要区别对待。长期纳贡、受封中央地方官职才算，有的认为服时算，叛时不算，有的认为虽叛服无常，以服为主。

第二，高句丽建立在哪国疆域内。有的认为应用今天疆界划分，前期在中国疆界内，后期则横跨两国国土，或认为后期主要在朝鲜。有的认为应据历史上的疆界，高句丽的领土原来都是中国的郡县。但也有的认为应区别对待，辽东地自古一直属中国，半岛北部在乐浪郡以前归古朝鲜。对古朝鲜的归属也有不同看法，有的则主张依据历史上长期形成的传统疆界，这是综合历史上诸多时期疆界的变化及历史与今天疆界总的情况而确定。这样就提出在传统疆界内服时属地方自治政权，叛时属地方割据政权；在传统疆界外，服时属我国的移民政权，叛时属独立国家。

第三，王氏高丽和高句丽的关系。有的认为名称相同，地域大体相同，应属继承关系；有的认为不能仅看名称，两者在地域和民族成分上有很大区别，因此不能算作一国。

第四，民族归属与政权归属的关系。有的认为两者是一回事，民族归属决定政权归属，有的认为两者不同，民族可以归不同国家，形成古今以来有许多跨国民族。对确定民族归属的方法也有分歧，有的主张从民族起源可确定民族归属，有的反对，认为只能据民族主要流向何国，民族主要活动在何国疆界内确定其主要归属。

第五，对各国历史上的研究范围和政权、民族在历史上的归属有无区别有不同认识。有的主张两者是同一问题，只要今天在何国疆界内历史上就应属何国，有的认为两者是不同性质的问题，凡在今天疆界内的古代民族和政权应属该国历史研究范围，但不等于历史上就归属这国。历史上本属中国，但今天在朝鲜领土内，也应允许朝鲜史研究，即所谓一史两用。也有人认为历史上全属中国，所以不能一史两用，即高句丽史不属朝鲜史研究范围。

第六，怎样处理历史和现实、政治与学术的关系。有的认为历史上属谁，今天就应属谁，弄清历史是为了今天的领土归属。有的认为今天疆界是历史上长期形成，两国政府签约承认的，讨论历史上归属仅属对历史的学术研究，两者应加区别。

三 加强疆域理论研究应是当务之急

就目前而言，对东北疆域的理论研究，存在明显的不足。其一，投入的力量非常有限，影响了理论研究的深入开展。东北疆域史虽然起步不晚，但发展迟缓，受政治因素的制约是很重要的因素，禁区的存在使多数学者长期钻研于专题性、实证性、微观性的具体史实研究，不愿改变研究方向，不敢在理论上"冒险"。其二，现已提出的疆域理论问题尚不广泛，而各家见解并不完备、系统。这种状况，正反映出东北疆域理论研究不昌的现实。

具体说来，中国——主要是东北疆域理论研究中，存在以下弱点或空白点。

1. 宗藩关系。这是中国疆域理论的核心问题。中国历史疆域理论，就是要解决在历史上哪些地区是中国的边疆地区，是中国的疆域，哪些民族是中国国内民族，哪些政权是中国的地方政权，哪些关系是国内的民族关系，哪些关系是国内地方政权与中央政权之间的关系，哪些关系是国际关系，如此等等。这一系列问题，都是与宗藩关系问题紧密联系在一起的。历史上的国际关系结构、国际关系原则甚至"国际"的理念，均不同于现代国际关系；历史上东方国际关系的方方面面，也不同于西方。而当时东亚存在的宗藩关系，国内外一些学者将其视作国际关系，更有甚者，以现代国际关系的结构、原则、观念用于研究古代东亚地区，这是一个误区。宗藩关系有一个发展、演变的过程，从总体来说，有的藩属是"内藩"，民族属国内的民族，其疆域是中国的领土；有的藩属是"外藩"，其民族、疆域均属国外。但对此如何加以界定？我们无法制定一个框架，因为不同的历史时期，宗藩关系的内容也不尽相同。所以，不解决宗藩关系问题，中国古代疆域理论研究也就不会取得突破性进展，进而影响边疆史的深入研究。而目前我国学术界对这一关键性问题虽有涉及，却缺乏专门研究，学术著述基本上是"点到为止"。张博泉在谈到"藩附有一体内的藩附与一体外的藩附"时指出："在处理这两种性质不同的藩附时，一定要从整体上把握一体内的外与一体外的外的不同"，他所提出的"天下一体""中华一体"理论，就是解决宗藩关系问题的一个尝试,① 但这只是个别学者的认识。

2. "羁縻"政策。羁縻政策问题与宗藩关系问题既有联系又有区别,中国古代历朝的羁縻对象,是国内的边疆少数民族,但在后期,例如元明清时期,羁縻政策的指导思想还体现在对周边国家的关系上。在边疆地区推行羁縻政策时,所涉及的主要问题是"因俗而治"。首先,因俗而治是羁縻制的核心内容,赋予政策的对象以较大的自治权,因此中央政府对羁縻地区的管辖与对内地不同,于是有些国外学者依此否定该地区是古代中国领土。其次,因俗而治尊重了各少数民族,有利于加强边疆对中央的向心力,主流是正确的。但边疆各族有的"俗"是落后的,这种"俗"的保留,不利于民族的进步,束缚着边疆地区的发展,使边疆与内地的差距越来越大。当边疆地区不能摆脱落后状况时,必然潜藏一定的离心倾向。所以,对羁縻政策、对"因俗而治",皆需辩证分析,不能一味地加以肯定。遗憾的是,除唐朝和清朝外,我国学术界对封建时期的羁縻政策和"因俗而治",以及"边疆内地化"问题,都缺乏深入的研究。

3. 国外研究中国疆域与民族的学者中,有许多错误观点,我国学者对此有所介绍(例如张璇如《国外学者有关我国东北疆域、民族的种种错误观点》,载《黑土地的古代文明》),然亦存在不少问题。一是对这些观点缺乏全面、系统的介绍,使我们无法了解各种观点的全部内容;二是对各种观点,没有组织力量进行有针对性的分析研究。

以上研究中的弱点或空白点,只是一部分,但却是关键的,这几个问题不解决,会严重阻碍我国古代疆域理论研究走向深入。

基于以上认识,选定中国古代疆域理论研究的突破口,不在于寻找某一个点,而是一个系统工程。中国古代疆域史研究,本身就是一个薄弱的领域,欲在理论上有所建树,必须加强基础性研究。以此为前提,制定理论研究的现实目标,首先应解决中国古代宗藩关系(主体是宗藩体制)问题,若如此,则中央政权与边疆民族的关系、中央政权与边疆政权的关系,历史研究中中国疆域的认定标准等一系列问题的解决,便会相对容易一些。

---

① 参阅张博泉《中华一体的历史轨迹》,辽宁人民出版社1995年版,第171页。

但是，这一问题并不是一朝一夕或一个课题就能够解决的，为使宗藩关系、宗藩体制研究取得突破，设立"中国古代宗藩关系问题研究"的大课题实为当务之急。诸如开展：中国古代羁縻制度研究，可以先进行断代的或地区性的研究，条件具备时再进行总体研究。

中国古代"因俗而治"政策研究与评价。此问题与上一问题可能有所交叉，但侧重点是不同的。

中国古代"边疆内地化"问题研究。这一问题与"因俗而治"政策研究有所联系，然所涉猎的问题更加广泛、更加复杂。

中国古代各王朝"国家""疆域""国际关系"观念研究。中国古代的这些观念，与当代是迥然有别的，为防止"以今例古"，这是必须研究、解决的问题。

（本文首发于马大正著《古代中国高句丽历史续论》，中国社会科学出版社 2003 年版）

长孙晟述论

凡研究隋王朝与突厥关系者，长孙晟的业绩是不应忽视的。本文拟通过对长孙晟一生活动的述论，以揭示隋与突厥关系发展进程的某些片段。

一 长孙晟是隋王朝治突厥方略的制定者

长孙晟，河南洛阳人，生于西魏废帝元年（552），卒于隋炀帝大业五年（609），其一生正逢中国封建社会自北朝更迭到隋文帝一统由乱至治的动荡岁月。长孙晟18岁即任北周司卫上士，后迁车骑都府。入隋之后，历任车骑将军、左骁卫车骑将军、左勋卫骠骑将军、左领军将军、武卫将军、右骁卫将军等军职，是隋文帝左右参与军机的重要人物之一。综其一生政治、军事活动的主要方面是协同隋文帝处理对突厥的关系。

长孙晟在处理与突厥关系上有一整套较完整的方略，集中反映在开皇元年（581）一次他向隋文帝上书中，此上书《隋书》卷五十一《长孙晟传》记述最详，其文如下：

> 臣闻丧乱之极，必致升平，是故上天启其机，圣人成其务。伏惟皇帝陛下当百王之末，膺千载之期，诸夏虽安，戎场尚梗。兴师致讨，未是其时，弃于度外，又复侵扰。故宜密运筹策，渐以縻之，计失则百姓不宁，计得则万代之福。吉凶所系，伏愿详思。臣于周末，忝充外使，匈奴倚伏，实所具知。玷厥之于摄图，兵强而位下，外名相属，内隙已彰，鼓动其情，必将自战。又处罗侯者，摄图之弟，奸多而势弱，曲取于众心，国人爱之，因为摄图所忌，其心殊不自安，

迹示弥缝，实怀疑惧。又阿波首鼠，介在其间，颇畏摄图，受其牵率，唯强是与，未有定心。今宜远交而近攻，离强而合弱，通使玷厥，说合阿波，则摄图迥兵，自防右地。又引处罗，遣连奚、霫，则摄图分众，还备左方。首尾猜嫌，腹心离阻，十数年后，承衅讨之，必可一举而空其国矣。

《孙子兵法》攻谋篇第三载："知己知彼，百战不殆，不知彼而知己，一胜一负，不知彼，不知己，每战必殆。"长孙晟正是在分析了当时突厥政治军事形势是强大中蕴孕着分裂危机的现状后，提出自己著名的治突厥之策。

突厥是强大的。6世纪中叶突厥人崛起于我国北方草原①，西魏废帝元年（552），土门可汗摆脱了柔然汗国的统治而立国。其子木杆可汗统治期间（553—572），国势大振，"西破嚈哒，东走契丹，北并契骨，威服塞外诸国"，雄踞北方，其时汗国统治地域"东自辽海以西，至西海，万里；南自沙漠以北，至北海，五六千里，皆属焉"②。当时中原地区北齐与北周两个王朝在互相争戎中，均问突厥"争请盟好，求结和亲"③，突厥统治者对二者，先是不偏袒任何一方，等距相待，从中取利，后改为厚周薄齐，"与周合从，终亡齐国"④。显然，当时突厥确实强大，其政治态度的向背，足以改变中原地区力量的均衡。这种强盛之势，历木杆可汗、佗钵可汗（572—581）至摄图（即沙钵略可汗）数十载而不衰。开皇元年（581），隋取代北周。曾与北周统治集团和亲结盟的突厥⑤，当然不会以友好态度待之，因此，隋初，隋与突厥的关系日趋紧张。史载其缘由有二：一是"隋主既立，待突厥礼薄"；二是北周和亲突厥的"千金公主伤其宗祀复灭，日夜言于沙钵略，请为周复雠"⑥。其实，这些都是借口而已，更内在的原因是突厥奴隶主贵族看到隋朝初创，立足未稳，想趁机侵

---

① 突厥一词最早见于西魏文帝大统八年（542），见《周书》卷二十七《宇文测传》。
② 《北史》卷九十九《突厥传》。
③ 《隋书》卷八十四《北狄传》。
④ 北周与突厥的和亲，保定五年（565），木杆可汗之女嫁北周武帝宇文邕，史称阿史那皇后，见《周书》卷九《阿史那皇后传》；大象三年（580），北周宣帝以赵王招之女为千金公主嫁摄图，见《周书》卷七《本纪》。
⑤ 《资治通鉴》卷一七六。
⑥ 《隋书》卷八十四《北狄传》。

掠以饱私利。如《隋书》所评：突厥贵族是"亲疏因其强弱，服叛在其盛衰。衰则款塞顿颡，盛则弯弓寇掠，屈申异态，强弱相反"①。因此，面对咄咄逼人的突厥统治者，隋文帝不能不认真对待。

突厥在强大中又蕴含着分裂的危机。透过貌似强大的表象，看到其内部蕴含着分裂的危机，正是长孙晟高人一筹之处。时突厥虽"控弦数十万，中国惮之"②，但其内部并不团结，即所谓"摄图，玷厥（达头可汗）、阿波（大逻便）、突利（染干）等叔侄兄弟各统强兵，俱号可汗，分居四面，内怀猜忌，外示和同"，据此，长孙晟认为对付突厥的最佳方案是："难以力征，易可离间。"③长孙晟在上述认识基础上提出治突厥策的核心是："远交而近攻，离强而合弱。"这一政策得到了隋文帝的赞赏与支持，史载："上省表大悦，因召与语，晟复口陈形势，手画山川，写其虚实，皆如指掌。上深嗟异，皆纳用焉。"④

二　长孙晟是隋王朝治突厥方略的实施者

长孙晟是隋朝对突厥政策的制定者，又是身体力行的实施者，并在实施过程中根据情况的变化，又适时对政策进行了调整。具体言，以与摄图关系的由战到和为界，分为侧重不同的前后两个阶段。开皇五年（585）之前重点放在远交达头，近攻摄图；之后则转变为离强（指达头）合弱（指染干）上。

开皇五年（585）以前，在与摄图关系以战为主的阶段里，长孙晟虽在窦荣定军中"为偏将"⑤，参加了抵御摄图的军事行动，但他的主要精力则是放在政治方面。开皇元年（581），即在隋文帝采纳其治突厥策后不久，长孙晟和元晖即分赴罗侯，玷厥驻地。元晖"出伊吾道，使诣突厥，赐以狼头纛"⑥，"晖说以利害，申国厚礼，可汗大悦，遣其名王随献方物"⑦。长孙

---

①　《隋书》卷八十四《北狄传》。
②　《隋书》卷五十一《长孙晟传》。
③　《隋书》卷五十一《长孙晟传》。
④　《隋书》卷八十四《北狄传》。
⑤　《资治通鉴》卷一七五。
⑥　《隋书》卷五十一《长孙晟传》。
⑦　《隋书》卷四十六《元晖传》。

晟则以车骑将军身份亲"出黄龙道,赍币赐奚、霫、契丹等,遣为响导,得至处罗侯所,深布心腹,诱令内附"①,此系长孙晟第二次出使突厥。选择长孙晟、元晖出使是经过精心策划的。元晖早年曾出使突厥,"武帝之娉突厥也,令晖致礼焉"②,而长孙晟第一次(579)出使突厥时,处罗侯曾"密托心腹,阴与晟盟"③。因此,他们出使均取得了预期效果。开皇二年(582),摄图率40万骑自兰州入,至于周槃,"破达奚长儒军,更欲南下"时"玷厥不从,引兵而去"④,削弱了摄图的实力,通使玷厥,初获成效。同年,与摄图战争激烈进行之时,长孙晟使说染干,让其诈告摄图:"铁勒等反,欲袭其牙",逐使摄图惧而退兵。⑤

长孙晟没有轻视摄图的退兵,他深知摄图实力并未受到打击,故仍继续实行自己治突厥策中提出的"说合阿波",以离间其与摄图关系的谋略。长孙晟抓住阿波与窦荣宣战而失利之机,遣使相劝阿波:当击摄图为自保。并亲对阿波来使说:"今达头与隋连和,而摄图不能制。可汗何不依附天子,连结达头,相合为强,此万全之计。岂若丧兵负罪,归就摄图,受其戮辱邪?⑥"终于使阿波接受了长孙晟的建议。"说合阿波"获成功,扩大了突厥奴隶主之间的裂痕,并导致了内讧。先是摄图"闻阿波怀贰,乃掩北牙,尽获其众而杀其母"⑦。继而阿波联合玷厥,"乞师十余万,东击摄图"⑧,由此开始了突厥历史上东西突厥分裂的历程。

摄图面临隋军和阿波、玷厥联军的打击,陷入腹背受敌的困境。开皇四年(584)九月,摄图遣使求投,在其致隋文帝的上书中曰"皇帝是妇父,即是翁,此是女夫,即是儿例。两境虽殊,情义是一。今重叠亲旧,子子孙孙,乃至万世不断,上天为征,终于违负。此国所有羊马,都是皇帝畜生,彼有缯彩,都是此物,彼此有何异也!"⑨ 在此与摄图关系面临

① 《隋书》卷五十一《长孙晟传》。
② 《隋书》卷四十六《长晖传》。
③ 《隋书》卷五十一《长孙晟传》。
④ 《隋书》卷五十一《长孙晟传》。
⑤ 《隋书》卷五十一《长孙晟传》。
⑥ 《隋书》卷五十一《长孙晟传》。
⑦ 《隋书》卷五十一《长孙晟传》。
⑧ 《隋书》卷五十一《长孙晟传》。
⑨ 《隋书》卷八十四《北狄传》。

由战转和的关键时刻，长孙晟奉命副虞庆则出使摄图牙庭（系第三次出使突厥），以灵活的外交言辞，解除了由于兵戎相见造成的感情上敌视，成功地完成了使命。隋朝对摄图的政策也由打击转而为和好。隋朝允摄图"请将部落度漠度南，寄居白道川内"①，并"以兵援之，给以衣食，赐以车服鼓吹"②。开皇五年（585）七月，"沙钵略（摄图）上表称臣"③，其表文曰："窃以天无二日，土无二王，伏惟大隋皇帝也。岂敢阻兵恃险，偷窃名号，今便感慕淳风，归心有道，屈膝稽颡，永为藩附。"④隋文帝对摄图称臣之举十分重视，下诏曰，"沙钵略称雄漠北，多历世年，百蛮之大，莫过于此。往虽与和。犹是二国，今作君臣，便成一体"⑤。并封其妻周千金公主为大义公主，赐姓杨氏。拜其第七子窟合真为柱国、封安国公。隋与突厥的关系进入了以和为主的和好阶段。很明显，在促成双方关系由战转和，长孙晟的作用是不容忽视的。

开皇五年后，与摄图之间战事已息，且摄图"当时贡献不绝"⑥，情况发生了变化，对突厥的政策，也由以打击摄图转而为平衡突厥诸派势力，以保边境之安宁。长孙晟仍是这一阶段对突厥政策的主要制定者与实施者。

当时突厥诸部可分为4支势力，即摄图系、染干系、阿波系、玷厥系。

加强和发展与摄图的和好关系，仍是当时首图。为此，开皇七年至十三年，长孙晟5次亲至突厥牙庭（即长孙晟第四至八次使突厥），开皇七年（587）和八年，摄图与其弟处罗侯相继去世，长孙晟代表隋廷两次前往致祭，使双方已建立的和好关系不致因人亡而事废。开皇十三年（593），处罗侯的继承者雍虞闾［即都（兰）可汗］听信内地流人杨钦挑唆，"不修职贡，颇为边患"⑦。为此，长孙晟一年内三次出使突厥，先是"微观察"⑧，也就是进行调查，继是"乃货其达官，知（杨钦）所在，夜掩获之，以

① 《隋书》卷八十四《北狄传》。
② 《隋书》卷八十四《北狄传》。
③ 《隋书》卷一《高祖上》。
④ 《隋书》卷八十四《北狄传》。
⑤ 《隋书》卷八十四《北狄传》。按岑仲勉《突厥集史》，《文馆词林》卷六六四所载之《隋文帝颁下突厥称臣诏》，其意大同，词有小异。
⑥ 《隋书》卷八十四《北狄传》。
⑦ 《资政通鉴》卷一七八。
⑧ 《隋书》卷五十一《长孙晟传》。

示雍虞（闾），因发（大义）公主私事，国人大耻。雍虞执（安）遂迦等，并以付晟"①，当长孙晟回朝复命，隋文帝考虑到大义公主屡次挑唆，旋命长孙晟再返雍虞闾处，终于完成"莅杀大义公主"之命。②

由杨钦勾结安遂迦、大义公主挑唆雍虞闾破坏隋与突厥和好关系的风波虽得以平息，但长孙晟从中似乎看得更深远一些。不久之后针对雍虞闾请婚之议，长孙晟说："臣观雍闾，反覆无信，特共玷厥有隙，所以依倚国家。纵与为婚，终当必叛。今若得尚公主，承藉威，玷厥、染干必又受其徵发。强而更反，后恐难图。且染干者，处罗侯之子也，素有诚款，于今两代。臣前与相见，亦乞通婚，不如许之，招令南徙，兵少力弱，易可抚驯，使敌雍闾，以为边捍。"③ 这是一则调整对突厥政策的重要奏议，之后，隋将全力扶持染干系的势力，如胡三省为《资治通鉴》作注时所评：此议"为隋破都蓝（即雍虞闾），树立染干张本"④。长孙晟扶染干抑雍虞闾的政策得到了隋文帝的全力支持，并在日后的实施中取得了明显的效果。

对染干势力的扶持，主持人仍是长孙晟，其具体措施首先是结和亲。"开皇十七年，染干遣五百骑随晟来逆女，以宗女封安义公主以妻之"⑤，并"特厚其礼，遣大常卿牛弘、纳言苏威、民部尚书解律孝卿相继为使"⑥。开皇十九年（599），安义公主"分遣使者，往北方铁勒等部招携取之"，从而使"铁勒、思结、伏利具、浑、斛萨、阿拔、仆骨等十余部，尽背达头，请来降附"⑦。其次，长孙晟率军奋战，以善战著称，时有突厥贵族来降，"说言突厥之内，大畏长孙总管，闻其弓声，谓为霹雳，见其走马，称为闪电"⑧，透过史籍溢美过誉之间，长孙晟当时的声威可见一斑。玷厥在内叛外击的困境中，"众大溃，西奔吐谷浑"⑨，启民"遂有

---

① 《隋书》卷五十一《长孙晟传》。
② 《隋书》卷五十一《长孙晟传》。
③ 《隋书》卷五十一《长孙晟传》。
④ 《资政通鉴》卷一七八。
⑤ 《隋书》卷五一《长孙晟传》。
⑥ 《资政通鉴》卷一七八。
⑦ 《隋书》卷五十一《长孙晟传》。
⑧ 《隋书》卷五十一《长孙晟传》。
⑨ 《隋书》卷五十一《长孙晟传》。

其众"。

到大业初，突厥诸部各派势力中，唯有与隋和好的启民可汗力量硕果仅存。大业三年（607），长孙晟第十次出使突厥，到启民可汗牙帐，为炀帝北巡作准备。炀帝北巡南游，劳民伤财已有定论。但一国之君亲往少数民族牙帐，也是前所未有之举。同年启民可汗上表请"依大国服饰法用，一同华夏"①。经长孙晟的苦心经营，终染干一世，突厥与隋之间的和好关系确是得到了前所未有的发展。

三 长孙晟治突厥方略评析

长孙晟治突厥策的提出及其实施中取得的成功，不是偶然的。

两晋南北朝以来 300 余年间，华夏大地战乱频仍，骨肉相残，人民不堪其苦。因此，人心思安、人心思定是大势所趋。长孙晟治突厥策的出发点客观上有利于社会安定、国家统一，符合时代潮流。得道多助、失道寡助，历来如此，长孙晟的政策不仅得到中原地区人民的支持，也得到久经内乱之苦的突厥部众的倾心。隋初以来，突厥诸部内附、内徙史载不绝，即是明证。②

长孙晟还得到隋文帝的全力支持，这在封建社会里是一个不容忽视的因素。隋文帝对长孙晟是熟悉并器重的，早在杨坚仕北周之相时，对当时还是"初未知名，人弗之识"的长孙晟，即赞其"武艺超群，适与其言，又多奇略，后子名将，非此子邪？"③。当长孙晟第一次出使突厥返回后，"以状白高祖，高祖大喜，迁奉车骑都尉"④。隋文帝作为开创新朝的雄主能审时度势，在处理与突厥关系上是冷静、清醒的，即在与突厥战云风涌的开皇三年，隋文帝还是提出"卧鼓息烽，暂劳终逸，制御夷狄，义在斯乎"的对突厥的基本方针⑤。显然其出发点与长孙晟的治突厥策是一致的。后者则是隋文帝处理北方防务战略意图的具体化而已。因此，隋文帝

---

① 《隋书》卷八十四《北狄传》。

② 《隋书》卷二《高祖下》载，仁寿元年五月己丑，"突厥男女九万口来降"，一次即若此，可见当时内附、内徙突厥部众数字颇可观。

③ 《隋书》卷五十一《长孙晟传》。

④ 《隋书》卷五十一《长孙晟传》。

⑤ 《隋书》卷八十四《北狄传》。

对长孙晟的每一项建议无不以"善"对之①，并委以重任，授以全权，使长孙晟得以充分施展个人的才能。

如果说上述两端是长孙晟成功的客观因素，那么，长孙晟确实也具备了完成改善和发展隋与突厥关系历史使命的主观条件。

长孙晟出身汉化了的鲜卑名门，是所谓北朝宗族十姓之一拓跋氏之后②，其先祖长孙稚官至魏太师，祖父长孙裕、父亲长孙兕、兄长孙炽先后入仕魏、周、隋诸朝，历任要职。他的家系血统，使他对其他少数民族较少地带有民族偏见。长孙晟在"周室尚武"的环境中度过了青少年时代，造就其"胜通敏，略涉书记，善弹工射，矫捷过人"的气质与能力，在当时贵胄子弟中，"每共驰射，时辈皆出其下"，可谓是佼佼者。③ 早在北周宣帝大象二年（580），时年28岁的长孙晟即随同汝南公宇文神庆出使突厥，护送千金公主和亲摄图——沙钵略可汗。长孙晟首次出使突厥为他日后政治生涯的成功打下了良好的基础。在出使期间，长孙晟以自己精湛的弹射之术，颇得摄图的尊重，既"每共游猎"，又"命诸子弟贵人皆相亲友，冀昵近之，以学弹射"④。长孙晟还广交突厥贵胄，时摄图之弟处罗侯虽然得到部众拥戴，但为摄图所忌，心怀不满，想取得长孙晟的支持，主动与之接近。而长孙晟却借"与之游猎"之机，广察"山川形势，部众强弱"⑤。所有这一切为长孙晟适时和合理地提出治突厥策，并先后10次出使突厥，成功地周旋于各派突厥贵胄之间，准备了条件，提供了方便。

评述长孙晟的历史活动，还有三点值得注意。

第一，自北周大象二年至隋开皇三年（583—607）近30年间，长孙晟10次出使突厥，并无数次接待突厥来使，与四任突厥汗王多有交往。在其政治实践中，为了隋朝统治集团的利益，使用权术有之，斥诸武力有

---

① 仅《隋书》卷五十一《长孙晟传》载，隋文帝对长孙晟的所言"善""大悦""纳用""从之"，"许之"者，即达六处之多。

② 据姚薇元《北朝胡姓考》载，宗族十姓名：托拓氏、纥骨氏、普氏，拓跋氏、达奚氏，伊娄氏、丘敦氏、侯氏、乙旃氏、车焜氏。拓跋氏后改为长孙氏。

③ 《隋书》卷五十一《长孙晟传》。

④ 《隋书》卷五十一《长孙晟传》。

⑤ 《隋书》卷五十一《长孙晟传》。

之。但应看到，由于长孙晟出身鲜卑族，对同样是少数民族的突厥，从心理、感情上相对而言就少有偏见，故在与突厥首领交往中，能够待之以宽容，行之以诱导，不以势压人，不损伤对方的自尊。试举二例。

其一，开皇四年（584），长孙晟副虞庆则出使摄图，时摄图与隋兵戎方息，戒备、敌视的心理尚未消除，摄图对虞庆则一行的接待颇冷淡，而是"陈兵，列其宝物，坐见庆则，称病不能起，且曰：'我父伯以来，不向人拜'"①。千金公主推波助澜，私下对虞庆则说："可汗豺狼性，遇与争，净啖人"，而虞庆则却一味"责而喻之"②，一时陷于僵局。若意气用事，处理不当，就有可能使关系再次破裂。此时长孙晟确比虞庆则高明，他不以胜者之势压人，而是晓之以理，动之以情，他对摄图说："突厥与隋俱是大国天子，可汗不起，安敢违意。但可贺敦为帝女，则可汗是大隋女婿，奈何无礼，不敬如公乎？"显然，长孙晟先尊摄图是与隋主平列的大国天子，从心理上消除了对方的敌对情绪，导致了"摄图乃笑谓其达官曰：'须拜妇公，我从之耳'，于是乃拜诏书"③，使这次出使完满地完成了任务。摄图归附于隋，确是当时政治生活的一件大事。

其二，大业三年（607），启民可汗染干在隋朝支持下已雄主突厥诸部，为炀帝北巡将至其牙庭，长孙晟奉旨先行前往。《隋书》卷五十一《长孙晟传》记述这么一段小插曲。"晟以牙中草秽，欲令染干亲自除之，示诸部落，以明威重，乃指账前曰：'此根大香'。染干遽嗅之曰：'殊不香也'。晟曰：'天子降幸所在，诸侯躬亲洒扫，耘除御路，以表至敬之心。今牙中芜秽，谓是留香草耳'。染干乃悟曰：'奴罪过。奴之骨肉，皆天子赐也，得效筋力，岂敢有辞？特以边人不知法耳，赖将军恩泽而教导之，将军之惠，奴之幸也。'遂拔所佩刀，亲自芟草，其贵人及诸部争仿效之。"④上述记载可以看出，长孙晟在染干处，不以功臣自居，而是平等待人，循循诱导，终染干一世，突厥与隋的和好关系得以继续发展，长孙晟功不能没。

---

① 《隋书》卷八十四《北狄传》。
② 《北史》卷九十九《突厥传》。
③ 《隋书》卷五十一《长孙晟传》。
④ 《隋书》卷五十一《长孙晟传》。

第二，长孙晟的政治才能与同代人相比也是稍胜一筹。长孙晟对染干的扶持政策，亦曾遭到一些权臣的非议与反对，其中最有代表性的大业三年发生的"高、贺、宇文事件"。宰相高颎、右武侯大将军贺若弼、礼部尚书宇文弼等人，不同意对启民可汗执行扶持、封赏的政策，"以为大侈""私议得失"①，终遭杀身之祸，评价高颎、贺若弼、宇文弼私议之得失和炀帝诛死权臣之是非，不属本文探讨范围。但在对突厥的政策上，贺若弼等人不及长孙晟之深谋远虑，已为历史发展的进程所证实。

再以既与长孙晟同一时代、又有相似经历的裴矩对突厥政治活动看，更可看出长孙晟的历史作用。裴矩（？—607），历仕北齐、北周。隋文帝时即参与对突厥事务，政绩平平，无大建树。后因在张掖主持与西域诸胡互市，并撰《西域图记》进呈，遂得炀帝欢心。隋炀帝对周边诸族的态度，全凭个人好恶待之，好大喜功，骄横肆行，"诸蕃至者，厚加礼赐，有不恭命，以兵击之"②，裴矩投炀帝之所好，"谄庾有宠"③，不顾大局，不择对象，滥施离间之计。大业十年（614），裴矩先以染干子始毕可汗"众渐咸，献策分其势"，又谎言告始毕宠臣史蜀胡悉"天子大出珍物，今在马邑，欲共蕃内多作交矣"，史蜀胡悉信以为真，"尽驱六畜，星驰争进，冀先互市"，裴矩却"伏兵马邑下，诱而斩之"④。从而导致大业十一年（615）始毕重兵围困炀帝于雁门的所谓雁门事件。当炀帝身处危境时才想起"向使长孙晟在，不令匈奴至此"⑤，此时离长孙晟去世才不过 6 年时间。但由隋文帝、长孙晟制定的对突厥政策已被逆转，他们所开创的与突厥和好局面也毁于一旦，炀帝与裴矩责不可卸。自此之后和好交往又为兵戎相见所取代，历史的这一曲折，经过近 30 年，才由唐太宗重新拨乱反正。

第三，活动于 6 世纪下半期中国封建社会的长孙晟，他的思想和行动必然受到时代和阶级的制约。"迄今为止，一切统治者及其外交家玩弄手腕和进行活动的目的可以归结为一点：为了延长专制政权的寿命，唆使各

① 《隋书》卷五十二《贺若弼传》。
② 《隋书》卷四《炀帝下》。
③ 《资治通鉴》卷一八一。
④ 《隋书》卷六十七《裴矩传》。
⑤ 《隋书》卷五十一《长孙晟传》。

民族互相残杀，利用一个民族压迫另一个民族。"① 长孙晟在自己的政治生涯中深深地留下了时代和阶级的烙印。在政治斗争中，长孙晟老谋深算，精于权术，为了隋朝统治集团的利益，挑拨离间，尔虞我诈；在军事行动中，长孙晟虽不主张滥施武力，但在战争进程中也出过"突厥饮泉，易可行毒"的主意，从而造成"达头（即玷厥）人畜饮之多死"的惨剧。② 两军交战，民众何罪之有，长孙晟的水源施毒计充分暴露其为一族一姓私利而不择手段的狭隘利己本性。

人无完人，今人尚且如此，古人更不必苛求。综上所述，有隋一代突厥与隋关系由敌对到和好，关系日益密切，长孙晟是有功的，他将作为我国古代一位颇有建树的政治家、外交家和军事家而载入史册。

（本文首发于《民族研究》1985 年第 6 期）

---

① 恩格斯：《德国的对外政策》，《马克思恩格斯选集》第 1 卷，人民出版社 1972 年版，第 304 页。

② 《隋书》五十一卷《长孙晟传》。

卫拉特蒙古篇

巴图尔珲台吉和僧格的抗俄斗争

一 巴图尔珲台吉的抗俄斗争

沙皇俄国原是一个欧洲国家。从 16 世纪 80 年代起，沙皇俄国东越乌拉尔山，开始了向西伯利亚地区的殖民扩张。西伯利亚地域辽阔，资源丰富，盛产毛皮（如海獭、黑貂、银鼠等），驰名远近。沙皇俄国觊觎西伯利亚的毛皮和广阔领土由来已久。1579 年，沙皇支持俄罗斯大地主、大商人斯特罗甘诺夫派出哥萨克逃犯叶尔马克到西伯利亚冒险。1582 年叶尔马克的殖民军攻占了西伯利亚汗国的都城失必尔，然后溯额尔齐斯河而上。到 16 世纪末，沙俄殖民者扩张势力推进至鄂毕河东岸。1586 年他们在乌拉尔以东建立了第一个殖民据点秋明，1587 年建立了托波尔斯克，沙俄西伯利亚总督就以此为驻在地，并节节向东、向南入侵。在东侵西伯利亚过程中，沙俄政府积极策划侵略中国北部边陲的罪恶活动。

沙俄的冒险家们大约在 1604 年才首次听到"卡尔梅克"这一名称。卡尔梅克当时是向明朝纳税的臣民。额尔齐斯河中游两岸草原为其传统的游牧地。当沙俄侵入塔拉地区时，准噶尔人就向俄国殖民者指出：巴拉宾斯克人和塔拉附近的其他突厥人早就归顺了他们，自远古以来，就是他们的属民，他们有权要这些人纳贡。为此，1606 年，准噶尔部派遣军队进入这个地区以维护自己的传统权利。俄国人从托波尔斯克、秋明、图林斯克和塔拉等城镇征集了一支哥萨克部队进攻准噶尔人，但未能得逞。①

1607 年，被沙俄打败了的西伯利亚汗国的库程汗联合厄鲁特蒙古抵抗

---

① 参阅［英］霍渥斯《蒙古史》第 1 卷，文殿阁书庄 1940 年版，第 614 页。

沙俄侵略。联军越过塔拉，进攻托波尔斯克和秋明。此后，塔拉地区的鞑靼人就依附于准噶尔。俄国派驻塔拉的殖民官吏伊凡·莫萨尔斯基派人到杜尔伯特部、土尔扈特部，要求归还"叛逃者"，并劝说准噶尔人纳贡和归顺俄国。准噶尔人拒绝了沙俄殖民者的要求，断然回答道：他们不知道有什么逃跑者。[①] 之后，沙俄不断派遣披着使节外衣的特务到厄鲁特蒙古各部进行频繁活动。如 1608 年，当沙皇政府得到塔拉将军加加林关于厄鲁特蒙古情况的报告后，立即命令加加林派出新的"使团"去准噶尔部，劝说准噶尔部遣使莫斯科，并且说："如果他们不相信，不肯来谒见皇上陛下，你们可给他们一些人作抵押，使他们确信皇上邀请他们。"[②] 为了执行沙皇政府这一指令，1609 年 9 月，塔拉将军派出戈鲁平到准噶尔部，要求厄鲁特蒙古各部"归顺"沙皇，定期纳贡，并缔结保护条约。厄鲁特诸部首领集议，一致拒绝了沙俄的蛮横要求，并严正声明：额尔齐斯河流域是我们的游牧地，我们"想在哪里游牧，就在哪里游牧"[③]。与此同时，沙俄还不断用武力蚕食准噶尔的传统游牧地。17 世纪以来，沙俄从托波尔斯克、塔拉等据点向东、向南渗透、扩张，先后在准噶尔传统的游牧地建立了托木斯克（1604）、库兹涅茨克（1618）、叶尼塞斯克（1619）、克拉斯诺亚尔斯克（1628）、伊利姆斯克（1630）、雅库茨克（1632）等军事要塞。沙俄侵略者凭借要塞的军事力量，强征当地人民的实物税，胁迫他们屈服沙皇的统治，同时进行武装移民，以巩固和扩大侵占的地域。沙俄的根本目的是"极力通过和平手段把卫拉特王公和执政者变为俄国的臣民，把从属于这些王公和执政者的居民变成替俄国国库提供实物税的属民，并把他们居住的地区变成俄国的领土"[④]。

17 世纪 30 年代，沙俄的侵略活动也随着它在西伯利亚军事实力的增长日益加剧。在 1635—1653 年巴图尔珲台吉任准噶尔部首领的年代，据不完全统计，沙俄派到准噶尔部活动的"使团"和个人达 17 次之多（详

---

① 参阅［英］霍渥斯《蒙古史》第 1 卷，文殿阁书庄 1940 年版，第 615 页。

② 《俄蒙关系史料（1607—1636）》（文件汇编），第 24 页。

③ ［苏］伊·亚·兹拉特金：《准噶尔汗国史（1635—1758）》，马曼丽译，商务印书馆 1980 年版，第 127 页。

④ ［苏］伊·亚·兹拉特金：《准噶尔汗国史（1635—1758）》，马曼丽译，商务印书馆 1980 年版，第 168 页。

见表1）。

表1   沙俄"使团"

年份	沙俄人员	活动地点	备注
1634 年	塔拉行政长官派遣弗·普洛特尼科夫	巴图尔珲台吉牙帐	
1636 年	托波尔斯克军役贵族托米拉·彼得罗夫	巴图尔珲台吉牙帐	
1638 年	波格丹·阿尔辛斯基	率哥萨克到准噶尔部管辖的亚梅什湖掠夺盐矿	
1640 年初	克·阿勃拉莫夫	巴图尔珲台吉牙帐	
1640 年 10 月	托波尔斯克军役贵族缅希·列麦佐夫	巴图尔珲台吉牙帐	
1641 年	军役人员谢缅·涅乌斯特罗耶失	巴图尔珲台吉牙帐	
1641 年底	托波尔斯克哥萨克骑兵拉里昂·纳索诺夫	巴图尔珲台吉牙帐	
1642 年	托波尔斯克"新受洗礼人员"亚·布戈拉科夫	巴图尔珲台吉牙帐	
1643 年初	格里戈里·伊利英	巴图尔珲台吉牙帐	
1644 年	火枪兵百人长弗·克利亚皮科夫	巴图尔珲台吉牙帐	
1645 年	军役贵族姆·列麦佐夫	到亚梅什湖活动	递送托波尔斯克当局致巴图尔珲台吉信件
1646 年	托波尔斯克军役贵族德·阿尔申斯基	巴图尔珲台吉牙帐	
1646 年	彼得·萨班斯基	到准噶尔部	
1649 年	军役人员弗·伊凡诺夫和勃·雅克希古洛夫	巴图尔珲台吉牙帐	

续表

年份	沙俄人员	活动地点	备注
1649 年	哥萨克瓦西里·布尔纳绍夫	准噶尔部	
1651 年	弗·克利亚皮科夫	巴图尔珲台吉牙帐	
1651—1652 年	托波尔斯克军役贵族伊凡·巴伊加切夫	巴图尔珲台吉牙帐	

资料来源：《俄蒙关系资料（1636—1653）》，兹拉特金《准噶尔汗国史》，奇米特－多尔瑞也夫《十七世纪蒙俄互相关系》，斯列萨尔丘克《十七世纪三十一五十年代俄国与蒙古相互关系的俄文档案文献》（载苏联《亚洲民族研究所简报》76 辑），巴德雷《俄国·蒙古·中国》，霍渥斯《蒙古史》第 1 卷，加恩《彼得大帝时期的俄中关系史》，古朗《17 至 18 世纪的中亚——卡尔梅克帝国还是满洲帝国？》。

1640 年 10 月，沙俄政府派遣缅希·列麦佐夫带了礼品到准噶尔部，妄图拉拢巴图尔珲台吉。巴图尔珲台古不为金钱所诱，痛斥沙俄的两面派行径：一方面"携带皇上的赏物、礼品来我这里，而另一方面，俄国人却在攻打我的属民"[1]。他向列麦佐夫愤怒地指出："吉尔吉斯人是他——珲台吉的属民"，"俄国必须把这些属民归还他，停止向吉尔吉斯人征收实物税"。并不管沙俄的"抗议"，继续派人到被沙俄占领的巴拉宾地区征收实物税。1643 年年初，沙俄又派格里戈里·伊利英到准噶尔部，进行收买和无理纠缠。巴图尔珲台吉在接见伊利英时，控诉沙俄哥萨克屠杀准噶尔部属民克萨勒噶人的罪行，坚决要求俄国将被劫走的人无条件地送还。[2]

巴图尔珲台吉对沙俄的抵制和斗争，使沙俄恼怒异常，并寻机报复。1647 年 6 月，当准噶尔商队赶着牛、羊、马、驼，到秋明地区贸易时，秋明地区沙俄当局拒绝商队进城。1649 年又派军队袭击准噶尔部牧区，以此向巴图尔珲台吉施加压力。

面对沙俄侵略者政治上不断提出带有明显侮辱性的要求，经济上掠夺

---

① ［苏］伊·亚·兹拉特金：《准噶尔汗国史（1635—1758）》，马曼丽译，商务印书馆 1980 年版，第 188 页。

② ［英］约·弗·巴德利：《俄国·蒙古·中国》第 2 卷，吴持哲、吴有刚译，商务印书馆 1984 年版，第 124 页。

准噶尔部属民的财物，军事上非法侵入准噶尔部属地建立军事要塞，巴图尔珲台吉在准噶尔人民支持下，对沙俄日益扩大的侵略进行了种种抵制，乃至武装反抗。1634 年爆发了保卫亚梅什湖之战。亚梅什湖，在我国文献中，称为达布逊淖尔，蒙古语意为盐池。① 1613 年后，沙俄不断派人到亚梅什湖掠夺，为了保护资源，准噶尔人民进行了长期斗争。1634 年，准噶尔人民"下决心不让俄国人从亚梅什湖取得食盐"②，一次出动了两千余人，包围了到亚梅什湖掠夺的沙俄人员，并主动出击，围困塔拉，进攻秋明。1649 年巴图尔珲台吉组织力量袭击托木斯克县境。1652 年，沙俄库兹涅茨克当局派雅科夫列夫率领一队哥萨克侵入萨彦岭地区，当他们劫掠后返回时，先是受到当地人民的截击，马匹、武器及货物全被收缴。继之又受到居住在托木河沿岸的准噶尔部属民——帖良古惕（也称捷列乌特人）的伏击，全部被歼。③ 由于巴图尔珲台吉为维护民族权益，进行了坚决的斗争，从而，遏制了沙俄对准噶尔的侵略。

二　僧格对俄交涉与斗争

1653 年，巴图尔珲台吉去世。沙俄侵略者趁准噶尔内部斗争激化之际，把活动重点移到和硕特部的阿巴赖台吉及和托辉特的罗卜藏额淋沁身上，企图通过他们来影响准噶尔部局势的发展。1664 年，巴图尔珲台吉第五子僧格继任准噶尔部首领，沙俄欲通过第三者影响准噶尔部局势的企图落空。僧格继位后，一方面继续加强与清政府的联系，1667 年（康熙六年）、1669 年（康熙八年）都"遣使进贡"，受到清政府的确认和赏赉。④另一方面，面临沙俄殖民者侵略的危险，僧格仍继承其父的对俄政策，领导准噶尔人民进行抗击沙俄侵略的斗争。

僧格在位期间，沙俄政府指令西伯利亚殖民当局不断向僧格派遣"使者""代表团"，进行政治诱骗与威胁。据统计，自 1664—1670 年的 6 年间，有 5 个所谓"使团"到僧格的牙帐活动。他们是：1665 年 6 月的布

① 参阅徐松《西域水道记》卷 5；何秋涛《额尔齐斯河源流考》，《朔方备乘》卷 26。
② ［英］霍渥斯：《蒙古史》第 1 卷，文殿阁书庄 1940 年版，第 616 页。
③ 参阅［英］约·弗·巴德利：《俄国·蒙古·中国》第 2 卷，吴持哲、吴有刚译，商务印书馆 1984 年版，第 126—127 页。
④ 《清圣祖实录》卷 24，第 25、26 页，卷 31，第 22 页。

宾内，1666 年 4 月的利托索夫，1666 年秋的库尔文斯基，1668 年 4 月的伯林，1670 年年初的斯基宾。而其中布宾内、库尔文斯基在准噶尔部活动长达一年以上。

1665 年 6 月，布宾内受托木斯克将军布图林派遣，偕同翻译卡普斯克一行抵达僧格牙帐，布宾内带了一批礼品，送给僧格和他的叔父楚琥尔乌巴什，企图以此为诱饵，欲使僧格"在任何情况下能为沙皇效力"①。僧格多次接见了布宾内，重申自己已承袭巴图尔珲台吉对准噶尔部的统治权，要沙俄政府尊重他的地位与权利，指责沙俄当局无理扣留他的贡民捷列乌特人②，并向他们收税。但表示为了妥善处理捷列乌特人问题，他将直接与沙俄当局交涉。1665 年 7 月，布宾内一伙无获而返。他在归途中，正逢与沙俄交往颇密的和托辉特部罗卜藏额淋沁台吉进攻僧格属部。僧格本来对布宾内一行心存戒意，于是断然下令，半路截留布宾内一行，并把他们的马匹带走，直到弄清布宾内与罗卜藏的进攻并无瓜葛，才于 1666 年 4 月让他们返归西伯利亚。

当布宾内一行被扣之际，沙俄政府于 1666 年 4 月又派托木斯克大贵族之子利托索夫到准噶尔部。僧格在自己的牙帐接见了利托索夫一行，再次就捷列乌特的贡民问题提出责问，并派库兰喀尔达青等，随同利托索夫赴俄交涉。③ 1666 年春夏之交，利托索夫回国。不到半年，沙俄政府托木斯克城总督伊凡·萨尔蒂科夫又派出库尔文斯基到准噶尔部活动。库尔文斯基一行于 1666 年秋自托木斯克出发。同年初冬抵达僧格叔父楚琥尔乌巴什领地，并在那里过了冬。库尔文斯基在准噶尔部前后耽搁了将近一年。他一方面挑起"礼仪程序"的争论，进行无理纠缠，妄图侮辱准噶尔部人民的民族自尊心；另一方面，在馈赠礼品的幌子下，对僧格、楚琥尔乌巴什进行收买，妄图使其放弃归还捷列乌特贡

① ［英］约·弗·巴德利：《俄国·蒙古·中国》第 2 卷，吴持哲、吴有刚译，商务印书馆 1984 年版，第 177 页。

② 捷列乌特人系喀沁·兀鲁思所属贡民一词，据巴德雷解释，原文作克什捷姆，意为接受统治并纳贡的人。［英］约·弗·巴德利：《俄国·蒙古·中国》第 2 卷，吴持哲、吴有刚译，商务印书馆 1984 年版，第 178 页。

③ ［英］约·弗·巴德利：《俄国·蒙古·中国》第 2 卷，吴持哲、吴有刚译，商务印书馆 1984 年版，第 178—179 页。

民的正当要求。

但是，库尔文斯基的企图并未得逞。僧格、楚琥尔乌巴什在政治上与其进行了针锋相对的斗争。所谓"礼仪程序"的争论，也就是准噶尔部首领是否应该站起来接受沙皇的书信和礼物。对此，楚琥尔乌巴什尖锐指出："难道我是沙皇的属臣，为什么我必须这样恭顺地（指站立）接受他的来书和礼物？我作为台吉，无法蒙受这种屈辱！你们全部给我滚出兀鲁思，回托木斯克去！我也不准你们去见僧格。"① 接着又宣称，"无论在过去其他台吉执政的年代里，或是我本人在位期间，还从未有过不是坐着，而是站起来接受大君主的来书和礼物的先例"②。在楚琥尔乌巴什的坚持下，这场"礼仪程序"的争论以准噶尔部胜利而告终。在库尔文斯基向沙皇的报告中无可奈何地写道："楚琥尔乌巴什'坐着'接受了礼品，他本人既未问候陛下健康，也未亲自受礼，而是吩咐几名贵族收的"③。僧格在接见库尔文斯基时也同样"未起立""未向陛下问候"④。

楚琥尔乌巴什还揭露了沙俄人员借赠礼以行私的卑劣行径，他指着礼品说："真是怪事！给我们每个人一点点绸缎布匹，你们居然把这样的沙皇礼物送到这里来！难道我自己就没有绸缎布匹？我连一点穿的都没有吗？我为什么要与你们商谈呢？"⑤

僧格关心的是被沙俄抢掠的捷列乌特贡民，因此坚决要求沙俄政府把被扣在托木斯克的捷列乌特贡民伊尔喀和巴力克等人交还给他。⑥ 楚琥尔乌巴什为此警告库尔文斯基，如果沙俄当局一再拖延不予解决，"我楚琥尔乌巴什就把他（指沙皇）的各城镇和整个托木斯克县夷为平地！……难

---

① ［英］约·弗·巴德利：《俄国·蒙古·中国》第 2 卷，吴持哲、吴有刚译，商务印书馆1984 年版，第 182 页。
② ［英］约·弗·巴德利：《俄国·蒙古·中国》第 2 卷，吴持哲、吴有刚译，商务印书馆1984 年版，第 183 页。
③ ［英］约·弗·巴德利：《俄国·蒙古·中国》第 2 卷，吴持哲、吴有刚译，商务印书馆1984 年版，第 183 页。
④ ［英］约·弗·巴德利：《俄国·蒙古·中国》第 2 卷，吴持哲、吴有刚译，商务印书馆1984 年版，第 184 页。
⑤ ［英］约·弗·巴德利：《俄国·蒙古·中国》第 2 卷，吴持哲、吴有刚译，商务印书馆1984 年版，第 187 页。
⑥ ［英］约·弗·巴德利：《俄国·蒙古·中国》第 2 卷，吴持哲、吴有刚译，商务印书馆1984 年版，第 185 页。

道我再不能挽弓、开枪、击剑了吗?"① 库尔文斯基由于一再碰壁,无计可施,旋于 1667 年秋悻悻而返。不过,若说库尔文斯基一无所获也非事实。据库尔文斯基自供,当他逗留在准噶尔部时,曾搜集了不少准噶尔部的情报,如"各台吉居住在什么地方? 有多少兵力?"等等,还特别探寻中国政局的变动和军事情况②。

1668 年 4 月和 1670 年年初,沙俄又先后派出伯林和斯基宾到准噶尔部活动。

伯林一行于 1668 年 4 月抵达,7 月离去。僧格对伯林进行了面对面的斗争,坚决要求沙俄当局交出捷列乌特人,并警告说,如果不交出,"我会自己弄到他们的,我们一定要攻打托木斯克和库兹涅茨克"。③

1670 年年初,斯基宾从托木斯克抵达僧格牙帐。鉴于沙俄当局对僧格要求归还捷列乌特贡民之事一贯采取拖延,僧格再次警告,如若再不归还,那么就要"攻打托木斯克、克拉斯诺亚尔斯克和库兹涅茨克",在北京访问的俄使阿勃林返回时,也将予以扣留。④

准噶尔部人民根据近半个世纪与沙俄侵略者交往的切身经验懂得,光靠警告是不能制止沙俄侵略的,必须斗争。因此当库尔文斯基还在纠缠不休之时,僧格就开始集结军队。当他听到随库尔文斯基去托木斯克交涉的代表被扣留的消息后,准噶尔部人民再也不能忍耐了。1667 年 5 月,僧格率领 4000 余人组成的军队,包围克拉斯诺亚尔斯克,愤怒的准噶尔军民对被围在城里的沙俄殖民者高呼:"把所有吉尔吉斯人交还我们,并放出人质,我们就停战,不然,我们不拿下克拉斯诺亚尔斯克决不罢休!"⑤

综观巴图尔珲台吉、僧格与沙俄侵略者的斗争,主要集中在两个问

---

① 〔英〕约·弗·巴德利:《俄国·蒙古·中国》第 2 卷,吴持哲、吴有刚译,商务印书馆 1984 年版,第 187 页。

② 〔英〕约·弗·巴德利:《俄国·蒙古·中国》第 2 卷,吴持哲、吴有刚译,商务印书馆 1984 年版,第 189 页。

③ 〔苏〕伊·亚·兹拉特金:《准噶尔汗国史 (1635—1758)》,马曼丽译,商务印书馆 1980 年版,第 220 页。

④ 〔苏〕伊·亚·兹拉特金:《准噶尔汗国史 (1635—1758)》,马曼丽译,商务印书馆 1980 年版,第 222 页。

⑤ 〔苏〕伊·亚·兹拉特金:《准噶尔汗国史 (1635—1758)》,马曼丽译,商务印书馆 1980 年版,第 218 页。

题：一是围绕着"礼仪程序"之争，反映的是捍卫民族尊严、反对民族屈辱，还是摈弃民族尊严，忍受民族屈辱；二是围绕着对捷列乌特贡民征收实物税权益之争，反映的是维护民族主权、反对武力侵略，还是出卖民族主权，屈从武力威胁。正是在这些原则问题上，巴图尔珲台吉和僧格体现了准噶尔部人民的根本利益，顶住了沙俄的威胁利诱，挫败了沙俄对准噶尔部扩张侵略的野心。

正当僧格领导准噶尔部人民抗俄斗争向纵深发展时，1670 年年底，僧格死于他的同父异母兄车臣台吉和卓特巴巴图尔的密谋中，准噶尔部又暂时陷于混乱。当僧格被害的消息于 1671 年年初传到托波尔斯克时，沙俄殖民当局高兴极了。因为他们知道，僧格"对俄国人决无好感"①。由于僧格的坚决抵抗，使沙俄侵略者不能顺利南进。现在障碍除掉了，沙俄侵略者密切注视准噶尔部事态的发展，企图卷土重来。

（本文首发于《准噶尔史略》，人民出版社 1985 年版）

---

① ［英］约·弗·巴德利：《俄国·蒙古·中国》第 2 卷，吴持哲、吴有刚译，商务印书馆 1984 年版，第 127 页。

噶尔丹的兴起及其覆亡

一 噶尔丹在天山南北的统治

1653 年巴图尔珲台吉去世[1]，噶尔丹的兄长僧格承袭了准噶尔部统治权后，面临极为复杂的政治局面，当时准噶尔部贵族上层正在为争夺统治权展开激烈斗争。

巴图尔珲台吉去世前，把自己的兀鲁思分成两个相等部分，一半给了僧格，另一半给了其余几个儿子。[2] 僧格的同父异母兄车臣台吉和卓特巴巴图尔对僧格继巴图尔珲台吉成为准噶尔部首领极为不满，一场权力再分配的斗争势在必发。无论僧格还是车臣、卓特巴巴图尔都在寻找自己的支持者。到 1657 年夏，车臣台吉和卓特巴巴图尔得到了和硕特部阿巴赖台吉的支持，形成了与僧格相对立的集团[3]，他们的目的是要取代僧格而统治准噶尔部；僧格则得到了他的叔父楚琥尔乌巴什和巴图尔珲台吉的忠实同盟者和硕特部鄂齐尔图汗的坚决支持。这场斗争前后持续了十余年，斗争大体上分为两个阶段。1657 年夏，两军在额敏河畔对峙，由于鄂齐尔图汗的儿子噶尔旦木巴的斡旋得以暂时息兵。1659 年冬，僧格与其叔父楚琥尔乌巴什和鄂齐尔图汗的联军，战胜了车臣、卓特巴巴图尔的军队，于是在咱雅班第达的主持下双方取得谅解，车臣台吉和卓特巴巴图尔承认了僧格的统治地位，是为斗争的第一阶段。

---

① 参阅拉特纳勃哈德勒《咱雅班第达传》，第 22—23 页。

② 参阅巴图尔·乌巴什·丘缅《关于杜尔本·卫拉特的故事》，转引自［苏］伊·亚·兹拉特金《准噶尔汗国史（1635—1758）》，马曼丽译，商务印书馆 1980 年版，第 207—208 页。

③ 拉特纳勃哈德勒：《咱雅班第达传》，第 18—19 页。

接着，僧格在鄂齐尔图汗支持下，又对阿巴赖台吉发动攻势，开始了僧格为确立对准噶尔部统治权斗争的第二阶段。1660 年冬，僧格和鄂齐尔图汗的联军 3 万余人，远征阿巴赖台吉的游牧地。阿巴赖台吉也集结了近 3 万之众以对抗。1661 年 4 月，两军发生激战，终于迫使阿巴赖台吉退却，他被围困在"阿巴赖寺"达一个半月，最后阿巴赖台吉因力不支而降。阿巴赖台吉率所部退到雅依克河①（即乌拉尔河）。僧格由于军事上节节胜利，政治地位日益巩固，在 1664 年，终于成为准噶尔部的实际统治者。但准噶尔统治集团的斗争并未结束，至 1670 年，僧格为车臣台吉、卓特巴巴图尔所杀。消息很快传到其正在西藏当喇嘛之弟噶尔丹处，准噶尔内部又经历了一场争夺统治权的斗争。

噶尔丹生于 1644 年（清顺治元年），为巴图尔珲台吉之第六子。②早年曾"投达赖喇嘛，习沙门法"③，在西藏削发为僧，达赖五世授予呼图克图尊号。噶尔丹虽在西藏入了僧籍，但仍往来于西藏与准噶尔部之间，参与政治活动。1668 年 4 月他曾对到准噶尔部活动的俄国人伯林发表亲俄谈话。即使在西藏，噶尔丹也"不甚学梵书，顾时时取短枪摩弄"④，颇受达赖五世器重。同时，噶尔丹还与当时西藏政界的实权人物第巴桑结嘉措关系甚密。达赖五世和第巴桑结嘉措特准噶尔丹还俗。于是，噶尔丹在西藏僧俗上层的支持下，打着达赖喇嘛的旗号，以替僧格复仇为名，日夜兼程，返回准噶尔部，参与夺权斗争。在僧格旧部和鄂齐尔图汗的支持下，噶尔丹率部与车臣、卓特巴巴图尔联军在阿尔泰山地区进行激战，击败了自己的政敌⑤，噶尔丹"遂为所部长"⑥，掌握了准噶尔部的统治权。

噶尔丹在掌握准噶尔部的统治权后，即采纳了亲信谋臣提出的"近

① ［英］霍渥斯：《蒙古史》第 2 卷，第 502 页。
② 关于噶尔丹的生年和谱系，日本学者羽田明曾作过考订，可参阅《噶尔丹传杂考》（载《石滨先生古稀纪念东洋学论丛》1958 年版）和《噶尔丹传考证》（载《东方学会创立十五周年东方学论集》1962 年版）。
③ 《亲征平定朔漠方略》卷 1，第 10 页。
④ 梁份：《西陲今略》卷 7《嘎尔旦传》。
⑤ 梁份：《西陲今略》卷 7《嘎尔旦传》。
⑥ 祁韵士：《皇朝藩部要略》卷 9《厄鲁特要略二》。

攻计"①。所谓"近攻计"就是进行扩张兼并时遵循先近后远、先弱后强的方针。于是，噶尔丹在部内加紧集权统治的同时，对厄鲁特诸部和邻近部族发动了一系列的掠夺兼并战争。他把矛头首先指向曾经支持过他取得政权的叔父楚琥尔乌巴什、岳祖父（一说是岳父）鄂齐尔图汗。1673 年（康熙十二年），他进攻楚琥尔乌巴什，出师不利，求庇于鄂齐尔图汗。但当他喘过气后，1676 年（康熙十五年）又再次进攻楚琥尔乌巴什，擒获楚琥尔乌巴什，杀其子巴噶班第。接着又于 1677 年（康熙十六年）挥戈侵袭鄂齐尔图汗，"戕鄂齐尔尔图，破其部"②，并将矛头东向。1678 年（康熙十七年）噶尔丹遣宰桑莽奈至甘肃提督张勇处，宣称："我台吉云，西北一带地方，皆得之矣。唯西海（今青海地区）向系我祖与伊祖同夺取者，今伊等独据之，欲往索取"③，由于清政府严加防范，噶尔丹无奈，只得中途率军折回。但是让"驻屯在甘州（今甘肃张掖县）附近撒里维吾尔族（即今裕固族）地方的军队征收硫黄、倭铅等贡赋"④。1679 年（康熙十八年），噶尔丹又领兵 3 万，占领了哈密、吐鲁番。同年，噶尔丹认为"西域既定，诸国咸赖奉为汗……乃请命达赖喇嘛，始行博硕克图汗事，额鲁特雄长于西"⑤，"胁诸卫拉特奉其令"⑥。

噶尔丹接着控制了天山南路广大地区，并吞"回部"。此时，统治天山南路的察合台后王已经衰弱，维吾尔族中的封建农奴主贵族——和卓的势力强大，与世俗政权发生尖锐冲突。和卓们为争夺世俗政权而分成两派，即白山派和黑山派。察合台后王伊思玛业勒支持黑山派，把白山派的首领和卓伊达雅图勒拉（即阿帕克和卓）从喀什噶尔驱逐出去。和卓伊达雅图勒拉在中亚等地流浪了近 10 年，后来由克什米尔到西藏，并巴结上达赖喇嘛。⑦

---

① 梁份：《西陲今略》卷7《嘎尔旦传》记曰："是时诸夏有滇黔变，素蜀闻蜂起（按'灰画集'所收《秦边纪略》中之嘎尔旦此句为'秦蜀间蜂起'，当为抄本《西陲今略》误）。嘎尔旦谋所向，达赖喇嘛使高僧语之，曰：非时、非时，不可为。嘎尔旦乃止。其谋臣曰：立国有本根，攻取有先后，不可素也。……嘎尔旦善其言，乃为近攻计。"

② 祁韵士：《皇朝藩部要略》卷9《厄鲁特要略一》。

③ 《亲征平定朔漠方略》卷1，第32—33 页。

④ 佐口透：《俄罗斯与亚细亚草原》，第111 页。

⑤ 梁份：《西陲今略》卷7《嘎尔旦传》。

⑥ 祁韵士：《皇朝藩部要略》卷9《厄鲁特要略一》。

⑦ ［英］霍渥斯：《蒙古史》第1 卷，第623 页。

不久，和卓伊达雅图勒拉拿着达赖喇嘛要噶尔丹派军队支持他的信至伊犁，投到噶尔丹麾下。①

1680 年（康熙十九年），噶尔丹派 12 万准噶尔骑兵，经阿克苏、乌什等地向喀什噶尔、叶尔羌进军。② 叶尔羌守军将领伊瓦兹伯克在守城战斗中阵亡，准噶尔军队在当地白山派教徒的响应下，攻占叶尔羌，征服了南疆地区③，扶植和卓伊达雅图勒拉为王，称阿帕克和卓（意为世界之王），阿帕克和卓的儿子亚赫亚执掌喀什噶尔，并将伊思玛业勒及其家属囚禁于伊犁。自此之后，南疆地区在长达 80 年时间里，都处在准噶尔贵族的统治之下。

1681 年（康熙二十年）以后，噶尔丹又连年向西扩张，征伐哈萨克、诺盖等部族。1682—1683 年，噶尔丹率军猛攻哈萨克部族的头克汗（即坦奥克汗，1680—1718 年任部落首领）受挫，几乎全军覆没，但噶尔丹再次集结军队，于 1684（康熙二十三年）攻占赛里木，他的部将罗布丹将这座城毁掉，并遣军直抵黑海沿岸称为"美人国"的诺盖部族聚居区。④ 1683 年、1684 年、1685 年，还征讨了吉尔吉斯人和费尔干人⑤。

噶尔丹完成对邻近厄鲁特诸部和其他部族兼并后，加强军事集权统治。

首先，排挤异己、剪除政敌，集大权于己身。1688 年，噶尔丹杀僧格次子索诺木阿喇布坦，还图谋杀害僧格长子策妄阿拉布坦，策妄阿拉布坦得讯连夜出走。

其次，加强对部内人民的统治。1677—1678 年，噶尔丹发布第一项敕令，不准准噶尔部各爱马克居民自由迁徙，要求所属官员不得延误税赋征收。⑥

---

① 据穆罕默德·萨迪克·喀什噶里《和卓传》记载，达赖喇嘛致噶尔丹的信中写道："你应该派支军队，收复他的家园，并交还给他。"参阅罗伯特·阿敖节译，伊莱阿斯整理《〈和卓传〉摘要》，载《孟加拉亚洲学会杂志》第 66 卷，第 36 页注 15。

② 关于噶尔丹出征天山南路回部地区的年代其说不一。据羽田明考订，以帕拉斯的 1680 年说最近于事实，今取此说。考订详情可参阅羽田明《噶尔丹传考证》（载《东方学会创立十五周年东方学论集》）和《明末清初的东土耳其斯坦》（载《东洋史研究》第 7 卷第 5 期，1942 年）。

③ 莫里斯·古朗：《17 至 18 世纪的中亚——卡尔梅克帝国还是满洲帝国？》，第 51 页。

④ 梁份：《西陲今略》卷 7《嘎尔旦传》，和田清：《明末清初蒙古族的西征（噶尔丹）》（载《东洋学》第 11 卷第 1 期，1921 年）。

⑤ 巴托尔德：《七河史》，载《巴托尔德文集》第 2 卷，第 93 页。

⑥ 戈尔通斯基：《1640 年蒙古卫拉特法典》，第 59—60 页。

再次，为适应连年扩张战争对兵源的需要，在部内规定"出师则三分其国人以更番"①，并严惩投降者②。

最后，责令所属官员务必关心照料部内之贫乏者。"相土宜、课耕收、修法令、信赏罚、治战攻器械""资用极备，不取给运方"③。

噶尔丹对天山南路维吾尔族聚居区（当时称为回部），通过扶持阿帕克和卓进行统治。而阿帕克和卓则每年以大量贡赋，供噶尔丹进行扩张战争的需要。噶尔丹将贡赋的一部分送往拉萨，以求得西藏上层集团在政治上、宗教上不断支持。④ 由于噶尔丹当时已将注意力转向喀尔喀蒙古地区，对回部统治较为松懈，在天山南路地区并不直接驻扎军队，而是通过阿帕克和卓来实施统治。噶尔丹为了巩固阿帕克和卓代理人的地位，笼络维吾尔族人民，还于1678年发布了第二项补充敕令，规定："（霍屯人）的村落应由霍屯人自己的法庭来裁决，共同的（人民的）诉讼，应由这里的高等法庭来处理"⑤，同时还禁止回部地区奴隶买卖⑥。

事实上准噶尔贵族对天山南路广大劳动人民的统治是十分残酷的。准噶尔贵族派称为完卜（或称宛卜、阔卜）的收税官吏，率领全副武装的甲兵到天山南路各部和其他受其控制地区征收高额贡赋，所到之处，抢掠牲畜、奸淫妇女，稍不如意，即肆行残杀，迫使当地各族俯首听命。⑦ 据清代史籍记载："回部旧受额勒特（即额鲁特）统辖，各项赋税虽有定额，但其数颇重，回人艰于定纳，凡贩运各货以及金银布帛，多于额外越例抽收。又派在喀什噶尔、叶尔羌、阿克苏、和阗四大城办事之厄勒特等将回人之银钱、良马、妇女、鸟枪等项，肆意取掳回，回众不甚其扰，如居水火，故多奔走逃避，未获宁处。"⑧

---

① 梁份：《西陲今略》卷7《嘎尔旦传》，《亲征平定朔漠方略》卷1，第25页。
② 戈尔通斯基：《1640年蒙古卫拉特法典》，第26页。
③ 梁份：《西陲今略》卷7《嘎尔旦传》。
④ 参阅［意］阿马赫《十七世纪汉藏关系》，第236页。
⑤ 戈尔通斯基：《1640年蒙古卫拉特法典》，第60页，田山茂《清代蒙古社会制度》第317页所载关于此内容的译文为："全布哈拉的霍顿族也可以自己设立独立的法庭，只限于主要的诉讼案件，则由我们裁判。"
⑥ ［日］田山茂：《清代蒙古社会制度》，潘世宪译，商务印书馆1987年，第324页。
⑦ 梁份：《秦边纪略》卷6《近疆西夷传》。
⑧ （清）苏尔德：《新疆回部志》卷4。

此时，噶尔丹已将准噶尔部的政治中心转移到了伊犁河谷，偶尔他也到也尔的石河畔（即额尔齐斯河）去度冬。① 噶尔丹统治时期，准噶尔部的游牧地，北面起自鄂木河，沿额尔齐斯河两岸溯流而上，抵阿尔泰山，往西到巴尔喀什湖以南哈萨克人的广大游牧地，东至鄂毕河，噶尔丹还控制了天山南路的广大地区，将自己的势力扩展到撒马尔罕、布哈拉、乌尔根齐地区，那些地区的哈萨克人、布鲁特人均处在他的权力之下。噶尔丹还派人到南西伯利亚叶尼塞河流域活动，与当地土著居民的头人订约媾和。②

噶尔丹统治准噶尔部并雄踞西北后，和清王朝仍保持政治上的隶属关系。1672 年（康熙十一年）正月，噶尔丹在继僧格成为准噶尔部首领后，即向清政府上疏，请准继其兄僧格之位③，得到清政府的确认。噶尔丹几乎每年均遣使进贡，并上奏部内发生的重大事宜。1677 年（康熙十六年）当噶尔丹攻杀鄂齐尔图车臣汗后，即遣使献俘④和进所获弓刀，遭到康熙帝拒绝⑤；1679 年（康熙十八年）又借达赖喇嘛之名，自称博硕克图汗，并于九月，遣使禀告达赖喇嘛已授以博硕克图汗号，请求承认，进献锁子甲、鸟枪、马、驼、貂皮等物⑥，清政府接受其献纳方物，但以擅自称汗号为由，不予承认⑦。当时康熙帝正忙于征讨"三藩"，无暇顾及噶尔丹，因此持息事宁人的态度，满足于噶尔丹表面上的臣服。1682 年（康熙二十一年），清朝平定"三藩"，为庆贺武功，派遣内大臣祁他特赴噶尔丹处大加赏赉，同时还派遣重臣大吏率员分赴喀尔喀左翼土谢图汗、哲布尊丹巴。呼图克图、车臣汗、额尔克岱青诺颜、墨尔根诺颜、右翼扎萨克图汗、盆楚克台吉、额尔德尼济农、色棱阿海台吉、达尔马希黑诺颜、罗卜

---

① 参阅巴托尔德《七河史》，载《巴托尔德文集》第 2 卷，第 98 页。

② 在叶尼塞河支流图巴河右岸，离查拉波令斯克村三俄里处，发现一处岩刻，其碑文大意为："联嘉奖和平条约，并说及和平与安宁，盖上黑（红）牛之玺"，落款为"此年七月二日噶尔丹汗。真正的（或噶尔丹汗的喇嘛僧是真正的）"。据俄国学者波波夫考订，查拉波令斯克碑文确是噶尔丹统治时期所造，时间约在 1691 年。当时噶尔丹的使者喇嘛僧曾到图巴河沿岸图巴族的聚居区活动。见梁赞诺夫斯基《蒙古习惯法研究》，第 1 页。

③ 《清圣祖实录》卷 38，第 7 页。

④ （清）祁韵士：《皇朝藩部要略》卷 9，第 9—10 页。

⑤ （清）俞正燮：《癸巳类稿》卷 8《驻扎大臣原始》，第 297 页。

⑥ 《清圣祖实录》卷 84，第 415 页。

⑦ 参阅《清圣祖实录》卷 84，第 415 页，《亲征平定朔漠方略》卷 1，第 35—36 页。

藏台吉等处慰问。①

　　内大臣祁他特率领一等台吉（塔布囊）俄齐尔、一等侍卫觉罗孙果、御前侍卫阿南达、员外郎恩格森一行，于1682年（康熙二十一年）十二月二十八日抵噶尔丹所居营帐。噶尔丹特遣人远迎祁他特一行。在首次会见时："及交敕书，噶尔丹俯身两手受之，其衣服等物，则彼左右之人受之，其器用币帛等物，并骆驼牵入，一一展视受之。"② 在谈话时，噶尔丹特别询问了平定三藩之乱的情况，祁他特告之："比年曾有寇盗窃发，我皇上仁慈，恐用兵扰民，故渐次收复者有之，剿灭者有之，今已尽皆底定矣。"③ 祁他特一行于次年（1683年，康熙二十二年）正月二十七日启程，噶尔丹派专人护送，并贡马400匹、骆驼60头、貂皮300张、银鼠500张、猞猁狲皮3张、沙狐皮100张、黄狐皮20张、活雕1只、贴金牛皮5张，厄鲁特鸟枪4杆。

　　综上所述，噶尔丹自任准噶部首领以来，与清朝政府的关系在保持臣属的前提下，基本上是密切的，并且是不断在发展着。1677年（康熙十六年）以前，噶尔丹"随小台吉附贡"；1677年，噶尔丹袭杀了鄂齐尔图汗以后，特别是称博硕克图汗以后，其势日炽，不再附贡，而是以厄鲁特诸部之首"奉表入贡"，至1688年每年都有贡使入关。噶尔丹贡使、商队东来时间，多在每年春、秋二季，亦即正月至三月或八月至十月。随着贡使、商队往来频繁，准噶尔地区与中原地区贸易联系也日益加强，当时准噶尔部牧民所用的棉絮、棉线以及台吉、宰桑用的锦缎、丝绣等物，均需向中原地区购买。

　　噶尔丹派往内地的贡使、商队日益频繁，人数也与日俱增。1683年（康熙二十二年），噶尔丹派入内地的贡使和商队人数少则一次数百人，多至"千余人或数千人连绵不断"④。由于商路系由天山北路经西套、黄河河

　　① 参阅《清圣祖实录》卷103，第13—17页，卷11，第13—16页，《亲征平定朔漠方略》卷2，第9页。《实录》中称内大臣祁他特为奇塔特。

　　② 《亲征平定朔漠方略》卷2，第24—25页，《清圣祖实录》卷11，第13页也有首次会见的记述，与《亲征平定朔漠方略》略有差异，日："噶尔丹跪受敕书，及赏资诸物，随请皇上起居。"

　　③ 《清圣祖实录》卷11，第13页。

　　④ 《清圣祖实录》卷11，第17页，卷121，第12页。

套北岸而抵张家口、归化城，沿途需经内蒙古广大地区。而贡使和商队沿途"任意放牧牲畜、践食田禾、捆缚平民、抢掠财物，妄行者甚多"①。清政府为确保边地安宁，改变了对噶尔丹"所遣之使不限人数，一概俱准放入边关"的常例。早在1677年（康熙十六年）就下令准噶尔部贡使，"务令有材识厄鲁特为首""嗣后进贡遣使，务给符验，方准放入"②。1683年以后又几次颁令，对噶尔丹的贡使与商队予以限制、约束。1683年规定："嗣后尔处所遣贡使，有印验者，限二百名以内，放入边关，其余俱令在张家口、归化城等处贸易"；凡"沿途抢掠、殃民作乱，即依本朝律例，伤人者，以伤人之罪罪之，盗劫人财物者，以盗劫之罪罪之"③。1686年（康熙二十五年）更具体规定："厄鲁特部落，如噶尔丹等四大台吉，应令来京互市，其余小台吉，俱于张家口互市，著为定例。"④ 对这些规定，噶尔丹心怀不满，阳奉阴违。1682年（康熙二十一年），噶尔丹当着祁他特信誓旦旦表示："我若遣使，当用印文，开注年月日期。"⑤ 但至第二年十月遣使古尔班拜时，却"携伙三千人入贡"，清政府只准其中二百人进北京。⑥ 对此噶尔丹几次向清政府要求，"自古以来，四厄鲁特贸易，向有旧制，我等未便废也"⑦。并威胁说："四厄鲁特与汉人贸易之事，如仍复旧例，则事皆归好矣。"⑧ 噶尔丹又放纵贡使滋事。1685年（康熙二十四年）十月，噶尔丹属下沙里·巴图尔台吉的贡使伊特木根在北京打死官商王治民。事件发生后，清政府除将伊特木根处决以外，同时行文噶尔丹，以后再有类似事件发生，即将肇事人"按法抵罪"，并进一步规定以后小台吉不许入京，只准在张家口互市。⑨ 此时，噶尔丹虽已雄踞西北一隅，"戕害其兄弟，兼并四部，蚕食邻封，其势日张，其志益侈"⑩，但对清政府仍是称

① 《清圣祖实录》卷112，第12页。
② 《清圣祖实录》卷69，第21页。
③ 《清圣祖实录》卷112，第12—13页。
④ 《清圣祖实录》卷127，第22—23页。
⑤ 《清圣祖实录》卷111，第16页。
⑥ 《清圣祖实录》卷116，第24页。又见《亲征平定朔漠方略》卷3，第3页。
⑦ 《清圣祖实录》卷121，第24—25页。
⑧ 《亲征平定朔漠方略》卷4，第5页。
⑨ 《清圣祖实录》卷122，第20页。
⑩ 《御制亲征平定朔漠方略序》，《亲征平定朔漠方略》卷首，第1页。

臣纳贡，表示臣服，如清政府在敕谕中说，"自尔（指噶尔丹）父兄历世相承，虔修礼好，敬贡有年，延及尔身，笃尽悃忱，往来不绝，殊为可嘉"①。因此，可以说正常往来乃是这一时期准噶尔部与清政府关系的主流。

二 沙俄的侵略活动和噶尔丹发动喀尔喀之战

噶尔丹取得准噶尔统治权后，一反其父兄抗击侵略、捍卫民族利益的立场，而逐渐走上与沙俄相勾结的道路。

早在僧格执政时，噶尔丹就采取亲俄态度。1668 年，当僧格向俄国政府的使节伯林要求归还被沙俄掠去的自己的属民捷列乌特人，并表示要不惜以战争相见时，噶尔丹却大唱反调。4 月 6 日，噶尔丹在自己的帐内，设酒宴请伯林，并对伯林说：我们"卡尔梅克人和台吉们在任何地方都不要发动对皇上陛下的战争。没有什么必要保护我们那些已经迁往皇上陛下那边去的捷列乌特人"②。伯林听到噶尔丹这一席谈话，喜出望外，回国后马上报告沙俄政府。自此以后，沙俄西伯利亚当局对噶尔丹的言行十分关注。

噶尔丹上台的消息，不到一个月时间，就传遍了西伯利亚总督所在地托波尔斯克和其他殖民据点。1671 年夏天，噶尔丹派出使者把他已经控制准噶尔部局势的情况，通过克拉斯诺亚尔斯克将军苏马洛科夫转告了沙俄当局。1671 年 10 月，噶尔丹无视僧格在 1670 年对俄国人斯基宾发出必须交回准噶尔部属民，否则，当谢伊特库尔·阿勃林从北京回来时，就把他扣起来警告，热忱接待并派专使护送自北京返俄的俄使阿勃林至托波尔斯克。噶尔丹的最初行动，使沙俄当局确认，噶尔丹将要改变巴图尔珲台吉和僧格传统的对俄政策。

1671—1682 年，沙俄接连派出使团到噶尔丹处活动，对噶尔丹又是利诱又是威胁，而噶尔丹忙于巩固自己对准噶尔部的统治权，对沙俄既表示友好，也不时借捷列乌特人问题作为要挟筹码。当时信使往来频繁，1674—1681 年（除 1680 年外），噶尔丹每年都有使者前往俄国。③

---

① 《亲征平定朔漠方略》卷 2，第 16 页。
② ［苏］伊·亚·兹拉特金：《准噶尔汗国史（1635—1758）》，马曼丽译，商务印书馆 1980 年版，第 220 页。
③ ［法］加斯东·加恩：《彼得大帝时期的俄中关系史》，商务印书馆 1980 年版，第 132 页。

1672 年，沙俄政府借护送僧格时派往莫斯科交涉的代表涅乌芦思返归，派遣卡尔瓦茨基到噶尔丹牙帐探听虚实。噶尔丹接见了卡尔瓦茨基，要求他转告沙俄当局不要阻拦他的代表去莫斯科。沙俄政府随即下令，"不要阻拦噶尔丹的使者，并遣送他们到首都"①。

1673 年 10 月，噶尔丹护送阿勃林到托波尔斯克的代表抵达莫斯科，受到了沙俄当局的礼遇。他们还携带了噶尔丹致沙俄的两封信。在信中噶尔丹表示愿意为沙皇服务，还表示，他并不为俄国人向自己的属民征收实物税之事而感到苦恼。② 1673 年以后，俄国当局也宣布"拒绝收容从卫拉特王公处逃出的人们"，③ 还假惺惺表示同意准噶尔牧民可以利用被沙俄侵占的南西伯利亚草原上的牧场④，到 1678 年，沙俄的代表对噶尔丹说，侵犯卫拉特兀鲁思的"那些坏人已被捕获，并予惩处"⑤。而同年噶尔丹的代表则向托波尔斯克将军明确声称"希望保持接壤邻邦的联盟关系，希望边境不发生争端"⑥。

1683 年，噶尔丹派出一个代表团（包括一个 70 余人的商队），携带着致沙皇的信件抵达伊尔库茨克，该代表团对沙俄当局说：噶尔丹"已经听到俄国与中国在黑龙江流域发生摩擦的消息，特地派他们到莫斯科来"⑦。沙俄拉拢噶尔丹，噶尔丹接近沙俄，其间经历了十多年的时间，至 1683 年，这一结合过程基本上完成了。

从沙俄方面看，自 17 世纪初以来，他们的侵略活动一直遭到准噶尔部人民及其首领巴图尔珲台吉、僧格的抵制、反抗，现在噶尔丹表示不再坚持其父兄原来的立场，因此，沙俄在对待噶尔丹的政策上尽量在贸易、礼仪来使等问题上予以满足，以扩大对准噶尔部的渗透，同时腾出手来加

---

① ［苏］伊·亚·兹拉特金：《准噶尔汗国史（1635—1758）》，马曼丽译，商务印书馆 1980 年版，第 244 页。

② ［苏］伊·亚·兹拉特金：《准噶尔汗国史（1635—1758）》，马曼丽译，商务印书馆 1980 年版，第 245 页。

③ ［苏］伊·亚·兹拉特金：《蒙古近现代史纲》，第 39—40 页。

④ ［苏］伊·亚·兹拉特金：《蒙古近现代史纲》，第 39 页。

⑤ ［苏］伊·亚·兹拉特金：《准噶尔汗国史（1635—1758）》，马曼丽译，商务印书馆 1980 年版，第 247 页。

⑥ ［苏］伊·亚·兹拉特金：《准噶尔汗国史（1635—1758）》，马曼丽译，商务印书馆 1980 年版，第 248 页。

⑦ ［法］加斯东·加恩：《彼得大帝时期的俄中关系史》，商务印书馆 1980 年版，第 132 页。

紧对黑龙江流域、外贝加尔湖和喀尔喀地区的侵略。而从噶尔丹方面看，自1671年以来，噶尔丹剪除政敌、兼并扩张，接连获胜，"志大势强，能败善胜，并吞四极，窥伺中原"[①]，因此，噶尔丹也急于寻找外力支持。他认为，和沙俄结盟才有可能征服蒙古，进而征服中原。总之，沙俄拉拢、收买噶尔丹，加紧对中国侵略、扩张，而噶尔丹为实现其野心，不惜依靠沙俄，这就是他们互相勾结的政治基础。

噶尔丹在沙俄的挑唆、指使下，开始把注意力转向东方。他把打击矛头首先指向喀尔喀蒙古地区。因而，17世纪80年代，我国喀尔喀蒙古地区的斗争形势呈现一幅错综复杂的局面，侵略势力和反侵略势力、分裂势力与统一势力经历了长期的冲突和斗争。

我国喀尔喀蒙古分为三部：土谢图汗部、车臣汗部、扎萨克图汗部。其管辖范围，东起额尔古纳河和呼伦贝尔，西达阿尔泰山，与厄鲁特蒙古相邻，南至沙漠连接漠南蒙古（今内蒙古），北抵包括贝加尔湖周围的广大地区。早在1636年（清崇德元年），喀尔喀蒙古三部"遣使来朝，定岁贡"，岁上"九白之贡"[②]。清朝政府对喀尔喀蒙古地区的局势十分关注。1685年（康熙二十四年），清政府为了调解喀尔喀蒙古诸部间不和，专派尚书阿尔尼等会同达赖喇嘛的代表噶尔亶西勒图赴枯冷白齐尔会盟，土谢图汗和扎萨克图汗行相问抱见之礼，表示"和好息争""言归于好"[③]。由于内部得到团结，喀尔喀蒙古人民反对沙俄侵略的斗争更为有力。喀尔喀蒙古人民的抗俄斗争对盘踞在雅克萨地区的沙俄侵略者是一个极大的威胁。1687年，参加中俄尼布楚谈判的俄国代表费多尔·阿列克谢维奇·戈洛文[④]抵达喀尔喀蒙古地区，使得这一地区的矛盾日趋激化。老奸巨猾的戈洛文懂得，为了使俄国在未来的中俄谈判中处于有利地位，必须把外贝加尔湖地区和喀尔喀地区的蒙古人民抗俄斗争的火焰扑灭下去。为此，戈洛文的策略是对抗俄最坚决的土谢图汗先拉后打，而另一方面，又极力试

---

① （清）梁份：《西陲今略》卷7《嘎尔旦传》。

② （清）张穆：《蒙古游牧记》卷7，所谓"九白之贡"，即贡白马八匹，白驼一头，是表示最高的臣属之礼。

③ 《亲征平定朔漠方略》卷3，第24—25页。

④ 旧译费耀多罗（1650—1706），他的祖父老戈洛文17世纪40年代曾任沙俄雅库茨克督军，波雅科夫匪帮就是他派出的，并第一次入侵我国黑龙江流域。

图利用噶尔丹的力量，钳制喀尔喀蒙古人民的抗俄斗争。

　　戈洛文到达贝加尔湖以东的重要据点乌的柏兴后，就与喀尔喀蒙古的领袖土谢图汗和他的兄弟哲布尊丹巴·呼图克图（温都尔·格根）的代表格素尔洛多伊先格会晤。格素尔洛多伊先格向戈洛文提出：俄国和中国举行和平谈判，为什么要带领这么多的军队和辎重前来？表示不允许大批俄军深入中国国境，并对"俄国人曾杀害大量蒙古人"①"毁坏了许多帐幕，掠走了牲畜和人丁"，提出强烈抗议，坚决要求"今后沙皇陛下的边民不再侵害兀鲁思牧民，不再挑起纠纷和事端"②。这场针锋相对的会谈使得俄国政府拉拢蒙古首领的企图破了产。蒙古人民及其大多数首领和各族人民站在一起，反对沙俄侵略。戈洛文随即露出狰狞面目，派遣哥萨克部队，分路出动，以寻找失马为由，入侵喀尔喀蒙古各个兀鲁思。1687年11月初，戈洛文亲自窜到靠近蒙民聚牧地区的楚库柏兴（即色楞格斯克）就近指挥。戈洛文在给哲布尊丹巴·呼图克图的信中发出战争叫嚣，说如果呼图克图不接受俄国的要求，俄军"势必要去袭击他们蒙古兀鲁思""大军一到，蒙古人就要遭殃"③。

　　与此同时，戈洛文极力拉拢和唆使噶尔丹进攻喀尔喀蒙古。"戈洛文在给外务衙门的报告中提出建立俄国—厄鲁特联盟的想法。"④ 关于建立联盟的图谋，戈洛文在自己的日记中也供认不讳："三年前他就希望与博硕克图汗对向蒙古人武装进攻一事取得一致意见。去年（俄历7196年，公元1688年）曾向与布哈拉人一起来伊尔库次克的他们的使者就此事提出过建议，并为此多次召见他。"⑤ 沙俄的唆使更助长了噶尔丹的野心，他借口1686年（康熙二十五年）喀尔喀蒙古诸部的枯冷白齐尔盟会上，

---

　　① 苏联科学院远东研究所等编：《十七世纪俄中关系》第2卷，商务印书馆1975年版，第181页。

　　② 苏联科学院远东研究所等编：《十七世纪俄中关系》第2卷，商务印书馆1975年版，第188页。

　　③ 苏联科学院远东研究所等编：《十七世纪俄中关系》第2卷，商务印书馆1975年版，第223、222页。

　　④ 苏联科学院远东研究所等编：《十七世纪俄中关系》第2卷，商务印书馆1975年版，第18页。

　　⑤ 苏联科学院远东研究所等编：《十七世纪俄中关系》第2卷，商务印书馆1975年版，第621页。

哲布尊丹巴·呼图克图不尊敬达赖喇嘛的使者，于 1688 年（康熙二十七年）率军 3 万，进犯喀尔喀蒙古地区。

噶尔丹率军进袭喀尔喀地区，正是喀尔喀蒙古地区的抗俄斗争进入高潮之时。喀尔喀蒙古人民因不堪俄国侵略军的大肆搜捕、抢劫，忍无可忍，奋起反击。土谢图汗在鄂尔浑河一带集结军队，以防俄军大规模进攻。1688 年 1 月底，戈洛文一伙被喀尔喀蒙古数千军民围困在楚库柏兴城内，束手无策、狼狈不堪。戈洛文等龟缩孤城，四处求救。噶尔丹的出兵，是从背后向正在抗击沙俄侵略的喀尔喀蒙古人民猛砍一刀，使他们陷入腹背受敌、两线作战的不利地位。土谢图汗不得不亲自率领主力，迎战噶尔丹的军队，对楚库柏兴的围困不得已被迫解除。当时哲布尊丹巴的代表商卓特巴曾向戈洛文的代表斯捷潘·科罗文提出抗议，指出："卡尔梅克的博硕克图汗进攻蒙古地区是同沙皇陛下的军队联合行动的"[1]，科罗文表面上矢口否认，事实上在戈洛文出使日记中曾明确记录了当时蒙古领主的情报，内称："卡尔梅克博硕克图汗是根据陛下的谕旨发动战事的，有大批俄国军队，并有大量火器大炮协同他作战。战场上相遇时，卡尔梅克人就以皇家部队的名义来恫吓他们。"[2] 事实证明，噶尔丹出兵喀尔喀蒙古的时间是与俄军在贝加尔湖以东向蒙古人民进攻的军事行动密切配合，互相呼应，形成对喀尔喀蒙古的钳形夹击，使得蒙古地区的形势发生不利于中国的急剧变化，削弱了中国人民反对沙俄侵略的斗争，影响清朝政府在尼布楚谈判中的政策，使它不得不对沙俄作出重大让步。

噶尔丹的 3 万军队，在沙俄怂恿下，越过杭爱山，向喀尔喀蒙古大举进犯，由于有噶尔丹派遣的千余喇嘛做内应，土谢图汗仓促迎战，初战失利。噶尔丹率军乘势击溃车臣汗和扎萨克图汗两部，大肆抢掠土谢图汗和哲布尊丹巴·呼图克图的营帐。喀尔喀蒙古诸部蒙受空前浩劫，举部内迁，扶老携幼，"遗弃牛羊，死者相枕"[3]"溃卒布满山谷，行五昼夜不绝"[4]。

---

[1] 苏联科学院远东研究所等编：《十七世纪俄中关系》第 2 卷，商务印书馆 1975 年版，第 307 页。

[2] 苏联科学院远东研究所等编：《十七世纪俄中关系》第 2 卷，商务印书馆 1975 年版，第 360 页。

[3] （清）钱良择：《出塞纪略》。

[4] 《奉使俄罗斯日记》，神州国光社 1941 年版。

噶尔丹初战获胜后，一方面加紧与沙俄勾结，迫不及待地试图建立军事同盟，扬言"将请兵于俄罗斯，会攻喀尔喀"①；另一方面则加剧在喀尔喀蒙古地区的军事行动，并进而向内蒙古乌朱穆沁地区进犯。

1688 年（康熙二十七年）秋天以后，噶尔丹不断派出特使奔赴俄国。1689 年噶尔丹军大肆掳掠喀尔喀蒙古地区以后，又接连派出特使到伊尔库茨克和尼布楚活动。达尔罕宰桑正是于 1689 年年底抵达伊尔库茨克的。达尔罕宰桑的使命是请求沙皇俄国出兵支持。达尔罕对戈洛文说："他奉命携函来见全权大使（即戈洛文），请求军援，并面请各位大使从边境城市派遣沙皇陛下军队以及大使现在率领的军队去打蒙古领主。卡尔梅克博硕克图汗希望沙皇陛下军队与他的兵力会合，共同打击上述蒙古人，将其彻底歼灭……如果沙皇陛下的军队不能与博硕克图汗的兵力会合，则请沙皇陛下方面下令从适宜之地派兵进攻。"② 噶尔丹在致戈洛文信中要求戈洛文"即率所部驰赴约定之地会合，以便并肩作战"③。为了能获取沙俄的军援，噶尔丹不惜出卖民族主权和神圣领土，噶尔丹在给达尔罕的训令中说："阿尔巴津（即雅克萨）建寨地区原本是蒙古的，不是博格德汗（指清帝）的，统辖蒙古人和这个地区的是他——博硕克图汗，倘若沙皇陛下有意在这里重建城堡，博硕克图汗愿将这片土地让给陛下。"④ 而戈洛文则向达尔罕保证："如果他们博硕克图汗向敌对的蒙古人发动军事进攻，则沙皇陛下可根据博硕克图汗的进攻形势，从色楞格斯克、乌丁斯克、涅尔琴斯克以及其他城市发兵进攻蒙古人。"戈洛文在交由达尔罕带回的致噶尔丹信中更是声称："沙皇陛下官兵永远不会停息干戈"⑤，为噶尔丹壮胆、鼓气。

为了进一步支持噶尔丹扩大战乱，以便乱中渔利，戈洛文于 1690 年

① 《亲征平定朔漠方略》卷6，第17页。
② 苏联科学院远东研究所等编：《十七世纪俄中关系》第2卷，商务印书馆1975年版，第620页。
③ 苏联科学院远东研究所等编：《十七世纪俄中关系》第2卷，商务印书馆1975年版，第623页。
④ 苏联科学院远东研究所等编：《十七世纪俄中关系》第2卷，商务印书馆1975年版，第30页。
⑤ 苏联科学院远东研究所等编：《十七世纪俄中关系》第2卷，商务印书馆1975年版，第624页。

（康熙二十九年）3 月，派出格里戈里·基比列夫赴噶尔丹处进行阴谋活动。基比列夫一行陪同达尔罕由伊尔库茨克出发，路经伊犁河、蒙古草原，逾克鲁伦河、呼伦湖，沿乌尔扎河、喀尔喀河前行，同年 7 月 21 日抵噶尔丹牙帐。当天噶尔丹即予以接见，在场的还有达赖喇嘛派往噶尔丹处的代表济隆呼图克图。①

基比列夫的使命有两项，一项是向噶尔丹提出政治、军事方面新的要求，另一项是刺探当时中国边境的军事情势。关于第一项使命，在戈洛文给基比列夫的训令中列了五条，主要内容有：（一）要噶尔丹"集中自己全部兵力，前去进攻敌人，悉心进行军事搜索"，并及时将军事行动情况告知"全权大使（即戈洛文）及沙皇陛下所属各城堡"；沙俄方面将根据噶尔丹进攻情况，"从色楞格斯克、乌丁斯克、涅尔琴斯克及其他城堡对这些敌对的蒙古人进行军事搜索"。（二）噶尔丹今后应将清政府有关政治、军事方面的建议及时"知照沙皇陛下境内就近城堡"。（三）噶尔丹对一切愿意臣服沙皇的蒙古领主、台吉，应"伤令不得刁难，不得禁阻"，并对居住在色楞格斯克和乌丁斯克地区已臣属沙皇陛下的蒙古台吉，"饬令所属不得予以凌辱和施加任何暴行"②。

关于第二项使命，即刺探军事情报，戈洛文向基比列夫列出一大串项目。诸如：噶尔丹目前驻扎何处，兵力多少，意欲何往？清政府对噶尔丹的态度如何？曾否遣使而来，何时到达，在同噶尔丹会谈中达成了什么协议等等。③

噶尔丹把基比列夫尊为上宾，基比列夫抵噶尔丹牙帐的第二天，正逢乌尔会河战斗发生，噶尔丹"带上俄国使者去'观战作证'"④。基比列夫事后大肆吹嘘噶尔丹军队的实力。

噶尔丹既得沙俄的支持，便有恃无恐地加剧军事攻势。1690 年（康熙二十九年）6 月 14 日，噶尔丹军队已侵入内蒙古汛界之内乌尔会河以

---

① ［苏］伊·亚·兹拉特金：《准噶尔汗国史（1635—1758）》，马曼丽译，商务印书馆 1980 年版，第 281 页。

② 戈洛文给基比列夫训令全文，见《十七世纪俄中关系》第 2 卷，第 626—627 页。

③ 戈洛文给基比列夫训令全文，见《十七世纪俄中关系》第 2 卷，第 628 页。

④ ［苏］伊·亚·兹拉特金：《准噶尔汗国史（1635—1758）》，马曼丽译，商务印书馆 1980 年版，第 281 页。

东的乌兰地区，其前锋沿喀尔喀河而进，"追及昆都伦博硕克图，昆都伦不能御，仅以身免，所有牛羊尽为所掳"①。噶尔丹军队在乌尔会河一带与清军尚书阿尔尼的守军遭遇，发生大战，史称乌尔会之役。

1690 年（康熙二十九年）6 月 21 日②，阿尔尼挑选蒙古勇士 200 余，主动出击，又令喀尔喀兵 500，夺回为噶军所掠之牲畜，配合行动，临阵"喀尔喀兵争取其子女牲畜，阵动不能止"③。此时，噶尔丹采用"弓形阵"战略，在火器的配合下，从山上绕出，击溃清军。

噶尔丹军队接着深入乌朱穆沁地，又胜清军，"遂乘胜长驱而南，深入乌兰布通，距京师七百里乃止"④。时"京师戒严"，情况危急⑤。清政府为了保卫边疆的安宁、反抗沙俄的侵略，对噶尔丹进行坚决斗争。

三 噶尔丹的覆亡

在沙俄侵略者的怂恿、唆使下，噶尔丹进兵乌朱穆沁地区，祖国北部边疆的安宁受到严重威胁。长期以来，噶尔丹的倒行逆施，一直引起清朝政府的密切关注。1678 年（康熙十七年），噶尔丹扬言欲进犯青海地区，清政府得知消息，即命甘肃提督张勇等注意收集噶尔丹的军情，并整饬军队，严加防护。同时敕谕噶尔丹，要他"坚立信誓，不许骚扰人民"⑥。当噶尔丹率军击败土谢图汗，占领了喀尔喀大部地区时，土谢图汗和哲布尊丹巴向南败退，要求清朝政府保护和干预。清政府邀请达赖喇嘛协同调解。噶尔丹对清政府派出的代表侍卫阿南达、喇嘛商南多尔济表白："我并无自外于中华皇帝"⑦，"向在中华皇帝道法之中，不敢妄行"⑧，口头上表示服从清朝政府，但坚持要把土谢图汗和哲布尊丹巴交给自己处理，还借口追赶喀尔喀，把铁蹄蹂躏到内蒙古汛界以内广大地区。康熙帝意识到局势的严重性，他说，噶尔丹"此人力强志大，必将窥伺中原，至殒命不止，岂容泛

① 《亲征平定朔漠方略》卷 6，第 41 页。
② 《清圣祖实录》卷 146，第 24—25 页；《亲征平定朔漠方略》卷 6，第 43—44 页。
③ 《亲征平定朔漠方略》卷 6，第 43 页。
④ （清）魏源：《圣武记》卷 3《康熙亲征准噶尔记》。
⑤ （清）刘献庭：《广阳杂记》卷 1。
⑥ 《清圣祖实录》卷 72，第 23 页。
⑦ 《清圣祖实录》卷 137，第 24 页。
⑧ 《清圣祖实录》卷 147，第 13 页。

视，置诸度外"①；明确提出："断宜速灭""除恶务尽"的平定方针，否则"夫烈焰弗戢，必将燎原，积寇一日不除，则疆圉一日不靖"②。为此清政府积极进行准备。

在外交方面，康熙帝清楚看到，噶尔丹与沙俄勾结，由来已久。为了捍卫领土主权，决心与沙俄侵略者展开针锋相对的斗争。康熙帝首先依据噶尔丹进犯喀尔喀地区后形势的变化，对即将进行的中俄尼布楚谈判的方针作了调整。鉴于俄国的侵略和噶尔丹的战乱是相互联系的，清政府迫切要求与俄国实现和平，以便摆脱两线作战的不利处境，集中力量对付噶尔丹。谈判使团临行前，清政府对当前形势和谈判方针重新做了研究。清政府原坚持以尼布楚为界，但康熙帝认为，形势已经发生了不利于自己的变化，谈判方针需要有所改变，指出俄"若恳求尼布潮（即尼布楚），可即以额尔古纳为界"③。这是清政府在噶尔丹扰乱形势下作出的对沙皇俄国的重大让步，希望以此换取和俄国实现和平。1689 年 9 月 7 日（康熙二十八年七月二十四日），签订了中俄《尼布楚条约》。中俄《尼布楚条约》的签订，使清政府可以全力对付噶尔丹的战乱。1690 年（康熙二十九年）5 月，清政府得到噶尔丹正在与沙俄密议订立军事同盟的消息和噶尔丹借兵于俄罗斯的传言，康熙帝立即令内大臣索额图召见当时正在北京的俄国人吉里古里和伊法尼齐，义正词严地指出："噶尔丹迫于内乱，食尽无归，内向行动，今仍扬言会汝兵，同侵喀尔喀，喀尔喀已归顺本朝，倘误信其言，是负信誓而开兵端也。"④ 向沙俄侵略者提出强烈抗议。慑于清政府的警告，沙俄侵略者当时又忙于"解决西部和南部边境的政治问题，它只求发展同清帝国的贸易联系和保持西伯利亚领地边疆的现状"⑤。因此尽管戈洛文一伙一直赞助和袒护噶尔丹，此时也不敢公开支持。康熙帝对沙俄严正立场是后来取得斗争胜利的一个重要保证。

---

① 《亲征平定朔漠方略》卷首，《御制亲征朔漠纪略》。熬福合译《圣驾亲征噶尔旦方略》亦有同样记载，对照上述二书，除个别词句外，内容则类同，故可断言，熬福合译《圣驾亲征噶尔旦方略》一书实为《御制亲征朔漠纪略》满文本的汉文译本。

② 《亲征平定朔漠方略》卷首，《御制亲征朔漠纪略》。

③ 《清圣祖实录》卷 140，第 30 页。

④ 《亲征平定朔漠方略》卷 6，第 19 页。

⑤ 苏联科学院远东研究所等编：《十七世纪俄中关系》第 2 卷，商务印书馆 1975 年版，第 36 页。

与此同时，清政府在政治上和军事上也作了一系列准备。当时清廷一些亲勋重臣，他们被噶尔丹的气势汹汹吓破了胆，竟以"蛮夷荒服，治以不治，古惟有驱逐之而已，防守之而已"为由，提出"远劳师旅，未必遂能灭除也"①，主张听之任之。但康熙帝认为，若听任噶尔丹荼毒塞外，将势成毒痈，要使边境得以安定，国家得以长治久安，不能贪图"一时苟安之计"，而必须"俯惬人情，以万不得已而用兵之意垂，刻不容缓而灭寇之机，立拯边境之毒痈，永底中原于清晏"②。因此，康熙帝决计亲征。

1690年（康熙二十九年）7月2日，康熙帝组成两路大军：一路，命和硕裕亲王福全为抚远大将军，皇子允禔为副，率左翼清军出古北口，另一路，命和硕恭亲王常宁为安北大将军，和硕简亲王雅布、多罗信郡王鄂札为副，率右翼清军出喜峰口。内大臣佟国纲、佟国维、索额图、明珠等人均参赞军务。7月6日，福全、常宁两路大军先后出发。7月14日，康熙帝也从北京启程，24日进驻博洛河屯（今河北承德专区隆化县），节制诸军，统筹全局，开始了康熙帝的第一次亲征。

康熙帝向福全具体部署作战计划，即第一步，集中兵力于巴林，以逸待劳；第二步，麻痹敌人，诱敌至乌兰布通地区，力求全歼。

1690年（康熙二十九年）7月29日，福全部前锋侦得噶尔丹军已驻屯乌兰布通（今内蒙古克什克腾旗境内）。8月1日拂晓，清军全线出击，两军大战于乌兰布通，历史上著名的乌兰布通之战揭开战幕。

噶尔丹自恃兵众气锐，率军二万余人③，依山阴水，"缚驼结阵以待"④，将上万只骆驼"使卧于地，背加箱垛，毡渍水盖其上，排列如栅以自蔽""于栅隙注矢发枪，兼施钩矛"⑤，摆出决战的阵列。而清军"隔河而阵，以火器为前列，遥攻中坚"⑥ "以大炮火枪互轰开始，继而两军

---

① 《康熙御制文二集》，又见《康熙政要》卷21，《征伐》，第24页。
② 《御制亲征平定朔漠方略序》，载《亲征平定朔漠方略》卷首。
③ （清）马思哈：《塞垅纪程》（载《小方壶斋舆地丛钞》第二轶）说"贼骑十万余，布阵于山冈"。十万余之说系夸大之词。
④ （清）钱大昕：《内大臣一等公溢忠勇佟公传》，载《潜研堂文集》卷37，第3页，嘉庆十年刊本。
⑤ （清）马思哈：《塞北纪程》。
⑥ （清）魏源：《圣武记》卷3，《康熙亲征准噶尔记》。

士卒肉搏"①，乌兰布通战场上炮声隆隆，声震宇寰，双方展开了殊死的战斗。自午后战至傍晚，噶尔丹的"驼阵"被清军火炮摧毁，此时左翼清军出击，大败噶尔丹军于乌兰布通峰下。噶尔丹趁夜色昏暗偷渡西拉木伦河，向北溃逃，沿途焚烧草地，阻绝追兵，逃回科布多时余者仅数千人。

噶尔丹溃逃时又施展缓兵之计，派出达赖喇嘛的代表济隆呼图克图等70余人至清营。济隆呼图克图极力为噶尔丹进犯乌朱穆沁地区辩解，说什么噶尔丹"信伊拉古克三及商南多尔济之言，深入边内，部下无知，抢掠人畜，皆大非理。圣上乃一统宇宙之主，博硕克图汗不过小部头目，何敢妄行，但索其仇土谢图汗及折卜（哲布）尊丹巴，致有此误"②。不久，噶尔丹又遣使达尔汉格隆等携带请罪誓书，至福全大营，说噶尔丹对佛作誓，保证不敢再进犯喀尔喀。③福全轻信其言，在清军优于噶军四五倍的有利形势下，下令各路领军诸王大臣禁止出击④，贻误了战机，以致噶尔丹漏网脱逃，使乌兰布通大捷的战果功亏一篑。

乌兰布通战役虽然未收到预期的战果，但毕竟打掉了噶尔丹军的锐气，使内蒙古汛界以内的安宁得到了保证。鉴于喀尔喀人民要求归附，因此在战役结束后，清政府即着手解决喀尔喀蒙古的行政体制问题。喀尔喀蒙古三部早在1638年（明崇祯十一年，皇太极崇德三年）就和清朝建立了臣属关系。但是半个世纪以来，喀尔喀蒙古诸部间纷争不断，特别是沙俄的染指，使喀尔喀地区的形势一直动荡不安。为了安置来归的喀尔喀人民，进一步制止战乱，巩固和加强北部边防，清政府决定正式接受喀尔喀蒙古三部归于其统辖之下，并集内外蒙古首领于多伦诺尔举行会盟仪式，进一步统一了漠北。

多伦诺尔，位于上都河与额尔屯河之间，在张家口与承德之北，地势"清淑平旷，饶水草，而内外扎萨克之来朝者，道里适中"⑤。1691年（康熙三十年）4月，康熙帝亲赴多伦诺尔主持会盟。康熙帝宣布：第一，喀尔喀诸部行政体制如内蒙古四十九旗，实行扎萨克（旗长）制，第二，保

---

① ［法］张诚：《张诚日记》，陈霞飞、陈泽宪译，商务印书馆1973年版，第83页。
② 《亲征平定朔漠方略》卷8，第4页。
③ 《亲征平定朔漠方略》卷8，第11页。
④ 《亲征平定朔漠方略》卷8，第13页。
⑤ （清）康熙：《汇宗寺碑文》，见《大清一统志》卷409《御马场》。

留喀尔喀诸部首领汗号，汗王以下按满洲贵族的封号，赐以亲王、郡王、贝勒、贝子、镇国公、辅国公的爵位，六等爵位以下其台吉分为四等。①至此，喀尔喀蒙古诸部直接置于清朝政府管辖之下。

多伦诺尔会盟，是清朝政府重新统一漠北地区，安定北部边疆的一个重要步骤。这一步骤不仅使喀尔喀地区重新统一于清朝政府管辖之下，免遭噶尔丹军队的蹂躏，同时也有力地抵御了沙俄的入侵，增强了北部边防。康熙帝的战略思想是，通过对喀尔喀的安抚和统一，在漠北筑起铜墙铁壁，较长城更为坚固②，这无疑是正确的。

噶尔丹自乌兰布通战败后，仍盘踞于科布多地区，集合残部、休养生息，以期东山再起。为此，噶尔丹多方施展阴谋。首先，他接连派人去沙俄活动，企图获取更多的军事支持；其次，他煽动内蒙古科尔沁等部作乱，并杀害清政府的官员，不断骚扰边地安宁。

1691年以后，噶尔丹多次派人至尼布楚、伊尔库茨克、莫斯科活动③，并携带噶尔丹致沙皇的信。噶尔丹在信中表示，"我等与陛下一向是具有同一事业的兄弟，友好亲善。蒙古乃陛下和我等之敌人。为了贵我双方事业的成功，敬请陛下就兵员、火药、弹铅和大炮等等一切作战之所需，给予至善的谕旨"④。1691年春，托波尔斯克行政长官派马特维·尤金赴噶尔丹处，冬，抵噶尔丹在科布多的牙帐。噶尔丹与马特维·尤金长谈5次。1692年、1695年和1696年，马特维·尤金又接连派遣人员向噶尔丹表示友好和同情。⑤ 由于沙俄代表的频繁活动，噶尔丹破坏边境安宁的活动又趋加剧。

1691年（康熙三十年）以后，噶尔丹每年借进贡为名，派遣大量人员进关。⑥ 这些人沿途制造不宁，进行无理纠缠，而且冒充达赖喇嘛之使，到各处侦察窥探，进行骚乱活动。⑦ 对此，清政府严斥噶尔丹的代表，并

① （清）张穆：《蒙古游牧记》卷7《外蒙古喀尔喀四部总叙》。
② 《清圣祖实录》卷151，第19页。
③ ［苏］莎斯季娜：《十七世纪俄蒙通使关系》，商务印书馆1977年版，第170—173页；［苏］奇米特-多尔瑞也夫：《十七世纪俄蒙相互关系》，莫斯科1978年版，第120—128页。
④ 《卫拉特噶尔丹汗于一六九一年致俄国沙皇的信》，载［苏］莎斯季娜《十七世纪俄蒙通使关系》，第170页之附页。
⑤ ［苏］莎斯季娜：《十七世纪俄蒙通使关系》，商务印书馆1977年版，第170页。
⑥ 《清圣祖实录》卷163，第819页。
⑦ 《亲征平定朔漠方略》卷15，第15—16页。

规定噶尔丹的使者只能到归化城，无论噶尔丹还是达赖喇嘛的使者，均需各发符验，始准各扎萨克接待收容。①

此外，噶尔丹又遣密使济尔哈朗格隆，通过乌喇佐领必立克图密书科尔沁亲王沙津，煽动其参加作乱，但阴谋未能得逞。②

接着噶尔丹又杀害清廷代表，挑起事端。噶尔丹的侄子策妄阿拉布坦趁噶尔丹进犯喀尔喀之机，即据伊犁旧地，并多次遣使京师，约攻噶尔丹之背，对此，噶尔丹极为不满。1692 年（康熙三十一年），噶尔丹军队在哈密附近杀害清政府遣往策妄阿拉布坦处之钦差员外郎马迪等，生事起衅。③

针对噶尔丹的骚扰滋事，清政府除加强军备外，此时主要是展开政治攻势，以期政治解决。清政府屡次敕谕，"噶尔丹如不得已而来归，朕亦受而养之……不能归故土，其移近边讯，朕当厚加恩赐，如决计入降，益从优抚养"④。同时还几次赐白银，维持其部落生计。1694 年（康熙三十三年）闰五月，清政府又令噶尔丹亲来会盟以调解噶尔丹与土谢图汗之间的不和。但噶尔丹拒不接受，反而蛮横地致书清廷，执意索取土谢图汗和哲布尊丹巴，甚至再次出兵侵扰喀尔喀。

1695 年（康熙三十四年）5 月，噶尔丹率骑兵 2 万进抵巴颜乌兰一带并扬言将"领俄罗斯炮手鸟枪兵 6 万，再俟俄罗斯兵六万至，即顺克鲁伦河而下"⑤。同时，清军又侦得，1694 年（康熙三十三年）3 月间，沙俄使者 20 余人抵噶尔丹处，"约至青草出后，助鸟枪手一千及车装大炮发至克鲁伦东方界上"，噶尔丹则率军至克鲁伦河"以赴俄罗斯援兵之约"⑥。在沙俄的怂恿下，噶尔丹又点燃了战火。

清政府清醒地看到，噶尔丹军已进抵巴颜乌兰地区，若不及早出兵，将严重地危及北部边疆的安宁。于是，康熙紧急召集议政诸大臣商议。康熙帝认为，"噶尔丹为人狡诈"⑦，"假使及今不除"⑧，日后将后患无穷，

---

① 《亲征平定朔漠方略》卷 14，第 5、6 页。
② 《清圣祖实录》卷 157，第 13—17 页；［英］霍渥斯：《蒙古史》第 1 卷，第 630 页。
③ 《亲征平定朔漠方略》卷 12，第 29 页。
④ 《亲征平定朔漠方略》卷 9，第 10—11 页。
⑤ 《亲征平定朔漠方略》卷首《御制平定朔漠纪略》。
⑥ 《亲征平定朔漠方略》卷 24，第 22 页。
⑦ 《亲征平定朔漠方略》卷 19，第 21 页。
⑧ 《清圣祖实录》卷 170，第 8 页。

故决心趁噶尔丹窜至巴颜乌兰，出兵扑剿。并且根据噶尔丹"久习战斗，见易则进，知难而退，往来飘忽，踪迹无常"的特点①，提出诱敌深入、围而歼之的战略方针。康熙帝抓住噶尔丹策动科尔沁蒙古作乱之机，密约科尔沁亲王沙津，"伪与相结，诱其兵来"②，然后予以歼灭。

1696 年（康熙三十五年）2 月，清政府发兵 10 万，分三路大举出击：东路由黑龙江将军萨布素率兵越兴安岭出克鲁伦河出击，西路由抚远大将军费扬古率陕西、甘肃兵勇由宁夏（今宁夏银川一带）北越沙漠沿翁金河北上，以断敌归路；中路为主力军，由康熙帝亲率出独石口，直奔克鲁伦河，与东西两路，协同夹击。

为了这次远征，清政府作了充分的物质准备，征调了大批扎萨克图部人担任向导，共携带 5 个月军粮，每两名士兵配备一名民夫，一头毛驴，随军运输粮食、器材，并筹集了大量御寒器具。还组织了庞大的运输队，拥有运粮大车 6000 辆，派军队护送粮运。为了越过沙漠与沼泽，又携带大批木材、树枝，节节垫路，保障通行。同时，清政府还根据侦得噶尔丹外靠沙俄的种种情报，再次采取外交上的主动，向沙俄当局提出"要求色楞格及尼布楚的俄国人截断噶尔丹的退路"③。

1696 年（康熙三十五年）5 月初，中路清军由科图（今内蒙古二连东南）逼近噶尔丹军；而西路清军因沿途草地大多被噶尔丹军焚毁而迂回前进，加之连日阴雨，粮运困难，行军 70 多天人马疲劳，仍赶不上中路军的行军速度，要求中路军缓进，东路清军也不能按期抵达预定地点。于是，形成中路军突进，两翼不及跟上的态势。行军中又传闻噶尔丹将借俄罗斯兵来攻，当时随军出征的大学士伊桑阿等人力劝康熙帝回师，谎报噶尔丹远遁，企图使中路主力中途撤退。康熙帝清楚，主力后撤，将危及西路安危，势必影响全局，使出征行动前功尽弃。因此，痛斥官员中畏战惧敌言论，表示："此番秣马厉兵，整军运饷，分路进剿，曲尽筹画……务

---

① 《亲征平定朔漠方略》卷 16，第 9 页。

② （清）赵翼：《皇朝武功纪盛》卷 1《平定朔漠述略》。

③ 《中国皇家军队对厄鲁特王噶尔丹的一次大战，及其获得胜利》（一六九六年十月二十八日发自北京），这是一篇当时在北京的耶稣会士发往巴黎的通讯，登载在一六九九年法国出版的题为《关于噶尔丹的巴黎传单》上。原件为法文，载于海西斯《蒙古人——一个民族寻找他的历史》，第 93 页。

期剿灭噶尔丹而还"①，并警告清军官兵，如"不奋勇前往，逡巡退后，朕必诛之"②。由于康熙帝的坚持，决定中路继续前进。并预计噶尔丹军必然依托克鲁伦河进行顽抗，决定兵分两路实行夹击。噶尔丹得知康熙帝亲自统率大军进抵克鲁伦河时，不敢迎战，尽弃庐帐、器械，趁夜西窜。清军进抵巴颜乌兰，扑了个空。康熙帝为了捕捉对方主力，一方面命总兵岳昇龙、马进、白斌等率精兵轻骑穷追噶尔丹军；另一方面密谕西路军统帅费扬古堵截噶尔丹军脱逃之路。5月13日，西路清军在昭莫多与噶尔丹军遭遇，双方展开殊死激战，这就是历史上有名的昭莫多战役。

昭莫多（今蒙古人民共和国乌兰巴托以南之宗莫德），蒙古语大树林之意，地势险要。费扬古鉴于部队长途行军，不及休整，不利主动出击，决定改取以逸待劳，防御制敌的方针。清军把部分骑兵下马步战，在昭莫多东依山列阵，依托图拉河布置防御，把骑兵主力隐蔽在树林中，又派骑兵400迎击敌军，且战且退，诱敌进攻。此时噶尔丹率骑兵猛扑清军所控制之制高点。清军则以弓箭、"皇炮"及子母炮连续进行轰击，噶尔丹亲率骑兵战斗，兵锋甚锐。激战一天，胜负未决，时近傍晚，据守正面山头阵地的宁夏总兵官殷化行，侦得噶尔丹军阵地后边有大批人畜，断定必是家属、辎重，为了打开僵持局面，他向费扬古进策：第一，速派沿河布阵的部队借柳林的掩护从左面突袭噶尔丹军侧翼；第二，另派一支精兵从南面绕出，从右侧出击，进攻噶尔丹军阵地的后方。西路军统帅费扬古、孙思克等采纳了殷化行的主张，立即下达命令。当左右两翼突袭开始，殷化行也率军从山头上"麾兵大呼而进，上下夹击，声震天地"。清军全线出击，一时烟尘蔽天，噶军披靡，马散走山凹，部众大溃，"酋长头目或死或降，噶尔丹仅以身免"③。昭莫多一战全歼噶尔丹军的基本力量，清军取得了战争的决定性胜利。1696年（康熙三十五年）6月，清军中、西两路军会师后返回归化城。

昭莫多战役以后，噶尔丹率残部流窜于塔米尔河流域一带，"困穷已

---

① 《亲征平定朔漠方略》卷22，第22页。

② 《清圣祖实录》卷172，第516页。

③ （清）袁枚：《领侍卫内大臣抚远大将军费襄壮公传》，《小仓山房文集》卷33。

极，糇粮庐帐皆无，四向已无去路，狼狈不堪，目下掘草根为食"①。1696 年（康熙三十五年）9 月 6 日，噶尔丹的亲信丹济拉率领部分残部，欲掠翁金清军贮米仓站②，与清军祖良壁部相遇，发生激战，被清军击溃。向西遁去。自翁金歼灭战后，噶尔丹军再也无力与清军正面交锋，而是穷蹙已极，不知所往，四处流窜。

此时，噶尔丹力图摆脱困境，但因其连年兼并扩张，四处树敌。当时噶尔丹的处境是：一是不能西归伊犁河流域，因为当噶尔丹侵犯喀尔喀后，其侄策妄阿拉布坦尽收噶尔丹之妻子、部众而去，继立为汗，与之相抗③；二是不能远投土尔扈特阿玉奇处，因为道路遥远，而阿玉奇之女，又是策妄阿拉布坦之妻④；三是此时沙俄眼看噶尔丹已不能为他们的侵略扩张做马前卒，也一脚把他踢开，不再理睬。其"欲北投鄂罗斯（俄罗斯），而鄂罗斯拒不受"⑤；四是想窜青海、回部等地，而此时"回部、青海、哈萨克皆隔绝叛去"⑥。噶尔丹唯有可能就是投靠达赖喇嘛，因他和第巴关系至深⑦。

清政府从俘虏中得悉这一情况后，即采取"铁壁合围、网开一面"的策略，再次在政治上招降噶尔丹，在军事上则加紧战备。所谓"铁壁合围、网开一面"策略，就是采取一切措施，切断噶尔丹与公开及隐蔽的支持者的联系，特别是西藏地区的第巴集团的支持，而对噶尔丹则继续展开招降攻势。

西藏地区的达赖喇嘛五世早在 1682 年（康熙二十一年）死去，第巴桑结嘉措秘不发丧 10 余年，集政教大权于一身。他与噶尔丹互相利用、互相支持。桑结嘉措利用喇嘛教的特殊地位，派遣济隆呼图克图作为自己的代表赴噶尔丹处，名为调解厄鲁特与喀尔喀之争，实际是处处偏袒噶尔丹，并密唆噶尔丹进攻漠南蒙古。乌兰布通战役后，济隆呼图克图与噶尔丹共同策划缓兵之计。昭莫多战役时，清政府从俘虏的口供中知悉，噶尔丹在溃逃时，

---

① 《亲征平定朔漠方略》卷 30，第 8 页。

② 《康熙三十五年九月二十八日谕》，载庄吉发《清代准噶尔史料初编》，文史哲出版社 1977 年版，第 99 页。

③ 《亲征平定朔漠方略》卷 27，第 8—11 页。

④ 《亲征平定朔漠方略》卷 27，第 8—11 页。

⑤ （清）魏源：《圣武记》卷 3《康熙亲征准噶尔记》。

⑥ 《亲征平定朔漠方略》卷 27，第 8—11 页。

⑦ 《亲征平定朔漠方略》卷 27，第 8—11 页。

部众多出怨言，噶尔丹曾说："初不欲来克鲁伦地方，为达赖喇嘛煽惑而来，是达赖喇嘛陷我，我又陷尔众人矣。"① 因此，清政府曾在1696年（康熙三十五年）9月6日遣使保柱等赴第巴处，痛斥他对达赖喇嘛五世之死秘不发丧，欺骗部众，又唆使噶尔丹兴兵，"其罪甚大"②，并严饬第巴必须遵行下列数端：第一，据实奏明达赖五世去世的始末；第二，立执济隆呼图克图以治罪；第三，解送噶尔丹女婿青海博硕克图济农之子来京，如不遵行，就要发云南、四川、陕西等处之兵，兴师问罪。与此同时，清政府再次向噶尔丹发动招降攻势，对噶尔丹的使者格垒沽英表示，仍欲招抚，限70日内还报。③ 康熙帝积历年的经验，认识到噶尔丹这股势力不可姑留，必须乘胜追击，速行剿灭，不可稍缓，因而在招降同时，积极进行第三次亲征的军事准备。

1697年（康熙三十六年）2月，原定70天约期已过，而噶尔丹仍拖宕未复，为了彻底消灭噶尔丹的势力，康熙帝再次到宁夏，亲自指挥此次出兵，亦分为两路，每路兵3000名，命费扬古、马思哈分别统率。清军于1697年（康熙三十六年）3月由宁夏出发，4月康熙帝率军抵狼居胥山。

正当清军进发之时，噶尔丹集团内部众叛亲离、分崩离析，噶尔丹已成孤家寡人。他的亲信头目如阿喇卜滩、格垒沽英等先后降清，吴尔占扎卜此时对噶尔丹说："我辈知汝之非，未常出声，今不能忍，忿恨而发"，要噶尔丹"如不降，当另图一策，首鼠两端，而待毙乎"④。噶尔丹此时默无一言，一筹莫展。当时在噶尔丹身边的仅有"阿拉尔拜、讷颜格隆二人，余下不及百人，其有余者，人各有马驼二三，而止有一马者为多，无马者近三十人，牛羊则全无，捕兽而食，不获兽则杀马驼以食"⑤。1697年（康熙三十六年）闰三月十三日，噶尔丹窜至阿察阿穆塔台地方，暴病而死⑥，丹济拉、诺颜格隆、丹济拉之婿拉思伦，携噶尔丹尸骸及噶尔丹

① 《清圣祖实录》卷173，第27页。
② 《清圣祖实录》卷175，第13页。
③ 《亲征平定朔漠方略》卷33，第55页。
④ 《亲征平定朔漠方略》卷39，第46—47页。
⑤ 《康熙时关于噶尔丹文书》，厄鲁特达席日供，《文献丛编》第六辑。
⑥ 《亲征平定朔漠方略》卷43，第29—30页。关于噶尔丹之死，一般认为是"饮药自尽"。今取吕一燃《噶尔丹"服毒自杀"说辨伪》（《历史研究》1980年第6期）一文之说。

之女钟察海共 300 户至内地降清①。康熙帝也于同年五月班师回京。

噶尔丹掀起的战乱，时间前后持续近 10 年，几乎波及了整个喀尔喀地区、内蒙古和新疆大部地区，给各族人民，首先是厄鲁特各部和蒙古各部人民带来了深重的灾难。人民厌恶战乱、要求安宁，因此各族人民积极支持反对噶尔丹之乱的斗争。在长期的战争中，数以十万计的满、蒙古、汉、维吾尔等族军民直接参加了战斗，他们顶酷暑、冒严寒，长途跋涉、浴血奋战，是这场斗争的主力军；广大的蒙古地区人民也积极参加平定斗争，"各旗蒙古王贝勒台吉等，于引路、探信、牧马、掘井诸事，甚为效力，凡差遣处，随所指使，无不应机各当"②。在范承烈《北征督运图》中就有满载军粮、翻山越岭的蒙古运粮车队及赶车的蒙古族人民的形象记录，在长途行军中运载军粮的马驼有很大耗损，运粮队乃购蒙古马车补充，完成了军粮的运输，这是蒙古人民对这场战争的重大物质支持。直接遭受噶尔丹残酷统治的回疆地区各族人民也以各种方式积极参加这场战争，给噶尔丹军队以沉重打击，哈密的额贝都拉（即达尔汉伯克）于 1696 年（康熙三十五年）趁噶尔丹之子色布腾巴勒珠尔窜到哈密地区活动，派兵擒获。实践证明，历史上任何一次战争中，"谁在人民群众中更能支持得住，谁就能在战争中取得胜利"③。清朝政府平定噶尔丹挑起的战乱，是维护国家统一，反抗沙俄侵略的正义斗争。这场战争既顺应了当时我国重新走向统一的历史趋势，也符合各族人民要求统一安定的共同愿望，因而它必然得到各族人民的支持。

这场斗争的胜利，在统一我国西北和北部地区的过程中迈出了重要的一步，而且有力地打击了沙皇俄国蚕食西北地区，侵略中国的野心，保卫了多民族国家的独立与完整。

（本文首发于《准噶尔史略》，人民出版社 1985 年版）

---

① 《康熙三十六年四月初九费扬古奏章》（满文），载庄吉发《清代准噶尔史料初编》，文史哲出版社 1977 年版，第 27 页。

② 《亲征平定朔漠方略》卷 25，第 36 页。

③ 列宁：《莫斯科征收党员周的总结和我们任务》（1919 年 10 月 21 日），《列宁选集》第四卷，人民出版社 1972 年版，第 82 页。

土尔扈特汗国与祖国的密切联系

一 17世纪中期土尔扈特与祖国的联系

土尔扈特蒙古自从迁牧伏尔加河以后,针对沙皇俄国的政治控制,虽然进行了多次反抗斗争,但由于他们远离祖国与卫拉特各部,势单力孤,处境艰险,尤其在强邻沙皇俄国扩张势力不断威胁下,其受到的外部压力与日俱增,这就不能不使他们深深地怀念可爱的祖国故土。早在他们迁到伏尔加河不久,就几次想重返故土。据俄国史记载,早在1646年,土尔扈特的首领们就"准备从伏尔加河迁回准噶尔"①,但因当时准噶尔部的巴图尔珲台吉与和硕特部的昆都仑乌巴什之间正发生武装冲突,致使返回准噶尔的通道被阻而未能付诸实现。由于他们和祖国故土长期形成的亲和力,促使他们依然与卫拉特以及各种政治势力进行了多渠道的联系。土尔扈特首领和鄂尔勒克不仅于1640年返回准噶尔参加巴图尔珲台吉在塔尔巴哈台召开的卫拉特蒙古各部与喀尔喀蒙古的首领会议,而且和准噶尔部建立了密切通婚关系,在一定程度上改变了昔日双方不睦的紧张状态。1643年到1644年,和鄂尔勒克还派人参加了准噶尔部对哈萨克的战争。上述事实都说明土尔扈特部与准噶尔部的关系有了不断改善。

和鄂尔勒克战死于阿斯特拉罕城下之后,在书库尔岱青父子执政时期,由于新兴的清王朝在全国的统治已经建立,国内政局逐渐稳定,为远离故土的土尔扈特蒙古与祖国沟通关系创造了有利条件。

书库尔岱青执政时期,便首先与刚刚建立起全国统治的清朝政府建立

---

① [苏]伊·亚·兹拉特金:《准噶尔汗国史(1635—1758)》,马曼丽译,商务印书馆1980年版,第203页。

了联系，承认清朝为当时合法的中央政府。早在 1646 年（顺治三年），书库尔岱青与其弟罗卜藏诺颜随青海和硕特部首领顾实汗，向清朝政府进表贡"附名以达"。[①] 1650 年（顺治七年），书库尔岱青派使者向清政府进贡马匹，与清政府建立了直接联系。[②] 此后，土尔扈特首领们便不断遣使进贡。1651 年（顺治八年），土尔扈特首领博地苏克等来清朝"贡马"，清廷赐以"银币等物"。[③] 1655 年（顺治十二年），书库尔岱青"遣使锡喇布鄂木布奉表贡"。[④] 翌年，和鄂尔勒克的另一个儿子伊勒登诺颜也遣使锡喇尼和硕齐向清政府"入贡"。[⑤] 1657 年（顺治十四年），罗卜藏诺颜及其子多尔济遣使沙克锡布特、达尔汉乌巴什、阿巴赖 3 人向清廷"贡驼马二百余，复携马千，乞市归化城"，[⑥] 得到了清政府的同意。从上述可以看出，土尔扈特与清政府不断联系，不仅加强了双方的关系，而且使这个远离故土的游牧部落在政治和经济方面都得到了清政府的支持。

土尔扈特的首领们还与西藏地方建立了联系。西藏是中国藏传佛教的圣地，到西藏"熬茶礼佛"是笃信藏传佛教的土尔扈特王公贵族最虔诚的愿望，同时也可取得藏传佛教神权对他们的支持。当土尔扈特与清政府建立政治联系后，便在清政府的支持下与西藏地方建立了联系。清政府为照顾土尔扈特人的风俗习惯与宗教信仰，给土尔扈特王公进藏礼佛提供种种方便。书库尔岱青执政后，十分重视与西藏的联系，他深深懂得取得藏传佛教神权的支持对他巩固刚刚建起的土尔扈特汗国的重要性，他执政期间，进藏"熬茶礼佛，谒达赖喇嘛"，[⑦] 前后在西藏留居达 10 年之久。

书库尔岱青执政期间，土尔扈特与准噶尔的关系比较复杂，双方虽然继续维持通婚关系，书库尔岱青之子朋楚克娶巴图尔珲台吉之女为妻。且朋楚克之子阿玉奇自幼生活在准噶尔部，为巴图尔珲台吉所抚养，但双方时有冲突发生。1645 年夏，书库尔岱青在进藏礼佛的归途中便遭到了准噶尔

① （清）祁韵士：《皇朝藩部要略》卷 9《厄鲁特要略一》。
② 《清世祖实录》卷 51。
③ 《清世祖实录》卷 51。
④ （清）祁韵士：《皇朝藩部要略》卷 9《厄鲁特要略九》。
⑤ （清）何秋涛：《朔方备乘》卷 38《土尔扈特归附始末》。
⑥ （清）祁韵士：《皇朝藩部要略》卷 9《厄鲁特要略》。
⑦ （清）何秋涛：《朔方备乘》卷 38《土尔扈特归附始末》。

人的袭击；1660 年，书库尔岱青之弟罗卜藏诺颜在与准噶尔人的战斗中战死；1662 年，书库尔岱青和朋楚克再次出兵袭击准噶尔人。在 17 世纪 60 年代，朋楚克曾"同准噶尔人及其他和硕特人作战"。[①] 可见土尔扈特与卫拉特各部族的关系虽然有所改善，但又为不时发生的武装冲突所干扰。

但应该看到，在这一阶段土尔扈特与祖国联系是多种渠道进行的。其关系的发展，除与准噶尔部有些纠葛外，总的说来是正常的、和好的。

二　阿玉奇汗执政时期土尔扈特与祖国的联系

阿玉奇执政期间，他在抵制沙皇俄国侵吞的同时，还为加强与祖国各方面的联系作了不懈的努力，把其先辈与祖国建立起的多渠道联系推向了新的发展阶段，为我国多民族国家的统一和发展做出了重要的贡献。

阿玉奇十分重视与卫拉特蒙古各部的联系，他执政期间，由于思念故土并为摆脱俄国控制，曾两次企图率众返回准噶尔地区，但由于种种原因，使其未能如愿以偿。尽管如此，但他继续奉行与卫拉特及其他蒙古各部联姻的方针，阿玉奇之妹多尔济喇布坦嫁给和硕特著名首领鄂齐尔图车臣汗为妻，他还把他两个女儿嫁于准噶尔部首领策妄阿拉布坦和喀尔喀墨尔根汗额列克。[②] 由于阿玉奇的联姻措施，增强了土尔扈特与其他蒙古各部的政治联系。所以当鄂齐尔图车臣汗被噶尔丹击杀后，他的未亡人阿玉奇之妹多尔济喇布坦率其余部投归于阿玉奇统治下的伏尔加河下游，增强了土尔扈特汗国的实力。

但是，阿玉奇时期土尔扈特与准噶尔部的关系发展并不顺利。他虽然通过联姻措施力图与准噶尔部加强联系，但由于准噶尔部势力的膨胀，常常因准噶尔部首领们制造的摩擦而使双方发生矛盾与纠纷，特别是策妄阿拉布坦成为准噶尔部珲台吉后，自恃势力强盛，对卫拉特蒙古各部推行同室操戈的政策，致使土尔扈特汗国与准噶尔的关系日益紧张。

策妄阿拉布坦是巴图尔珲台吉第五子僧格之长子，噶尔丹之侄。噶尔丹夺取准噶尔部统治权后，策妄阿拉布坦被迫与其父僧格之旧属 7 人，率部众 5000 余人逃往额琳哈必尔噶，后因噶尔丹追击又迁居博罗塔拉。及

---

① 巴库宁：《卡尔梅克民族诸汗和领主的事迹记述》，《红档》1939 年第 3 期。
② （清）祁韵士：《皇朝藩部要略》卷 9《厄鲁特要略一》。

至噶尔丹进攻喀尔喀时，策妄阿拉布坦趁机返回噶尔丹根据地伊犁，"收其父旧属及噶尔丹余众，复成部落"。[①] 策妄阿拉布坦占据伊犁后，一面向清政府"请安纳贡"，表示臣服；另一面又不断扩展其割据势力。到了康熙末年，策妄阿拉布坦由于"部众繁滋，渐骄横"。[②] 1714 年（康熙五十三年），"以兵二千，掠哈密"，不久又进兵西藏，杀死和硕特首领拉藏汗，造成我国西部边疆地区的动乱局势。

本来阿玉奇企望与准噶尔部改善关系，因而把女儿嫁给了策妄阿拉布坦。但策妄阿拉布坦出于扩张势力的需要，不断制造有害于土尔扈特汗国利益的摩擦事件。1699 年（康熙三十八年），阿玉奇派遣使者额里格克逊等去北京朝贡，在回来的路上经过准噶尔地区时，使团遭到准噶尔人的洗劫，额里格克逊等亦遭杀害。这件事使双方关系出现不睦的裂缝。就在上述事件发生不久，阿玉奇与策妄阿拉布坦之间又发生了散札布事件，从而导致双方关系的急剧恶化。

所谓散札布事件，在《皇朝藩部要略》卷 10 中有完整的记载："初，策妄阿喇（拉）布坦徙博罗塔拉。乞婚阿玉奇。阿玉奇以女妻之。其弟三子散札布率属户万五千余从往。[③] 自噶尔丹既灭，策妄阿拉布坦谋并诸卫拉特族。留散札布不遣。阿玉奇索其子，乃逐散札布归额济勒，仍留从户不给之，分隶准噶尔鄂托克。阿玉奇固索不获，因构难。"这就是因散札布事件而引起阿玉奇与策妄阿拉布坦关系恶化的经过。不过，《皇朝藩部要略》并没有指明散札布率属户去准噶尔的原因，但在《平定准噶尔方略·前编》有明确的说明，在议政大臣讯问被擒的卫拉特人曼济的记录里，据曼济供称："我本土尔扈特人。我阿玉奇汗之子三济札卜（即散札布——引者）当年与父有隙，率一万人投策旺阿拉布坦。策旺阿拉布坦擒三济札卜，送还土尔扈特，留我等万人，分给所属宰桑等。"[④] 可以看出，后者的记载不仅说明散札布去准噶尔是因"与父有隙"，而且指出散札布所率属户为"一万余人"。尽管上述两种史料记载在具体情节上不尽相同，但都

---

① 《西域图志》卷首一《天章一》，《准噶尔全部纪略》。

② 《西陲总统事略》卷 1《初定伊犁事》。

③ 据日本学者若松宽考证：策妄阿拉布坦扣留散札布的属户"实际是一万人"。见《策妄阿拉布坦之登场》一文，《史林》第 48 卷第 6 号，1965 年 11 月。

④ 《平定准噶尔方略》前编卷 2，康熙五十四年五月壬子。

说明了一个问题：即策妄阿拉布坦无理强行扣留散札布属户一事属实。

在上述事件发生的前一年，即 1698 年（康熙三十七年），阿玉奇的侄儿阿拉布珠尔陪同其母率众由伏尔加河假道准噶尔去西藏礼佛，但其回归时，因散札布事件已经发生，土尔扈特与准噶尔关系已转向恶化，"以准噶尔道梗"，而不得归。阿拉布珠尔遂"留嘉峪关外，遣使至京师，请内属"，清政府于 1704 年（康熙四十三年）封"阿拉布珠尔为固山贝子，赐牧党色尔腾"。[①] 阿拉布珠尔一行虽然得到清政府的安置，但这件事势必使双方关系更加恶化。非常清楚，策妄阿拉布坦的所作所为，不仅造成了阿玉奇与准噶尔部关系的长期恶化，而且阻隔了土尔扈特与祖国联系的通道。

阿玉奇执政时期，为了取得藏传佛教神权对土尔扈特汗国的支持，和他的前辈一样，极力与西藏地方进行联系。1690 年（康熙二十九年），达赖喇嘛赐给他以汗的封号，"并送去了这一封号的大印"。[②] 所以汉文史籍中记载说：土尔扈特首领们"世为土尔扈特部长，阿玉奇始自称汗"。[③] 阿玉奇取得达赖喇嘛赐予的汗号，实际上是取得了藏传佛教神权对他汗国统治地位的承认和支持，因而也必然提高土尔扈特汗国以及阿玉奇本人在俄国政府心目中的地位。俄国政府在阿玉奇取汗号后的 10 年，也不得不在其政府文件中把阿玉奇称为"汗"。[④] 不仅如此，西藏的达赖喇嘛作为藏传佛教的最高领袖还极力支持阿玉奇重返故土的意图，据我国档案资料记载，达赖喇嘛曾委托土尔扈特汗国著名西藏活动家硕呼尔喇嘛向阿玉奇转达他的旨意："希望你们卡尔梅克人脱离俄国的庇护，迁回自己唯一合法的汗那里去。"[⑤] 这里所说"唯一合法的汗"，即指清朝皇帝而言。阿玉奇与西藏联系的通路原来是经过准噶尔地区的，但阿玉奇与策妄阿拉布坦关系恶化后，"这时要从伏尔加河到拉萨就不得不艰难地经由西伯利亚，再穿过整个中国，从东部到遥远的中国西部"，[⑥] 这给阿玉奇与西藏的联

①《皇朝藩部要略》卷 10《厄鲁特要略二》。

② 诺伏列托夫：《卡尔梅克人》，第 10 页。

③（清）祁韵士：《皇朝藩部要略》卷 9《厄鲁特要略一》。

④《卡尔梅克苏维埃社会主义自治共和国史纲》，莫斯科 1967 年版，第 143 页。

⑤ ［苏］伊·亚·兹拉特金：《准噶尔汗国史（1635—1758）》，马曼丽译，商务印书馆 1980 年版，第 335 页。

⑥ ［苏］伊·亚·兹拉特金：《准噶尔汗国史（1635—1758）》，马曼丽译，商务印书馆 1980 年版，第 333—334 页。

系造成了极大的不便，前面所说，土尔扈特汗国的硕呼尔喇嘛，于 1718 年从拉萨回伏尔加河时，就是走的这条道路。

阿玉奇与清朝中央政府进行的各种联系，是他与祖国关系中的主要方面，也是他一生政治生活中的重要业绩之一。阿玉奇执政后，完全继承了其先辈与祖国中央政府建立联系的方针，并把这种联系推向了一个新的发展阶段。

为维护祖国的统一，阿玉奇积极参加清政府平定准噶尔割据势力的斗争。他执政期间，正是准部首领噶尔丹与清政府对抗时期。1696 年（康熙三十五年），清军于昭莫多大败噶尔丹后，为防止噶尔丹残余势力奔窜伊犁，康熙帝命策妄阿拉布坦在阿尔泰山一线防堵，而这时阿玉奇也自伏尔加河发兵予以配合，他命其宰桑塞尔济扎卜率军千人，与策妄阿拉布坦军队"合集于阿尔台（泰）以内土鲁图地方驻扎"。[①] 远在伏尔加河的阿玉奇能主动出兵配合清政府对噶尔丹的军事行动，确是难能可贵的，正如清代学者何秋涛所指出："阿玉奇虽远在异域，而于准部军务，尚非鞭长莫及。"[②] 1696 年（康熙三十五年），清军最后击败噶尔丹后，阿玉奇遣使诺颜和硕齐等随同策妄阿拉布坦贡使"入贡庆捷"，祝贺清军平定噶尔丹的胜利。阿玉奇在维护国家统一方面，是有所贡献的。

阿玉奇还极力加强与清政府的联系。1699 年（康熙三十八年）阿玉奇派使者额里格克逊等至京师，"奉表贡"，受到清廷的亲切接待。但这个使团，正如前面所说，在返回途中遭到了策妄阿拉布坦的洗劫。

土尔扈特首领们与清政府的联系通道，都是经由哈萨克、准噶尔，过嘉峪关后到达内地的。自从策妄阿拉布坦割据准噶尔部后，这条通道便被梗阻。阿玉奇为了恢复与清政府中断了的关系，不得不另寻途径与清朝联系。1709 年（康熙四十八年），他在与俄国交涉后，派出了以萨穆坦为首的使团，[③] 取道北路经俄国西伯利亚及库伦、张家口等地，抵达京师，"表贡方物"。[④]

---

① 《清圣祖实录》卷 178。

② （清）张穆：《蒙古游牧记》卷 14《额鲁特蒙古新旧土尔扈特部总叙》。

③ 据俄国档案记载：萨穆坦使团由 8 人组成，其成员是：萨穆坦·库柳科夫、丹任·马扎、通事达什·捷米罗夫、巴图·巴蒂列夫、萨马拉、乌泽涅夫（以上 5 人为阿玉奇派出的使者），凯尔特库尔·切切诺夫、托多哥·加亚舍夫、巴诺博·巴吐耶夫（以上 3 人为沙克都尔扎布所派使者）。另外，还有俄国喀山省长派遣使团的俄国官兵数人护送。见《18 世纪俄中关系》第 1 卷，第 55 号，第 113 页。

④ （清）祁韵士：《皇朝藩部要略》卷 10《厄鲁特要略二》。

萨穆坦使团经过两年多时间，于 1712 年（康熙五十一年）春才到达北京。
这里应该指出的是，萨穆坦一行之所以历程两年有余才抵达京师，除旅途
艰辛与纤道远行等原因外，使团在俄国境内托博尔斯克还受到了俄国政府
的阻挠与扣留。

本来在 1709 年 5 月以前，阿玉奇就曾写信给喀山省长阿普克拉辛说：
"吾拟遣使经托博尔斯克前往中国"，请他奏报沙皇，并"尽速将回答结
果告知"，而阿普克拉辛未经向上级请示便以沙皇名义签署通行文牒。但
沙皇政府早于 1706 年 9 月 20 日和 1707 年 1 月 9 日两次通过西伯利亚衙门
向托博尔斯克当局下达指示："其他各衙门以陛下名义所发之训令，均属
无效。"① 故萨穆坦使团到达托博尔斯克后便被当局所扣留。使团后来是
如何又获准过境的，史料并没有明确记载，不过俄国托博尔斯克地方当
局把萨穆坦一行严格地禁锢了半年有余确是事实。据俄国档案资料记
载：1709 年 11 月 5 日，西伯利亚衙门曾把彼得一世的谕旨下达给托博
尔斯克督军切尔卡斯基，指示他"把上述使者及护送人员羁押于托博尔
斯克，对他们要布岗放哨，严加监管"。② 俄国政府扣留使团的原因，史
料中没有进一步的说明，但俄国政府对阿玉奇遣使与清政府接触确是表
现出恐惧与不安。俄国政府对萨穆坦使团所持的态度，应该说是事出有
因的。

萨穆坦使团的公开使命是同清政府商谈阿拉布珠尔返回问题，这点俄
国的档案里记载得十分清楚："卡尔梅克王公阿喇（拉）布珠尔于 1698 年
携其母及臣民五百人从伏尔加前往通古斯（为唐古特之误——引者）地方
去朝拜达赖喇嘛，又从那里到了中国。但是，正在那时阿玉奇与策妄阿拉
布坦失和，致使阿喇布珠尔不能返回本土……因此，阿喇布珠尔的堂叔阿
玉奇派上述使者萨穆坦去中国，要求放阿喇布珠尔回去。"③ 但实际上，
萨穆坦的这次出使，除上述使命之外，恐怕还有不让外人所知的意图。在
阿玉奇给康熙帝的奏文中有段文字颇是耐人寻味的，奏文最后一段写道：

---

① 《18 世纪俄中关系》第 1 卷，莫斯科 1978 年版，第 112 页。
② 《18 世纪俄中关系》第 1 卷，莫斯科 1978 年版，第 115 页。
③ ［俄］尼古拉·班蒂什－卡缅斯基编：《俄中两国外文献汇编（1619—1792）》，中国人民
大学俄语教研室译，商务印书馆 1982 年版，第 97 页。

"所差之使，乃吾心腹小役，圣祖若有密旨，请赐口谕。"① 这就是说，阿玉奇告知康熙，萨穆坦是他可信赖的"心腹"，若有何机密指示，可由萨穆坦口头传达。关于萨穆坦出使的全部目的，限于史料，至今仍不能做出明确答案。不过从当时阿玉奇与策妄阿拉布坦关系日趋恶化的形势来看，阿玉奇与清政府商谈如何联合对付威胁双方安全的策妄阿拉布坦，以及探求土尔扈特蒙古从伏尔加河畔重返故土的可能性，不是不可能的。这点，40 多年前，我国学者张维华就已指出："余意阿玉奇当遣萨穆坦出使中国时，定有此种暗示（指阿玉奇要求联合清朝攻打策妄阿拉布坦事——引者），露出求援清廷之意见……"② 所以在 1712 年（康熙五十一年），清政府派出图理琛使团到土尔扈特汗国回访时，俄国方面便风传清政府"劝诱阿玉奇跟中国人一起打卡尔梅克领主珲台吉（指策妄阿拉布坦——引者）"③ 的说法。这种说法并非俄国毫无根据的臆测，应该说和萨穆坦的这次出使，前后有着直接的因果关系。如果俄国风传的阿玉奇与清政府建立反对策妄阿拉布坦军事联盟成为事实的话，自然对俄国是极为不利的。因为割据西北的准噶尔部策妄阿拉布坦强大势力，一旦被清政府平定，俄国西伯利亚的边陲必然与国势强盛的清王朝接壤，这不能不使俄国感到威胁。这点，俄国的档案中有着明确的记录："中国人（指清政府——引者）一旦进犯珲台吉（指策妄阿拉布坦——引者），西伯利亚就要遭到极大损失，俄国要与中国通商总是用得着珲台吉的；如果中国人征服了珲台吉，他们就会使俄国的处境非常困难。"④ 可见策妄阿拉布坦势力的存在与否，同俄国有着直接的利害关系。明乎此，就不难理解为什么俄国政府那么怕萨穆坦使团与清廷接触，以至于扣留使团的缘由了。

① 阿玉奇奏文引自《康熙谕阿玉奇汗敕书》，见马大正、郭蕴华《"康熙谕阿玉奇汗敕书"试析》，《民族研究》1984 年第 2 期。

② 张维华：《土尔扈特西迁与图理琛之出使》，《边政公论》第 2 卷，1943 年第 3、4、5 期合刊。

③ ［苏］伊·亚·兹拉特金：《准噶尔汗国史（1635—1758）》，马曼丽译，商务印书馆 1980 年版，第 339 页。

④ ［俄］尼古拉·班蒂什－卡缅斯基编：《俄中两国外交文献汇编（1619—1729）》，中国人民大学俄语教研室译，商务印书馆 1982 年版，第 98 页。

三 图理琛使团出使土尔扈特汗国及其历史意义

清朝政府对历尽艰险返回祖国的萨穆坦使团十分重视。康熙帝颇为阿玉奇汗的诚意所感动,所谓"上嘉其诚";同时为了对付准噶尔部策妄阿拉布坦的势力也需要进一步与阿玉奇对话,为此清政府以最快的速度组建了出访土尔扈特汗国的使团,随同萨穆坦一行去伏尔加河阿玉奇汗处报聘,以示对寄居异域的土尔扈特人民的关怀,这个使团就是驰名中外的图理琛使团。

图理琛等人组成的使团,是清政府派出的第一个途经欧洲的使团,其主要成员是:太子侍读殷札纳、理藩院郎中纳颜、新满洲噶扎尔图、米邱及内阁侍郎图理琛。同行的还有阿拉布珠尔派回阿玉奇处的卫拉特人舒哥、米斯等人。此外还有随从武官及家仆等,共 32 人。使团的首脑为殷札纳,而图理琛只是使团的成员之一。

图理琛,姓阿颜觉罗氏,字瑶圃,满洲正黄旗人,生于 1667 年(康熙六年),卒于 1740 年(乾隆五年)。1686 年(康熙二十五年)授内阁撰文中书舍人,此后迁升为中书科掌印中书舍人、内阁侍读。1703 年(康熙四十二年)任礼部牛羊群总管时,以短缺牲畜头数之过而被革职,1712 年(康熙五十一年)清政府组建出访土尔扈特汗国使团物色人选时,他主动要求参加。因他"除了通晓蒙、满、汉文字外,还多少懂些俄文",[1]故为康熙帝选中,恢复其内阁侍读的官职,参加了使团。由于他出访回国后写了一部使团往返的记录——《异域录》,该书刊行后,被译成西方各种文字,广为流传,因而驰名中外,故人们通常把这个使团称为"图理琛使团"。

在使团出发前,1712 年 5 月 26 日(康熙五十一年四月二十二日),康熙帝向使团颁发了"圣训",命令使团:"尔等到彼问阿玉奇汗无恙",即转达康熙对阿玉奇的问候,并要使团说明,"伊(指阿玉奇——引者)竭诚差萨穆坦等请安进贡,朕甚嘉悯",因此特遣使臣"前来颁发谕旨并赐恩赏",[2]以表示清廷对阿玉奇汗的表彰与奖励。为了能使使团顺利出

---

① 今西春秋:《校注异域录》,《解题》,第 23 页。
② (清)图理琛:《异域录》卷上。

访，于同年 6 月 16 日（康熙五十一年五月十二日），清政府由理藩院"发出一封信给西伯利亚总督噶噶林亲王，要求俄国允许使团过境"。①

图理琛使团于 1712 年 6 月 23 日（康熙五十一年五月二十日）由北京启程，出张家口，北上穿越察哈尔蒙古、经喀尔喀蒙古，于 8 月 24 日（康熙五十一年七月二十三日）抵达俄国的楚库柏兴（今色楞格斯克），进入了俄国的西伯利亚境内。本来就担心阿玉奇与中国接触的俄国政府，对图理琛使团回访阿玉奇更是心怀疑惧。西伯利亚地方当局极力探听清廷出使的真实目的，据俄国西伯利亚官员伊·切佩列夫给俄国政府的报告说："中国使臣去访问阿玉奇的目的……似乎阿玉奇的一个亲戚到中国已18 年，委其供职已 8 年，似乎为此事去进行商谈。但显而易见，其办理者决非小事，因中国以前从未向任何地方派遣使臣……据中国人谣传，是想劝诱阿玉奇同中国人一起攻打卡尔梅克领主珲台吉（指策妄阿拉布坦——引者）……如果此话属实，其结果将使西伯利亚蒙受巨大欺凌。因为该领主同沙皇陛下友善和好。虽然同该领主的边民经常发生纠纷，但对中国贸易来说该领主始终为我们所需要。如果中国汗将该领主战败，与中国领土接壤将造成很大麻烦。"② 因此，俄国政府对途经俄国境内的中国使团多方阻挠。当中国使团抵达楚库柏兴后，西伯利亚总督噶噶林立即通知当地俄国官员，以"俟托博儿（即托博尔斯克——引者）处特遣迎接官员到日，方可起行"为借口，使中国使团不得前进，被迫停留该处五月有余。③ 俄国政府虽然对中国使团的出使疑虑重重，但根据"两国（指俄国与中国——引者）今既承修和好，嗣后两国人民持有准许往来路票者，应准其在两国境内自由往来贸易"的规定，不得不于 1712 年 11 月底做出"准中国使臣以及返回的阿玉奇使者从西伯利亚各城通行，不得阻拦，直至喀山各城"的决议。但同时又指示喀山省长要设法探听"该使臣来访阿玉奇的目的何在?"④ 可见俄国政府对图理琛一行的出访，仍心怀疑虑，放心不下。1713 年 2 月 10 日（康熙五十二年一月十六日），中国使团在

① ［法］加斯东·加恩：《彼得大帝时期的俄中关系史》，江载华、郑永泰译，商务印书馆1980 年版，第 112 页。

② 《18 世纪俄中关系》第 1 卷，莫斯科 1978 年版，第 131 页。

③ （清）图理琛：《异域录》卷上。

④ 《18 世纪俄中关系》第 1 卷，莫斯科 1978 年版，第 132 页。

俄国派出的斯图平中校陪同下，由楚库柏兴启程，途经乌的柏兴（今乌丁斯克）、厄尔口城（今伊尔库茨克）、伊聂谢柏兴（今叶尼聂斯克）、苏尔呼忒柏兴（今苏尔右特）、托波儿（今托波儿斯克）、图敏（今秋明）、喀山、西穆毕尔斯科（今辛比尔斯克）等地，历时近一年，于1714年1月2日（康熙五十二年十一月十六日）抵达俄国与土尔扈特汗国交界处的萨拉托付（今萨拉托夫）。护送使团的俄国军官"遣俄罗斯国之通事并管兵头目，驰告阿玉奇汗，言天朝使臣已至我界萨拉托付地方驻扎，速派官兵，预备驿马供给，前来迎接"。① 当时正是隆冬季节，风雪甚大，使团不能继续前进，只好停留在萨拉托付。当阿玉奇得知清朝政府使团到达的消息后，欣喜万分，立即"传集其部落，修治毡帐衣服，预备供给，俱各停妥"，② 只等严冬过去，春回大地，迎接祖国派来的使者。

1714年6月17日（康熙五十三年五月初六），图理琛一行在土尔扈特台吉、喇嘛等人的热情导迎之下，渡过了伏尔加河，于7月12日（六月初一）到达了阿玉奇驻地马奴托海。③ 图理琛在其《异域录》中记述了土尔扈特汗国臣民欢迎使团的隆重热烈场面："阿玉奇汗遣伊部卜台吉并番僧等来迎，导致宿处安置，至沿途阿玉奇汗部下台吉，并番僧及归人阿玉奇汗之莽武特头目，各率所属人等，陈设筵宴，排列牲畜，远来迎接，以及马前跪献食物者甚多。"④ 次日，阿玉奇在其幄帐附近举行了隆重的欢迎仪式，使团的首脑殷札纳向阿玉奇交付康熙帝的敕谕，对此图理琛写道："次日（六月初二）臣等捧旨前往，土尔屋（扈）特汗国台吉、番僧前导，鄂（俄）罗斯国官兵随后，拥护至阿玉气（奇）汗帐前，下马，交付谕旨，阿玉气（奇）汗跪接，北向恭请东土大皇帝万安。"另一个当事人，当时由俄国政府指派陪同图理琛一行到阿玉奇汗牙帐的 H. X. 什尼切尔在回忆录中有一段生动描写："中国的使臣们来到了可汗帐幕前，从木盒里取出一份用金纸书写的诏书。他们的总头目殷扎纳拿着国书，用双

---

① （清）图理琛：《异域录》卷下。
② （清）图理琛：《异域录》卷下。
③ 马奴托海意为"马奴的草牧场"。地点大致在阿斯特拉罕以北的伏尔加格勒到里亚尔之间的伏尔加河右岸一带。可参阅周祚绍《图理琛出使路线探实》，《山东大学文科论文集刊》1981年第1期。
④ （清）图理琛：《异域录》卷下。

手举过头顶四分之一俄尺，和自己的其他同事一起，十分肃穆地走进帐幕，一直走到可汗的座位前。可汗坐在高四分之一俄尺，置于波斯地毯上的丝绒座椅里。"① 随后殷扎纳在庄严肃穆的气氛中向阿玉奇汗宣读了康熙帝的敕书。今将敕书满文本的汉译全文②录之如下：

皇帝敕谕：

谕土尔扈特之阿玉奇，朕统御天下，抚育万邦，从不分内外，一视同仁，断然不二。据尔阿玉奇疏言：圣主向广阔无边之神瞻部洲训谕教化，使不灭之金轮谕训，导致生灵于康乐安泰之境，胜誉如同天雨降下，实不胜欣悦。将万众引向德化，恩赐如沧海之满福，更念流落天涯者，像上天似赐予希望。耳闻君之圣躬，君之谕训，如日之无玷，德威齐树，八宝俱全天赋东土文殊舍利活佛，秉公不偏，端坐金刚宝座，治理广域使寰宇共乐升平。敬尊万灵之释迦牟尼佛法，广行边陲之地。今微贱之躯善在，更敬仰文殊舍利宗喀巴之教。今遣使之原委，在于卫藏地方，有达赖喇嘛之弟子，倘若有欲行善事者彼处亦可行善。今为万物生灵怀仁德之菩萨，扶世为君，并以如来之十戒，引导教诲。今小的为主上之万寿，不时诵经，祈祷上三宝，祝祜圣躬康豫。扶持黄教，统一德化，向如沧海清明圣主，遣使启奏。所差遣之使，乃吾心腹小役，圣主若有密旨，请赐口谕。吾将圣主之敕训，同日月之永恒，借鉴不绝等语。

尔阿玉奇，一向恭顺，进贡请安，输诚已久。然被策妄阿拉布坦阻截数载，未能相通，今又一心一意，自俄罗斯地方，遣尔心腹差役萨穆坦等为使，特向朕躬请安贡物，朕甚嘉奖。故朕心宠眷，施以殊恩，赏赐金银制五十两圆筒奶茶壶一具，五十两银制盆一具，酒杯一

---

① 《18世纪俄中关系》第1卷，莫斯科1978年版，第485页。
② 《康熙谕阿玉奇汗敕书》是一件用满文书写的文献，其全文不见于《清实录》等汉文文献，就是在图理琛的《异域录》中也只有摘抄的片段。近年来国内学术界已发现这个敕书的满文和托忒文的全文。满文敕书全文已由中国社会科学院民族研究所汪玉明译成汉文（见马大正、郭蕴华《"康熙谕阿玉奇汗敕书"试析》一文《民族研究》1984年第2期）；敕书的托忒文全文载金峰搜集整理的《蒙古文献史料九种》，第133—134页，1983年由呼和浩特市蒙古语文历史学会编印。关于敕书发现的经过，亦请参阅马大正、郭蕴华的文章，这里所引的敕书汉译全文，即由马、郭文章中转录而来。

个，镂空雕花马鞍一个，各色绸缎三十匹，布二百匹，茶叶四篓。赏多尔济拉布坦、沙克多尔扎布绸缎各二十匹，布各百匹，茶叶各四篓。尔所差遣之使者萨穆坦、车臣、鄂木布、丹津等，也足赏银两、绸缎、布匹、茶叶等有差。

再之，尔弟之子阿拉布珠尔，与其母同赴藏期间，策妄阿拉布坦与尔相猜交恶，道路被阻，不得返回，而困于嘉峪关之外，嗣后向朕叩乞而来。朕好生天下众生，故授封小子阿拉布珠尔为贝子，安置在党色尔腾地方，年赏赐俸银、绸缎，使之生计有着，以致富裕矣。朕轸念尔自效顺以来，频行请安，一向化之举，亦念小子阿拉布珠尔与伊父及尔分散年久，用何计遣送之处，与俄罗斯商买头目哈密萨尔相询，哈密萨尔亦允送至时，朕正欲降旨接回阿拉布珠尔之随从，同俄罗斯一起遣往之际，适值尔差使者萨穆坦等前来，正合朕意矣。因此，特令侍读学士衔殷札纳，郎中纳颜，主事衔图理琛，护军校亚图，五品官拿那等，手持敕书，会同阿拉布珠尔及其随从等人一并遣往。

康熙五十一年五月二十日

这个敕书主要包括两方面内容，一是有关萨穆坦使团活动的追述以及阿玉奇呈给康熙帝的奏文；二是关于阿拉布珠尔的遣返问题和清廷派出图理琛使团的决定。

使团在会见阿玉奇汗时，转达了康熙帝对他的问候，阿玉奇汗对康熙帝的问候和恩赏表示感谢，并为使团举行盛大宴会。在宴会上，阿玉奇汗向使团详细询问了祖国政治、经济、山川、物产等情况，表现出土尔扈特人民对故土的怀念。阿玉奇汗向使团说："满洲、蒙古，大率相类，想起初必系同源。"[1]明确表示土尔扈特蒙古是多民族国家的成员，他"公开声称厌恶俄国"，[2]指出蒙古"衣服帽式，略与中国同；其俄罗斯乃衣服、语言不同之国，难以相比"。[3]清楚地流露出他同俄国格格不入、与祖国

---

① （清）图理琛：《异域录》卷下。
② 内达金：《土尔扈特蒙古西迁及其重返祖国》，马汝珩译，《新疆大学学报》1981年第2期。
③ （清）图理琛：《异域录》卷下。

息息相关的思想感情。

7月21日（六月初十），阿玉奇汗又宴请使团，在宴会上双方就阿拉布珠尔遣返问题交换了意见。阿玉奇说："将阿拉布珠尔作何遣之处，大皇帝（指康熙帝——引者）自有睿裁。"[①] 但他认为"南路（即经由准噶尔部之路——引者）断不能来"；[②] 如假道俄国，"则必须请示俄国君主察罕汗（即沙皇——引者）准予自由通过"。俟俄国准允后他"定当派使奏闻陛下"。[③] 阿玉奇还向使团提出，因道路不通，"不能达至西藏，凡一切药物甚是难得"，他请使团"转为奏闻"，希望清政府给予支援。最后，阿玉奇还向使团诉说土尔扈特汗国远居伏尔加河而与清廷联系不便的困难处境，指出："遣使往来人数若多，恐彼（指俄国——引者）惮烦，断绝道途，我遂无路请安朝觐进贡矣。此等情由，烦天使留意奏闻。"[④] 表现出他渴望与祖国建立联系的迫切心情。

图理琛使团被阿玉奇"留旬余，筵宴不绝"。[⑤] 使团在阿玉奇处停留的14天中，除了阿玉奇汗的两次宴请外，还受到阿玉奇之妻达尔马巴拉、其子沙克都尔札布、其妹多尔济拉布坦等土尔扈特王公贵族们的盛宴招待，并接受了他们馈赠的礼物。

7月25日（六月十四日），使团在阿玉奇派兵护送下渡过了伏尔加河，仍由原路返国，于1715年4月30日（康熙五十四年三月二十七日）返抵北京。

关于图理琛使团出使的真实意图，一直为国内外研究者所猜测，他们认为使团出使的主要目的是清政府与阿玉奇商谈建立反对策妄阿拉布坦的联盟，或劝诱土尔扈特部重返祖国。[⑥] 但是，在清政府的官方文件中并没有这方面的任何表露。恰恰相反，在康熙给使团的"圣训"中，指示使团："彼（指阿玉奇——引者）若言欲会夹攻相图策旺（妄）阿拉布坦等，断不应允，但言策旺阿拉布坦与大皇帝甚是相得，不时遣使请安入

---

① （清）图理琛：《异域录》卷下。

② （清）图理琛：《异域录》卷下。

③ 《俄中两国外交文献汇编（1619—1729）》，第101页。

④ （清）图理琛：《异域录》卷下。

⑤ （清）图理琛：《异域录》卷下。

⑥ ［苏］伊·亚·兹拉特金：《准噶尔汗国史（1635—1758）》，马曼丽译，商务印书馆1980年版，第339页。

觐，大皇帝亦时加恩赐，虽其势力单弱穷迫已极，我主断不征伐。"① 从前面所引录的康熙给阿玉奇的敕书中，只是在谈到遣返阿拉布珠尔时，提到"策妄阿拉布坦与尔（阿玉奇——引者）相猜交恶"一句。从敕书通篇内容来看，既没有涉及与阿玉奇建立反对策妄阿拉布坦联盟的丝毫内容，更没有劝诱土尔扈特部返回祖国的任何表露。但是，法国学者加恩对图理琛的出使意图提出了最大的疑问，他说："像中国这样不愿意派遣重要外交使团出国的国家，这次打破了种种惯例，冒着遭受俄国拒绝或不甚热情接待的危险，仅仅为了获知土尔扈特首领对一个小小王子的归程意见吗？毫无疑问，有必要探讨更深一层的缘由。"加恩认为，"这种更深的缘由"，就是图理琛出使的目的："在于劝诱土尔扈特人回到准噶尔去，同时向土尔扈特人保证他们这样做，就可以得到中国的保护。"② 加恩这样分析不是毫无根据的。前面已经说过，阿玉奇执政后，在极力开展与祖国多渠道联系的同时，曾两次企图返回准噶尔故土。但在当时策妄阿拉布坦割据准噶尔并与阿玉奇关系极为恶化的形势下，要想实现重返故土的目的，势必要与清朝联合共同消除策妄阿拉布坦割据势力之后才能做到，这是十分明显的。所以阿玉奇遣萨穆坦出使清朝不能排除带有上述意图与清廷商谈的可能性。而对当时清政府来说，一直把准噶尔部贵族势力视为其国家统一的重大阻碍，但要彻底解决日益强大的策妄阿拉布坦力量，联合极力与清政府联系并与策妄阿拉布坦敌对的土尔扈特汗国的军事力量，是当时清政府最为可行的方略。但清政府的这一重大军机问题，即不论是劝诱土尔扈特重返故土，还是与土尔扈特建立反对策妄阿拉布坦的联盟，这两者如能成为事实，不仅直接危及准噶尔部贵族的统治利益，而且也必然使与准噶尔部有着利害关系的俄国政府受到威胁，这也就是为什么俄国政府一直惧怕清政府与土尔扈特汗国互相接触的真实原因。清政府对如此重大的军机问题，出于外交斗争策略的需要，自然不能在公开的官方文件中有所披露，而只能通过互派使节方式，作为公开使命之外的私下会谈。因此，俄国政府在图理琛使团出使期间对中国使团出使真正意图的猜测和风传，

---

① （清）图理琛：《异域录》卷上。
② ［法］加斯东·加恩：《彼得大帝时期的俄中关系史》，江载华、郑永泰译，商务印书馆1980年版，第116页。

并非都是捕风捉影的无稽之谈。这一问题，因在清代文献中目前尚未发现相应的记载，因而一直作为历史悬案而不能做出明确的说明。但在国外文献中还是有点滴透露，加恩在《彼得大帝时期的俄中关系史》一书的注释中，曾摘引了1730年（雍正八年）陪同清政府使团（即托时使团）前往俄国祝贺安娜即位的俄国国务秘书伊凡·格拉儒诺甫的一段记录："关于前次出使至喀尔木克（即卡尔梅克——引者）汗阿玉气（奇）处一事，我从随同这个使团的人员处得知，当时使臣曾带同他（指阿玉奇——引者）的侄儿（指阿拉布珠尔——引者）的喀尔木克游牧民族中最优秀的人物一同前往……利用他们……以推动已故阿玉气（奇）从阿斯特拉罕迁回他们以前的草原，现在草原上有珲台吉（指策妄阿拉布坦——引者）在游荡，中国人答应给阿玉气（奇）以武力援助及皇帝（指康熙帝——引者）的资助，以帮助他打珲台吉。"[①] 非常明显，这里所说"前次出使至喀尔木克阿玉气处一事"，即指图理琛使团出使土尔扈特汗国而言。看来，图理琛使团出使后俄国政府对清朝出使目的的风传是有一定根据。上述加恩所引证的，无疑是以俄国档案资料为依据的，这点，俄国档案文献中也有着明确的记载："格拉祖诺夫（即格拉儒诺甫——引者）从他们——中国使臣（指托时使团——引者）处还可打听到，前此由格达汗（指康熙帝——引者）派往阿玉奇汗处的一个使团（即图理琛使团——引者），曾经卡尔梅克人放弃阿斯特拉罕游牧区，迁到珲台吉游牧的草原上去。"[②] 从上述国外历史文献的记载中，不难看出清政府派出图理琛使团真正的用意所在。

图理琛使团出访土尔扈特汗国是清政府处理卫拉特蒙古问题的一次重大政治活动，它在土尔扈特民族历史上产生了深远的影响，对我国统一多民族国家的发展有着重要的历史意义。不管清政府使团与阿玉奇商谈的结果怎样，但它确实给远在伏尔加河流域的土尔扈特蒙古带去了祖国的亲切慰问与关怀，进一步增强了清政府与土尔扈特汗国的政治联系，从而更加激起阿玉奇汗及其属民的思乡之情。正如有的学者所说，

① ［法］加斯东·加恩：《彼得大帝时期的俄中关系史》，江载华、郑永泰译，商务印书馆1980年版，第128页。
② ［俄］尼古拉·班蒂什－卡缅斯基编著：《俄中两国外交文献汇编（1619—1792）》，中国人民大学俄语教研室译，商务印书馆1982年版，第199页。

图理琛使团出访土尔扈特汗国，"不过借报聘为名，优遇阿玉奇汗，以资羁縻，而坚其内向之心，不为他族所利用"。[①] 事实证明，1771 年（乾隆三十六年），阿玉奇曾孙渥巴锡率部重返祖国的英雄壮举，应该说，和这次图理琛等人的出使是有联系的。加恩在论述图理琛出使与土尔扈特重返祖国关系时说："后来事件的发展也提供了证明；中国浪子土尔扈特的归来一事，最初提出于 1714 年（指图理琛出访土尔扈特汗国时间——引者），后来由于中国对厄鲁特人的征伐而拖延下来，直到 18 世纪中叶厄鲁特人被乾隆灭亡后，才能真正实现，而这时距离提出这个问题已有 60 年了。我们设想一下，土尔扈特人若不是由于中国甘言许诺而长久以来怀有重归故土的想法，怎么可能在 1775 年（应为 1771 年——引者）突然决定离开他们已经生活了一个世纪的国土，同时又冒着旅途上种种危险，而且前途未卜，就回到故土去呢？"[②] 加恩的这段论述，不仅指出了图理琛出使与土尔扈特重返祖国之间的因果关系，同时也说明图理琛出使的重要历史意义。

图理琛使团是清政府派出途经俄国境内的第一个使团，而图理琛所撰《异域录》乃是我国第一部介绍有关俄国地区情况的史地专著。因而它对加强清政府对俄国的了解以及对俄关系的处理，也有着不可低估的意义。《异域录》的撰写，据《四库全书总目提要》记载："图理琛以原任内阁侍读，奉命出使土尔扈特，由喀尔喀越俄罗斯国至其地。五十四年三月，回京师复命，因述其道里、山川、民风、物产以及应对礼仪，恭呈御览。"[③] 可见这部书是图理琛呈给康熙帝的出使报告，书中主要记述了使团所经各地山川、地理、村镇、城市、民族、风土、人情等各个方面，并"冠以舆图"。其体例虽如宋人行记，但本书却"以地理为纲，而日月附见"，故其所记"皆为自古舆记所不载，亦自古使节所未经"，[④] 因而它是一部具有较高史料价值的史地著作。《异域录》刊行后，引起了国内外学

① 陈复光：《有清一代之中俄关系》，云南大学法学院丛书 1947 年版，第 46 页。

② ［法］加斯东·加恩：《彼得大帝时期的俄中关系史》，江载华、郑永泰译，商务印书馆 1980 年版，第 117 页。

③ 《四库全书总目提要》。

④ ［法］加斯东·加恩：《彼得大帝时期的俄中关系史》，江载华、郑永泰译，商务印书馆 1980 年版，第 117 页。

者的重视与好评。何秋涛在评介《异域录》时指出："我国使臣实抵俄罗斯境而撰述足以传信者，惟是编为然"，他认为"固考北徼事迹者浏览所必及也"。[1] 加恩也认为："历史家图理琛以中国人特有的精细和其他恪尽职责所必要的品质，并出于重新得宠的愿望，巧妙地完成了他所肩负的了解舆地概况的特殊使命。他所绘制的地图从任何方面来说，都不亚于当时西欧的地图，有时在准确性方面甚至胜过西欧的地图。"[2] 正因如此，通过这部由实地采访、资料翔实专著的介绍，使国内人士得以闻所未闻，大开眼界。所以有的学者说：图理琛出使，"其主要收获，为外交上之成功。其附带收获，则为域外地理知识之增进"。[3] 这种"域外地理知识之增进"，主要使清政府对当时邻国俄罗斯第一次有较为深刻的了解，从而增强清政府在对俄交涉事务中的实际知识与应变能力。在以后清政府的对俄交涉中，图理琛以其熟谙俄国情况，不仅两次出使俄国，而且多次参加中俄中段边界谈判的活动，在处理中俄关系中均做出了有益的贡献。应该说这和他 1712 年的出使是有一定关系的。

四　满泰使团出访土尔扈特汗国

18 世纪 20 年代末，土尔扈特汗国与祖国多渠道的联系，出现了更多的困难。传统的南路通道由于准噶尔部噶尔丹策零与清政府时战时和，处于梗阻状态。而阿玉奇汗逝世后，俄国政府对土尔扈特汗国又加强了控制，因而通过北路假道俄国的路途也遭到阻挠。尽管如此，车凌端多布仍排除困难，于 1730 年（雍正八年）遣"那木卡格龙（隆）、达尔罕格楚尔前往，向博格达汗（指清朝皇帝——引者）请安，并呈递奏文及进献礼品"。[4] 使团在北京期间曾向清廷表明：他们"不自认为俄罗斯帝国之臣民"。[5] 而

---

① （清）何秋涛：《朔方备乘》卷 43《考订异域录·叙》。

② 加恩：《18 世纪西伯利亚地图》，第 141 页，转引自［法］加斯东·加恩《彼得大帝时期的俄中关系史》，江载华、郑永泰译，商务印书馆 1980 年版，第 128 页。

③ 张维华：《土尔扈特西徙与图理琛之出使》，《边政公论》1943 年第 2 卷，第 3、4、5 期合刊。

④ 《满泰等奏派前往土尔扈特经过情形折》（雍正十年三月初五），中国第一历史档案馆编：《清代中俄关系档案史料选编》第 1 编下册，中华书局 1981 年版，第 241 号，第 558—559 页。

⑤ 《全俄罗斯大女皇帝陛下各机密大臣致大亚细亚各地独裁君主中国大皇帝陛下各国大臣及外藩事务总管大臣》，圣彼得堡；1740 年 5 月 29 日《故宫俄文史料》第 23 件，第 31 页。

清政府也"认定为卡尔梅克人民为蒙古所属之一种民族",[①] 准许他们"往西藏谒见达赖喇嘛".[②]

其实早在那木卡格龙（隆）等抵京前一年，清政府为祝贺俄皇彼得二世即位，决定派遣托时使团[③]出访俄京的同时，已着手组建远访土尔扈特汗国的一个新的使团，并为此与俄国进行了多次的外交协商。根据满文档案记载，早在 1729 年 6 月 2 日（雍正七年五月初六）清政府理藩院给俄国萨纳特衙门（枢密院）的咨文中就通知俄国："今值尔汗承继皇位喜庆之日，我国特派使臣前往致贺。随同我使臣一同前去者，尚有我前往土尔扈特地方之官员。"[④] 紧接着，清政府又于 6 月 14 日（五月十八日）给俄萨纳特衙门咨文中申述了清廷出使土尔扈特的缘由："据闻阿玉奇汗已故，由其子继承汗位。土尔扈特本是恭顺之部落，与尔国亦甚友好。我大圣主格外施恩，特遣大臣前往存问，并降旨令伊等与派往尔国之使臣一同前往。"[⑤] 咨文中并要求俄国在清朝使臣进入俄国境内后，"驿站、盘费、随护官兵各项如何办理之处，务请预为酌定".[⑥] 1730 年（雍正八年）初，清政府在接到俄国表示同意的复文后，再次给萨纳特衙门的咨文中明确提出："准此，今特派我

---

① 《大清国理藩院致俄罗斯枢密院函》，乾隆五年，《故宫俄文史料》第 25 件，第 34 页。

② 《满泰等奏派前往土尔扈特经过情形折》（雍正十年三月初五），中国第一历史档案馆编：《清代中俄关系档案史料选编》第 1 编下册，中华书局 1981 年版，第 241 号，第 557 页。

③ 清政府筹组托时使团时，原为去俄京祝贺俄皇彼得二世即位，不久，彼得二世死，由彼得二世之姑母安娜·伊万诺夫娜继承皇位，于是清政府又增派内阁学士德新、侍读学士巴延泰等为使臣，前往俄国祝贺。见中国第一历史档案馆编《清代中俄关系档案史料选编》第 1 编下册，中华书局 1981 年版，第 223、541 页。关于托时使团出使的经过，请参阅以下论著：陈复光《18 世纪初叶清廷进攻准噶尔期间第一次到俄属及俄京的中国使节》，《云南大学学报》1957 年第 2 期；吴相湘《帝俄侵略中国史》，1954 年台北版，第 13 页；曼考尔《1729—1731 年中国派往俄国的第一个使团》，载《东亚地区研讨会有关中国纪要》，哈佛大学 1955 年第 9 号，第 75—110 页（Mancall, Mark："Chine's first Mission to Russian 1729—1731", in Papers in China from the East Asia Regional Studies Serminnar）。吉田金一《雍正年间清朝派往俄国的两次使团》，《川越高等学校图书馆纪要》第 2 集，1964 年；野见山温《清雍正朝对俄遣使考》，《俄清外交之研究》，东京酒井书店 1977 年版，第 103—147 页。

④ 《理藩院为遣使往贺俄皇继位等军事致俄萨纳特衙门咨文（雍正七年五月六日）》，中国第一历史档案馆编：《清代中俄关系档案史料选编》第 1 编下册，中华书局 1981 年版，第 526 页。

⑤ 《理藩院为遣使往贺俄皇继位等军事致俄萨纳特衙门咨文（雍正七年五月六日）》，中国第一历史档案馆编：《清代中俄关系档案史料选编》第 1 编下册，中华书局 1981 年版，第 582 页。

⑥ 《理藩院为遣使往贺俄皇继位等军事致俄萨纳特衙门咨文（雍正七年五月六日）》，中国第一历史档案馆编：《清代中俄关系档案史料选编》第 1 编下册，中华书局 1981 年版，第 523 页。

国原侍郎托时、原副都统广西、原护军参领宰三为使，前往参加尔国君继位典礼。同时派原副都统满泰、原副都统达布西、原副都统阿斯海等大臣，假道贵国前往土尔扈特汗处。随同伊等前往之随从跟役 48 人，共 54 人。"①可以看出，使团在出国之前，清政府与俄国政府已沟通了关系，并基本上组成了使团的成员。

关于满泰使团的成员，在我国文献中仅如上引满文档案的记录。但在俄国文献中则记录得较为具体，今将尼古拉·班蒂什－卡缅斯基在其《俄中外交文献汇编（1619—1792）》第 194—195 页中有关托时与满泰两个使团成员构成情况录之如下：

> 1. 前往俄国朝廷的人员（即托时使团——引者）：
> ①理藩院的第三号要员阿思哈昂邦托时；
> ②梅勒章京广西；
> ③首席扎兰章京宰三；
> ④顾问丹津温——策凌（皇族）；
> ⑤将军章京吴乃盖；
> 他们的随从人员 20 名。
> 2. 前往卡尔梅克汗处的人员（即满泰使团——引者）：
> ①梅勒章京满泰；
> ②梅勒章京布达西；
> ③梅勒章京阿斯海；
> ④坦斯里公格齐旺；
> ⑤梅勒章京顾鲁扎布；
> 他们的随从人员 28 名。

俄文资料中记载的满泰使团成员比上引满文档案所记多出 2 人，即除满泰、布达西（行至色楞格后病故）、阿斯海之外，还有坦斯里公格齐旺

---

① 《理藩院为告知赴俄使臣及去土尔扈特大臣情形复俄萨纳特衙门咨文（雍正八年正月十五日）》，中国第一历史档案馆编：《清代中俄关系档案史料选编》第 1 编下册，中华书局 1981 年版，第 531 页。

与顾鲁扎布。而其随行人员为 28 人，也比托时使团多 8 人，可见满泰使团的规模要比托时使团略大一些。

清政府派出上述两个使团出访是有其特定的政治背景的，准噶尔部的策妄阿拉布坦自 1722 年（雍正五年）死后，其子噶尔丹策零继为准噶尔珲台吉。噶尔丹策零基本上遵循其父的政治路线，对内努力发展经济，对外向四邻扩展势力，屡次骚扰喀尔喀蒙古，并收容反抗过清朝的青海和硕特部的罗卜藏丹津，造成与清政府关系紧张的局势。清政府决计出兵讨伐噶尔丹策零，以安定西北边陲的政局。为此目的，清政府遂分别派出托时与满泰两个使团，前者表面上的使命是祝贺俄皇即位，实则通过外交途径，以期在清准战争中使俄国维持中立；而后者则期望清政府在出兵准部时得到土尔扈特汗国的支援。实际上，这两个使团的出访都基于一个政治目的，即服务于打击噶尔丹策零势力的军事需要。

托时使团在大约 1729 年（雍正七年）下半年由北京起程，[①] 满泰使团随同挺时使团出发，于 1731 年 1 月（雍正八年十二月）抵达莫斯科觐见俄国女皇（时彼得二世病故，由彼得二世之姑母安娜·伊万诺芙娜继承沙皇皇位）。同年 3 月 8 日托时使团由俄国政府派出的德米特里·别雷大尉和奥库尼科夫中尉护送自莫斯科出发，计划在托博尔斯克等候满泰使团从伏尔加河流域回来一同回国。而满泰使团则在俄国外务委员会秘书瓦西里·巴库宁陪同下去土尔扈特汗廷访问。有趣的是，俄国政府为了"有时间让阿斯特拉罕省长伊兹马伊洛夫能够完成让他将策楞敦多布（车凌端多布）的官衔更为卡尔梅克汗的使命"，命瓦西里·巴库宁不要过急地护送使团到达察里津，等伊兹马伊洛夫完成上述任务后，再送使团至萨拉托夫入汗国境内。[②] 可见俄国政府为抵制清政府对汗国的影响是颇费心机的。

1731 年 4 月 6 日（雍正九年二月三十日），满泰使团到达萨拉托夫，

----

① 关于托时与满泰使团由北京出发的具体时间，在笔者接触到的中外文献中目前尚未发现有明确的记载。不过根据日本学者的研究，1729 年（雍正七年）10 月 31 日，俄国九等文官伊凡·格拉祖诺夫受命接待清朝使团，于同年 12 月 16 日由莫斯科出发，翌年（1730 年）3 月 3 日到达色楞格斯克。但清朝使团于 1729 年 8 月 11 日抵达恰克图，在那里等待已有半年之久。可见，清朝使团从北京出发的时间可能在 1729 年（雍正七年）的下半年。见吉田金一《雍正年间清朝派往俄国的两次使团》，《川越高等学院图书馆纪要》第 2 集，第 3 页。

② ［俄］尼古拉·班蒂仕-卡缅斯基编：《俄中两国外交文献汇编（1619—1792）》，中国人民大学俄语教研室译，商务印书馆 1982 年版，第 211 页。

"在该处等候土尔扈特之人来迎"。① 1731 年 5 月 28 日（雍正九年四月二十三日），已故土尔扈特阿玉奇汗的未亡人达尔玛巴拉及新汗车凌端多布特派宰桑刚达什、扎布两人前往萨拉托夫，"请博克达汗（指清朝皇帝——引者）之安，并向大臣等问好"②。6 月 3 日（雍正九年四月二十九日），达尔玛巴拉与车凌端多布汗又派达木巴达尔扎与阿尔达拉鄂木布以及先前派来的宰桑刚达什、扎布等人前来迎接使团，时因连日阴雨，使团于 6 月 12 日（雍正九年五月八日）在俄国萨拉托夫军政长官并兼任土尔扈特事务管理局长官的别克列米舍夫中校陪同下才抵达车凌端多布住地附近。达尔玛巴拉与车凌端多布得知清朝使臣到达后，欣喜异常。他们命宰桑登精向使臣转告说："今博格达汗敕书达于本处，犹如从天而降，四邻之人既经获悉，亦显本部颇有光彩"，③ 表示出热情迎候使臣的心意。根据土尔扈特人的历法与习惯，他们以 6 月 15 日（雍正九年五月十一日）为吉日，确定这一天土尔扈特汗国的首脑们迎接敕书与使团。

据中俄两国档案的记载，汗国迎接使团这一天的场面是非常隆重、热烈的。先由使团成员格齐旺、顾鲁扎布把使团带给汗国的礼物"送往陈设"。而后，汗国的台吉、宰桑们来到使团住处迎接清朝使臣，使团在台吉、宰桑的热烈簇拥下被迎到了土尔扈特汗廷的所在地。清廷使臣"恭举敕书进蒙古包，由土尔扈特汗车凌端多布跪接"④ 了敕书。接着，使团代表雍正帝向车凌端多布汗、达尔玛巴拉、多尔济阿拉布坦⑤等问候，然后汗国的首脑们也共同"恭候大博格达汗之安"。达尔玛巴拉对清朝赠送的礼品十分赞赏，她说："我四邻之国一经知悉大博格达汗远道赍赏种种未闻之物，非

---

① 中国第一历史档案馆编：《清代中俄关系档案史料选编》第 1 编下册，中华书局 1981 年版，第 556 页。

② 中国第一历史档案馆编：《清代中俄关系档案史料选编》第 1 编下册，中华书局 1981 年版，第 556 页。

③ 中国第一历史档案馆编：《清代中俄关系档案史料选编》第 1 编下册，中华书局 1981 年版，第 556—557 页。

④ 中国第一历史档案馆编：《清代中俄关系档案史料选编》第 1 编下册，中华书局 1981 年版，第 557 页。按：俄国档案文献中对这次会见是这样记述的，车凌端多布"在自己的母亲达尔玛巴拉及尚固尔喇嘛（首要神职人员）伴同下极其亲切和尊敬地接见了他们，汗本人和母亲及尚固尔喇嘛不止一次地不仅向使臣，而且向他们全体随员赠送了礼品。汗跪接博格达汗的使臣交给他的谕旨"。详见《俄中外交文献汇编（1619—1792）》，商务印书馆 1982 年版，第 212 页。

⑤ 多尔济阿拉布坦即阿玉奇之妹，和硕特部首领鄂齐尔图车臣汗之妻。

但纷纷赞叹，亦将为我车凌端多布之最佳标志"，反映出汗国首脑们在接受祖国中央政府礼品后的欢快心情与自豪感。在迎接敕书的仪式举行后，汗国的首脑们又为使团举行了宴会。席间，达尔玛巴拉在询问雍正帝的年龄后说，"祝愿博格达汗万岁"。① 宴会的气氛十分和谐与热烈。

车凌端多布和清政府使团的会见并非初次，早在图理琛使团来访时他就参加了会见，表现出对祖国和中央政府的真诚情感。据《异域录》卷下载："阿玉奇季子车凌端多布奏曰：'我年童埀，恭请至圣大皇帝万安，进鸟枪一杆，鸟枪已交付我使团，我无言可奏，但愿如天大皇帝万万年，临御天下，我在此朝暮于佛前洁诚祷祝，烦天使奏闻。'"如果帕拉斯所记他生于1701年属实，② 那么，车凌端多布当时已是一个初识政务的贵胄少年了。

雍正帝给车凌端多布的敕书国内史籍不见记载，可喜的是其原件近年来已被发现和公布，③ 现将敕书的汉译文录之如下：

> 奉天承运，皇帝敕谕：土尔扈特汗安否？前阿玉奇汗仰慕吾圣祖皇父仁化，笃意遣使取道俄罗斯之路，上书请安，呈进方物。圣祖皇父，明鉴嘉许，特加施恩，遣使致意。彼时，阿玉奇汗曾欲假道俄罗斯再遣使臣，或为准噶尔所困，道路梗阻，或向俄罗斯假道未果，实难逆料。
>
> 尔等土尔扈特部，虽远居边陲，然向行善事，人怀忠心，以诚远来，笃请圣安，圣祖皇父业已明鉴。尔纳扎尔玛穆特之子阿喇布珠尔，随同其母来藏叩拜，返回时为策妄阿拉布坦所阻，慈念悯其不得返归，封为贝子，且已另行安置，施恩养育。又库莽喇嘛之众弟子为唐古特所截留而不得返，皆施恩收容养育。自准噶尔俘获之土尔扈特人等，亦皆令归各部，施恩养育。
>
> 悉闻阿玉奇汗已殁，朕嘉许其恭顺之举，待以仁德。今朕居龙

---

① 中国第一历史档案馆编：《清代中俄关系档案史料选编》第1编下册，中华书局1981年版，第557页。

② 帕拉斯：《蒙古民族历史资料集》，彼得堡1776年版，第86页之附页。

③ 此件敕书是与前文提及之《康熙谕阿玉奇汗敕书》同时发现于新疆和静县，发现的经过可参阅马大正、郭蕴华《"康熙谕阿玉奇汗"试析》，《民族研究》1984年第2期。

位，念阿玉奇汗素以忠诚之心，请安于圣祖皇父，故命原副都统满泰、原副都统达布什、原副都统阿思海为使节，前往慰谕土尔扈特汗。余言由使臣面叙。特谕。

雍正七年五月十八日^①

从整个敕书的内容来看，主要包括以下两层意思：第一，追述康熙末年清廷派遣图理琛使团出使土尔扈特汗廷的往事，以及重申对阿拉布珠尔等人安置措施；第二，雍正帝即位后，为了表彰已故阿玉奇汗对清廷之和好与敬慕，特派使臣向土尔扈特新汗慰问，以示关怀与友好。如果仅从字面上来看，敕书的内容多为旧事重提与礼仪辞令，并没有提到清政府与车凌端多布商谈共同攻打准噶尔之事。但使团在与车凌端多布谈话中，却有这方面的记述。6 月 26 日（雍正九年五月二十二日），车凌端多布会见使团时，深感准噶尔部梗塞通道之痛楚，表示要为边疆统一事业效力，他说："使臣所告准噶尔自噶尔丹至策旺（妄）阿拉布坦、噶尔丹策零之所作所为，与我所闻相同，其事属实。博格达汗倘派大军进剿，我必获悉其信，倘有准噶尔人败北而窜入我处，我将收留之后，再行奏闻。"^②应该指出的是，清政府使臣与车凌端多布以及宰桑们接触谈判时，往往有意避开当时俄国驻派官员。据俄国管理汗国事务官员别克列米舍夫中校向外务委员会报告说："他未能看出卡尔梅克汗是否交给了中国使臣就博格达汗的任何其他内容的信函，因为卡尔梅克的宰桑们同中国使臣经常秘密会晤，在汗会见中国使臣时，若有他（别克列米舍夫）在场，尚固尔（书库尔）喇嘛就感到极不愉快；该尚固尔（书库尔）喇嘛曾不知羞耻地责

---

① 译文系汪玉明由满文移译，参阅马汝珩、马大正《试论〈雍正谕土尔扈特汗敕书〉与满泰使团的出使》，《民族研究》1988 年第 1 期。此敕书的俄译文刊于《俄中两国外交文献汇编（1619—1792）》，第 212 页。尼古拉·班蒂什-卡缅斯基对敕书的俄译，是根据满文本还是托忒蒙文本，已无从考稽，但就其与上引满文本的汉译文相对照来看，无论在基本内容上，或段落顺序上均大体相符，只是在个别字句中，因译者所依据的满文与俄文底本不同，在翻译方法与措辞用字上稍有繁简的差异。然而值得注意的是，依据满文译出的敕书，最后有"余言由使臣面叙"一句，而俄译文则无此句的记载。这种现象产生于何种原因？是译者根据底本不同，还是因俄译者的漏译，笔者难以作出判断，不过它却说明了敕书的两种译文差异还是有的。

② 《满泰等奏奉派前往土尔扈特经过情形折》（雍正十年三月初五），中国第一历史档案馆编：《清代中俄关系档案史料选编》第 1 编下册，中华书局 1981 年版，第 241 号，第 558 页。

备别克列米舍夫，说俄国宫廷似乎不信任他们，担心卡尔梅克人游迁到中国人那边去。"① 看来，使团与车凌端多布商谈的不只是上述内容，实际上还涉及土尔扈特迁返祖国的问题。这一点从别克列米舍夫得到的消息中可以大致了解一些内情。别克列米舍夫曾探听到："中国人曾暗中劝诱住在该地的已故珲台吉（指策妄阿拉布坦——引者）的儿子，即勇敢、刚毅，但受其兄噶尔丹策零欺侮的罗卜藏苏努接受博格达汗的庇护，说博格达汗能使他得到他亡父的全部兀鲁思。"② 罗卜藏苏努系策妄阿拉布坦之次子，其父在世时，因倾向与清朝"和好相处"，因而遭到其父之打击，"将其囚禁"③，其母、弟也为噶尔丹策零所杀害，后逃往土尔扈特汗廷避难。别克列米舍夫所探听的上述消息，并非捕风捉影之谈，而确是事实。因为当时在清政府急于应付准噶尔势力威胁的情况下，争取与噶尔丹策零相敌的罗卜藏苏努作为联合力量乃属情理之中。果然，1732 年 4 月（雍正十年三月十二日），清政府理藩院给俄国萨纳特衙门的咨文中向俄国政府便公开说明了此事。④ 看来，满泰使团出使土尔扈特的目的，除上述动员土尔扈特配合对准噶尔作战的主要意图之外，劝说罗卜藏苏努返归清廷并与之联合共同对付噶尔丹策零势力，也是其出使的任务之一。

6 月 26 日（五月二十二日），土尔扈特汗车凌端多布向使团呈交了给雍正帝的奏书，并向使臣赠送了礼品，而后，"又设宴款待，至晚方散"。⑤ 至此，满泰使团便结束了在汗国的出访活动。6 月 30 日（五月二十六日）使团回到萨拉托夫，取道喀山到达托博尔斯克，同早在那里等候的托时使团会合，然后一道回国。

非常明显，满泰使团出使的目的，主要是雍正帝解决国内西北准噶尔

---

① ［俄］尼古拉·班蒂什－卡缅斯基编著：《俄中两国外交文献汇编（1619—1792）》，中国人民大学俄语教研室译，商务印书馆 1982 年版，第 213 页。

② ［俄］尼古拉·班蒂什－卡缅斯基编著：《俄中两国外交文献汇编（1619—1792）》，中国人民大学俄语教研室译，商务印书馆 1982 年版，第 213 页。

③ 中国第一历史档案馆编：《清代中俄关系档案史料选编》第 1 编下册，中华书局 1981 年版，第 561 页。

④ 中国第一历史档案馆编：《清代中俄关系档案史料选编》第 1 编下册，中华书局 1981 年版，第 561 页。

⑤ 中国第一历史档案馆编：《清代中俄关系档案史料选编》第 1 编下册，中华书局 1981 年版，第 559 页。

割据势力在外交上所进行的活动，它与18年前康熙帝派出的图理琛使团的目的一样，都是针对国内准噶尔势力而采取的外交措施。正如有的学者说，"雍正此次派赴土尔扈特使团的任务，也如康熙给图理琛报聘阿玉奇的任务，主要在羁縻土尔扈特，使其在军事进行期时，牵制准噶尔部"。① 正因如此，所以当俄国完全了解到清朝出使的目的后，特别是当清朝于1732年（雍正十年）第二次派出以赖保为首的使团前往土尔扈特汗廷时，② 俄国外务委员会便立即命令管理中国边界事务的伊尔库茨克副省长若洛鲍夫和布霍利茨上校，"绝对不准新派往卡尔梅克汗的中国使臣进入俄国"。③ 俄国政府之所以对清朝新派的使团严加拒绝，不是没有原因的。在俄国看来，活跃于我国西北的强大准噶尔势力，是它在西伯利亚地区的一个重要屏障。一旦这一屏障被清政府摧毁，其西伯利亚边陲必然与国势强盛的清王朝相接壤，这不能不使它感到威胁，此其一。其二，清朝使团之来土尔扈特访问，除了联合其军事力量的目的，也很难排除"诱导他们回到故土"④ 的可能性。因为俄国政府已经探知前次图理琛使团来访时，就"要卡尔梅克人放弃阿斯特拉罕游牧区，迁到珲台吉（指策妄阿拉布坦——引者）游牧的草原上去"。⑤ 如果清政府对上述两点，无论哪点若得以实现的话，都是对俄国政府极为不利的。

满泰使团对土尔扈特的出使，进一步加强了土尔扈特与清政府的联系，争得了土尔扈特人对清政府的好感。正如法国学者加恩所说："在1730年时，喀尔木克人（即准噶尔人——引者）陷于孤立，土尔扈特人对中国怀有好感，蒙古人（指喀尔喀蒙古——引者）已是臣服了，中国可以说是控制了介于它和俄国之间的所有民族。同时借助于《尼布楚条约》，

① 陈复光：《18世纪初叶清廷进攻准噶尔期间第一次对俄属及俄京的中国使节》，《云南大学学报》1957年第2期。
② 据满文档案载："此次派我大臣赖保等前往土尔扈特部，乃为议讨我叛部准噶尔之军务。"可见，这次赖保出使的目的非常明确，就是为联合土尔扈特共同进攻准噶尔，详见中国第一历史档案馆编《清代中俄关系档案史料选编》第1编下册，中华书局1981年版，第561页。
③ 《俄中两国外交文献汇编（1619—1792）》，商务印书馆1982年版，第219页。
④ ［法］加斯东·加恩：《彼得大帝时期的俄中关系史（1684—1730）》，江载华、郑永泰译，商务印书馆1980年版，第293页。
⑤ ［俄］尼古拉·班蒂什-卡缅斯基编著：《俄中两国外交文献汇编（1619—1792）》，中国人民大学俄语教研室译，商务印书馆1982年版，第199页。

它已经遏制俄国进逼黑龙江流域；借助于《恰克图条约》，它又使俄国人远离北京，并用条约阻止俄国进展，因此，我们也可以说中国战胜了俄国……总之，中国的政策是完全成功了。"[1] 应该承认，在康雍乾时期，清政府的对俄政府以及对国内西北各族所采取的措施，基本上是成功的，而其中对远居伏尔加河的土尔扈特人的争取工作尤为显著。应该看到，清政府对土尔扈特人的一系列争取工作是成功的，不仅有利于孤立与打击准噶尔贵族集团中的敌对势力，而且对于激发土尔扈特人对故土的向往，都有着不可低估的作用。雍正年间满泰使团的活动，乃是清政府实施上述目的的重要一环，因此，我们对满泰使团出使的意义应给以充分的估计。

（本文首发于马汝珩、马大正《漂落异域的民族：17—18世纪的土尔扈特蒙古》第五章、第六章，中国社会科学出版社2003年版）

---

① ［法］加斯东·加恩：《彼得大帝时期的俄中关系史（1684—1730）》，江载华、郑永泰译，商务印书馆1980年版，第293页。

民族危机的加剧与武装起义的酝酿

一 18 世纪 60 年代土尔扈特汗国民族危机的加剧

1761 年 1 月 21 日，敦罗布喇什汗逝世，[1] 渥巴锡承袭汗位，当时只有 19 岁。[2] 渥巴锡是阿玉奇汗的曾孙，敦罗布喇什的幼子，[3] 他"胸怀坦荡，为人正直"，[4] 颇得部众的拥戴。但当时摆在这位年轻汗王面前的，并不是可以坐享其成的升平盛世，而是处于因俄国加紧控制而造成汗国动荡不安与民族危机的乱世局面。

从政治上彻底控制土尔扈特蒙古民族是俄国政府对汗国的既定方针，自阿玉奇汗逝世后，对汗国的政治控制便不断加强，到渥巴锡执政的 18 世纪 60 年代，俄国当局再一次利用汗位交替的时机，对汗国实行了前所未有的高压政策，企图完全制服这一强悍的游牧民族，从而达到变"土尔扈特为己属"[5] 的目的。

俄国政府懂得，要想对汗国加强控制，必须改组汗国的政权机构，限制汗的权力，因而它首先对汗国的扎尔固采取了改组措施。

扎尔固本是土尔扈特汗国根据古代蒙古法律建立的管理国家的政权机构，它既是汗国的行政机构，又是最高司法机构，汗王对国家的统治是通

---

① 土尔扈特扎尔固案卷，1758 年第 32 号第 1 册，转引自诺伏列托夫《卡尔梅克人》，第 33 页。

② 关于渥巴锡承袭汗位时的年龄，记载颇不一致。霍渥斯《蒙古史》、古朗《17 至 18 世纪的中亚——卡尔梅克帝国还是满洲帝国?》、斯文·赫定《热河·皇帝城》等书均说为 17 岁；德昆西《鞑靼人的反叛》、帕里莫夫《留居俄国境内时期卡尔梅克民族史纲》说为 18 岁；诺伏列托夫《卡尔梅克人》（第 33 页），说为 19 岁。诺伏列托夫著作是据俄国档案写成，较为可靠，今从此说。

③ 《扎萨克卓哩克图汗渥巴锡列传》，《外藩蒙古部王公表传》卷 103。

④ 斯文·赫定：《热河·皇帝城》，第 32 页。

⑤ （清）何秋涛：《朔方备乘》卷 38《土尔扈特归附始末》。

过扎尔固来实现的。据曾任俄国管理土尔扈特事务机关翻译巴库宁对扎尔固
的解释："用他们（指土尔扈特——引者）的说法叫扎尔固，而我们（指俄
国——引者）的说法是法院。它通常设在汗的住所附近，在一个单独的帐
篷里，由汗最信赖的重要宰桑参加，其中往往有一两名信得过的教士（即喇
嘛——引者），按照他们古老的习惯，其人数不超过八人。"① 这八人都是由
汗亲自物色的人选，他们"实际上是汗手下的辅助大臣和助手"。② 这个
由八人组成的机构，土尔扈特称之为"乃曼扎尔固"，③ 而俄国的文件上
把它称为"民族内部政府"（Межеду народное привителыtво），实际上
它是土尔扈特汗国汗王权力的执行机关。因为"对所有卡尔梅克人的统治
都取决于这个扎尔固，在那里起草汗给卡尔梅克各领主的有关公众事务的
命令，草稿传给汗核准，然后誊写清楚，盖上汗印"。④ 遵循《1640 年蒙
古卫拉特法典》和习惯法的规定："扎尔固的一切决定只有经过汗的批准
才能在法律上生效。"⑤ 但是，俄国政府为了限制汗的权力，1762 年 8 月
12 日在正式承认渥巴锡为土尔扈特汗国的汗的同时，颁布了改组扎尔固
的条例。根据条例的规定，"扎尔固由代表全体卡尔梅克兀鲁思的诺颜组
成，而不是只是一个汗的扎尔固。扎尔固的组成必须经过俄国政府批准。
扎尔固内的一切事务现在应该按照多数来表决，并且当汗自己不同意时，
也不能用自己的权力独自取消已经作出的决议，而应提请沙皇撤销或改变
它"。⑥ 更有甚者，俄国政府还在帮助土尔扈特人处理案件的名义下，"指
派一名俄国军官参加扎尔固"。⑦ 同时为了钳制渥巴锡的权力，俄国政府
又任命当时怀有夺取汗位企图的策伯克多尔济⑧为新的扎尔固首脑。由于

---

① 俄国对外政策档案馆藏，卡尔梅克专宗 1630—1736 年第 119/1 号，第 139—140 张，转
引自［苏］伊·亚·兹拉特金《准噶尔汗国史（1635—1758）》，马曼丽译，商务印书馆 1980 年
版，第 421 页。

② 德昆西：《鞑靼人的反叛》，第 7 页。

③ "乃曼"，亦作"乃蛮"，蒙古语"八"之意，即由八人组成的扎尔固。扎尔固的成员，
蒙古语称之为"扎尔固奇"。

④ 《卡尔梅克苏维埃社会主义自治共和国史纲》，莫斯科 1967 年版，第 181 页。

⑤ 《卡尔梅克苏维埃社会主义自治共和国史纲》，莫斯科 1967 年版，第 181 页。

⑥ 《卡尔梅克苏维埃社会主义自治共和国史纲》，莫斯科 1967 年版，第 182 页。

⑦ ［苏］帕里莫夫：《留居俄国境内时期卡尔梅克民族史纲》，阿斯特拉罕 1922 年版，第 66 页。

⑧ 策伯克多尔济为敦罗卜旺布之孙。敦罗布喇什死后，他对渥巴锡继承汗位不满，意欲夺
取汗位，未果。对此，后文专有详述。

俄国政府这一些改组措施，使原来作为汗统治工具的扎尔固，变成与汗权相抗衡的机构，而且还受到俄国政府的操纵与监视，极大地限制了汗的权力。正如托忒蒙文文献中所说："汗权遭到削弱，高贵的称号（指汗号——引者）受到藐视。"[①] 俄国政府通过上述措施，使它在政治上进一步控制了土尔扈特汗国的政权，作为汗国最高首脑的渥巴锡对于权力中心的转移，自然是难以容忍的。

不仅如此，俄国政府还在推行"改革"的幌子下，大力扶植已经东正教化了的土尔扈特蒙古贵族敦杜克夫家族，妄图以之替代渥巴锡对汗国的统治。敦杜克夫家族的成员主要是敦罗卜旺布的后妻贾恩及其长子道迪比和次子阿沙莱。他们在敦罗卜旺布死后，长期生活在彼得堡，接受了东正教的洗礼，贾恩教名为维拉·敦杜科娃，她的两个儿子分别改名为阿列克谢和约纳，姓敦杜克夫，[②] 而其长子阿列克谢·敦杜克夫还被俄国擢升为陆军准将。[③] 俄国政府趁敦罗布喇什去世后汗国混乱的时机，命敦杜科娃及其长子阿列克谢·敦杜克夫重返伏尔加河下游草原，居住在叶诺塔耶夫斯克，掌管敦罗卜旺布生前所属的巴嘎卓虎尔兀鲁思，以便让"敦杜克夫重建土尔扈特部政权"，"使其成为（俄国）一个新的行政区域"。[④] 这点，俄国外务委员会在 1763 年 9 月 15 日下达的文件中说得很清楚，俄国政府的主要目的是要阿列克谢·敦杜克夫"成为日后引导卡尔梅克民族了解基督教（即东正教——引者）的可靠人物"。[⑤] 而俄国的这一措施也自然符合于敦杜克夫家族要恢复统治汗国的愿望。他们掌管的巴嘎卓虎尔人到处声扬说：敦杜克夫家族"要全体卡尔梅克人以后都皈依基督教（即东正教——引者）"。[⑥] 俄国的这一措施，不仅激怒了以渥巴锡为首的汗国统治集团，同时也严重地损害了土尔扈特人民的民族自尊心和宗教情感，造成汗国上下的反对与整个草原的动荡不安。俄国政府为了缓和汗国人民的反对以及制止混乱局势的扩大，不得不一面派出骑兵到管理汗国事务的俄国准将别赫耶夫驻

① 诺尔布汉译稿：《卡尔梅克诸汗简史》。
② 诺伏列托夫：《卡尔梅克人》，第 26 页。
③ 霍渥斯：《蒙古史》第 1 卷，第 571 页。
④ 贝克曼：《土尔扈特族自俄返华记》，《东方文化》1955 年第 2 卷，第 95 页。
⑤ 诺伏列托夫：《卡尔梅克人》，第 37 页。
⑥ 诺伏列托夫：《卡尔梅克人》，第 36 页。

地，防备万一；另一方面向敦杜克夫家族下达命令，要他们"安守本分，如若不然，将重新把他们召回彼得堡"。① 至此，在俄国政府导演下，这场企图以敦杜克夫家族取代渥巴锡的卑劣丑剧，只得草草收场了。

如果说改组扎尔固和扶植敦杜克夫家族，主要是为了加强对以渥巴锡为首的土尔扈特蒙古王公贵族的控制，那么，俄国政府向伏尔加河流域的移民和对土尔扈特蒙古无休止的征兵，则直接影响到汗国广大人民群众的日常生活。

土尔扈特蒙古初到伏尔加河流域时，这一带本是地广人稀、野草丛生的天然大草原。到18世纪，随着农奴制在俄国的发展，许多农民因不堪农奴制压榨，逃亡到伏尔加河流域垦荒。俄国政府为了在东南边疆进行经济开发与政治扩张，在18世纪上半期采取了一系列措施。首先，在察里津建立起防线，以防止俄国农民自由流徙。为此，俄国政府还从顿河招募了1000余户哥萨克，使他们及家属于伊罗夫里河和伏尔加河之间定居下来，形成了伏尔加河哥萨克军队的基础。顿河哥萨克在伏尔加河流域的定居，加强了察里津防线的防卫，减少了俄国农民的自由迁徙。俄国政府早就想在伏尔加河草原有计划地开垦并建立俄国居民点。1743年，阿斯特拉罕省长塔吉舍夫就向俄国政府提出过"建立由哥萨克人定居的、巩固的城市系统的方案"。② 1750年，俄国枢密院下令"批准了500人组成的阿斯特拉罕哥萨克骑兵团，拨给了他们土地，以供迁入、放牧和捕鱼之用"。③此后，俄国政府不断迁来哥萨克和俄国农民，出现了许多俄国居民点和教堂。伏尔加河、雅伊克和杰列克河沿岸的巩固防线成为移民的据点。到18世纪60年代初，俄罗斯和乌克兰的移民已占据了从萨马拉到察里津的伏尔加河左岸地区。哥萨克与俄国居民点在土尔扈特人传统游牧区内的激增，必然引起土尔扈特人的不满与怨恨，因为俄国移民点的增多，势必使土尔扈特人的牧场缩小，使"汗国内部的关系尖锐化，激化了封建主之间争夺牧地的斗争"，④ 同时，也使土尔扈特广大牧民生活日趋困难。因此，土尔扈特人民与哥萨克移民"经常发生公开的冲突，而且日益频繁"。⑤

① 诺伏列托夫：《卡尔梅克人》，第37页。
② 《卡尔梅克苏维埃社会主义自治共和国史纲》，莫斯科1967年版，第197页。
③ 《卡尔梅克苏维埃社会主义自治共和国史纲》，莫斯科1967年版，第197页。
④ 《卡尔梅克苏维埃社会主义自治共和国史纲》，莫斯科1967年版，第201页。
⑤ 《卡尔梅克苏维埃社会主义自治共和国史纲》，莫斯科1967年版，第198页。

上述的情况，作为汗国首脑的渥巴锡理所当然地要向俄国当局提出抗议，他在 1765 年 9 月 20 日向阿斯特拉罕省长愤怒地指出：俄国居民点的"俄国人肆无忌惮地掠夺卡尔梅克人的牲畜，甚至人口"的行为，已引起汗国人民的极大不满，"如果俄国移民继续增长，卡尔梅克人畜牧业将不可避免地由于饲料不足而崩溃"。他要求俄国当局查明这些居民点"在卡尔梅克草原的任意出现是否根据政府的命令而行事"。① 1767 年年底，渥巴锡再次向省长别克托夫提出书面抗议，强烈要求俄国当局采取措施，制止俄国居民对汗国游牧区的侵害。然而别克托夫的回答却是："俄国移民是根据政府指令迁入的，因此是无法避免的。"② 但为了缓和汗国牧民的不满情绪，搪塞渥巴锡的严正要求，别克托夫口头上表示："如果事态进一步扩大，直接威胁到卡尔梅克的畜牧业，我们将制止这种行为。"还答应"在定居下来的移民和卡尔梅克人之间进行划分土地界限的工作"。③ 但这只是骗人之谈，事实上，哥萨克移民有增无减，致使汗国牧民与俄国移民的矛盾和冲突日益严重。当时俄国派驻汗国的官员基申斯科夫也不得不承认因俄国居民侵占汗国牧场而造成双方冲突的事实。他在给外交事务委员会的报告中说："卡尔梅克人原先游牧过的伏尔加河草地，从萨马拉到察里津，几乎所有地方都被村庄（俄国的——引者）所占据，不许卡尔梅克人靠近那些地区，因此双方不断地发生争吵、抢劫和斗殴，彼此侵夺人和牲畜，有时杀死人和夺去牲畜。"④ 这种冲突正是由俄国的移民政策所引起的，它不仅严重威胁土尔扈特民族的生存，而且也加深了汗国的经济危机。当代苏联史学家也公允地指出，由于俄国向土尔扈特游牧地移民，"使卡尔梅克游牧区的土地逐渐缩小，这一政策打击了那些拥有成千上万马群、牧群和人口众多兀鲁思的大封建主的经济利益"，同时也"加剧了卡尔梅克居民生活条件的恶化"。⑤

俄国政府对土尔扈特汗国无休止的征兵，也给土尔扈特民族带来巨大灾难。1762 年叶卡捷琳娜登上沙皇宝座后，忠实推行彼得一世争夺世界霸

---

① 《卡尔梅克苏维埃社会主义自治共和国史纲》，莫斯科 1967 年版，第 200 页。
② 《卡尔梅克苏维埃社会主义自治共和国史纲》，莫斯科 1967 年版，第 201 页。
③ 《卡尔梅克苏维埃社会主义自治共和国史纲》，莫斯科 1967 年版，第 201 页。
④ 《卡尔梅克苏维埃社会主义自治共和国史纲》，莫斯科 1967 年版，第 202 页。
⑤ 《克尔梅克苏维埃社会主义自治共和国史纲》，莫斯科 1967 年版，第 202 页。

权的对外政策，她穷兵黩武，扩军备战，进一步把俄国变成欧洲的战争策源地。据统计，1762 年至 1769 年，俄国共征兵 32 次，人数超过 125 万。[①]土尔扈特人英勇善战，娴于骑术，自然是俄国政府征调的主要对象。阿玉奇汗及其后继者敦罗卜旺布、敦罗布喇什等人执政时，汗国的军队就多次被征调参加俄国的对外战争，即汉文史料所记："屡征土尔扈特兵与邻国战。"[②] 在每次战争中，俄国政府都"拣土尔扈特人众当其前锋""损伤土尔扈特人众数万，归来者十之一二"。[③] 到渥巴锡执政时，两万多土尔扈特军队被征调参加 1770 年俄国对土耳其的战争，在这次战争中，身为汗国军队最高统帅的渥巴锡，不但没有得到俄国的任何褒奖，反而遭到俄军梅莫杰将军的羞辱，[④] 理所当然地引起渥巴锡的极大愤懑。一位西方记者曾这样描述："俄国官员和司令们纵容自己的下级对野蛮人的宗教和卡尔梅克喇嘛的迷信仪式态度，粗暴地进行侮辱"，[⑤] 数万土尔扈特人民在俄国对外战争中丧失了生命，残酷的民族压迫和繁重的兵役负担使汗国人民"苦于征役""人人危惧"，[⑥] 当时在汗国民间普遍流传着"土尔扈特人的末日到了"的哀叹![⑦]

可见，18 世纪 60 年代以来，土尔扈特汗国已面临着深重的民族危机，这种严峻的形势，对土尔扈特人民来说，必须迅速而认真地做出抉择：是逆来顺受、屈辱生存，还是针锋相对、反抗自救，这是摆在他们面前关系民族存亡的大问题，而这对汗国主要首脑渥巴锡来说更是一次最大的历史考验。

二 武装起义，东返故土的酝酿与准备

在俄国政府统治下，汗国首领渥巴锡不能不为挽救民族危亡而寻求出路，出路究竟在哪里？在这民族命运攸关的重大问题面前，以渥巴锡为首

---

① 苏联科学院历史研究所主编：《苏联史纲（十八世纪后半期）》，莫斯科 1956 年版，第310 页。

② （清）何秋涛：《朔方备乘》卷 38《土尔扈特投诚始末》。

③ （清）椿园（七十一）：《西域总志》卷 2《土尔扈特投诚记略》。

④ 《卡尔梅克苏维埃社会主义自治共和国史纲》，莫斯科 1967 年版，第 212 页。

⑤ 德昆赛：《鞑靼人的反叛》，第 16 页。

⑥ （清）椿园（七十一）：《西域总志》卷 2《土尔扈特投诚记略》。

⑦ 古朗：《17 至 18 世纪的中亚细亚——卡尔梅克帝国还是满洲帝国》，第 133 页。

的汗国首领们，必须要认真思考，审慎对待。当时可供土尔扈特蒙古及其首领渥巴锡选择的出路有如下几条：一条是屈服于沙皇统治，听命于俄国政府的摆布，步敦杜克夫家族之后，充当沙皇统治的代理人；另一条是以其先辈和鄂尔勒克、阿玉奇为榜样，反抗奴役压迫、捍卫民族独立。前一条是屈辱的道路，具有光荣斗争传统的土尔扈特蒙古人民是难以接受的，而后一条道路，在俄国统治力量于伏尔加河流域占优势的情况下，又是难以实现的。剩下还有一条路，也是唯一可行的路，就是发动武装起义，彻底摆脱俄国控制，重返自己的祖国，而这条道路也是土尔扈特蒙古多年向往的。

早在土尔扈特部迁到伏尔加河下游不久，就几次想重返祖国故土，只是由于路途遥远，旅程艰难而未能付诸行动。但中华民族之间长期形成的亲和力，使他们依然与卫拉特各部及清朝中央政府保持密切联系，不断派人回国，探望亲人，"奉表入贡"，到青海、西藏"熬茶礼佛"。1714 年和1731 年还举部盛情接待了来自祖国的使者——图理琛使团和满泰使团。所有这一切在土尔扈特人民的记忆中留下了深刻印象。他们把东方的故土视为理想之邦，每当在异乡身处逆境时，便自然产生重返故地的想法。据俄国档案记载，阿玉奇汗曾"两次蓄意出走中国""敦罗布喇什也有此意图"。① 到了18 世纪60 年代，在俄国控制空前加强而造成民族危机的形势下，对渥巴锡来说，其重返祖国的思想不能不变得更加迫切与渴望。而恰在这时，俄国政府又"要求渥巴锡交出他的一个儿子作人质，同时还要求交出 300 个显贵名门的子弟"。② 俄国政府的这一决定，不能不引起渥巴锡对往事的回忆，他的仲兄萨赖正是作为沙俄的人质，于 23 年前死于阿斯特拉罕的幽禁之中。新仇旧恨使他无法忍受沙俄政府的"征兵求质之烦"。③ 渥巴锡不愧为土尔扈特民族史上的杰出领袖，在民族危亡的紧急关头，他终于下定了决心，大胆而果敢地为本民族指出了正确出路：举行武装起义，重返自己祖国，以求民族的生存。

---

① 诺伏列托夫：《卡尔梅克人》，第40 页。
② 霍渥斯：《蒙古史》第1 卷，第575 页。
③ 中国第一历史档案馆藏：《朱批奏折民族事务类》，《江苏布政使吴坛奏》，乾隆三十六年10 月3 日。

渥巴锡酝酿东返祖国的计划，至迟在 1767 年就已开始了。① 在酝酿东返过程中，建立起强有力的领导核心，则是实现东返计划的必要前提。"历史上，取得统治地位的每一个阶级，都举出自己善于组织运动和领导运动的政治领袖和先进代表。"② 以渥巴锡为首的土尔扈特蒙古王公贵族们，在反抗沙俄压迫、重返祖国的斗争中，也涌现出了"善于组织运动和领导运动"的领袖人物，在这方面除了汗国主要首领渥巴锡，策伯克多尔济和舍楞就是突出的代表。

策伯克多尔济出身于土尔扈特名门望族，与渥巴锡"均为阿玉奇汗之真正支系"，③ 他在策划东返过程中是仅次于渥巴锡的重要领导人。但应该指出的是，策伯克多尔济成为渥巴锡领导集团的成员，他本人的政治态度和政治表现是经过巨大转变的。策伯克多尔济自恃是敦罗卜旺布之孙，论辈分虽是渥巴锡堂侄，但比渥巴锡年长，此人足智多谋，富有斗争经验，且具有强烈的权势欲。当敦罗布喇什逝世后，他"自称是汗位的合法继承人"，④ 对渥巴锡承袭汗位十分不满。他曾到彼得堡活动，希望在那里得到俄国政府及其"叔伯们——敦杜克夫家族诸公爵的支持，使汗国归为己有"。⑤ 但敦杜克夫家族一心想倚仗俄国支持，成为土尔扈特蒙古的统治者，视策伯克多尔济为异己，当然不会对他有所支持。至于俄国政府也没有满足策伯克多尔济的权势欲望，并未授予他汗国的实权。因为当时俄国政府感到没有必要去改变已付诸实施的制度，以免引起汗国内部新的混乱，更"何况先前已明令授予渥巴锡以汗国督办的称号"。⑥ 所以，俄国政府于 1765 年 5 月 8 日任命策伯克多尔济为改组后的扎尔固首席成员，借以钳制渥巴锡的权力。

一切求援活动失败之后的策伯克多尔济，在严酷现实面前，对其周

① 据诺伏列托夫《卡尔梅克人》记载：渥巴锡的政敌扎木杨于 1767 年 2 月 28 日给阿斯特拉罕省长别克托夫信中，告发渥巴锡"已打算离去"。可知其东返计划在这时已酝酿，第 40 页。关于扎木杨与渥巴锡的关系，后文有述。
② 《列宁全集》第 4 卷，人民出版社 1958 年版，第 210 页。
③ 中国第一历史档案馆藏，满文土尔扈特档，乾隆三十六年六月二十二日；另参阅（清）祁韵士《外藩蒙古回部王公表传》卷 103《扎萨克和硕布延图亲王策伯克多尔济列传》。
④ 诺尔布汉译稿：《卡尔梅克诸汗简史》。
⑤ 诺伏列托夫：《卡尔梅克人》，第 35 页。
⑥ 诺伏列托夫：《卡尔梅克人》，第 38 页。

围关系与自己前途，不能不冷静分析和认真思考。从他活动失败的教训
中，使他认识到敦杜克夫家族虽属近亲，但这支早已投靠俄国的贵族势
力，在觊觎汗国权力方面同样是他有力的政敌。而他从俄国政府得到的
冷遇和轻视，更激起他对沙皇的愤恨情绪与强烈民族意识，使他在对俄
关系上采取了敌对态度。为了摆脱沙俄控制与寻求他个人政治出路，策
伯克多尔济便把视线转移到汗国首领渥巴锡身上。渥巴锡不仅"心地善
良，待人友好"，① 颇负众望，而且在汗国中握有强大军事实力，他是反
抗沙俄统治最好的合作者。这一切终于使策伯克多尔济选择了渥巴锡作
为自己政治上的盟友，而他自己则成为渥巴锡酝酿东返、发动武装起义
的有力助手。

策伯克多尔济在接到主持扎尔固的任命后，并没有听命于俄国政府去
削弱渥巴锡的权力，他经常在渥巴锡身边，"怂恿渥巴锡仇视俄国人，使
他的注意力转向政府（指俄国政府——引者）那些曾在这样或那样程度使
卡尔梅克人担负过重的措施"。② 他极力支持并宣传渥巴锡武装起义、东返
祖国的主张。据俄国蒙古学家波兹德涅耶夫的论文中转述策伯克多尔济在汗
国贵族会议上一次讲话，对汗国的处境和命运作了十分透彻地分析，他说：
"你们（指汗国王公贵族——引者）看，你们的权利在各方面都受到了限
制，俄国官吏可怕地对待你们，而政府（指俄国政府——引者）想把你们
变成奴隶。你们看，乌拉尔和伏尔加河两岸都布满了哥萨克驿站，还有你们
草原北部地带已住满了德国人。用不了多久，顿河、捷列克河和库马河就会
被占领，你们将会被挤到没有水的广阔地带去，你们生活的唯一来源——牧
群将会被毁灭。已经命令提交渥巴锡的儿子作人质，并已确定 300 个最好的
卡尔梅克人住在俄国的首都。现在你们的处境很明显，将来二者必居其一：
或者担起奴隶的重担，或者迁离俄国，以此结束一切灾难。"③ 策伯克多尔
济的这番慷慨激昂的陈词，正确指出了汗国危机的严重性，对统一汗国统
治阶层的思想起到了积极作用。

---

① 斯文·赫定：《热河·皇帝城》，第 32 页。
② 《卡尔梅克苏维埃社会主义自治共和国史纲》，莫斯科 1967 年版，第 214 页。
③ A. M. 波兹德涅耶夫：《阿斯特拉罕的卡尔梅克人及其近百年来与俄国的关系》，《国民教
育部杂志》1886 年 3 月，第 167—168 页，转引自《卡尔梅克苏维埃社会主义自治共和国史纲》，
莫斯科 1967 年版，第 215 页。

渥巴锡领导集团中的另一个重要成员就是舍楞（亦作舍棱），这个人对俄国的态度也经过一个很大的转变。他原属土尔扈特部，是和鄂尔勒克的叔父卫衮察布察齐的六世孙。舍楞先世早年没有跟随和鄂尔勒克西迁伏尔加河流域，而是"附牧伊犁境，为准噶尔属台吉"。① 1757 年（乾隆二十二年），舍楞附阿睦尔撒纳反清作乱，兵败后与同族兄巴图尔乌巴什退踞博尔塔拉。1758 年舍楞为清军副都统唐喀禄穷追，使诈降计，诱唐喀禄赴营，以伏兵攻杀之，率部逾喀喇玛岭逃窜俄境，② 迫于清政府向俄国要求引渡，他又投奔了土尔扈特汗国。但这时土尔扈特汗国因俄国高压政策正处于民族危机之中，舍楞及其部众"大失所望，他们感到普遍不满"。③ 正是基于对俄国统治政策的不满，才形成了他与渥巴锡的政治同盟，参与了渥巴锡武装起义和返回祖国的策划，在后来东返过程中也发挥了很大的作用。

在运筹东返过程中，还必须战胜内部敌人的告密与避开俄国当局的严密监视。在这里表现出渥巴锡高超的斗争艺术，以渥巴锡为首的土尔扈特蒙古首领们，不仅战胜了内奸的多次告密，而且利用俄国官员之间的矛盾，麻痹了俄国当局的警觉。

居住在伏尔加河流域以土尔扈特部为主体的卫拉特蒙古王公贵族（包括和硕特、杜尔伯特的一些家族），在俄国的日益加强控制下，其内部早已发生分化。如前所述，以敦杜克夫家族为代表的极少数封建王公，已完全东正教化，俯首听命于俄国政府的指挥；还有一些贵族，他们原不是渥巴锡家族的嫡系亲信，或者在争夺汗位斗争中与渥巴锡家族发生过矛盾冲突，因而他们支持俄国所采取的限制渥巴锡权力的措施，和硕特部的扎木杨就是这部分王公贵族的一个突出代表。扎木杨与渥巴锡之父敦罗布喇什互娶对方姊妹而联姻，扎木杨在其妻达那拉（即敦罗布喇什之妹）死后，歧视达那拉所生之子色克色那，色克色那向自己表兄渥巴锡寻求支援，因而引起扎木杨不满。早在 1767 年 2 月 28 日，扎木杨就写信给别克托夫，

① （清）祁韵士：《外藩蒙古回部王公表传》卷 105《扎萨克和硕布延图亲王策伯克多尔济列传》。
② 中国第一历史档案馆藏，满文月折档，色布腾巴勒诛尔奏土尔扈特部入俄及归来情形折（乾隆三十六年 8 月 12 日）。
③ 贝克曼：《土尔扈特族自俄返华记》，《东方文化》1955 年第 2 卷。

密告渥巴锡准备东返。接着在 1768 年至 1769 年，4 次写信密告渥巴锡"和策伯克多尔济等领主已决定尽快渡过伏尔加河去中国"。① 然而，扎木杨与渥巴锡的矛盾，早已为人所共知，故别克托夫对扎木杨的密告并未予以重视。但是，在 1769 年 3 月间，别克托夫截获一封写给在阿斯特拉罕任职的土尔扈特籍法官的信。信是法官的姐姐、原准噶尔贵族的妻子写的，"信中述说了舍楞和其他台吉打算迁往准噶尔"。② 这一信息自然要引起老谋深算的别克托夫惊恐与不安，但由于他于 1767 年即已被解除主管土尔扈特事务的职务而无法直接过问此事。他将此信送交给当时主管土尔扈特事务的基申斯科夫上校。此人是一个刚愎自用、狂妄自大的军人，且与别克托夫一向不和，根本不相信别克托夫转来的情报。在他看来，别克托夫的这一做法，是为了排挤自己而有意制造混乱、扩大事态。基申斯科夫根本不相信在俄国强大压力和严密监视之下渥巴锡敢于组织其部众东迁，他曾用轻蔑的口吻对渥巴锡说："你必须明白，你只是一头用链子拴着的熊，赶你到哪里就到哪里，而不能想到哪里就到哪里。"③

基申斯科夫骄横傲慢的态度以及他与别克托夫的矛盾，恰好为聪明的汗国首领渥巴锡所利用。渥巴锡一方面巧妙地与基申斯科夫周旋，致使在渥巴锡身边待了 3 年的基申斯科夫"什么也没有觉察到"。④ 同时渥巴锡又几次向俄国政府诉说："尽人皆知，我和扎木杨不和，所以扎木杨如此中伤我。"⑤ 另一方面，渥巴锡于 1769 年至 1770 年应沙俄政府之命，亲率士兵 2 万人，参加俄国与土耳其的战争，借以麻痹沙俄当局。正由于渥巴锡运用了一些巧妙计谋，致使俄国政府对渥巴锡的政治态度深信不疑。所以当别克托夫于 1770 年 4 月 26 日（俄历 4 月 15 日）向政府报告，说土尔扈特人早于 1767 年即已准备离开伏尔加河流域，并要求把渥巴锡等汗国首领们"传至阿斯特拉罕严加审讯"⑥ 时，俄国政府却于同年 8 月 3 日

---

　　① 按：扎木杨 4 次告密信的时间为 1768 年 11 月 6 日；12 月 2 日；1769 年 2 月 3 日；3 月 31 日。见诺伏列托夫《卡尔梅克人》，第 40—42 页。

　　② 《卡尔梅克苏维埃社会主义自治共和国史纲》，莫斯科 1967 年版，第 215 页。

　　③ 霍渥斯：《蒙古史》第 1 卷，第 574 页。

　　④ 诺伏列托夫：《卡尔梅克人》，第 42 页。

　　⑤ 诺伏列托夫：《卡尔梅克人》，第 41 页。

　　⑥ 诺伏列托夫：《卡尔梅克人》，第 56 页。

发出的诏令中指出："对他们（指土尔扈特人——引者）所持的一切猜疑都归罪于扎木杨领主的玩弄权术"[1] 的结论。

在渥巴锡的领导下，土尔扈特人民武装起义、东返故土的计划，经过近4年的酝酿与准备，到1770年，时机已趋成熟。1770年秋，渥巴锡从高加索前线回来以后，立即与亲信的王公在伏尔加河东岸维特梁卡（阿斯特拉罕省叶诺塔耶夫斯克以北处）召开了一次绝密会议。为了防止泄密，参加会议的除渥巴锡、策伯克多尔济、舍楞外，仅有巴木巴尔（渥巴锡族弟）、达什敦杜克[2]和大喇嘛罗布藏扎尔桑，而没有通知其他任何一个贵族。会上，经过庄严的宣誓，通过明确决议，离开俄国，东归祖国。并"决定在下一年——虎年，即西历1771年开始行动"[3]。以渥巴锡为首的参加这次秘密会议的6名上层贵族，形成了实际的领导核心，在以后领导起义与东返的斗争中起着巨大作用。

为了顺利实现东返计划，渥巴锡还必须在起义前作好军事部署与继续麻痹敌人的工作。早在1770年初，渥巴锡就派出两支队伍，赶走了在雅依克河游牧过冬的小玉兹哈萨克人，夺取了大批牲畜，[4] 为起义准备了必要的军需。同年11月，渥巴锡又"在必须回击哈萨克蓄谋已久侵袭的借口下，命令卡尔梅克军队集结在黑雅尔和阿斯特拉罕之间的伏尔加河东岸"。[5] 上述措施当然是发动武装起义不可缺少的准备工作，但也造成了与哈萨克人的矛盾，在以后东返过程中受到哈萨克人多次追击和堵截。

为了集结军队不至于引起俄国的怀疑，渥巴锡在发动起义前夕——1771年1月6日（俄历1770年12月26日）写信给正在叶诺塔耶夫斯克过冬的基申斯科夫，告诉他将"从驻地出发去集结军队，因为与俄国敌对的哈萨克人要袭击卡尔梅克人"，[6] 借以制造假象，继续麻痹俄国当局。对此，基申斯科夫虽心存疑虑，但对渥巴锡的举动还是作了错误的判断。

---

① 诺伏列托夫：《卡尔梅克人》，第57页。
② 达什敦杜克在诺伏列托夫《卡尔梅克人》一书中作达什巴图尔。
③ 德昆赛：《鞑靼人的反叛》，第12页。
④ 诺伏列托夫：《卡尔梅克人》，第42页。俄国档案载，据努尔阿里汗报告，他被抢牲畜计有羊16万头，大牲口4578头，马131501匹。
⑤ 《卡尔梅克苏维埃社会主义自治共和国史纲》，莫斯科1967年版，第216页。
⑥ 诺伏列托夫：《卡尔梅克人》，第44页。

这从他在 1771 年 1 月 14 日（俄历 1 月 3 日）下达给常驻渥巴锡牙帐的杜丁大尉的命令中便可看出："他以为督办（指渥巴锡——引者）自己要与哈萨克人发生争执，才集结军队，为此他责成大尉设法劝阻，并要杜丁注意观察集结军队的目的何在。"与此同时，基申斯科夫又派出 1 名军官纳巴托夫，1 名通译及 15 名哥萨克前往协助杜丁。[①] 但已为时过晚，汗国首领们的东返准备工作早已就绪，在伏尔加河草原上早已埋藏下的反抗俄国民族压迫的火种，一经汗国首领点燃，即将引发出土尔扈特人反抗沙俄统治的燎原烈火，一场惊天动地的大规模武装起义，即将来临。

（本文首发于马汝珩、马大正《漂落异域的民族：17—18 世纪的土尔扈特蒙古》第八章，中国社会科学出版社 2003 年版）

---

① 诺伏列托夫：《卡尔梅克人》，第 44 页。

英勇悲壮的东归征程

一 武装起义的爆发

"只有群众运动才是真正的政治斗争。"[①]

以渥巴锡为首的起义领导集团懂得，在完成起义准备工作之后，要顺利实现起义东返计划，不仅要统一汗国上层思想，还必须在汗国广大军民群众中进行号召和动员。在起义前夕，渥巴锡就召集了大小宰桑，"谕以逃亡伊犁之利，众皆喜，为远行之计"。[②] 统一了汗国统治阶层的意志之后，于 1771 年 1 月 15 日（俄历 1 月 4 日），渥巴锡又在雷恩沙漠附近别尔图地区集结了汗国的军民群众，向他们宣布了起义东返的计划。他言辞慷慨，声泪俱下，指出："俄国女皇已命令，把我的儿子和五位达官贵族的儿子送到彼得堡，而且要从卡尔梅克族选出 1 万名新兵派往俄国军队中去。"[③] 他向大家号召："为了遵守本族法规和保护卡尔梅克民族，除了摆脱此间的（即俄国的——引者）庇护出走外，别无他法。为此要求众人随行。"[④] 酷爱自由的土尔扈特人民长期以来对俄国政府所施加的种种压迫，早已义愤填膺，忍无可忍。

经过渥巴锡的动员与号召，不仅激起他们满腔怒火，同时也坚定了他们武装起义和重返祖国的决心。汗国首领的决策，顿时变成了广大群众的积极行动，整个民族异口同声地高呼："我们的子孙永远不当奴隶，让我

---

① 《列宁全集》第 35 卷，人民出版社 1959 年版，第 227 页。

② （清）何秋涛：《朔方备乘》卷 38《土尔扈特投诚始末》。

③ 别格曼：《卡尔梅克人游历记》，1804 年里加版，第 181 页，转载帕里莫夫《在俄国境内时期的卡尔梅克民族史纲》，阿斯特拉罕 1922 年版，第 71 页。

④ 诺伏列托夫：《卡尔梅克人》，第 45 页。

们到太阳升起的地方去！"①

1771 年 1 月 17 日（俄历 1 月 6 日），② 是土尔扈特蒙古历史上永远值得纪念的光荣日子，就在这一天，土尔扈特人民在渥巴锡统一指挥下举行了反抗沙俄压迫的武装起义，并开始踏上举世闻名的重返祖国的征程。

当日清晨，首先由宰桑桑杰策凌率领的一支精锐部队以迅雷不及掩耳之势，袭击了俄国派驻渥巴锡牙帐的杜丁大尉兵营，③ 从而揭开了土尔扈特军民武装起义与重返祖国伟大斗争的序幕。

桑杰策凌歼灭杜丁大尉驻军之后，宰桑马尔哈什哈在离雷恩沙漠 20 俄里处，又歼灭了基申斯科夫派出增援杜丁大尉的援军。起义行动有如闪电般迅速，接着便分兵袭击了附近的一些俄国城镇——维特利亚宁斯克、米京斯基、尼克拉耶夫卡等地。与此同时，起义队伍把所有不能带走的"锅灶、粮食、铜钱等全部遗弃"，④ 渥巴锡带头点燃了自己木制的宫殿，

① 斯文·赫定：《热河·皇帝城》，第 31 页。

② 关于起义日期，中外史载不一。按公历言，大体上可分为二说。一说是 1770 年 12 月（亦即乾隆三十五年十月），此说首创于椿园（七十一）之《西域闻见录》，据该书记载："时乾隆三十五年……一于十月二十三日起程"（卷 6《土尔扈特投诚记略》），按：10 月 23 日即公历 1770 年 12 月 9 日。附和此说者有何秋涛（见《朔方备乘》卷 38《土尔扈特归附始末》）和王大枢（见《西征录》卷 3《土尔扈特投顺叙略》）等。另一说是 1771 年 1 月（即乾隆三十五年十一月），此说以乾隆帝为代表，据其所撰《土尔扈特全部归顺记》载："自去岁十一月启行"，按十一月即公历 1771 年 1 月。附和此说者有祁韵士（见《西陲要略》卷 4《土尔扈特源流》）和魏源（见《圣武记》卷 4《乾隆新疆后事记》）等。但在具体日期上又有 1 月 5 日、1 月 11 日、1 月 17 日之分。在众说纷纭的史载中，俄国档案的记录值得重视。土尔扈特武装起义、东返祖国的壮举，极大地震动了俄国朝野上下，因而对土尔扈特东返事态的发展极为重视，故其档案所记十分具体翔实。1 月 5 日这一起义日期，即记载于阿斯特拉罕城卡尔梅克管理局档案库 1771 年案卷，第 3907 号上。而就目前所见，俄国档案对起义日期的记载是一致的。而 1 月 11 日是清政府的传报，1 月 17 日则是渥巴锡等人在赴承德途中谈话的述报。俄国档案所用日期是俄历，19 世纪俄文著作中引用时一般也可换算成公历。考 18 世纪俄历日期换算成公历要加 11 个昼夜（见《苏联大百科全书》莫斯科 1970 年俄文版第三版，第 11 卷，第 199 页）。因此，俄历 1771 年 1 月 5 日应为公历 1771 年 1 月 16 日。这样看来，渥正锡等人所述与俄方档案所记仅差一天是可以理解的。故系渥巴锡之说，土尔扈特蒙古东返起义的日期应是 1771 年 1 月 17 日，农历乾隆三十五年十二月初一日甲戌。参见马大正《跬步集——新疆史探微》，兰州大学出版社 2003 年版，第 324—325 页。

③ 诺伏列托夫：《卡尔梅克人》，第 45 页。关于杜丁大尉的下落，据我国档案文献记载，他在渥巴锡率众起义后，为起义队伍所俘。据策伯克多尔济弟弟奇哩布回国后曾讲过杜丁的下落，他说："我等从额济尔（伏尔加河——引者）向此前来之时，渥巴锡已带来住于牙帐的小头目杜丁……杜丁抵巴尔喀什湖且已病殁"，也就是说，杜丁随东返队伍而行并死于途中。见中国第一历史档案馆藏，满文土尔扈特档，乾隆三十七年八月四日。

④ ［日］须佐嘉桔：《西蒙古部族考》，昭和九年（1934）版，第 93 页。

一霎时，无数村落也燃起了熊熊烈火，辽阔的草原升起了滚滚浓烟。起义队伍这种破釜沉舟的悲壮义举，标志着土尔扈特人辞别时的仇恨心情，表示出他们一去不复返，从此同俄国彻底决裂的决心。

伏尔加河下游1月初的气候，正是隆冬季节，寒风凛冽，阵阵劲吹，当阳光洒向大雪覆盖的伏尔加河草原时，皑皑的白雪射出耀眼夺目的光芒。就在这时，成千上万的土尔扈特妇孺老人乘上早已准备就绪的马车、骆驼和雪橇，在立马横刀的骑士保护下，一队接着一队陆续出发，彻底离开了他们寄居将近一个半世纪的异乡。

渥巴锡所率起义东返的全部队伍共33360余户，16.8万余人，其中渥巴锡所属有2万余户，11万余人，是东返队伍中的主要部分。其他各部在千户以上的，有策伯克多尔济所属4000余户，2.1万余人，巴木巴尔所属2000余户，5000余人，默们图所属千余户，4000余人，恭格所属千余户，5000余人。此外，舍楞所属之500余户，2100余人，也参加了起义东返的行列。[1] 但这里应该指出，上述起义东返的队伍只限于伏尔加河东岸的土尔扈特部众，而居于伏尔加河西岸的部众并没有跟随渥巴锡一起东返。据汉文史料记载说："是岁（指乾隆三十五年——引者），冬温，河（指伏尔加河——引者）冰不冻，渥巴锡不能待河北人户。"[2] 这种情况虽说可能出现，但并非问题的本质。当时游牧于西岸的是与渥巴锡政见不同的和硕特、杜尔伯特台吉扎木杨、杨德克以及敦杜克夫家族等部，这部分王公贵族并不同意渥巴锡的东返主张，甚至出现像扎木杨那样的告密者。因此，当渥巴锡发动起义后，西岸各部王公自然不会起而响应，而渥巴锡出于对这些人的疑虑更不能把出走的消息向他们透露，这是完全可以理解的。

土尔扈特人民武装起义的急风暴雨，使伏尔加河地区的俄国地方官员"束手无策，交通被切断，连渔业、牧场和其他作业场上的工作均被停止"。[3] 一时使俄国在伏尔加河地区的统治秩序陷入瘫痪与瓦解状态。

---

[1] 上引数字是根据《清高宗实录》（卷892，乾隆三十六年九月辛亥条）与中国第一历史档案馆藏，满文土尔扈特档（乾隆三十六年九月十二日条）综合而成。

[2] （清）何秋涛：《朔方备乘》卷38《土尔扈特归附始末》。

[3] 诺伏列托夫：《卡尔梅克人》，第55页。

主管土尔扈特事务的基申斯科夫得悉起义的警报后，惊恐万分，不知所措，他在给奥伦堡军团指挥达维多夫的报告中写道："卡尔梅克民族发生如此大规模的动乱，其原因何在，这里的人久思不得其解。"① 其实基申斯科夫所不能理解的，正是在他那充满着傲慢与偏见的头脑里根本没有意识到长期蕴藏在土尔扈特人民心底的强烈反俄怒火，所以他惊叹地说："在如此突然的情况下，怎么会马上发生全民的动乱。"② 然而，和基申斯科夫相反，一直警告基申斯科夫而又遭对方敌视的别克托夫早已料到事态的发展，当他得到土尔扈特人武装起义的消息后，"他心中交织着嫉妒的怒火，复仇胜利的兴奋和焦急的野心，使他踏上雪橇以每天 300 英里的速度赶到圣彼得堡，闯进宫廷报告他最坏的预测已经出现了"。③

消息传到彼得堡后，俄国宫廷顿时充满了惊恐、愤怒和混乱。叶卡捷琳娜女皇大发雷霆，为"她的大臣们竟漫不经心到让整个部落在她信任的奴仆们鼻尖底下举行暴动，逃出了神圣的俄罗斯国境，从而使罗曼诺夫家族和头戴彼得大帝王冠的守护神鹰蒙受了永不磨灭的耻辱"。④ 她下令立即把基申斯科夫锁拿治罪，这个一贯高傲自大的俄罗斯贵族——基申斯科夫上校，从此便在"阴森孤寂的地牢中过着悲惨屈辱的生活"，正如一个英国作家所说："他成为自己虚荣浮夸、盲目自信和刚愎拒谏的牺牲品。"⑤

1771 年 2 月 4 日（俄历 1 月 24 日），俄国政府在叶卡捷琳娜女皇出席的国务会议上宣布了土尔扈特蒙古举族起义东返的消息，并决定尽"一切努力使他们回到伏尔加"。⑥ 2 月 5 日（俄历 1 月 25 日），女皇下达命令，要奥伦堡省长莱英斯多尔普立即采取行动，追击和堵截土尔扈特的东返队伍。

但是，这一切措施都已为时过晚。这时，土尔扈特蒙古军民已冲破俄国的雅依克防线，渡过雅依克河，冒着隆冬的严寒，迅速地进入哈萨克大草原，向恩巴河挺进。

---

① 诺伏列托夫：《卡尔梅克人》，第 46 页。
② 诺伏列托夫：《卡尔梅克人》，第 46 页。
③ 德昆赛：《鞑靼人的反叛》，第 66 页。
④ 斯文·赫定：《热河·皇帝城》，第 39 页。
⑤ 德昆赛：《鞑靼人的反叛》，第 66 页。
⑥ 《卡尔梅克苏维埃社会主义自治共和国史纲》，莫斯科 1967 年版，第 216—217 页。

二 艰苦卓绝的伟大征程

在起义发动之初，渥巴锡采取趁敌不备，先发制人的方针，给敌人以闪电一击，然后，以最快速度抢渡雅依克河，迅速摆脱敌人，在当时力量对比敌强我弱的情况下，这一战略思想和行动无疑是正确的。正是在渥巴锡这一战略思想指导之下，起义的土尔扈特人民在分头袭击俄国一些城镇据点的同时，渥巴锡把3.3万多户近17万人的东返队伍，组成三路大军，开始踏上了重返祖国的伟大征程。据俄国史学家记载：渥巴锡派出巴木巴尔和舍楞率领精锐部队为开路先锋，"目的是要他们扫清障碍，渡过雅依克河，赶走雅依克河岸的哥萨克。其余领主在队伍的两侧行走，而中间行进的是率领2万人之众的督办（即渥巴锡——引者）和策伯克多尔济"。① 这支浩浩荡荡的三路大军，像一条黑色的长龙，在洁白的雪地上滚滚向东挺进。如前所述，他们于1月29日（俄历1月18日）就到达了雅依克河沿岸，直逼俄国沿河防线的各个据点，巴木巴尔和舍楞率领的队伍胜利地完成了前锋的使命。据俄国档案记载：1月30日（俄历1月19日）和1月31日（俄历1月20日），土尔扈特东进队伍"烧毁了雅依克河边城镇：库拉金斯卡亚、卡尔梅科夫、英达尔山区和索罗奇科夫等"。② 并在雅依克城至卡尔梅科夫之间一些地区突破了防线上的哥萨克据点。俄国库拉金城堡长官伊凡·库拉金在2月5日（俄历1月25日）写给俄国政府的报告中，他以惊魂未定的心情描述了土尔扈特队伍抢渡雅依克河的激烈场面，报告写道："伏尔加河卡尔梅克汗国已渡过雅依克河，攻克之处南至泽列诺夫斯基，而北至何处，尚不清楚。1月30日（俄历1月19日），队伍（指土尔扈特——引者）铺天盖地而来，淹没了草原。他们在汗的兄弟舍楞（原文如此——引者）和巴木巴尔两个儿子的率领下，手持大大小小的旗子，在白天一点多钟时抢走了所有牲畜，而后袭击了城堡，双方用枪炮射击了整整一天，哥萨克把全部弹药都打光了。……泽列诺夫斯基前哨被攻克，牲畜全部被赶走；格列宾希科夫前哨遭到了洗劫，所有的人不是被杀死，就是被烧死，尸体被扔进地窖。"③

---

① 诺伏列托夫：《卡尔梅克人》，第48页。
② 诺伏列托夫：《卡尔梅克人》，第48页。
③ 诺伏列托夫：《卡尔梅克人》，第48—49页。

英勇的土尔扈特东返队伍，就这样以凌厉而神速的攻势，仅以 3 天的时间，于 2 月 1 日（俄历 1 月 21 日）就全部渡过了雅依克河，进入了大雪覆盖的哈萨克草原，向恩巴河挺进。

奥伦堡总督莱英斯多尔普在接到俄国政府追击土尔扈特东返队伍的命令后，立即进行了军事部署，他和军团指挥达维多夫少将商定，派出全部雅依克防线驻军和龙骑兵团的几个骑兵连，自雅依克追击。这时，东返的土尔扈特军民早已全部渡河，"已经远离了雅依克防线"，[①] 而俄国派出追击的雅依克驻军又发生了兵变，因而使莱英斯多尔普的军事行动并未收到任何实效。

然而土尔扈特人进入哈萨克草原后，由于冬季的严寒和饲料的缺乏，他们不得不停留在恩巴河一带暂避风寒。狂暴的风雪和令人难以忍受的冬寒，给土尔扈特人带来了极大的威胁。为了减少这一痛苦的威胁，他们不得不四处寻找燃料，以火取暖。因为有了火，不但使他们驱散了严寒，而且给他们带来了光明与希望。尽管如此，严寒仍夺去无数战士和群众的生命。一个西方作家有如下一段描述："经常出现这样的情况，当清晨来到的时候，几百个围在火堆旁的男人、女人和儿童已经全部冰僵而死去。"[②] 土尔扈特的东返队伍，在恩巴河地区不得不忍受着大自然的折磨，耐心等待着气候的转变。难熬的二三月份终于过去，给万物以生机的春天悄悄来临，春天的气息和景象，抚慰着土尔扈特军民疲惫的心情，鼓舞着东归者们返归祖国的决心，他们决定于 4 月初启程，继续奔向归国的旅程。但在这时，又遇到了哈萨克小帐的袭击。

莱英斯多尔普并不甘于失败，他致函哈萨克小帐首领努尔阿里汗，极力挑拨土尔扈特蒙古与哈萨克人的关系，要求努尔阿里汗率军沿途拦截土尔扈特人，"应允所得战利品全部归其所有"。[③] 而俄国叶卡捷琳娜女皇也在渥巴锡率领东返不久 2 月 7 日（俄历 1 月 27 日），即向当时已经臣服于俄国政府的那部分哈萨克人发布谕旨，"要求他们堵截土尔扈特人"。[④]

---

① 《卡尔梅克苏维埃社会主义自治共和国史纲》，莫斯科 1967 年版，第 217 页。

② 德昆赛：《鞑靼人的反叛》，第 76 页。

③ 诺尔布汉译稿：《卡尔梅克诸汗简史》。

④ ［俄］列夫申：《吉尔吉斯—哈萨克各帐及各草原的叙述》，新疆民族研究所油印汉译本，第 143 页。

努尔阿里汗的哈萨克小帐游牧地西邻土尔扈特牧地，双方为牧地时有冲突。特别是 1770 年春，渥巴锡为储备东返所需粮食曾抢掠过哈萨克小帐的牲畜，因而使双方关系更加敌对与恶化。因此，在俄国政府的挑唆下，当土尔扈特东返队伍进入哈萨克草原后，努尔阿里汗成了土尔扈特东返途中的危险敌人。4 月上旬，也就在土尔扈特东返队伍重新上路的时候，在恩巴河畔，由雅曼·卡拉率领的哈萨克骑兵接连两次袭击了土尔扈特人。但哈萨克人却遭到了土尔扈特东返队伍的有力抵抗，给雅曼·卡拉所率部众以沉重打击。

作为土尔扈特东返队伍的最高首领渥巴锡，在打退哈萨克小帐的连续进攻之后，为了减少归途中的阻力，尽速使队伍东进，于 4 月 26 日（俄历 4 月 15 日）写信给努尔阿里汗，指出哈萨克人对东返队伍的进攻"是完全无端的袭击"。[①] 但他愿意与对方化干戈为玉帛，以争取冲突的和平解决。渥巴锡在这封信中除了陈述土尔扈特人因不堪俄国压迫而起义东返的原因外，还希望"在路经汗（指努尔阿里汗——引者）的领地时，不再受到阻挠"。渥巴锡还提醒努尔阿里汗，"在其父敦罗布喇什和他渥巴锡执政时期，卡尔梅克人同吉尔吉斯—哈萨克人是和睦相处的，他们现在也不应该欺辱卡尔梅克人"。[②] 然而，努尔阿里汗自恃有俄国政府的支持，对渥巴锡要求讲和的善良愿望置若罔闻，复函拒绝放行，并蛮横要求渥巴锡率部返回伏尔加河，而他愿居中出面"调解（渥巴锡）和俄国的关系"。[③] 渥巴锡当然不会接受努尔阿里汗的劝告和屈从于他的威胁，他毅然率领队伍踏着开始融化的积雪继续向东挺进。

俄国西伯利亚边区的什普林格尔中将应奥伦堡总督莱英斯多尔普的要求，派出军队堵截东返的土尔扈特人，但其部队迟迟未能出动。早在当年的 2 月至 3 月，努尔阿里汗和阿斯特拉罕省长别克托夫共同派遣鞑靼公爵努拉登——乌鲁索夫 3 次催促什普林格尔出兵。到 4 月 30 日（俄历 4 月

---

① 《卡尔梅克苏维埃社会主义自治共和国史纲》，莫斯科 1967 年版，第 217 页。

② 阿斯特拉罕卡尔梅克档案，1771 年案卷，第 359 号，第 88 捆，第 49、52 页。渥巴锡的信是由沙拉卜·错·达尔扎耶夫送给努尔阿里汗的。努尔阿里汗扣留了此人，并将他转交于特立乌宾别尔格将军，转引自帕里莫夫《留居俄国境内时期的卡尔梅克民族史纲》，阿斯特拉罕 1922 年版，第 77 页。

③ 《卡尔梅克苏维埃社会主义自治共和国史纲》，莫斯科 1967 年版，第 217 页。

19 日），这位俄国的西伯利亚边区将军派出特鲁本堡少将率领的一支由哥萨克和巴什基尔人组成的骑兵团，从奥尔斯克慢腾腾地出发，直到 5 月 17 日（俄历 5 月 6 日），才在土尔盖河与努尔阿里汗会师。但这时，渥巴锡早已率部渡过土尔盖河东进。5 月 23 日（俄历 5 月 12 日），特鲁本堡将军和努尔阿里汗的联军到达捷尔萨尼卡河。但特鲁本堡将军以"粮草不足"为由，向努尔阿里汗宣布"他的军队不再继续追击"，[①] 并拒绝努尔阿里汗要求支援大炮和军队的请求，而他竟然率军返回了奥伦堡。

特鲁本堡的撤军，说明俄国追击、堵截土尔扈特东返的军事行动已告失败。但是，被攫取财物和复仇心理迷住了心窍的努尔阿里汗，并不甘心就此罢休，仍率领军队继续对早已疲惫不堪的土尔扈特东返队伍穷追不舍，不时地发动小股袭击，抢走了无数的人畜和财物。

为了摆脱努尔阿里汗军队的尾追，渥巴锡决定折向东南，向巴尔喀什湖西南沿岸前进。但这时，努尔阿里汗的军队已与哈萨克中帐阿布赉汗的军队在努拉河会合，势力大增，在希林—希利克河附近与土尔扈特人遭遇，发生了激战。但在土尔扈特人的浴血奋战下，击溃了哈萨克小帐与中帐的联军，而土尔扈特人也受到惨重的伤亡。据当时一个在战斗中被俘的土尔扈特人阿拉斯兰说："卡尔梅克人想摆脱哈萨克人，被迫采取急速艰苦的行军，卡尔梅克人精疲力竭，愈往前走，愈益困难，牲畜因缺少饲料而枯瘦待毙，又极其缺水。"[②] 可见，被哈萨克追击的东返队伍因屡经战斗，已疲惫不堪，再加上缺少食物和饮水，更造成他们难以忍受的煎熬。因此，当土尔扈特抵达莫尼泰河（又译姆英塔湖）后，只得暂时停了下来，稍事休整。可是就在这时，他们又陷入了努尔阿里汗与阿布赉 5 万哈萨克联军的包围，[③] 切断了他们通往准噶尔的道路。在这万分紧急的危难关头，渥巴锡显示出他的大智大勇，他分析了当前形势，当机立断，立即派出使者与对手谈判，并同意送还在押的 1000 名俘虏，从而得到停战 3 天的休整机会。渥巴锡利用这一宝贵时机，积极部署，调整兵

---

① 诺伏列托夫：《卡尔梅克人》，第 50 页。
② ［苏］帕里莫夫：《留居俄国境内时期卡尔梅克民族史纲》，阿斯特拉罕 1922 年版，第 78 页。
③ 《卡尔梅克苏维埃社会主义自治共和国史纲》，莫斯科 1967 年版，第 217 页。渥巴锡在回国后的一次谈话中也提到了这次战斗，他说，"至莫尼泰河，哈萨克阿布赉率兵向我等攻战"。见中国第一历史档案馆藏，满文月折档，乾隆三十八年一月二十五日折。

力，就在第三天的傍晚渥巴锡率军突然猛攻哈萨克联军，成功地突出了重围，① 继续向巴尔喀什湖西南方向挺进。为了避开再遭袭击，土尔扈特人"选择了一条通过砂石地区的道路"，绕巴尔喀什湖西南之戈壁逾楚河（吹河）、塔拉斯河，一路沿沙喇伯勒（在伊犁河西，伊塞克湖北）抵伊犁河流域。②

1771 年 7 月 8 日（乾隆三十六年五月二十六日），策伯克多尔济率领前锋部队在伊犁河流域的察林河畔与前来相迎的清军相遇。

7 月 16 日（六月初五）清军总管伊昌阿、硕通在伊犁河畔会见了刚刚抵达的渥巴锡、舍楞以及土尔扈特的主力部队和家属。

刚从异国他乡归来的土尔扈特首领与清朝官员初次会见时的情况是十分动人的。据伊昌阿和硕通在向清朝政府报告中的生动描述："渥巴锡派人来报，言已得暇。故我二人（指伊昌阿、硕通——引者）率领随从 30 余人，前往渥巴锡住地观看。北面一个蒙古包，前面支起凉棚，渥巴锡坐在正中，巴木巴尔坐在一旁，我等到近前下马之后，渥巴锡、巴木巴尔同时离座而立，我等走进凉棚，伊等即跪下请大圣皇帝万安，继而便问将军大臣之安，我等走至跟前行抱见之礼，按其厄鲁特之例，坐于两边。"③ 伊昌阿会见渥巴锡时提出："观尔等前后到达之情，已真是疲惫穷困之极，大皇帝所居甚远，此地一切事宜，均由将军、参赞大臣承担办理，尔等若不将此等情由亲往乞述于将军、参赞大臣，我等岂有将尔等何项难处提出呈文，并将所报酌情办理之理乎？况且适才我将军、参赞大臣尚与我咨文前来，初三日与策伯克多尔济会面，暂且留下。俟尔等抵达商办，指定良牧居之，办理完毕，将自愿前往京师朝觐大圣皇帝之清明台吉头人，均返遣其游牧收拾启程，由此看来，若尔等越早前往，则对尔等之众越发裨益。"④ 也就是说，希望渥巴锡早日到伊犁与参赞大臣舒赫德会见。渥巴

---

① 突围时在莫尼泰河畔还留下的两万帐，由诺颜丹增率领，走另一条路——沿巴尔喀什湖北岸，经阿雅古兹河、列普萨河和卡拉塔尔河，向伊犁河流域前进。见《卡尔梅克苏维埃社会主义自治共和国史纲》，莫斯科 1967 年版，第 218 页。
② 关于土尔扈特东返队伍在巴尔喀什湖地区行进路线，可参阅蔡家艺《土尔扈特东返经由何路进入沙喇伯勒》，《西北史地》1983 年第 3 期。
③ 中国第一历史档案馆藏，满文月折档，乾隆三十六年六月二十五日折。
④ 中国第一历史档案馆藏，满文月折档，乾隆三十六年六月二十五日折。

锡在当天即派舍楞通知伊昌阿等，表示可以随时动身前往伊犁会见舒赫德。舍楞转述渥巴锡之言："我等起程之时（指东返起义之日——引者），择吉日往此而来，沿途仍遭如此穷困，今我等之众均至这般极地，又择什么吉日？ 我等今日即刻起程前往，此去之时，巴木巴尔、舍楞与我等三人同往。"① 次日，即初六起程奔赴伊犁。13 日抵达伊犁会见舒赫德。② 在伊犁期间，舒赫德向渥巴锡反复申述了乾隆的旨意："闻厄鲁特等，受朕重恩，带领妻子远来投顺，甚属可悯，理宜急加抚绥，遣大头人来京入觐，但念尔等均未出痘，京城暑热，甚不相宜，避暑山庄凉爽，如九月中旬可到彼处，即带领前来，否则俟明年临幸时，再来入觐。朕务与车凌、车凌乌巴什一例施恩。"③ 舒赫德还将专门从北京"六百里加急驰递"送来的《乾隆谕渥巴锡、策伯克多尔济、舍楞敕书》交给渥巴锡等。这件敕书是用满文写的，不见于汉文史籍。现将其汉译全文录之如次：

> 奉天承运，皇帝制曰：土尔扈特台吉渥巴锡、策伯克多尔济、舍楞及众头目，吾驻伊犁将军大臣闻奏，尔等数万之众，不慕异教，眷念佛法，禀承朕恩，乞求前来。朕鉴于尔等不慕异教，眷念佛法而来者，殊为可嘉，明鉴施仁。
>
> 再，渥巴锡、策伯克多尔济，均系旧土尔扈特，昔时属于俄罗斯之际，尔汗敦罗布喇什曾于乾隆二十一年，遣使赴藏熬茶，行做善事等情，告俄罗斯代为转奏，乞求施恩，朕即仁慈鉴照施恩于彼，遣尔使吹扎布等，赴藏诵经布施。今尔等诚心诚意，不忘佛经，既已归顺于朕，朕即睿照施恩尔等。尔后倘有赴藏叩拜熬茶，欲行善事，朕即施恩，照尔之愿准行。
>
> 另，舍楞者，乃为前与吾军争战而窜逃俄罗斯之人，今尔既怀念佛法，欲蒙朕恩，乞降前来，朕绝不究尔前罪，宽宥免罪，尚且施恩于你。昔日讨伐尔时，倘被吾兵捕获，当要治罪，现既亲身来降，不仅无罪，尚与渥巴锡、策伯克多尔济同样施恩哉！

---

① 中国第一历史档案馆藏，满文月折档，乾隆三十六年六月二十五日折。
② 中国第一历史档案馆藏，满文土尔扈特档，乾隆三十六年七月一日折，第 8 件。
③ 《清高宗实录》卷 887，乾隆三十六年六月十八日。

再有，尔等自俄罗斯脱出前来，途经哈萨克游牧之地，声称略取哈萨克之粮食之，此也非紧要之事。然自此之后，尔等不得再于哈萨克之地滋生事端，唯有好生保持和睦。即是尔等之间，亦勿行盗窃之事，只有相互关照，慈爱老幼，承蒙朕恩，遵照朕旨而行，则外无事端，内无贼盗，安宁居住，黾勉不怠。

又，尔等既自远道艰辛跋涉而来，故于安置尔等之时，朕业已降旨伊犁将军大臣等，指给良牧，安置水草丰美之地，歇身安居。当尔等来朝之际，定赏衔品，重施厚恩，著尔等蒙受存留之。特谕。

乾隆三十六年六月二十日①

乾隆通过这件敕书向渥巴锡等土尔扈特首领交代了政策，解除了他们的疑虑。渥巴锡等一行于 8 月 5 日（六月二十五日）在舒赫德陪同下离开伊犁，取道乌鲁木齐，入张家口，直奔承德朝觐。

至此，历时八月有余，行程近万里的东返征程，以土尔扈特人的胜利返归祖国而结束。土尔扈特人民的东返历程是英勇悲壮、可歌可泣的，他们为了实现重返祖国这一崇高愿望，付出了巨大的民族牺牲。正如一首卫拉特民歌写道：

> 额济勒河的水，
> 我们争分夺秒地去渡过，
> 追击而来的萨拉达斯（指俄国追兵），
> 我们用刀枪弓箭去消灭。
>
> 启程东返的土尔扈特，
> 何惧萨拉达斯的威胁，
> 在蒙古人勇猛顽强的抵抗下，

① 此件敕书系汪玉明据满文本汉译。此件敕书在中国第一历史档案馆所藏的满文土尔扈特档中存有满文本抄件，而原件有满文和托忒蒙文两种文本，一直珍藏在新疆维吾尔自治区和静县渥巴锡王府（又称满汗王府），1979 年与《康熙谕阿玉奇汗敕书》《雍正谕土尔扈特敕书》同时发现，现存新疆维吾尔自治区档案馆。

敌人夹着尾巴逃跑。

离开了遥远额济勒水，
回到了故乡伊犁河。

乾隆皇帝在阅读了负责接待土尔扈特来归的舒赫德等人奏报之后，曾指出：土尔扈特人"方其渡额济勒而来也，户凡三万三千有奇，口十六万九千有奇，其至伊犁者，仅以半计"。① 但是，土尔扈特人民的英雄壮举，却在历史上创造了奇迹，为统一多民族国家的发展做出了重大贡献，他们的历史贡献值得后人永远缅怀与称颂。

三 土尔扈特东返祖国的性质、原因及其历史意义

土尔扈特蒙古武装反抗俄国与重返祖国的英雄壮举，震动了当时的中国与西方世界，引起了中外学术界对它的关注与研究，写出了许多与之有关的论著。然而，这一伟大历史事件，不论在中国封建文人的记载中，或是在外国资产阶级学者的著述里，在一些关键性问题上并未给予科学阐述与正确解释。

关于土尔扈特东归的性质，是被西方研究者们歪曲得最为严重的一个问题。他们竟然把土尔扈特人民反抗俄国压迫的英勇斗争和重返祖国的爱国行动，说成是"叛乱"（Revolt）和"逃亡"（Flight），甚至不伦不类地把土尔扈特东归同波斯国王冈比西斯"远征埃及""罗马人远征安息"以及"拿破仑从莫斯科的退却"相提并论，② 这就掩盖了土尔扈特人民反抗俄国压迫的正义性。

列宁指出："一切民族压迫都势必引起广大人民群众的反抗，而被压迫民族的一切反抗趋势，都是民族起义。"③ 毛泽东也曾说过："中华民族的各族人民都反对外来民族的压迫，都要用反抗的手段解除这种压迫。"④

---

① 《优恤土尔扈特部众记》碑文。据我国档案所载，当时实地调查的土尔扈特东归户数与人口是 15793 户、66073 人，见中国第一历史档案馆藏，满文土尔扈特档，乾隆三十六年九月十二日折第二件之附件。关于东返人数的详细分析，可参考《土尔扈特蒙古东返人户数考析》，见马汝珩、马大正《厄鲁特蒙古史论集》，青海人民出版社 1984 年版，第 226—235 页。

② 斯文·赫定：《热河·皇帝城》，第 31 页。

③ 《列宁全集》第 23 卷，人民出版社 1958 年版，第 55 页。

④ 《毛泽东选集》第 2 卷，人民出版社 1991 年版，第 623 页。

土尔扈特蒙古自从迁牧于伏尔加河下游以来，便不断遭到沙俄日益加剧的民族压迫，而土尔扈特人民也不断进行抵制和反抗。1771 年渥巴锡率部东归，从本质上来看，应该说是一次彻底的反抗俄国压迫的民族起义，是土尔扈特人民历次反抗俄国斗争发展的最高峰。

　　和上述问题相联系的，是关于土尔扈特重返祖国的原因，这个问题在中外著作中更是众说纷纭。外国的著作里，多强调由于宗教信仰不同，是促成土尔扈特返回祖国的重要原因，甚至说，土尔扈特"从俄国伏尔加河再次长途返归，其主要原因是苦于从俄国入藏熬茶的不便"。① 不容否认，宗教信仰不同和生活习俗差异，固然同土尔扈特返回祖国有关，但它并不是唯一的原因和决定性因素。如前文所述，土尔扈特西迁后不久，因不断遭到俄国侵扰与压榨，即有多次返归祖国的动念，且不断派遣使者向清朝"奉表贡"，同国内中央政府保持密切联系；同时，为了维护民族独立，在伏尔加河流域曾不断发动反抗沙俄压迫的斗争。渥巴锡率部返归祖国，正是土尔扈特人民为摆脱俄国压迫与长期向往祖国的最终结果。这点，在渥巴锡率部东返过程中，他写给哈萨克小帐首领努尔阿里汗的信中说得十分清楚："自古以来，土尔扈特人没有如今天这样负担过如此沉重的捐税，所有人民陷入动荡不安，这就是为什么不愿再受俄国统治的原因，而希望到与自己遵守共同法规的人那里和回到自己的故乡，所以离开俄国去游牧。"② 可见土尔扈特重返祖国的主要原因是不堪沙俄残酷压榨所致。俄国伟大的诗人普希金曾公正地指出了土尔扈特返归祖国的原因，他在《普加乔夫的历史》一文中写道："卡尔梅克人忠实地为俄国效劳，保卫俄国的南疆，俄国的警察官利用卡尔梅克人的纯朴和远离统治中心，开始压迫他们……他们忍无可忍，决定离开俄国而与中国政府暗中接洽。"③ 另一个俄国诗人谢尔盖·叶塞宁，在普希金发表上述文章 90 年后，也发表了《叶·普加乔夫》长诗一首，诗中写道：

　　　　你们没有听到大车嘎吱响？

---

　　① ［日］矢野仁一：《近代蒙古史研究》，1937 年弘文堂版，第 223 页。

　　② ［苏］帕里莫夫：《留居俄国境内时期卡尔梅克民族史纲》，阿斯特拉罕 1922 年版，第 72 页。

　　③ A. C. 普希金：《普希金全集》第 6 卷，莫斯科 1954 年版，第 193 页，转引自《卡尔梅克苏维埃社会主义自治共和国史纲》，莫斯科 1967 年版，第 220 页。

今夜，在淡薄的晨曦中，

卡尔梅克三万帐，

离开萨马尔，向吉尔吉斯①匍匐前进。

为了摆脱俄国官吏的奴役，

为了不再像鹧鸪鸟那样，

在我们的草原上受着宰割煎熬，

他们像死板的龟群，

向自己的蒙古②鱼贯前进。③

在这里，诗人不仅生动而形象地描绘出当年土尔扈特人东返的情景，同时也指出了他们重返祖国是"为了摆脱官吏的奴役"与不堪忍受"宰割煎熬"。

在中国封建文人的著述中，对土尔扈特东返的原因，也有一种颇为流行的说法，他们认为：由于舍楞"盛言伊犁空虚可据状……渥巴锡惑其言"，④才决定东返的。甚至说："来归之由，实由舍楞唆抢伊犁，既至而知其不可逞也，舍归顺更无他法。"⑤按照这种说法，土尔扈特的归来，既不是为了摆脱俄国的民族压迫，也不是向往故土的爱国主义行动，而是为了偷袭边疆、割据叛乱，这就完全抹杀了土尔扈特人民反抗俄国压迫和热爱祖国的重大意义。其实，乾隆帝在决定接纳土尔扈特来归的当时，就已批驳了廷臣中的这种论调，他指出："舍棱（楞）一人，岂能耸动渥巴锡等全部？且俄罗斯亦大国也，彼既背弃而来，又扰我大国边界，进退无据，彼将焉往？"因此，他认为"明知人以向化而来，而我以畏事而止，且反至寇，甚无谓也"。⑥

---

① 指哈萨克草原。

② 指游牧于我国新疆地区的卫拉特蒙古。

③ C. A. 叶赛宁：《叶赛宁两卷集》第 2 卷，莫斯科 1995 年版，第 59 页，转引自《卡尔梅克苏维埃社会主义自治共和国史纲》，莫斯科 1967 年版，第 220 页。

④ （清）魏源：《圣武记》卷 4《乾隆新疆后事记》。

⑤ （清）俞正燮：《癸巳存稿》卷 6。

⑥ 《土尔扈特全部归顺记》碑文。

应该说，乾隆的批驳是很有道理的。

"政治事变总是非常错综复杂的。它好比一条链子。你要抓住整条链子，就必须抓住主要环节，决不能挑选那个你自己想抓的环节。"① 在对土尔扈特蒙古东返原因问题的认识上，也必须从土尔扈特历史发展的整个链条中抓住它的主要环节，才能看到问题的实质。非常明显，在 18 世纪后半期俄国政府对土尔扈特汗国不断加强控制的形势下，富有反抗传统的土尔扈特人民既不愿屈从于俄国政府的臣属地位而任其宰割，又难以抵制俄国政治控制而维持其原有的独立地位。他们只有拿起武器发动武装起义，然后返归自己的祖国故土，这是当时彻底摆脱俄国奴役的最为可行的道路，而这条道路也是他们世代向往的共同愿望。因此反抗俄国的民族压迫和奴役，才是土尔扈特东返的真实原因。

土尔扈特蒙古武装反抗俄国与重返祖国的英雄业绩，虽然是业已逝去的历史，但它在我国统一多民族国家的历史上有着深远的历史意义。

首先，土尔扈特人民武装抗俄的英雄行动，在中华民族斗争史上写下辉煌的一页，为我国各族人民反抗外来民族压迫的斗争树立了光辉榜样。他们英勇斗争的业绩，永远鼓舞着各族人民反抗外来压迫者的斗争意志。这里，仅以留居在伏尔加河两岸土尔扈特等蒙古各部人民为例，他们在渥巴锡率部东返祖国后，并没有俯首听命于沙俄的残暴统治，而是不断起而反抗。当 1773—1775 年普加乔夫领导的俄国农民大起义爆发后，以策丹道尔济为首的土尔扈特人民英勇地参加了普加乔夫的起义队伍，他们艰苦奋战，喋血杀敌，"摧毁了靠近察里津一带的俄国城镇"。② 尽管这次起义被沙俄当局所镇压，但它说明土尔扈特并未屈服于俄国的统治。显然，土尔扈特人民这次的抗俄事件，是深受 1771 年渥巴锡武装抗俄行动影响的。

不仅如此，土尔扈特蒙古重返祖国的英雄业绩，还为我国多民族国家的统一与增强民族团结做出了重要贡献；而他们伟大的爱国主义行为也为我国各民族树立了榜样。土尔扈特人民在行程万里的归途中，英勇地击溃了沙俄军队的堵截和追击，历尽亘古以来少见的艰难困苦，付出巨大的民

---

① 《列宁全集》第 33 卷，人民出版社 1957 年版，第 267 页。
② 巴克曼：《土尔扈特自俄返华记》，《东方文化》1995 年第 2 卷，第 106 页。

族牺牲。这种可歌可泣的英雄壮举，是举世罕见的。正如一个英国作家所说："从最早的历史纪录以来，没有一桩伟大的事业能像上个世纪后半期一个主要鞑靼民族（指土尔扈特人——引者）跨越亚洲无垠的草原向东迁返那样轰动于世和那样激动人心的了。"① 土尔扈特人民之所以能创造出如此激动人心的人间奇迹，应该说是和他们的爱国主义精神分不开的。列宁说："爱国主义就是千百年来巩固起来的对自己的祖国的一种最深厚的感情。"② 土尔扈特人民的爱国主义精神，乃是我国各族之间长期形成的巨大的凝聚力和向心力的体现，他们重返祖国的壮举，正是这种凝聚力和向心力作用的结果。所以当他们重返祖国后，便受到了清政府朝野上下的重视与关注，给他们以妥善的安排。当时一个外国传教士对土尔扈特归来一事也倍加赞颂。他认为土尔扈特人民"在逾越万千艰险之后，到达了伊犁河流域，虔诚地吁请加入广大的中华帝国许多藩邦之列"的行动，是当时"最光荣的事件"。③ 土尔扈特人民重返祖国这一伟大历史事件，再一次证明如下一条真理：中华民族之间长期形成的凝聚力与向心力绝非任何力量所能切断的。

（本篇首发于马汝珩、马大正《漂落异域的民族：17—18世纪的土尔扈特蒙古》第九章，中国社会科学出版社2003年版）

---

① 德昆赛：《鞑靼人的反叛》，第1页。
② 《列宁全集》第28卷，人民出版社1956年版，第168—169页。
③ 钱德明：《土尔扈特碑文，那些自愿全部归来投诚于中华帝国的人们》，载《中国人的历史、科学、艺术、伦理及习惯的备忘录》第1卷，巴黎1776年版，第410页。

安居故土的土尔扈特蒙古诸部

一 清政府接纳土尔扈特部方针的确定与实施

1771 年 4 月（乾隆三十六年三月），清政府从俄国政府函告中得悉，大批土尔扈特蒙古部众正在东返途中。当时清政府对土尔扈特来归的态度是："若靠近边界，允许入界之，抚慰安置；若未至我边界，半途被俄罗斯追缉，发生冲突，则可不理。"① 这一态度还不能认为是乾隆对土尔扈特来归问题上成熟的考虑，而是出于对 10 年前俄国收容叛逃之舍楞等人众，并拒绝交回的积愤之自然流露。况且，清政府还有一种本能的忧虑，担心返归的土尔扈特部众在重返故地后，会扰犯边地，破坏边疆地区刚刚获得的安宁。不久之后，当获悉来归人众之中，有当年外逃的舍楞、劳章扎布等人，这种担忧更为加重。清廷统治集团上层一时间"议论沸起"。② 不少廷臣"以舍棱（楞）同来，情属叵测"，③ 而主张慎重行事，也有人认为："不宜受俄罗斯叛臣，虑启边衅。"④ 因此，弄清土尔扈特蒙古东返的真实目的和如何对待原外逃之舍楞等人重归，成为清政府的当务之急。

1771 年 5 月 8 日（乾隆三十六年三月二十四日），亦即在得悉土尔扈特部来归消息的两天后，为妥善处理来归事宜，增派正在返京途中的参赞大臣舒赫德，命其"在何处接旨，就此立即返回伊犁，协助伊勒图（时为

---

① 中国第一历史档案馆藏，满文土尔扈特档，乾隆三十六年三月二十二日一折，第 1 件。
② 《土尔扈特全部归顺记》（碑文）。
③ （清）何秋涛：《朔方备乘》卷 38《土尔扈特归附始末》。
④ 《土尔扈特全部归顺记》（碑文）。

伊犁将军——引者）办事"，并指令舒赫德，"此去伊犁，不必声张，务必谨慎，伊到彼处，真有其事，可细心从事"，① 也就是说要舒赫德悉心调查，弄清事实真相。

关于如何判断土尔扈特部东返真实意图，乾隆在综合分析了舒赫德上报的大量材料后认为，土尔扈特举族离开了已生活一个半世纪的伏尔加河流域，是因为"俄罗斯征调师旅不息，近且征其子入质，而俄罗斯又属别教，非黄教，故与合族台吉密谋，挈全部投中国兴黄教之地"。② 乾隆从当时土尔扈特的实际处境来看，他认为"彼既背弃俄罗斯，岂敢与我为难"，因而他指出"是其归顺之事十有八九，诡计之伏十之一耳"，③ 所以他指示廷臣们对土尔扈特蒙古东返的意图，不必多加疑虑。

关于如何对待舍楞等人，乾隆的态度也有个变化过程。最初，他判断舍楞等人获罪远遁，岂敢重返，自投罗网。当确知归来人众中有舍楞等人后，乾隆提出："若舍楞、劳章扎布等前来，则酌情安置尔等属众，将尔等安抚诱来"，④ 即是以招抚手段先把舍楞等人"诱来"，来了以后怎么处置，是赏、是罚，虽未明说，但就其一个"诱"字，即表露了对舍楞等人的极大不信任。但到5月间，当清政府逐渐弄清舍楞等人的政治态度后，乾隆的态度有了变化，他认为对舍楞等人"尚不需如此办理"，因此"此次伊等前来者，并非我以武力索取，乃是伊等自愿亲自乞来，反而将其治罪之理乎？"⑤ 而应"往咎概不介意，前罪一律宽宥，还特加恩赐，照杜尔伯特之例，接济产业，分定游牧，伊之所属部众，仍归伊管辖……尔等可进京入觐，分享圣主恩赐"。⑥ 确定了对舍楞等人的基本政策。

乾隆在廷臣众说纷纭的议论中，能够根据得到的情报，对土尔扈特返归的原因、意图作出符合实际的分析判断，并进而制定了收抚土尔扈特蒙古的方针，这在当时来说，确是难能可贵的。

清政府对土尔扈特蒙古的收抚方针的重要内容之一，即是要在承德接

① 中国第一历史档案馆藏，满文土尔扈特档，乾隆三十六年三月二十四日折，第24件。
② （清）何秋涛：《朔方备乘》卷38《土尔扈特归附始末》。
③ （清）何秋涛：《朔方备乘》卷38《土尔扈特归附始末》。
④ 中国第一历史档案馆藏，满文土尔扈特档，乾隆三十六年四月十一日折，第2件。
⑤ 中国第一历史档案馆藏，满文土尔扈特档，乾隆三十六年四月十一日折，第2件。
⑥ 中国第一历史档案馆藏，满文土尔扈特档，乾隆三十六年四月十一日折，第2件。

待渥巴锡等土尔扈特部重要首领，对此，早在舒赫德于伊犁会见渥巴锡等人时，就明确地传达了乾隆的上述意图。为了实现乾隆指定于九月中旬在承德接待渥巴锡的指令，主持接待、安置事宜的舒赫德、伊勒图等封疆大吏，全力以赴，进行筹划。根据清政府官书和档案记载，渥巴锡率部返回伊犁后，几乎没有停顿地就踏上赴承德的路程。请看下面的日程表：

1771 年 7 月 24 日（乾隆三十六年六月十三日），渥巴锡一行抵达伊犁，会见了舒赫德。①

1771 年 8 月 5 日（乾隆三十六年六月二十五日），渥巴锡等在舒赫德等陪同下离开伊犁启程，取道乌鲁木齐、巴里坤，经肃州、凉州、大同、宣化，过怀安县，入张家口直奔承德。②

清政府为了在承德接待渥巴锡，做了精心准备。乾隆指令沿途官员对过境渥巴锡一行，要"设宴款待"，并要求"在宴筵伊等时，须显示大方，为之丰盛热情"，而且对渥巴锡一行所用马匹、牲畜，"务饬多奋，不致耽误伊等上路"。③ 沿途地方大吏因玩忽职守、接待不周而被革职者有总兵恒德、山西按察使德文、口北道明琦、知府博尔敦、怀安知县何燧，甚至山西巡抚鄂宝、直隶总督杨廷璋也为此受到申斥。④ 为了慰问土尔扈特蒙古首领沿途的辛劳，乾隆两次遣专人送荷包等，"权且分赏来朝之众"，并谕告"待伊等抵达避暑山庄后，仍赐宴恩赏多样朝物"。⑤

1771 年 10 月中旬（乾隆三十六年九月上旬），渥巴锡一行在额驸色布腾巴勒珠尔陪同下，如期抵达木兰围场的伊绵峪。⑥ 渥巴锡在承德的活

---

① 中国第一历史档案馆藏，满文土尔扈特档，乾隆三十六年七月一日折，第 8 件。

② 《高宗实录》卷 887，仅记渥巴锡离伊犁的日期。关于赴承德的路线，可参阅中国第一历史档案馆藏，满文土尔扈特档，乾隆三十六年七月五日折，第 4 件。

③ 中国第一历史档案馆藏，满文土尔扈特档，乾隆三十六年七月五日折，第 5 件。

④ 参阅《高宗实录》卷 892，乾隆三十六年九月二日，卷 892，乾隆三十六年九月十三日。

⑤ 中国第一历史档案馆藏，满文土尔扈特档，乾隆三十六年七月九日折。

⑥ 渥巴锡抵达木兰围场的日期，目前尚未见到。8 月上旬清政府曾估计渥巴锡可于 9 月 2 日、3 日抵承德（见中国第一历史档案馆藏，满文土尔扈特档，乾隆三十六年八月十日折，第 6 件）。到 8 月 17 日，乾隆谕色布腾巴勒珠尔，定九月八日在木兰围场伊绵峪接见渥巴锡，故务必在此之前赶到（见中国第一历史档案馆藏，满文土尔扈特档，乾隆三十六年八月十七日折），事实上，9 月 8 日如期接见，因此渥巴锡抵达时间不会晚于 9 月 7 日。另，渥巴锡一行离开伊犁时是由舒赫德陪同的，后因安置土尔扈特部众的事务繁重，7 月中旬，当舒赫德行至巴里坤以西木垒之时，接到了乾隆令其返回伊犁主持安置工作的谕旨，而渥巴锡即由赶来迎接的色布腾巴勒珠尔陪同赶赴承德（见中国第一历史档案馆藏，满文土尔扈特档，乾隆三十六年七月二十二日折，第 3 件）。

动以 10 月 23 日（乾隆三十六年九月十六日）为界分为前后二段：10 月 15 日（乾隆三十六年九月八日）至 10 月 23 日（乾隆三十六年九月十六日）在木兰围场，10 月 24 日（乾隆三十六年九月十七日）至 11 月 6 日（乾隆三十六年九月三十日）在避暑山庄。

10 月 15 日（九月初八）傍晚，渥巴锡在木兰围场伊绵峪觐见乾隆，进献礼品。① 乾隆以蒙古语垂询渥巴锡，② 在蒙古包里以茶食招待了他们。次日，即九月初九，乾隆在伊绵峪围猎营地设盛宴，参加筵宴的大臣权贵、内外蒙古王公和卫拉特诸部首领有 86 人。③ 渥巴锡等人在苍山滴翠、枫林似火的伊绵峪参加规模盛大的一年一度的围猎。正好先期来归的杜尔伯特部车凌乌巴什以围班扈跸行围，舍楞与车凌乌巴什是老相识，二人在围场相见，大喜过望，"握手欢语移时，誓世为天朝臣仆"，④ 一时传为佳话。

渥巴锡等随乾隆放围 3 天至 10 月 20 日（九月十三日），即按原计划，随同乾隆经博尔城行宫、中关行宫于 10 月 24 日（九月十七日）抵避暑山庄。

按清政府预定"爰于九月十七日抵达避暑山庄时，乃即传谕伊等受封之"，⑤ 因此，当抵达后，即颁布封爵谕令，⑥ 对来归的土尔扈特蒙古大小首领均予封爵。渥巴锡封为乌讷恩素珠克图旧土尔扈特部卓哩克图汗，其他首领也分别授爵。曾参加渥巴锡 1770 年秋在维持梁卡召开，并决定武

---

① 《高宗实录》卷 892，乾隆三十六年九月八日。关于进献礼品，实录中未见详载，从乾隆所撰写的《七宝》《银削刀》等诗作可知，渥巴锡等进献礼品有此二物（见《高宗诗文十全集》卷 9）。在中国第一历史档案馆藏，满文土尔扈特档中却有一张进献礼品的清单："渥巴锡恭进：撒袋一付，箭三十支，弓一张，钟表一个，十样景一个，刀子一把，腰刀一把"；"策伯克多尔济恭进：手枪二杆，腰刀一把"；"舒楞恭进：表一个，弓一张"（见乾隆三十六年九月八日折，第 3 件）。
② （清）祁韵士：《皇朝藩部要略》卷 14《厄鲁特要略六》。
③ 中国第一历史档案馆藏，满文土尔扈特档，乾隆三十六年九月六日，第 3 件。
④ （清）祁韵士：《皇朝藩部要略》卷 14《厄鲁特要略六》。
⑤ 中国第一历史档案馆藏，满文土尔扈特档，乾隆三十六年九月十五日折，第 6 件。乾隆《木兰旋跸兰避暑山庄，即事有作》一诗的夹注中曰："土尔扈特台吉渥巴锡等，于木兰入觐后，即令其随至山庄，将行宴赉，是日先加封爵，并视其秩，予以章服有差"（《高宗诗文十全集》卷 9）。
⑥ 参阅《高宗实录》卷 892，乾隆三十六年九月十四日条。事实上封爵名册早在八月间即开始酝酿，参照了杜尔伯特部封爵之例，并考虑到首领人物在东返中的作用，所率众的多寡，以及在土尔扈特部中政治地位的高低等方面因素，几经修改才确定，实录所载，即为正式颁布之定本。

装起义重要会议的成员：策伯克多尔济、舍楞、巴木巴尔，① 分别封为：乌讷恩素珠克图旧土尔扈特部布延图亲王、青色特奇勒图新土尔扈特部弼哩克图郡王、毕锡呼勒图郡王，均为封爵之首。经渥巴锡推荐，另一个参加维持梁卡会议并在东返过程中起了重要作用的达什敦多克，被封为一等台吉。② 其他重要首领如恭格为巴图色特奇勒图和硕特部土谢图见勒，默门图为济木哈朗贝勒，沙喇扣肯为乌察喇勒图贝子，奇布腾为伊特格勒贝子，雅兰丕尔为阿穆尔聆贵贝子。

10 月 25 日（九月十八日），即渥巴锡抵达避暑山庄次日，乾隆即在澹泊敬诚殿（俗称楠木殿）接见渥巴锡一行，之后又在四知书屋和卷阿胜境个别召见渥巴锡并与之长谈，渥巴锡向乾隆面述悲壮的东返征程和祖辈的光荣历史。渥巴锡在避暑山庄住了近半个月，参加了清政府举行的所有盛典，"赐宴万树园及溥仁寺，命设灯宴，观火戏"。③ 10 月 27 日（九月二十日），正值普陀宗乘之庙落成典礼，渥巴锡等与喀尔喀、内蒙古、青海、新疆等地的少数民族王公贵族一起瞻仰礼佛，参加盛大法会。因渥巴锡等系初次参加如此盛典，乾隆专下谕旨："将土尔扈特辈，则使着其衣"④，也就是要他们穿戴符合盛典之礼仪，以示优待之意。乾隆还在普陀宗乘之庙内建立土尔扈特全部归顺记和优恤土尔扈特部众记两通巨型石碑，以资纪念。

山庄活动的另一项重要内容则是对土尔扈特王公们实行厚赏。赏赉本是清政府对少数民族进行统治的一项传统政策，对土尔扈特王公的赏赉则集中在避暑山庄进行。渥巴锡等在山庄停留期间，除一次赏给渥巴锡银 5000 两，策伯克多尔济银 4000 两，舍楞银 3000 两外，⑤ 几乎每宴必赏，赏赐名目繁多，而每次渥巴锡所得赏赐，与诸少数民族王公、参加筵宴的权贵大臣相比，均列首位。⑥ 11 月 6 日（九月三十日）始"一日启行一

① 诺伏列托夫：《卡尔梅克人》，第 42 页。
② 中国第一历史档案馆藏，满文土尔扈特档，乾隆三十六年九月十六日折，第 4 件。
③ （清）祁韵士：《外藩蒙古回部王公表传》卷 102《土尔扈特部总传》。
④ 中国第一历史档案馆藏，满文土尔扈特档，乾隆三十六年九月十九日折，第 1 件。
⑤ 中国第一历史档案馆藏，满文土尔扈特档，乾隆三十六年九月（下），全宗 1696：2 号。
⑥ 在满文土尔扈特档中存有乾隆在第一次万树园宴，以及第二、三、四次勤政殿看戏时的赏物清单，因篇幅过多，仅将清单所载渥巴锡所得赏物分列于次：第一次万树园宴，小卷八丝缎 13 匹，10 卷五丝缎 13 匹，绸绫 15 匹。第 2 次勤政殿观戏，玉如意 1 柄，鹅黄辫云产石朝珠 1 盘，鹅黄辫花大荷包 1 对，小荷包 1 对，洋瓷鼻烟壶 1 个，珐琅器 45 件，玻璃器皿 15 件。第 3（转下页）

起"，渥巴锡等分 4 批先后离开承德。据载，首批启程的是渥巴锡、舍楞、沙拉扣肯；第二批是默们图、恭格；第三批是策伯克多尔济、雅烈玉兰；第四批则为余下的有病人员等。①

清政府作为统一多民族的封建国家，其在边疆地区少数民族的统治上，主要采取"恩威并施""剿抚并用"的方针，即一方面对少数民族反清力量实行武力镇压与军事统治；另一方面，对其上层人物则施之以怀柔、拉拢措施，正如乾隆自己所说："天朝之于外藩，恭顺则爱育之，鸱张则剿灭之。"② 这正是清政府民族统治政策的基本原则，而清政府对远道来归的土尔扈特王公所实行的措施，也正是其民族统治政策中"恩""抚"方面的具体体现。

渥巴锡承德之行的积极成果是这一历史事件的主要方面。但是，我们还应看到问题的另一方面，即渥巴锡通过承德之行，接受了清政府众封以分其势的统治政策。乾隆多次指示：渥巴锡、策伯克多尔济、舍楞断不能"共处一地，务必别择较远之所分住之，方裨益于事"，"在放盟长、协理将军时，伊等三人，朕亦个别放之"。③ 对此，渥巴锡曾表示过异议，提出自己仍是统辖土尔扈特蒙古的汗王。但在当时形势下，想与清政府抗衡，显然是力所不及的，加上自己的主要伙伴策伯克多尔济的争权、舍楞的离心，原先团结一致的领导核心，此时已不复存在，致使渥巴锡面对坚持推行众建以分其势之策的清政府，政治上陷于被动。

前文已述，为争夺土尔扈特蒙古的汗权，策伯克多尔济与渥巴锡本来就存在矛盾，只是在民族矛盾尖锐，并上升为主要矛盾时，他们才团结一致、共同对敌。东返胜利后，形势发生了变化，潜在的矛盾又趋上升。原先汗权之争以争东返领导之功的形式表现出来，即如清政府所说："策伯克多尔济却以此次归顺者，皆出自伊意而为者，故不可封渥巴锡为汗，而

（接上页）次勤政殿观戏，章绒 6 匹，小卷八丝缎 6 匹，大呢 2 匹，黄缎 2 匹，小呢 2 匹，铜手炉 1 件，细镜 1 件，铜盆 1 件，洋瓷带钩 1 幅，利膊 1 块，象牙扳指套 1 件，皮火爄 1 把，念珠 1 串，玉盃 1 件，西洋布手巾 1 条，漆器 6 件，牙套 2 件。第 4 次勤政殿观戏，鼻烟 2 瓶，香 2 盒，瓷镴 10 件，瓷器 20 件（内盛佛手），中普洱茶 8 个。参阅满文土尔扈特档，乾隆三十六年九月（上）3 全宗 1696；1 号。

① 中国第一历史档案馆藏，满文土尔扈特档，乾隆三十六年九月二十四日，第 1 件。
② 《清高宗实录》卷 1023。
③ 中国第一历史档案馆藏，满文土尔扈特档，乾隆三十六年九月十一日，第 2 件。

应封伊为汗，颇露争执之貌。"① 及至被"封其为亲王，多加赏赉后，伊尚感悦备志，毫无胸怀异心之状"。② 至于舍楞，由于得到清政府的宽宥，感恩戴德，合掌叩首，及至受封为青色特奇勒图新土尔扈特部弼哩克图郡王，任盟长后，更是多次表示："我之愿望，亦是此也。"③ 他在离开承德前夕曾向清廷官员说："吾为有咎于大皇帝之人，惧罪逃离国土，投奔俄罗斯，原非与旧土尔扈特等共处"，此次"蒙皇恩殊厚，均出乎意料"，而"无法报答于万一，殊为感激"。④ 显然，此时此地渥巴锡当然不可能获得他们的支持，以便从清政府处争得更多的自主权力。渥巴锡清醒地认识到严酷的现实，放弃了对全部土尔扈特部众的统辖权，而将自己主要精力放在协助清政府安置部众，以期让自己的部众尽快地走上重建生活的道路。这于渥巴锡个人来说，无疑是痛苦的选择，然而，渥巴锡的这一选择，在客观上却有利于统一多民族国家历史进程的发展。

　　清政府在对土尔扈特蒙古实行收抚政策的过程中，还和俄国政府展开了一场针锋相对的外交斗争。

　　早在1771年4月（乾隆三十六年三月），清政府得悉土尔扈特蒙古东返消息时，对能否接纳"俄罗斯叛臣"的问题上，乾隆即做了认真考虑，他指出："此厄鲁特、乌梁海等，亦为我之臣仆，前次尔等出奔，俄罗斯应遣还，反而接纳安置，实为不近情理耶，今尔等已向对主求恩归顺，再无送还之理。"⑤ 乾隆视土尔扈特部为臣民，因此理应接纳安置，所谓俄罗斯叛臣，乃是无稽之谈。这一基本思想，以后一再重申，成为清政府制定对土尔扈特蒙古收抚政策的政治前提，也是清政府与俄国交涉的基本出发点。

　　理藩院在1771年8月13日（乾隆三十六年七月四日）致俄罗斯萨纳特衙门（枢密院）的咨文中明确宣称：土尔扈特渥巴锡等"并非以我之武力征服者，亦非从俄罗斯设计骗取者，只因伊等居于俄罗斯忍受不得，希冀承蒙朕恩，原作村俗，精诚寻来者也。既是如此恭顺归附，岂有挐与

① 中国第一历史档案馆藏，满文土尔扈特档，乾隆三十六年九月十一日，第2件。
② 中国第一历史档案馆藏，满文土尔扈特档，乾隆三十六年九月二十八日折，第4件。
③ 中国第一历史档案馆藏，满文土尔扈特档，乾隆三十六年九月二十五日折，第5件。
④ 中国第一历史档案馆藏，满文土尔扈特档，乾隆三十六年十月一日折，第2件。
⑤ 中国第一历史档案馆藏，满文土尔扈特档，乾隆三十六年三月二十二日。

交俄罗斯治罪之理乎？此绝不可行之事"。①

俄国政府当然不甘心自己的失败，就土尔扈特回归一事与清政府纠缠。1772 年（乾隆三十七年），俄国萨纳特衙门再次行文理藩院，要求将土尔扈特交还俄方，甚至以武力相威胁。清政府于八月当即由理藩院复文，据理驳斥，② 其要点如下：

第一，俄国政府来文称："邻近各邦，向无容留属人之例"，清政府不应收留土尔扈特。清政府答复："土尔扈特渥巴锡人等，与尔别一部落，原非属人，自准部入居尔境，尔国征调烦荷，不堪其苦，率众来投。我皇上为天下共主，抚驭众生，岂有将愿为臣仆之人拒而不纳之理？"

第二，俄国政府来文称，土尔扈特来时，将俄国"噶必丹官名都珰（即杜丁大尉——引者），并一百五十余名俄罗斯带出"，要求放回。清政府答复："尔等明知土尔扈特不可复得，冀得俄罗斯数人，以全颜面，为此取巧之词。"

第三，俄国政府来文称，清政府如不满足俄方要求，就是"不守和好，恐兵戈不息，人无宁居"，公然以武力恫吓。清政府答复，"或以兵戈，或守和好，我天朝惟视尔之自取而已。……大皇帝惟欲安抚众生，必不肯轻信人言即废和好。如尔等欲背弃前议，则亦听之"。③ 表明清朝政府信守《尼布楚条约》，但绝不会屈服于俄国的武力威胁。

同时，清政府通知伊犁将军舒赫德和渥巴锡，指出俄国政府来文的"诬妄"，说明来归的土尔扈特部众"断无给伊（俄国）之理"，④ 清政府在这次外交斗争中，由于理直气壮，义正词严，致使俄国的无理要求，终未得逞。

二　土尔扈特诸部在新疆各地的定居

在承德优赏土尔扈特贵族上层的同时，清政府对土尔扈特人民也及时采取了赈济措施。土尔扈特人民经过长途跋涉，艰苦奋斗，几乎丧失了所

① 中国第一历史档案馆藏，满文土尔扈特档，乾隆三十六年七月四日折。
② 《清高宗实录》卷914，乾隆三十七年八月丙寅（四日）。
③ 《清高宗实录》卷914。
④ 《清高宗实录》卷914。

有的牲畜，很多人衣不遮体，靴鞋俱无。时虽夏季，但西陲晨夕的凉风依然袭人，形容枯瘠、疲惫不堪的土尔扈特人民仍处于冻馁交迫之中。据清方档案对回归到察林河畔土尔扈特人民的描述："其投来者内，皆为老弱孤独，妇女幼儿甚众，摇晃行走而来。至其游牧处观之，则饥馑疲惫者甚多。……频频叩首痛哭求乞，看来已是甚为窘迫。"① 而"策伯克多尔济所率之近百人，马驼混骑，驼上亦有双人骑者，马驼膘瘦，多露疲惫不堪之貌"。② 舒赫德在给乾隆的奏报也说："目睹其穷困情况，实堪悯恻。"③ "其幼孩有无一丝一寸缕者。"④ 乾隆对处于饥馑疲惫之中的土尔扈特人民及时采取了措施，他命舒赫德等"分拨善地安置，仍购运牛羊、粮食，以资养赡，置办衣裘庐帐，俾得御寒"。⑤ 据《优恤土尔扈特部众记》载：伊犁将军舒赫德负责全面的赈济工作，对土尔扈特人民"口给以食，人授之衣，分地安居，使就米谷而资耕牧"。张家口都统常青负责提供"牧群之孳息，驱往供馈"；而陕甘总督吴达善则负责"发帑运茶，市羊及裘"；并且责成西安巡抚文绶到"嘉峪关外，董视经理"。在短短的几个月里，从新疆、甘肃、陕西、宁夏及内蒙古等地调集支援土尔扈特部众的物资计有："马牛羊 20 余万头，米麦 4 万多石，茶 2 万余封，羊裘 5 万多件，棉布 6 万多匹，棉花近 6 万斤"，以及大量毡庐等。这些物资真是雪中送炭，及时帮助土尔扈特人民度过了困难，使他们在祖国牧土上"皆安居得所"。

清政府对土尔扈特蒙古的收抚政策是一个完整的体系，有着丰富的内容。"收"是这一政策的前提，"抚"则为其根本。对远道而来的土尔扈特蒙古（包括他们的首领）接纳、收抚，这一点在乾隆三十六年三月至五月间已经确定，而如何安置、管理土尔扈特，可以说直到渥巴锡到承德之后，才逐渐得以完善。"抚"的内涵远比"收"更为复杂，其核心则是优待上层、安置部众，从而达到统治整个土尔扈特部族的根本目的。为达到上述目的，清政府对土尔扈特部采取了对少数民族传统的统治政策，即众

---

① 中国第一历史档案馆藏，满文月折档，乾隆三十六年六月二十三日折。
② 中国第一历史档案馆藏，满文月折档，乾隆三十六年六月十八日折。
③ 《清高宗实录》卷889，乾隆三十六年七月丁巳。
④ 《清高宗实录》卷889，乾隆三十六年七月辛酉。
⑤ 《土尔扈特全部归顺记》（碑文）。

建以分其势的措施。

本来，乾隆对土尔扈特蒙古的安置，有一总体设想，他曾指出："土尔扈特、绰罗斯等，理宜指地令居，若指与伊犁之沙喇伯勒等处，附近西边，易于逃窜；乌鲁木齐一带又距哈密、巴里坤卡路甚近。朕意令居住塔尔巴哈台东、科布多西之额尔齐斯、博罗塔拉、额密勒、斋尔等处地方。"① 但后来考虑到承德入觐结束时，已到深秋季节，塞外边陲之地早已冰封雪飘，因此清政府在 7 月间提出如下补充措施："为使厄鲁特等免遭损亡，即先于分别指地遣往，暂住斋尔越冬，待明年春季再行前往。"② 但清政府为了尽快实现"指地安置伊等，务以间隔而居之"的意图，③ 在 1771 年（乾隆三十六年）秋冬即根据对首领分封情况进行了安置。

1771 年 11 月上旬（乾隆三十六年十月初），舍楞在清政府官员吉福、阿育锡陪同下"率其属众，移往科布多、阿尔泰一带，以耕牧为业"，"择地越冬，来年进驻水草丰美，亦耕亦牧之处"④，并任命"舍楞为盟长，沙喇扣肯副之，以便严加约束其属下"。⑤ 次年 5 月（四月），"舍楞被安置在阿尔泰乌拉台地方，与杜尔伯特同居之"。⑥

1772 年 1 月（乾隆三十六年十二月），策伯克多尔济"移驻和布克赛尔"。策伯克多尔济以"该处水草俱佳，殊甚感激"，俟其弟奇哩布"病愈，即迁入霍博克赛里"。⑦

到乾隆三十七年春，对土尔扈特部众安置，据档案资料所记，其情况大致如下："和硕特游牧已移居珠勒都斯，郡王巴木巴尔游牧移居济尔噶朗，贝勒默们图游牧移居精河，渥巴锡游牧移居斋尔等地，策伯克多尔济等游牧移居和布克赛尔。"⑧

由于东返征程，损失过重，定居之初，仍困难迭生，特别是渥巴锡所属部众。据返归之初清政府的实地调查，渥巴锡所属部众有 8251 户，

① 《清高宗实录》卷 887，乾隆三十六年六月十八日。
② 中国第一历史档案馆藏，满文土尔扈特档，乾隆三十六年七月二十二日折。
③ 中国第一历史档案馆藏，满文土尔扈特档，乾隆三十六年九月十日折，第 1 件。
④ 中国第一历史档案馆藏，满文土尔扈特档，乾隆三十六年十月九日折，第 3 件。
⑤ 中国第一历史档案馆藏，满文土尔扈特档，乾隆三十六年十月十日折，第 1 件。
⑥ 中国第一历史档案馆藏，满文土尔扈特档，乾隆三十七年四月十一日折。
⑦ 中国第一历史档案馆藏，满文土尔扈特档，乾隆三十六年十二月三日折，第 1 件。
⑧ 中国第一历史档案馆藏，满文月折档，乾隆三十七年二月二十九日折。

35909 人，[1] 加上附牧于渥巴锡的其他旧土尔扈特部，人数不会少于 4 万余众。当时遇到的困难主要有：

第一，疫病流行。乾隆三十六年秋冬以来，天花在渥巴锡所属部众中流行，几个月时间，出痘而亡者"已达三千三百九十余人"。[2] 在这场天灾肆虐中，渥巴锡的家庭也遭到了巨大不幸，他的妻子、女儿、母亲以及幼儿相继于乾隆三十六年十月二十二日，十一月五日、十二月下旬出痘病殁。[3]

第二，务农不善。土尔扈特归国之初，清政府在慷慨赈济同时，为了今后便于对该部的统治，认为"倘使伊等只从事于繁衍牲只，并行狩猎，则其力量未免逐渐强大，一旦强大，绝非好事"，因而提出："导其多加务农，尚裨益于事"。[4] 由于土尔扈特世代以放牧为主，不谙农事，虽发放种子、耕畜、传授技术，仍收益甚微，特别是渥巴锡所属部众，又遭疫病侵袭，致达生计不敷的境地。清政府在一则报告中说："去岁（乾隆三十七年）土尔扈特、和硕特游牧中，除土尔扈特贝勒默们图之游牧外，其余游牧所种谷物俱皆歉收。"[5]

为摆脱困境，渥巴锡多次向清政府要求移地放牧，终获允准。渥巴锡选定了气候适宜，水草丰美的珠勒都斯草原作为新的游牧地，并派人会同清朝官员共同踏勘。1773 年 9 月中旬（乾隆三十八年七月末、八月初），渥巴锡率所部分六队在"厄鲁特兰翎伊斯麻里及熟悉道路之回子噶杂那奇伯克买麻特克里木"向导带领下，向珠勒都斯草原移牧。至此，土尔扈特诸部的游牧地基本确定，并沿袭至今。

渥巴锡所领之地称旧土尔扈特，划分为南、北、东、西四路，分设四盟，各立盟长，颁发官印。它们是：南路，在喀喇沙尔（今焉耆）北裕勒都斯草原，置四旗，渥巴锡为盟长；北路在霍博克赛里，置三旗，策伯克多尔济为盟长；西路在精河县一带，置一旗，默们图为盟长；东路在库尔喀喇乌苏（今乌苏市）一带，置二旗，巴木巴尔为盟长。

---

① 参阅马大正《土尔扈特蒙古东返人、户数考析》，《历史档案》1983 年第 1 期。
② 中国第一历史档案馆藏，满文土尔扈特档，乾隆三十六年十二月二十八日折，第 2 件。
③ 中国第一历史档案馆藏，满文土尔扈特档，乾隆三十六年十二月三十、十二月十日折，12 月 28 日折，第 1 件。
④ 中国第一历史档案馆藏，满文土尔扈特档，乾隆三十六年九月十日折，第 1 件。
⑤ 中国第一历史档案馆藏，满文月折档，乾隆三十八年八月二十二日折。

舍楞所领之地称新土尔扈特部，划牧于科布多、阿勒泰地区，置二旗，舍楞为盟长。

和硕特恭格部，游牧于博斯腾湖畔（今和硕县一带），置四旗，恭格为盟长。

上述分牧新疆各处的土尔扈特各盟，由喀喇沙尔办事大臣、塔尔巴哈台领队大臣、库尔喀喇乌苏领队大臣分别管辖，而由伊犁将军总理其事。

土尔扈特各部在新疆定居之初，部族中相互盗窃之事时有发生，甚至"纠合数人，乘夜抢掠""打伤多人，掠去什物"。[①] 渥巴锡为了保持部众安定，维持地方秩序，经过酝酿，于乾隆三十九年正月颁行防盗法纪六条[②]在部内施行。综其内容有如下几个方面：

第一，健全管理体制、明确管理职责。"宰桑管辖之人中，十户设大甲长一、小甲长一，管辖、统一放牧"，有作盗者，甲长有责罚"作盗者骆驼一峰"，"若庇护贼徒，按其情节之轻重治罪甲长"，与作盗者"均分赃物者，则治同罪"。

第二，奖惩分明、杜绝偷盗。奖励检举作盗者之人，若受到刁难，"按伊之自愿，移居其他之昂吉游牧"，"若有擒拿作盗者，则将贼徒之财产、牲畜全部赏给擒获盗贼之人"。宰桑凡对属下作盗者知而不报，"罢去宰桑之职，没收其村属，交与他人，鞭笞三十，枷号三十日。"

由于上述防盗法纪的实施，致使渥巴锡在部族中有效地控制了偷盗事件的蔓延，保证了游牧生活的安定。渥巴锡制定的防盗法纪，也促使其他部落管理上的完善。游牧于博斯腾湖畔的和硕特部布彦楚克不久也制定了法纪10条，颁布施行，[③] 内容基本上与渥巴锡颁布的防盗法纪6条相类同，只是扩大了甲长的权限，并增加了制止部众逃亡的条例。

1775 年 1 月 9 日（乾隆三十九年十二月八日），渥巴锡因病逝世，终年 33 岁。他在弥留之际，还对其部众留下了"安分度日，勤奋耕田，繁

---

① 中国第一历史档案馆藏，满文月折档，乾隆三十九年一月四日折。

② 防盗法纪在《清实录》和有关汉文史籍中均未记述，今从中国第一历史档案馆所藏之满文月折档，乾隆三十九年正月初四伊勒图奏折的附件中发现。此处所引防盗法纪内容均引自此，不另注明。

③ 布彦楚克的 10 条法纪，同样未见于《清实录》和其他汉文史籍。仅见于中国第一历史档案馆藏，满文月折档，乾隆三十九年一月二十七日折之中。

衍牲畜，勿生事端，致盼致祷"① 的遗言。乾隆闻讯后，即派"乾清门侍卫鄂兰，驰驿前往游牧处奠祭"。② 同年三月初王鄂兰一行远涉千里抵达渥巴锡游牧地，慰问致祭，并向渥巴锡之妻宣读谕旨："渥巴锡自归顺以来，一切甚为恭顺，惊悉渥巴锡汗之噩耗，殊为恻怜，今按律例，汗之封号，令策凌纳木扎尔承袭。"③

渥巴锡短促一生的政治活动，可以 1771 年他领导土尔扈特蒙古东返祖国为界，分为前后两期，其前期完成了摆脱俄国民族压迫，率部胜利东返祖国的壮举；其后期则是在当时历史条件许可的情况下，实现了使自己部众在故土开始新的游牧生活。我们可以看到，渥巴锡一生业绩贯穿一个思想，即是始终为了本民族的生存和发展。为达此目的，在组织领导东返斗争时，不畏强暴，大智大勇；在回国后安置部众时，又能审时度势、忍辱负重，终于完成了历史赋予他的使命。试想，如果回国后，渥巴锡仍坚持要统辖回归之全部土尔扈特蒙古，必将激化与清政府的矛盾，这对数万土尔扈特人民来讲，其后果是难以设想的。"判断历史的功绩，不是根据历史活动家没有提供现代所需求的东西，而是根据他们比他们的前辈提供了新的东西。"④ 渥巴锡只能完成 18 世纪历史条件允许他完成的业绩，正是在这一点上，渥巴锡不仅超过了他的前辈，即与他的同辈相比，也略胜一筹。因此，作为一位有所作为的历史人物，渥巴锡以他的炽热的爱国主义精神，顽强不屈的反抗俄国奴役的决心，组织、领导史诗般的东返斗争中所表现出的才智，为我们统一多民族国家的发展做出了自己的贡献。今天我们应该用金色大字将渥巴锡的名字载入中华民族历代民族英雄的谱册之中。

至于土尔扈特人民真正的解放，如恩格斯所说："只有无产者才能够消灭各民族的隔离状态。只有觉醒的无产阶级才能够建立各民族的兄弟友爱。"⑤ 事实证明，只有在今天我们伟大社会主义国家里，居住在我国的

---

① 中国第一历史档案馆藏，满文月折档，乾隆四十年二月十一日折，遗言系据渥巴锡之妻派往伊勒图处之侍卫蒙库济尔噶尔所述。
② 《高宗实录》卷 973，乾隆三十九年十二月二十七日。
③ 中国第一历史档案馆藏，满文月折档，乾隆四十年四月初三日折。
④ 《列宁全集》第 2 卷，人民出版社 1959 年版，第 150 页。
⑤ 《马克思恩格斯全集》第 2 卷，人民出版社 1957 年版，第 666 页。

土尔扈特人民，才能在政治上获得平等与解放，并在开发和保卫自己祖国的边疆中做出巨大的贡献。

（本文首发于马汝珩、马大正《漂落异域的民族：17—18世纪的土尔扈特蒙古》第十章，中国社会科学出版社2003年版）

清末土尔扈特蒙古郡王帕勒塔述论

近十余年来，经过中国蒙古史学家共同努力，卫拉特蒙古史研究，特别是17—18世纪的卫拉特蒙古史研究取得了长足的发展。基于此，在历次蒙古史和卫拉特蒙古史学术讨论会上我曾吁请学者们将研究视点移向17世纪以前和19世纪以后的卫拉特蒙古史研究。20世纪80年代中期我在检阅清末期刊篇目时，偶尔发现了1904年《东方杂志》上刊有《蒙古土尔扈特郡王呈外务部代奏因时变法请假出洋游历折》和《蒙古土尔扈特郡王整顿政治条陈》两则材料，这对治卫拉特蒙古史多年的我，是有很大吸引力的。因此当我和马汝珩教授在完成了《漂落异域的民族——17至18世纪的土尔扈特蒙古》一书后，[①] 即开始了19世纪以来卫拉特蒙古史的资料收集工作。只是其他研究项目接踵而来，资料收集工作时续时断。现据已收集的资料，草成本文，以图补近代土尔扈特蒙古历史上一个小小的研究空白。

一 帕勒塔家世与他的改革主张

上述两则奏折均系新疆东路土尔扈特郡王帕勒塔所奏。在《清德宗实录》光绪三十年（1904年）二月丁丑（28日）条中有如下记载："本日政务处奏，旧土尔扈特郡王帕勒塔，筹拟蒙古新政事宜十二条代奏一折，着政务处、外务部议奏。"[②] 成书于稍后的《清史稿》也记有帕勒塔请求

---

① 本书已于1991年由中国社会科学出版社出版，2003年修订再版。
② 《清德宗实录》卷527，页11下。

出洋考察一事，其文如下："清末，袭郡王者帕勒塔赏请出洋。"①

帕勒塔，新疆东路旧土尔扈特扎萨克多罗毕锡呼勒图郡王，号葆真。②其传承如下：③

> 一世：巴木巴尔，乾隆三十六年（1771）授扎萨克一等台吉，赐号毕锡呼勒图郡王，乾隆三十九年（1774）卒。
>
> 二世：车凌德勒克，初授一等台吉，乾隆三十九年袭，四十年授东路（库尔喀喇乌苏土尔扈特）盟长，赐印，四十八年（1783）诏世袭罔替，乾隆五十六年（1792）病罢。
>
> 三世：巴特玛乌巴锡，乾隆五十七年袭。
>
> 四世：那木札勒车登，嘉庆二十二年（1817）袭，道光二十五年（1845）卒。
>
> 五世：巴图，道光二十五年袭，同治十三年（1874）卒。
>
> 六世：巴雅尔，光绪元年（1875）袭。
>
> 七世：帕勒塔，光绪二十四年袭。

美国学者波尔曼西诺夫据1973年10在台北访问帕勒塔长子敏珠多尔济，所记述的帕勒塔传承为：巴木巴尔→巴德玛乌巴锡→车凌德勒克→巴图→巴雅尔→帕勒塔。显然是有误，我们仍应以清代文献记载为准。但波氏对帕勒塔兄弟与子女的记载可引述如下：帕勒塔有弟铁木耳金（？—1912），长子敏珠多尔济（1903—1975）、次子策登道尔济（1914— ）、长女尼尔吉玛（1907—1983）、次女色尔卓（1913—1930）。④

从系谱传承可知，帕勒塔出身于土尔扈特蒙古显贵名门。其祖先巴木巴尔是乾隆三十六年（1771）与渥巴锡共同率领土尔扈特蒙古近17万人东归故土的著名首领之一。清朝政府封爵东路旧土尔扈特扎萨克多罗毕锡呼勒图郡王，出任盟长。其父巴雅尔于光绪元年（1875）承袭。帕勒塔出

① 《清史稿》卷523，列传310，藩部6，第48册，第14499页。

② 《最近官绅履历会录》，1920年铅印本，第74页。

③ 据《清史稿》《新疆图志》记述综合，并参阅高文德、蔡志纯《蒙古世系》（中国社会科学出版社1979年版）考订补充。

④ 见《国际中国边疆学术会议论文集》，台北：1985年，第1018页。

生于光绪八年（1882），光绪二十四年（1898）袭爵，时年16岁。① 光绪二十九年（1903），赏乾清门行走，光绪三十一年（1905），赏戴三眼花翎，② 成了居留北京的年轻蒙古王公。

有清一代，盟旗制度下的蒙古扎萨克王公，在政治上、经济上均得到清廷十分优厚的待遇。其中一项即是清朝政府制定的"朝觐"制度，亦称"年班"和"围班"制度。围班制度即木兰行围制度，但至乾隆朝后期已逐渐衰落。年班制度，是清政府规定的蒙古族和西北地区其他少数民族上层王公贵族每逢年节来京觐见皇帝的一种制度，年班制经久未衰，直至清末依然实行。参加年班的蒙古王公，分批于每年旧历新年入京觐见皇帝，参加御宴，受领赏赉。按律土尔扈特蒙古王公编入外扎萨克年班之第一班中。除此之外，还有部分蒙古王公及其子弟在宫廷"入直当差"，常年驻京。有的还受任例由清室亲贵充任的御前大臣、领侍卫内大臣、八旗都统等显赫官职。年班晋京、入直当差，既可经常出入宫廷，又可享受京城奢华生活，因此到清朝末年，常驻京城的蒙古王公逐渐增加，形成一个特殊的权贵集团。帕勒塔即是这一集团中的年轻成员，他往来于新疆、京城之间，可视为清末走出新疆的土尔扈特蒙古王公之第一人。

20世纪初时逢清廷推行新政，在北京的一些蒙古王公也愤于义和团运动失败后"帝后蒙尘"之辱，萌发兴学练兵、以图自强的决心。他们希冀清政府实施新政，通过君主立宪走改良之路，由开明专制进到君主立宪的日本维新式道路。于是扶桑之国——日本的现状成为一些蒙古王公的关注热点。1903年（光绪二十九年）冬，驻京蒙古王公头面人物之一，卓索图盟喀喇沁右旗世袭扎萨克多罗都棱郡王、兼卓索图盟盟长贡桑诺尔布，通过日本驻清朝公使内田康畿介绍，和御前大臣、喀尔喀亲王那彦图的长子祺承武、肃亲王善耆的长子宪章等人，各带仆人"未得清政府的许可，由天津私搭日本邮船东渡，此行除了参观正在神户开幕的博览会外，并与日本朝野名流接触频繁，特别是和陆军参谋本部次长福岛安正中将建

---

① 据德国旅行家赫尔曼·康斯登记载，帕勒塔的母亲是汉人。见波尔曼西诺夫《帕勒塔亲王》，《国际中国边疆学术会议论文集》，台北1985年版，第1020页。

② 《新疆图志》卷19，藩部4，《土尔扈特和硕特爵号世次表》。

立了密切的关系"。① 在当时清王朝高级统治集团成员中，如皇室亲贵、尚书、督抚、驻外使臣，都有一些人主张"变更政体、实行立宪"，提出出洋游历考察动议。1905 年（光绪三十一年）年底，清政府派五大臣赴欧美、日本考察政治。次年，五大臣回国奏请"仿行宪政"。出洋考察、革新政治、推行新政，在当时一些封建王公中成为时尚。显然，这一切对于光绪二十九年（1903）"值年班来京"、年少气盛的帕勒塔具有极大的吸引力，在这股时潮影响下，他于 1904 年（光绪三十年）提出了《因时变法请假出洋游历折》和《蒙古土尔扈特郡王整顿政治条陈》。

帕勒塔痛心于外犯内忧，在《因时变法请假出洋游历折》中疾呼："近数十年，彼俄人大有觊觎而未割者，视如囊中之物，设一旦割去，奴隶视之，蹂践听之，已有印度、波兰、安南等代表也。"而当前"内外蒙古全部政治相沿至今，泄沓如故。上至王公不知时局艰难，粉饰太平，徒以旦夕歌舞为乐，下至黎庶不知自势难立，徒以饱食终日，为事日穷日危"。所以当此大清帝国大厦将倾之时，"若不及时图治，数年之后更不堪设想"。而"昔者蒙古尚能为天下，今者不能为身家，推其致弱之由，非蒙古之无智也，实无以开其智也"，因此"亟筹自励之余，必以开蒙古民智为先"。为此帕勒塔提出："赏假一年，赴欧美二洲各国悉心考查政治，并著蒙文书籍，俟游学旋毕后，请旨为使游说各部落，悔改苛政，发愤自励，群力维新，思图报效。但求有利于国，稍补于时，而舍效行西法一途，更无致富强之策。"②

帕勒塔本着"误国家者一私字，祸天下者一例字"的认识，"不拘旧例，妄拟条陈"，提出"举筹蒙古政治十二条"。③《蒙古土尔扈特郡王整顿政治条陈》仅见于《东方杂志》所刊，已不易查找，今录全文如下：④

第一条，蒙古各部落设大学堂，习洋文一分、汉文一分、蒙文一

① 吴恩和、邢复礼：《喀喇沁亲王贡桑诺尔布》，《内蒙古文史资料》第 32 辑，内蒙古人民出版社 1988 年版，第 5 页。

② 以上引文均见《东方杂志》第 1 卷第 4 期，1904 年 6 月 8 日。

③ 《蒙古土尔扈特郡王呈外务部代奏因时变法请假出洋游历折》，《东方杂志》第 1 卷第 4 期，1904 年 6 月 8 日。

④ 《东方杂志》第 1 卷第 4 期，1904 年 6 月 8 日。

分；中学堂，习汉、蒙文各一分；小学堂仅学蒙文一分。按蒙古各部落大小酌量分设。至大学堂应兼学体操法。即王公子弟亦均令一律入学堂。惟经费均在本地筹措，无用国家款项。其学堂一切事宜归各盟长管理。

第二条，蒙古各部落民人二十岁以上四十岁以下都入兵册，每人应二十年兵差。按五人抽一人充常备兵四年，四年期满接充后备兵十六年。二十年兵差应完将册名注销，除在常备以外，须各务其业，即王公子弟均著一律充当兵差，其一切事宜归盟长管理。

第三条，蒙古各部落地方寥廓，必须按该部落地段尽力开垦，若遇地广人稀之段，准招汉民耕种，照章完税，其开垦一切事宜归盟长管理。

第四条，蒙古各部落准其蒙汉来往通商，其各部落盟长应如何纳税俟奏准后再议。

第五条，蒙古各部落查有五金矿产，准蒙古富商开采，如汉富商在该部落禀称开采者，其矿课矿租均归该部落盟长收纳。

第六条，蒙古各部落宜分设工艺局，先制皮革、毡氇毡、布匹、绒毛毡、毡毯等物，售出价值除该留各项经费外，按年查核余利归公。

第七条，蒙古各部落宜分设报馆，须归官办，就大学堂地方开设，至报文用蒙、汉两文，汉文不用文法，只用白话，令阅者晓畅为要。

第八条，蒙古各部落自来牧养牲畜，拟按各部落养畜数目设局派员收税，归各部落盟长查核，照季呈缴归公开销。

第九条，蒙古各部落所设新政，须派汉员，公正廉明，通达时务，有省分道府州县等官，每盟拟设二员以备参谋顾问，如充当三年著有成效者，准其请旨奖励。

第十条，蒙古各部落盟长向来归理藩院奏请旨简放，拟请嗣后由各部落公举文理通达讲求时务之王公拟实正陪，奏明恭请特旨领放充当盟长，以期办事得力。

第十一条，蒙古各部落民间子弟除孤子不令当喇嘛外，其愿当喇嘛者限兄弟二三准其一人，兄弟五人准其二人，如兄弟过五人者不准加充喇嘛。

第十二条，蒙古各部落所拟举筹开浚利源各条，除学堂练兵等项经费外，如有余款，各部落盟长造具清册咨部查核，报效国家而充库帑。

上述十二项条陈，其内容包括了政治、经济、文化、宗教各个方面，反映了当时希冀依靠清政府进行自救的一部分封建贵族上层的政治主张，这些主张也明显地受到维新变法思潮和政见的影响。这在当时蒙古封建王公中还是不多见的。

帕勒塔考察欧美的计划未能实施，转而准备东渡扶桑。据芬兰著名阿尔泰学家兰司铁记述，1905年帕勒塔曾对来访的兰司铁说："他不打算待在北京，而想到日本旅行，进军事学校或大学学习。"① 1906年4月7日（光绪三十二年三月十四日），帕勒塔由天津大沽口搭上日轮横滨丸开始东渡扶桑的航程。② 抵神户后改乘火车于4月16日到东京，受到日本官方礼待。福鸟安正将军会见帕勒塔并陪同观赏樱花会。③ 帕勒塔在留日期间，曾入日本振武学校学习军事，④ 于1909年3月回到阔别三载的北京。⑤

二 从保皇到投靠北洋政府

1909年的中国，正处于大革命的前夜。

人民群众自发反抗斗争遍及全国各地，资产阶级革命派已从舆论宣传发展到发动武装斗争。1908年钦廉上思之役、河口之役、安庆之役，虽均遭清政府镇压，但武装推翻腐朽清王朝的星星之火已点燃，清王朝统治陷

---

① ［芬兰］古斯塔夫·约翰·兰司铁：《1898—1912年七次东方旅行记》，美国蒙古学会1978年印，第152页。

② 日本外务省外交史料馆藏，日本外务省人事厅皇室及礼仪类。访问接待宴会项，《关于土尔扈特王帕勒塔游历本邦（日本）之件》，第1件，《大清国公使杨枢致日本外务大臣信爵西园寺公望函》（光绪三十二年三月十三日）。

③ 日本外务省外交史料馆藏，日本外务省人事厅皇室及礼仪类，访问接待宴会项，《关于土尔扈特王帕勒塔游历本邦（日本）之件》，第3件，《日本驻大清国公使内田康哉致外务大臣西园寺公望函》（明治三十九年四月六日），及第9件、第10件。

④ 《最近官绅履历会录》，1920年铅印本，第74页。

⑤ 按：帕勒塔在日本的生活，除前引述的藏于日本的档案外，还未见到其他记载。1993年11月下旬，笔者在访问东京时曾有幸到外交史料馆查阅上述档案，该档案题为《关于土尔扈特帕勒塔游历本邦（日本）之件》，共收集了10件文献，时间是1906年4月至1909年3月。主要是清、日政府关于帕勒塔出访日本与回国的外交信件，对帕勒塔在日本的三年游历生活，并未记述。

入四面楚歌的绝境。清廷为摆脱危机，企图通过立宪来缓和国内民族矛盾和阶级矛盾，1906 年宣布"预备仿行宪政"，1907 年下令在中央设资政院，1908 年颁布了《各省谘议局章程》和《宪法大纲》，规定九年内完成"立宪"准备工作，1909 年各省谘议局也分别开会议政。各种政治势力以及他们的代表人物纷纷出现于当时的中国政治大舞台上。帕勒塔回国后即受到清政府器重，很快就任"陆军贵胄学堂蒙旗监学"，专司训练禁卫军。大臣载涛专门奏请"赏给藩属郡王（帕勒塔）爵章"。① 作为驻京蒙古王公的一员，如一位西方学者所言："帕勒塔无疑是杰出的知名人士，是当时蒙古王公中受到最好教育的王爷"②，他当然不甘于政治上默默无闻而沉溺酒色之中。综合各种史料可知，辛亥革命前夕居留北京的蒙古王公中的头面人物，在清廷御大臣中有喀尔喀赛音诺颜部扎萨克亲王那彦图、内蒙古科尔沁辅国公博迪苏；在八旗都统、副都统中有科尔沁扎萨克亲王阿穆尔灵圭、土默特扎萨克贝子棍布札布、科尔沁辅国公达赍、喀尔喀亲王那彦图之子祺诚武；在资政院钦定议员中有喀喇沁扎萨克郡王贡桑诺尔布、喀尔喀车臣汗部郡王多尔济帕拉穆，其他还有科尔沁扎萨克宾图郡王棍楚克苏隆、巴林扎萨克郡王札噶尔、奈曼扎萨克郡王苏珠克图巴图尔等等。这些蒙古王公中，那彦图是清朝前期平定准噶尔时的著名将帅、超勇襄亲王策凌之后，还兼任着领侍卫内大臣和列清朝八旗之首的镶黄旗满洲都统等显职；阿穆尔灵圭是僧格林沁的曾孙，博迪苏也是僧格林沁的裔孙，身为镶白旗汉军都统的阿穆尔灵圭，还受命为总司稽察守卫事宜王大臣、掌管整顿整个宫廷的侍卫，博迪苏也兼任首领侍卫大臣、八旗都统等职。贡桑诺尔布则是以"兴业变革"闻名的蒙古王公。③

辛亥革命前夕活跃在北京政治舞台上的蒙古王公，有的是清廷世勋功臣之后，跻身于统治集团核心，有的是少年得志、正欲在政坛一展雄心的人物。但他们都是蒙古封建贵族阶级的上层人物，其政治命运与清廷休戚相关，政治立场是反对革命，力图想通过清廷推行"新政"以"变革图

① 《宣统政纪》卷 49，第 12 页，宣统三年正月戊寅。
② 波尔曼西诺夫：《帕勒塔亲王》，《国际中国边疆学术会议论文集》，台北 1985 年版，第1022 页。
③ 参阅《宣统政纪》；吴恩和、邢复礼《喀喇沁亲王贡桑诺尔布》，《内蒙古文史资料》第32 辑；祺克泰、孟允升《蒙古亲王那彦图的政治活动及生活纪略》，《文史资料选辑》第 99 辑。

强"。因此，在清王朝行将灭亡的历史转折关头，他们必然是反对共和、反对革命。

1911年10月10日，武昌起义爆发，革命烈火迅速燃遍大江南北，清王朝的倾覆已成定局。在北京的蒙古王公为保护自身的封建特权，也积极展开了政治活动。在那彦图、贡桑诺尔布、博迪苏等首倡下，于12月24日成立了"蒙古王公联合会"，又称"旅京蒙古联合会""蒙古联合会""蒙古同乡联合会"。① 设总会于京师，还计划在蒙古各地设立分会。该会章程提出："本会以开通蒙古风气，改良政治，保存权利，联络全体，互相辑睦为宗旨"（第一章第一条）；规定"本会以蒙古汗、亲王、郡王、贝勒、贝子、公、扎萨克、议员及现有职任之台吉、他（塔）布囊、旗员等为会员"（第二章第二条）。② 从章程可看出，这是一个蒙古王公、显贵旨在"保存权利"，也即是保护自身封建特权的政治小团体。联合会成立后第三天，即1911年12月26日（宣统三年十一月初七），联合会以全体蒙古王公名义，向清廷内阁总理大臣袁世凯呈递信函，内称："代表等世居朔漠，久濯王灵，于大皇帝无二心，于强邻无异志"；恭维袁世凯是当今"分崩云扰"之际"只手擎天"的"再造中国四万万生灵者"，因此，希冀袁世凯"详示就里，以释群疑"；然后，这些驻京王公代表即将"此意通告内外各蒙藩，俾识德意，咸生爱戴"；通览全文，中心主旨即是面对革命剧变"痛心疾首，期复旧观"。③ 他们还联名提出意见书，维护"君主立宪"，保护盟旗制度，要求清廷"亟图整顿"，否则"局势甚为可危"。④

与此同时，驻京蒙古王公以内外蒙古10盟（部）135旗的名义，由外藩世爵中地位最高的科尔沁图什图业、达尔罕、卓里克图三亲王，及喀尔喀三汗并赛音诺颜亲王等联合署名，致电参加南北议和的民军代表伍廷芳，攻击以孙中山为代表的革命党人是"狭隘民族主义"，表示反对共和、

① 参阅渤海寿臣辑《辛亥革命始末记》第十一册《要件》；郭孝成《蒙古独立记》《辛亥革命》第七册，第290页。
② 渤海寿臣辑：《辛亥革命始末记》第八册《各省》。
③ 《蒙古代表那彦图等致内阁袁世凯函》（宣统三年十一月初七）、军机处函件档，《辛亥革命》第七册，第299—301页。
④ 参阅卢明辉《清代蒙古史》，天津古籍出版社1990年版，第369—370页。

拥戴清室。稍后，蒙古王公又给伍廷芳发了一封长达千余言的信函，指责民军方面不允议和罢兵，"必欲去此有名无实之君主"，以"致兵联祸结，陷万民于水深火热之中"，乃是"以共和为美名，日行专制之实际，较之旧政府且变本加厉"；声称："满蒙藏回土宇辽阔，几占全国之大半，其人民习惯只知有君主不知何谓共和，更深惧君子少数专制之共和。"信末威胁："如诸君子持己见，骛虚名，速实祸，以促全国之亡，则我蒙古最后之主张未便为诸君子宣布。"① 在上述分别致送南北双方函电信件上署名的王公，都是蒙古各盟旗中的显赫人物，但若稍加留意，其中不少蒙古王公实际并不在北京。如科尔沁亲王阿穆尔灵圭正在东北；鄂尔多斯贝子绷楚克车林在库伦蒙古办事大臣任上；喀尔喀蒙古车臣汗阿克旺那林、赛音诺颜亲王那木囊苏伦、土谢图汗部亲王杭达多尔济等正忙于参与库伦"独立"闹剧。显然，函电信件的真正始作俑者是那彦图、贡桑诺尔布、博迪苏等驻京蒙古王公中的头面人物。在这些函电信件中均署上大名的帕勒塔，在驻京蒙古王公中是一个政治上活跃的人物，但毕竟年轻资浅，还不能跻身于这一特殊政治群体中的领导层之列，而只是他们中间的一个积极参与者。也正因如此，正面记述帕勒塔这一时期政治主张和活动的史料不是甚详，我们只能从驻京蒙古王公总体政治活动的蛛丝马迹中钩稽其活动的轨迹。

帕勒塔与其他驻京蒙古王公一起，除以"蒙古王公联合会"名义致函袁世凯和伍廷芳，表述自己的政治主张，以期扩大政治影响外，还与那彦图、贡桑诺尔布一起多次参加隆裕太后主持的宫廷御前会议，扮演了死心保皇、反对共和的政治角色。

1911年12月下旬至1912年1月底，隆裕太后曾先后召集多次御前会议，随革命形势的发展，御前会议讨论问题的重点依次有三个。1911年12月下旬主要讨论是否同意由国会公决国体问题；1912年1月17日至23日主要讨论是否同意共和、清帝退位；1912年1月26日以后主要讨论是否接受清帝退位的优待条件。

1911年12月28日，隆裕太后召开御前会议，宣布同意召集临时国

---

① 渤海寿臣辑：《辛亥革命始末记》第十一册《要件》。

会，通过国会投票决定国体。① 但此议遭到不少皇族亲贵和蒙古王公反对，"终因有在京蒙古王公中数人多不谓然，未能定议"②。

1912 年 1 月 1 日，中华民国在南京宣告成立，孙中山就任临时大总统。袁世凯在得到南京方面让与大总统职位和优待清室及满蒙贵族等承诺后，力促召开御前会议，迫清帝退位。1 月 17 日至 23 日，隆裕太后又召集御前会议，参加者有皇族近支、蒙古王公及袁世凯内阁主要成员。出席御前会议的蒙古王公有那彦图、贡桑诺尔布、棍楚克苏隆、博迪苏和帕勒塔。③ 在与会的 14 人中，"惟有四人有言，余皆缄口"④，4 人中即有那彦图，他力劝隆裕太后切勿听信庆亲王奕劻接受共和的主张，态度极为激烈。⑤ 在会上"清太后伏案啜泣，满座无声，忽有一个列席的蒙古王公，慨然起而反对，和奕劻争论"，⑥ 在赵尔巽全宗档案中也记述了这次御前会议上的"退位之争"，"嗣因蒙古王公反对甚力，未得解决"⑦。1 月 18 日，御前会议继续召开，会上"奕劻仍执前议，并将密定优待条件提出，蒙古王公反对更烈……仍无结果而散"。⑧ 1 月 19 日的会上，当袁世凯内阁代表提出在天津另组一临时内阁，更遭到了"满蒙的王公亲贵，一致反对"，⑨ 只得作罢。1 月 23 日御前会议仍然争执不休，"皇太后一味痛哭，然无以应对国务大臣，赖亲贵力争，未准共和之议"⑩。1 月 24 日，有人致函赵尔巽称："奸贼袁世凯竟吓逼两宫及各亲贵允认共和，仅以蒙古王公与各路军将反对，尚未宣布逊位诏旨。"⑪

此时驻京蒙古王公反对任何共和之议，且态度坚决。帕勒塔在历次御前会议上到底说了些什么？那个起身与奕劻争论的蒙古王公是不是帕勒塔，终因史载不详，不可妄加推测，但帕勒塔还是为后人留下了一则表明

---

① 《关于南北议和的清方档案》，《辛亥革命》第八册，上海人民出版社 1957 年版。
② 渤海寿臣辑：《辛亥革命始末记》第十一册《要件》。
③ 溥伟：《让国御前会议日记》，《辛亥革命》第八册，上海人民出版社 1957 年版，第 112 页。
④ 溥伟：《让国御前会议日记》，《辛亥革命》第八册，上海人民出版社 1957 年版，第 114 页。
⑤ 溥伟：《让国御前会议日记》，《辛亥革命》第八册，上海人民出版社 1957 年版，第 114 页。
⑥ 李剑农：《戊戌以后三十年中国政治史》，中华书局 1965 年版，第 133—134 页。
⑦ 《清代档案史料丛编》第 8 辑，中华书局 1982 年版，第 133 页。
⑧ 李剑农：《戊戌以后三十年中国政治史》，中华书局 1982 年版，第 134 页。
⑨ 李剑农：《戊戌以后三十年中国政治史》，中华书局 1982 年版，第 134 页。
⑩ 《清代档案史料丛编》第 8 辑，中华书局 1982 年版，第 136 页。
⑪ 《清代档案史料丛编》第 8 辑，中华书局 1982 年版，第 138 页。

自己政治立场的绝好的文字记载。当时报纸曾有一篇题为《帕邸不认共和之声》一则报道，文如次："京函云，现蒙古各王公之反对共和已纪各报，兹闻其反对最力者，除喀尔喀亲王那彦图外，以旧土尔扈特帕勒塔为尤甚。昨曾与庆邸等声称，以蒙古自有历史从来臣服中国，惟与清廷有血统之关系，故二百数十年来，列为藩属，相亲相爱。今一旦撤消清廷，是蒙古与中国已断绝关系，将来驱逐中原，尚不识鹿死谁手云云。庆邸等竟无以驳之。按帕邸雄才大略，为蒙古中之佼佼者，曾留学日本陆军大学，极有军事上知识。现亦为各蒙王所推崇。今其言如此，恐中国之战事未能遽定也"。① 一个驻京蒙古王公向记者发表谈话，并见诸报载，这在驻京蒙古王公中是空前绝后的惊人之举。从中人们不仅可以看到帕勒塔顽固保皇的政治立场，同时也充分显示其在政坛上活动的能量。

驻京蒙古王公们与皇族"宗社党"一起，在推迟清帝退位时间上是起了作用的。帕勒塔在这股逆流中是一个不大不小的积极参与者、推波助澜者。也许正是帕勒塔对清室的忠诚，已是气息奄奄的清政府，于 1912 年 1 月 22 日（宣统三年十二月初四）还任命"旧土尔扈特多罗郡王帕勒塔署科布多办事大臣"。② 只是帕勒塔还未以封疆大吏之尊走马上任，北京的政治形势就发生了突变。

1912 年 1 月 26 日，"宗社党"头目良弼被革命党炸伤身亡。袁世凯也策动北洋军阀实力派段祺瑞、姜桂题等 46 名清军主要将领致电清廷，要求"立定共和政权"，③ 催逼清帝退位，清王朝覆亡命运已无可挽救。驻京蒙古王公急忙转舵，在 1 月 29 日的御前会议上，蒙古王公们一改反对共和的顽固立场，表示："若以中国国体而论，本宜于君主，而不宜于民主。惟今日全国人心既皆坚持共和，且各亲贵亦多赞成此事，我辈又何所用其反对。今惟全听御前会议如何解决，如决定办共和，我蒙古自无不加入大共和国家。"④ 他们还于 2 月 1 日复电孙中山、伍廷芳称："合五大民族组织共和政体，使全国人民得享自由幸福，规划之宏，寰烁今古，此本无所用其反对。惟以蒙古制

① 渤海寿臣辑：《辛亥革命始末记》第十一册《要件》。
② 《宣统政纪》卷69，第4页。
③ 《关于南北议和的清方档案》，《辛亥革命》第八册，第14—15页。
④ 渤海寿臣辑：《辛亥革命始末记》第十一册《要件》。

度、风俗、语言、文字，向与内地不同，又以地居全国大半，民风强悍，逼处强邻，危险实多"，而"自民军起事以来，南北阻绝，谣诼繁兴，传闻各异，处此惊疑之地，自难免误会之端"，① 将以往反对共和的立场，以"误会"一词而开脱。进而声称驻京蒙古联合会是蒙古王公的全权代表，要求南方民军"如有应商事件尽可直接通电，无须另举代表南行，以免稽延时日"。② 言下之意是告诉革命党，如果要我们拥护共和，就得保留原有封建特权。

当然，驻京蒙古王公们清楚，向南方革命军讨价还价只是问题的一个方面。更重要的是修补他们与袁世凯在迫清帝逊位上步调不一致之处。2月6日，在袁世凯邀集的皇族近支、蒙古王公、军政大员会议上，蒙古王公表示："某等对于君主、共和并无成见，只要双方和平了结，则为我五大族之幸福。况朝廷已欲颁诏共和，某等敬谨遵旨，决不反对。"③ 2月9日，即清帝正式颁诏退位前三天，蒙古王公联合会又通电南京政府孙中山、黄兴并全国各省督抚，吹捧袁世凯"于大局一事始终甘心孤诣，竭力维持……厥功至伟，且政治经验至富，军队尤极推崇"，声称："同人金谓统一政府临时大总统，以冀收建设之功，兼保和平之局。"④ 这份通电不啻是驻京蒙古王公投靠袁世凯的公开宣言书。昨日还是清廷显贵的驻京蒙古王公们，转眼成了北洋军阀政府的座上客。

保皇最烈的阿穆尔圭灵仍保留"专办蒙旗事宜"职衔，并于1912年10月代表北洋政府出席在长春召开的内蒙古哲里木盟10旗王公会议。⑤ 那彦图于1912年6月受任乌里雅苏台将军。他们二人还出任大总统翊卫处正翊卫使和都翊卫使。据民国四年2月2日订《设立翊卫处办法》规定，这是一个沿袭清代陈例笼络蒙古王公的机构。1914年9月9日，那彦图出任大总统直辖的将军府绥威将军。⑥ 另一个驻京蒙古王公中的头面人物贡桑诺尔布当上了蒙藏事务局总裁。

帕勒塔也在受封晋爵之列。1912年10月9日，北洋政府大总统明令

---

① 渤海寿臣辑：《辛亥革命始末记》第十一册《要件》。
② 渤海寿臣辑：《辛亥革命始末记》第十一册《要件》。
③ 渤海寿臣辑：《辛亥革命始末记》第十一册《要件》。
④ 渤海寿臣辑：《辛亥革命始末记》第十一册《要件》。
⑤ 《东方杂志》第8卷第11号，第9卷第6号。
⑥ 《中华民国时期军政职官志》上册，甘肃人民出版社1990年版，第61页。

颁布嘉奖，全文如次：

> 前奉大总统令，现在边事未靖，凡效忠民国实赞共和之蒙古各扎萨克王公等均属有功大局，允宜各照原有封爵加进一位，汗亲王等无爵可进者，封其子孙一人，以昭荣典等因。兹准新疆都督电开土尔扈特东部落正盟长、郡王帕勒塔现任阿尔泰办事长官，子名永昌，副盟长贝子德恩沁阿抹什，均深明大义，赞助共和，应如何奖励之处，祈核办等语。查汗亲王之子例授头等台吉，贝子进一位例封贝勒。该郡王帕勒塔前以有功大局，业奉大总统令进封亲王，其子永昌例授为头等台吉，由头等台吉进封一位应封辅国公，德恩沁阿抹什原爵贝子进封一位应封贝勒。[①]

在上述嘉奖令颁发之前，1912 年 5 月 17 日北洋政府已正式任命帕勒塔"由科布多办事大臣调充阿尔泰办事长官"，[②] 他也旋即以边疆大臣身份走马上任，在正逢边事纷争的中国西部边陲开始其政治生涯的新阶段。

帕勒塔一生政治生涯大体上可分两个阶段。1898 年袭爵至 1912 年，为其参政的第一阶段；1912 年出任阿尔泰办事长官至 1920 年病逝北京，为其参政的第二阶段。[③] 就帕勒塔政治生涯第一阶段 15 年间的活动，又可就其政治活动重点，以 1909 年自日本游历回国为界，分为前后两个时期。

1898 年至 1908 年，帕勒塔作为 20 世纪走出新疆的蒙古王公，深受 19 世纪末维新思潮影响，看到了清王朝面临的危机，力图依靠清廷推行变法，以图自救而达自强，1904 年提出的《蒙古土尔扈特郡王整顿政治条陈》是帕勒塔政治改革主张的集中反映，而在日本的三载游历考察，更加深了他依靠王室进行改革的信念。帕勒塔的这种认识，在辛亥革命前夕中国社会大变动中，显然已是落伍者，但在封建王公，特别是在蒙古王公中，帕勒塔仍是一位识时势、有政见的佼佼者。

---

① 《政府公报》第 164 期，1912 年 5 月 17 日，载第 6 册，第 349—350 页。
② 《政府公报》第 19 期，载第 1 册。
③ 这一阶段中，1912 年 5 月 17 日至 1914 年 9 月在阿尔泰办事长官任上，1914 年 1 月因病卸任后，闲居北京仍与各种政治势力多有接触，与当时驻北京的外国使节，特别是日本驻华使节联系相当密切，对此当另文专论。

　　1909 年帕勒塔自日本归国，定居北京后，正当准备在清廷支持下一展自己政治抱负时，面临的却是革命浪潮汹涌澎湃，清王朝倾覆在即的局面，出于切身阶级利益的考虑，帕勒塔不愿意，也不可能接受一个新政权取代清王朝的局面出现。所以，1909—1912 年年初，他的政治活动重点即是通过保皇达到保护蒙古王公特权。为此，帕勒塔与驻京蒙古王公几个头面人物一起，周旋于当时三大政治势力之间，即气息奄奄的清廷、充满生机的革命军、野心勃勃的袁世凯。但他们的政治倾向是明显的，对清廷充满依恋之情。因在维持清室帝位上与袁世凯有分歧，双方时有摩擦。而对革命军则是充满敌视与疑惧。随着政治形势的变化，保皇已不可能，于是改换门庭，由清廷重臣一变为袁记政府新贵，与此同时，蒙古王公们还争得了一个《关于满蒙回藏各族待遇之条件》，[①] 达到了保存蒙古王公特权的根本目的。从这一角度看，帕勒塔在政治斗争中不是一个庸才。

　　（本文首发于《庆祝王锺翰先生八十寿辰学术论文集》，辽宁大学出版社 1993 年版）

---

　　① 待遇全文如下："今因满蒙回藏各民族赞成共和，中华民国所以待遇者如左：一、与汉人平等。二、保护其原有之私产。三、王公世爵概仍其旧。四、王公中有生计过艰者，设法代筹生计。五、先筹八旗生计，于未筹定之前，八旗兵弁俸饷仍旧支放。六、从前营业居住等限制一律解除，各州县听其自由入籍。七、满蒙回藏原有之宗教，听其自由信仰，以上条件列于正式公文，由两代表照会各国驻北京会使，转达各该政府。"（宣统三年十二月十五日，1912 年 2 月 12 日）见《宣统政纪》卷70，第15页。

民国初年土尔扈特蒙古亲王帕勒塔

　　清朝末年，土尔扈特蒙古帕勒塔郡王是驻京蒙古王公中活跃的一员。进入民国后，帕勒塔为北洋政府所器重，加官晋爵。北洋政府大总统袁世凯于 1912 年 10 月 9 日颁令嘉奖帕勒塔"以有功大局，业奉大总统令进封亲王"①。在此之前，1912 年 5 月 17 日袁世凯已正式任命帕勒塔"由科布多办事大臣充调阿尔泰办事长官"，并兼督办西北防守职权。② 同年 6 月 10 日，帕勒塔以边疆大吏身份走马上任，到任视事。③ 至 1914 年 1 月 9 日，袁世凯鉴于帕勒塔"久驻边防，因劳致疾，应给假三个月，准其来京，调治所有"。④ 同年 3 月 14 日，帕勒塔入京医治喘疾。10 月 7 日批准辞职，并免去督办西北防守事宜，⑤ 帕勒塔实际主政阿尔泰一年又七个月，是他民国初年政治活动的主要方面，本文即以此为主线，对帕勒塔主政阿尔泰期间的内政与外交试作分析。

一　民国初年的阿尔泰

　　阿尔泰地处我国西北边陲，水草丰美，土地肥沃，宜耕宜牧，矿藏丰富，尤以盛藏金矿驰名中外。18 世纪中叶，清政府统一新疆后，这一地区归乌里雅苏台定边左副将军属下的科布多参赞大臣管辖。这里"南控赫色勒巴斯淖尔，即布伦托海，东达新疆玛纳斯，又玛呢图噶图勒干、昌吉

---

① 《政府公报》第 164 期，1912 年 10 月 12 日。
② 《政府公报》第 19 期，1912 年 3 月 19 日。
③ 《政府公报》第 80 期，1912 年 7 月 19 日。
④ 《政府公报》第 602 期，1912 年 10 月 10 日。
⑤ 张大军：《新疆风暴七十年》第 2 册，兰溪出版社 1980 年版，第 651 页。

斯台各卡伦均在左右，辅车相依，且距俄斋桑斯科之上游，险固形便，实为漠北襟要"，① 具有重要战略地位。光绪三十年（1904），清政府派未赴任的成都将军长庚到阿尔泰地区考察，长庚考察后奏报清政府认为阿尔泰山为西北边疆要地，中外之大防，应行设官经理。清政府认为长庚所提固疆域、重巡防、辑哈部各条，不失为有用之策，便命时任科布多参赞大臣的瑞洵会同悉心通筹。瑞洵对长庚提出"拟以科布多参赞大臣移驻阿尔泰山或布伦托海"，②"拟将参赞大臣移驻额尔齐斯"等主张，不甚赞同，而提出：阿尔泰地区"未便仍由科布多参赞遥领，致有鞭长不及之虑"，"科布多治所本不当冲，已成后路，无须多置官长。惟帮办仍需秉承参赞，似不如将参赞移节驻扎，更为相宜，第事权尚宜加重，方足以资统率，而备非常。布伦托海地属中权，并宜增设一官，督办兵屯，俾脉络贯通，联为一气"。③ 清政府综合了长庚和瑞洵的意见，于光绪三十年四月，决定废除科布多参赞大臣一职，设立阿尔泰办事大臣。赏热河兵备道锡恒副都统衔，出任首任阿尔泰办事大臣。"驻扎阿尔泰山，管理该处蒙（古）哈（萨克）事务"④，治所设在承化寺（今阿勒泰市）。所辖范围据光绪三十二年十二月科布多参赞大臣联魁上奏："请将科布多所属迤西附近阿勒泰之乌梁海七旗，新土尔扈特二旗，和硕特一旗，共计三部落十旗，暨昌吉斯台等西八卡伦，并布伦托海屯田，一并归阿尔泰管理，以专责成。"⑤ 光绪三十三年三月，清政府又决定，所有旧土尔扈特蒙古官兵，均归锡恒节制，以增加恰勒奇荄等处的设防。阿尔泰办事大臣的设置，对维护清政府在这一地区的主权起到了重要作用。辛亥革命后，改阿尔泰办事大臣为阿尔泰办事长官。

沙俄对阿尔泰地区早有觊觎之心。20 世纪初，沙俄积极向阿尔泰扩张势力，大批俄国商人深入牧区。他们往往"先将货物作价赊与蒙哈，然后收取皮毛以为偿，是皮毛未离牛羊之身，而已为俄人之皮，俄人之毛矣"。⑥

---

① 瑞洵：《散木居奏稿》卷 20。
② 《清德宗实录》卷 524，光绪二十九年十二月壬子。
③ 瑞洵：《散木居奏稿》卷 20。
④ 《清德宗实录》卷 529，光绪三十年四月辛酉。
⑤ 《理藩部念奏遵议科布多划疆分治折》（光绪三十二年十二月二十五日），载《谕折汇存》光绪三十三年正月。
⑥ 杨增新：《补过斋文牍》，甲集上，《呈明阿尔泰航业应从缓办文》（1915 年 4 月 15 日）。

辛亥革命后，沙俄加快了侵略阿尔泰的步伐。

外蒙库伦政权在沙俄支持下于 1912 年 8 月 20 日派兵攻陷科布多，并继续向西推进，占据了阿尔泰东境萨克赛等地。新疆当局在杨增新调度下，组织援科部队进入阿尔泰地区，一部分驻扎承化寺及附近地区，其余则分驻扎在通往科布多的要冲地点察罕通古和布尔根河。阿尔泰地区成为科阿战事的前线。

1913 年 7 月，沙俄指挥库伦政权军队分三路西进，一路由乌梁海进攻布尔根河，另两路分别由包庆墩、五云集夹攻察罕通古，结果遭到我援科部队痛击，以损兵 300 余人、战马 500 余匹的惨败而告终。但阿尔泰地区仍战云密布，危机四伏。

二 收效有限的内政举措

帕勒塔走马上任之时，正是阿尔泰地区局势日趋恶化之日。对此形势，帕勒塔曾致电当时中央政府痛陈利害："阿尔泰据西北上游，屏障甘新，保障东南，为边疆基本重地。东邻乌科，西连伊塔，内乱外患在在堪虞。得则与西北共存，失则与中国俱亡。自上年乌科先后失守，阿为外蒙侵略，首当其冲，财政竭蹶，流守两难。迭蒙实力维持，始获安全，迩来压雪融化，间道分歧，喀匪号数万，专趋西犯，楚歌四面，一夕数惊，外人复多方煽惑，边民则自相纷扰，兵单饷绌，粮秫均无，祸机险象，岌岌可危。"①

帕勒塔主政后，面对阿尔泰地区危急局势，在内政方面做了三件事：

第一，健全长官公署机构。

阿尔泰办事长官，综理辖区内的军政、民政、司法、外交等事宜。长官公署下设秘书厅、外交局、民政局（下辖哈巴河、布尔津、布伦托海各民政分局）、农牧局、警察局（下辖布尔津巡察分局）。将负责办理军政事务的营务处，改为军政处，后又一度改为参谋处（民国四年又回复为军政处）。

为照料来阿尔泰参战部队，成立了援军支应处，派王宝铭为处长筹备支应事宜。终应后勤保障量过巨，赴阿援军又缺乏统一指挥，因后勤供应不济，曾发生伊犁援军威胁欲杀帕勒塔事件。

---

① 原电文刊 1913 年 7 月 2 日上海《民立报》；张大军《新疆风暴七十年》第 2 册，兰溪出版社 1980 年版，第 1128 页。

第二，整饬军队。

民国初年，阿尔泰驻军仍沿光绪三十一年常备军编制，仅有马队一标，炮兵一队。帕勒塔时扩大到骑兵二团，每团下辖三营，每营四连；步兵一营，下辖四连（3、4两连未成立），每连三排；炮兵二营，每营三连，每连三排（第一营和第二营之第三连未及成立）。[①]

第三，筹措军饷和赈济款项。

阿尔泰地处边陲，经济落后，又面临外敌入侵，内有重兵驻扎，财政十分困难。帕勒塔曾多次向北京政府要求增加军饷和赈济边民款项。在一年多时间里据已见到的资料，就有八次之多，计为：[②]

1. 帕勒塔报告行军经费开支案；

2. 民国四年六月十六日，陆军部呈稽阿尔泰办事长官帕勒塔列报行军经费各案；

3. 民国四年九月二十九日，批令陆军部呈为续核前阿尔泰办事长官帕勒塔开报行军经费；

4. 关于帕勒塔对塔城军队援阿蒙兵垫支各款；

5. 阿尔泰哈萨克公微斯罕报效驼羊；

6. 帕勒塔援科驼队被劫请恤案；

7. 乌梁海要求练兵及请求保护；

8. 阿尔泰告警呼吁拨款案。

帕勒塔在上述电文中痛陈阿尔泰地区形势之严峻，因而"筹兵筹饷万不可稍缓。然而两者之中，尤以筹粮为最要最难问题"；为此吁请"迅指拨西北防守专款二百万两"，以应解阿尔泰之危局。"倘呼吁无灵，惟有束手待毙而已。"[③]

帕勒塔在内政方面的措施，从总体上看收效不大。综其原因，一是当时北京政府自顾不暇，无力支应，呼吁拨款，始终石沉大海；二是帕勒塔在任毕竟只有一年半有余，穷于应付军情，难以有所建树。当然，更为深

---

① 张大军：《新疆风暴七十年》第2册，兰溪出版社1980年版，第1110—1112页。

② 张大军：《新疆风暴七十年》第2册，兰溪出版社1980年版，第1115—1126页。

③ 民国二年上海《民立报》载帕勒塔电《阿尔泰告警呼吁拨款案》；张大军《新疆风暴七十年》第2册，兰溪出版社1980年版，第1128—1129页。

层的原因是边吏的相互牵制和地方官员的腐败。时任塔尔巴哈台参赞的毕桂芳，因与"帕（勒塔）亲王有隙"，驮运粮食迟迟不发，对此阿尔泰商民发电指出："夫帕王系因上年援军到阿，毕（桂芳）参赞种种漠视军务，诬昧唇齿，以泄个人之忿，独不念及人民生命财产，国家存亡，殊非商等愚料所及，人心大为不平。"① 地方官员虚兵冒饷，自便私图，积重难返。据统计，民国元年至民国三年阿尔泰陆军支出预算分别为：190958元，411560元，298951元。而民国三年阿尔泰驻兵常额为255名，支出如此庞大预算数额，可知其中虚兵冒饷之严重。②

三　对俄交涉的失误

在处理对俄交涉方面，帕勒塔做了以下两件事。

第一，在维护额尔齐斯河航行权上的失误。

中国阿尔泰地区的额尔齐斯河是俄国境内额尔齐斯河的上游，攫取额尔齐斯河航行权是沙俄染指阿尔泰地区的一个重要步骤。早在1900年9月，沙俄就派配有大炮的轮船，越界开入中国所属额尔齐斯河，直驶至哈巴河口，之后又多次派船闯入这条中国内河，进行非法测量活动。

1912年5月，俄国驻华公使库明斯基向即将离京赴任阿尔泰办事长官的帕勒塔提出：准许俄国"在阿境额尔齐斯河行船通商"的要求。帕勒塔路经俄国鄂木斯克省时，该省长官也提出同样要求。1913年夏，俄新任驻阿尔泰领事又向帕勒塔重申前请，"力恳准俄遣派极小商轮至额尔齐斯河一带测量水势"，并要求准许俄国在"交界处阿拉克别克暨中国哈巴河口、布尔津河口之处，各设商栈"。③ 对于俄方要求，上马伊始的帕勒塔认为："额尔齐斯河为中亚屈指大河，其源在我，下流归彼，若不及早开放，恐难遏其垂涎野心。"④ 擅自允许俄船行驶阿尔泰境内的额尔齐斯河及其支

---

① 1913年5月2日，上海《民立报》载《阿尔泰商民呼吁阿山绝粮》；张大军：《新疆风暴七十年》第2册，兰溪出版社1980年版，第1126页。

② 张大军：《新疆风暴七十年》第2册，兰溪出版社1980年版，第1113页。

③ 《阿尔泰办事长官帕勒塔致大总统、国务院、外交部、交通部、蒙藏局电》（1913年6月7日），转引自《沙俄侵华史》第4卷，下册，人民出版社1990年版，第916页。

④ 《阿尔泰办事长官帕勒塔致大总统、国务院、外交部、交通部、蒙藏局电》（1913年6月7日），转引自《沙俄侵华史》第4卷，下册，人民出版社1990年版，第916页。

流布尔津河，并在布尔津河口指定地段给俄国修建货栈，建筑码头。不久，帕勒塔准许俄国在阿尔泰设立邮局，从承化寺到吉木乃，俄国共设了八个邮站。①

显然，帕勒塔申述的理由是可笑的，帕勒塔的同意，没有经过中央政府的批准，是非法的。但这一失误却造成了严重后果，随着额尔齐斯河和布尔津河的开放，俄国免税商品源源进入阿尔泰，出现了俄国商人垄断阿尔泰市场的局面，尤为严重的是，俄国移民随之进入阿尔泰，强占土地耕种，霸占草湖渠水，成为当地一大公害。

第二，主持签订《阿科临时停战条约》。

1913年7月，中国军队在察罕通古重创进犯之库伦政权军队后，帕勒塔向外交部建议在阿尔泰就近与俄国进行停战谈判，此议得到北京政府的同意。7月28日，中国外交部照会驻京俄使，表示愿意与俄国就阿尔泰停战问题进行谈判。8月间，中俄双方在阿尔泰正式谈判，中国代表是阿尔泰办事长官帕勒塔，俄国代表是阿尔泰领事库孜敏斯基。

1913年10月，中俄双方拟定了个临时条约草案，共六条：②

第一条：阿、新军队与喀尔喀军队，自此条约签字后，各守现驻地点，均不得前进，互相攻击，静候《中俄协约》之成立。

第二条：《中俄协约》未经成立以前，阿尔泰与科布多疆界，暂以阿尔泰山最高分水界为界，但自江个什阿噶什起以布尔根河为界。至济尔噶郎河口，即济尔噶尔噶河入布尔根河之处，再向东南经陶甘策凯至哈尔根图阿满止为界线。

第三条：乌梁海、哈萨克人民，无论《中俄协定》成立与否，自此条约签字后，满8个月内任其随便迁移，中国官与喀尔喀官，均不得阻止，俟8个月限满之后，其在阿尔泰分水界以北者，归科布多管辖。

第四条：阿、科两属，自此条约签字之日起，应开通商路，听商人自由贸易，凡商人生命财产，经过各该管境内者，彼此应实力保护，并负其

---

① 杨增新：《补过斋文牍续编》卷11《电交通部请将吉木乃邮权收回文》。

② 曾问吾：《中国经营西域史》，第523—524页；杨增新：《补过斋文牍》，戊集四，防蒙编四，《训令张团长准帕亲王电与俄领议临时条约六条如何划分界密为调查电复文》（1913年10月16日），第2—4页。

责任。

第五条：阿尔泰军队在《中俄协约》未经成立以前，再不加兵，喀尔喀亦不得加增兵力，将来应练军队之多寡，悉遵中国政府之政策办理。

第六条：此条约自签字日起，共同信守，俟《中俄协约》成立之日失其效力。

该项草案最大弊端有二：一是第二条规定《中俄协约》未成立以前，科、阿两地之分界线，易遭失地之危险；二是第三条规定8月内任乌梁海、哈萨克人自由迁移，8个月后在阿尔泰北山者归科布多管辖。这两条正好符合俄国扩大侵入阿尔泰地区的要求，即俄国企图通过这一协定，把阿尔泰所属阿尔泰山以北，布尔根河以东地区及其居民划归库伦政权管辖的目的。帕勒塔将草案通过杨增新报送北京政府审批，中国政府认为，作为停战条约，不应在停战条款之外涉及划界等问题，明确表示异议。所以尽管之后俄国领事多次亲自到长官公署催促，帕勒塔"未敢擅自订议"。①

1913年11月5日，中俄两国交换了《中俄声明文件》和声明另件，在声明另件第四款中对外蒙古和阿尔泰的地位和分界作了原则规定："外蒙古自治区域应以前清驻扎库伦办事大臣、乌里雅苏台将军及科布多参赞大臣所管辖之境为限。惟现在因无蒙古详细地图，而该各处行政区域又未划清界限，是以确定外蒙古疆域及科布多、阿尔泰划界之处，应按照声明文件第五款所载，日后商定。"② 据此，帕勒塔向俄方表示：有关外蒙问题《中俄声明文件》业已签字，中俄阿尔泰临时停战条约"似可停议"。③但俄国领事却坚持"斯案曾经彼此呈准开议在前，似未便遽尔取消"。④双方继续谈判，于12月21日签订了《阿尔泰、科布多中蒙军队驻扎界线临时停战条约》（简称《阿科临时停战条约》）三款：⑤

---

① 外交部文书科编：《外交部交涉节要》，《阿尔泰双方停战案》1913年12月。
② 王铁崖：《中外旧约汇编》第2册，第948—949页。
③ 《国务院转发帕长电》（1913年12月9日），转引自孙福坤《蒙古简史新编》，文海出版社1978年版，第105页。
④ 《国务院转发帕长电》（1913年12月9日），转引自孙福坤《蒙古简史新编》，文海出版社1978年版，第105页。
⑤ 外交部文书科编：《外交部交涉节要》，《阿尔泰双方停战案》1914年1月。

第一条：中国军队与喀尔喀军队，自此约有效力期内，均以阿尔泰最高分水界，自森彼得堡条约第八条内载之奎屯山起，东至江哩什，顺布尔根河至济尔喀朗河口，再东南经察罕通古之西北陶甘策凯至喀尔根图阿满止为界。彼此不得越过界线，更不得彼此开仗，但驻察罕通古一带中国军队，于此条约签字后 3 个月内，退至新疆元湖地方。在此条约系指双方驻军地点而定，与科阿疆界问题绝无干涉。

第二条：所有停战期间，阿尔泰除有步兵一营，骑兵六营，炮兵两营，炮十四尊，机关枪队一连，机关枪四尊，暂不加增，喀尔喀军队在科布多地方，亦不得逾以上所列数目。

第三条：以上所定各条，由签字之日起即有效力，倘欲全行更改抑或有修正之处，自修约签字之日起，应俟 8 月后再行商议改定。

显然，经中方谈判代表帕勒塔力争，这个临时停战条约删去了前次草约中关于科阿划界、哈萨克人等任便迁移和自由通商等规定，并在约文第一款中明确指出："此条约均系指双方驻军地点而定，与科、阿疆界问题绝无干涉"。比起前一个临时停战草约来，它使中国蒙受的损失要少些，但条约中仍将阿尔泰山以北乌梁海游牧地和布尔根河以东新土尔扈特游牧地划在外蒙古驻军界线之内。

同时，条约规定，"驻察罕通古一带中国军队，于此条约签字后 3 个月内退回新疆元湖地方"，但并未规定库伦蒙兵"现在驻扎地点，既无退兵明文，又无撤回期限"，为此，杨增新曾明确提出："务请大总统饬令外交部与俄使严重交涉，限 3 个月内将阿属乌梁海、布尔根等处蒙古军队悉数撤退，彼此实行退兵。至察罕通古我军退回之后，蒙古亦不得在该处驻兵，实为至要。"[①]

1914 年 4 月 19 日，新上任阿尔泰办事长官刘长炳鉴于该条约所定停战界线多在阿尔泰境内，"若以建属阿尔泰辖境长为停战界线，受人干涉，不惟军政上大有障碍，于人民住牧亦影响无穷"，要求政府根据规定，在该约 8 个月期满时，"将条约修正或取消"。[②] 同年 6 月 29 日，

---

① 杨增新：《补过斋文牍》，戊集四，防蒙编四，《电呈帕亲王所订停战条约无乌梁海各处蒙兵撤退明文请饬部交涉文》（1913 年 12 月 25 日），第 21—22 页。

② 《刘长炳咨蒙藏事务局文》（1914 年 4 月 19 日）。

中国外交部通知俄国驻华代办格拉维，《阿科临时停战条约》期满后不再续订，但阿尔泰山以北的乌梁海牧地，并没有随该约的废除而归还阿尔泰管辖。

四 帕勒塔主政阿尔泰功过试评

综观帕勒塔出任边疆大吏、主政阿尔泰一年又七个月，其对内对外政绩：从他主观上确想有所作为，如他声言"帕勒塔一生不足惜，其如糜烂大局何！"[①] 但内政上收效甚微，其由前已简述，而在对俄交涉上则是接连失误。究其失误原因，大体可从主客观两方面来分析。

帕勒塔对俄交涉始终受到多方面的制约，其一是自身军事实力的制约，其二是当时北洋政府的制约。北洋政府在俄国的压力下，在 1912 年冬，以大总统令的形式，向新疆援科部队下达"不得以任何理由向前推进的命令"。[②]

从主观方面看，帕勒塔尽管游历日本三年，对于国际交涉还是缺少经验和知识，在订立临时条款草约六条中，包括了以阿尔泰最高分水岭及经陶甘策凯等处为界等内容；当时主政新疆的杨增新，即于民国二年十二月电复帕勒塔，请其声明划界一事，应于停战撤兵后另行会勘办理，此草约专为停战撤兵，不得与阿科界址牵混，[③] 但为时已晚，新蒙边界日后无穷纷争，皆肇因于此矣！当然，帕勒塔犯此大误，跟他在北京期间与俄国使馆交往甚密，因而对俄国外交的奸诈缺乏必要的警惕有关。我们在检阅俄国外交文件中发现如下一则材料，1912 年 4 月 4 日，俄国驻北京代办致外交大臣紧急报告中提到，他已在"帕勒塔郡王协助下得到了蒙古王公联合会在北京起草的蒙古管理章程"[④]。此时离北洋政府 5 月 17 日任命帕勒塔为阿尔泰办事长官，不到一个半月。同时帕勒塔与新疆的天兴行关系密

---

① 1913 年上海《民立报》载《帕勒塔电令阿尔泰告别呼吁拨款案》；张大军《新疆风暴七十年》第 2 册，兰溪出版社 1980 年版，第 1129 页。

② 陈春华编译：《俄国外交文书选译——关于蒙古问题》，黑龙江教育出版社 1991 年版，第 132 页。

③ 杨增新：《补过斋文牍》，戊集四，第 2 页。

④ 陈春华编译：《俄国外交文书选译——关于蒙古问题》，黑龙江教育出版社 1991 年版，第 24 页。

切，正是通过天兴行资本家伊斯哈克的三弟依布拉音，"同帝俄驻塔城领事馆建立了关系"①。据包尔汉回忆："依布拉音（当时住在塔城）同帕勒塔是好朋友。他俩最初是经济上的结合，依布拉音结识这样一个蒙古贵族，对土产收购、洋货经销都有好处，帕勒塔有这样一个洋商做朋友，不只是得到一些小惠，而且在当年新疆也可以增加自己的声势。"②

所以包尔汉在自己的回忆录中提到："帕勒塔曾留学日本，同帝俄有联系"③，看来不是空穴来风。但是，那种认为俄国"收买、诱骗时任阿勒泰办事长官的土尔扈特亲王帕勒塔背叛祖国，令他宣布阿勒泰'独立'"的说法④，甚至认为，"一九一三年十月，俄国胁迫帕勒塔盗用'阿尔泰办事长官'的名义，先后与沙俄签订所谓'临时条约'和所谓'中俄军事停战条约'。这两个丧权辱国的条约，激起全国上下一致反对，北京政府撤销叛国分子帕勒塔的职务"⑤ 更是难以成立的。

与帕勒塔同时代的一位西方旅行家评论"帕勒塔王无疑是一位杰出的知名人士，是他同时代中受过最好教育的蒙古亲王之一"。⑥ 但他毕竟乃是一个生活在清末民初的蒙古封建王公。他的思想和活动无不打上深深的时代和阶级的烙印。他主政阿尔泰，有过也有功，其最大的历史功绩是抵御了俄国支持下的外蒙军事入侵，守卫了阿尔泰地区的领土，假如阿尔泰失守，外蒙"自治"领土将更为扩大，后果不堪设想！帕勒塔与杨增新竭力抵抗、守土卫疆之功不可没。

1914 年初，帕勒塔回北京治病，住在位于西城太平桥一号的帕王府里，一面治病调养，一面参与政务，过着隐而不退的生活。帕勒塔享陆军上将衔，任北京政府临事参议院议员。⑦ 1917 年又出任大总统直辖机

---

① 包尔汉：《新疆五十年》，文史资料出版社 1984 年版，第 32 页。

② 包尔汉：《新疆五十年》，文史资料出版社 1984 年版，第 32 页。

③ 包尔汉：《新疆五十年》，文史资料出版社 1984 年版，第 78 页。

④ 白振声等主编：《新疆现代政治社会史略》，中国社会科学出版社 1992 年版，第 54 页。关于这个问题，包尔汉在《新疆五十年》第 32—33 页说得比较客观："帝俄当年是企图以帕勒塔为傀儡，逐渐控制、最后吞并阿尔泰的"。"帕勒塔早已去世，他的直系亲属也大都在早年移居国外，有关资料只有留得以后进一步发掘了。"

⑤ 新疆社会科学院历史研究所编：《新疆地方历史资料选辑》序言，人民出版社 1987 年版，第 14 页。

⑥ ［芬兰］古斯塔夫·约翰·兰司铁：《1898—1912 年七次东方旅行记》，第 1022 页。

⑦ 《中华民国时期军政职官志》，甘肃人民出版社 1990 年版，第 227 页。

关将军府襄威将军。① 1920 年 3 月，自日本就医返回北京，② 4 月病逝于北京。③

（本文首发于《海峡两岸中国少数民族研究与教学研讨会论文集》，台湾中国边政协会，1996 年编）

---

① 《中华民国时期军政职官志》，甘肃人民出版社 1990 年版，第 67 页。
② 《政府公报》第 1477 期，1920 年 3 月 25 日。
③ 《政府公报》第 1491 期，1920 年 4 月 8 日。